STUDIUM UND PRAXIS

Schmitz-Herscheidt
Die Besteuerung der Körperschaften und ihrer Anteilseigner

Die Besteuerung der Körperschaften und ihrer Anteilseigner

Dr. Fabian Schmitz-Herscheidt, LL.M. (Edinb.)

Richter am Bundesfinanzhof in München
Lehrbeauftragter der Universität Bielefeld

2025

C.H.BECK

Zitiervorschlag:

Schmitz-Herscheidt Körperschaftbesteuerung Kap. A Rn. 1

beck.de

ISBN 978 3 406 81774 8

Wilhelmstraße 9, 80801 München
info@beck.de

Satz: Druckerei C.H.Beck Nördlingen
(Adresse wie Verlag)
Druck und Bindung: Beltz Grafische Betriebe GmbH,
Am Fliegerhorst 8, 99947 Bad Langensalza
Umschlag: Druckerei C.H.Beck Nördlingen

myclimate
shape our future

chbeck.de/nachhaltig
produktsicherheit.beck.de

Gedruckt auf säurefreiem, alterungsbeständigem Papier
(hergestellt aus chlorfrei gebleichtem Zellstoff)

Vorwort

Das vorliegende Werk ist aus einem Vorlesungsskript entstanden. Die Darstellungsweise und die systematische Aufbereitung richten sich nicht nur an Studierende mit steuerrechtlichem Schwerpunkt, sondern auch an Praktiker, die sich einen Überblick über die Besteuerung der Körperschaften (insbesondere Kapitalgesellschaften) verschaffen wollen. In vielen praktischen Beispielsfällen behandelt das Werk neben der Besteuerung der Körperschaften selbst auch die Besteuerung ihrer Anteilseigner (bzw. ihrer Mitglieder, Begünstigten etc.) und verdeutlicht so die steuerliche Gesamtbelastung über beide Ebenen. Einen besonderen Schwerpunkt bildet die verdeckte Gewinnausschüttung.

Zu jeder einzelnen für die Praxis bedeutsamen Frage wird diese Abhandlung keine zufriedenstellende Antwort liefern. Dies ist auch nicht die Zielsetzung. Vielmehr geht es darum, einen systematischen Überblick über die Rechtsmaterie zu verschaffen, damit im Anschluss das Verständnis für eine vertiefte Recherche nach Einzelfragen erleichtert wird.

Berücksichtigt ist der Rechtsstand bis November 2024.

München, im November 2024

Inhaltsübersicht

Vorwort	V
Inhaltsübersicht	VII
Inhaltsverzeichnis	IX
Literaturverzeichnis	XVII
Abkürzungsverzeichnis	XIX

	Rn.
A. Systematik	1–6
B. Steuersubjekt der Körperschaftsteuer	1–109
I. Unbeschränkte Steuerpflicht	1–40
II. Beschränkte Steuerpflicht	41–46
III. Steuerbefreiungen	47–53
IV. Gemeinnützigkeit	54–106
V. Ende der Körperschaftsteuerpflicht	107–109
C. Steuerobjekt der Körperschaftsteuer	1–177
I. Einkommen	1–14
II. Nichtabziehbare Aufwendungen	15–36
III. Gewerbesteuer	37–87
IV. Zinsschranke (§ 8a KStG iVm § 4h EStG)	88–106
V. Körperschaftsteuerliche Organschaft	107–177
D. Körperschaftsteuerlicher Verlustabzug	1–40
I. Grundlagen	2–15
II. Voraussetzungen des § 8c Abs. 1 KStG	16–34
III. Fortführungsgebundener Verlustvortrag	35–40
E. Tarif/Ausschüttung	1–162
I. Körperschaftsteuertarif	1–4
II. Systematik der Besteuerung von Ausschüttungen	5–22
III. Beteiligung im Betriebsvermögen	23–88
IV. Beteiligung im Privatvermögen	89–158
V. Zusammenfassung	159
VI. Belastungsvergleich	160–162
F. Verdeckte Gewinnausschüttung	1–192
I. Überblick	1–28
II. Voraussetzungen	29–99
III. Rechtsfolge	100–111
IV. Vertiefung: Einzelne Schwerpunktbereiche	112–178
V. Verfahrensrecht	179–192
G. Verdeckte Einlage	1–46
I. Überblick	1, 2
II. Voraussetzungen	3–21
III. Rechtsfolge	22–35
IV. Verfahrensrecht	36–46
H. Das steuerliche Einlagekonto	1–69
I. Feststellung des Bestands des steuerlichen Einlagekontos	6–44
II. Möglichkeiten der späteren Berichtigung	45–69

Stichwortverzeichnis	161

Inhaltsverzeichnis

Vorwort V
Inhaltsübersicht VII
Inhaltsverzeichnis IX
Literaturverzeichnis XVII
Abkürzungsverzeichnis XIX

Rn.

A. Systematik 1–6
B. Steuersubjekt der Körperschaftsteuer 1–109
I. Unbeschränkte Steuerpflicht 1–40
1. Arten von Körperschaften gem. § 1 Abs. 1 Nr. 1 bis 6 KStG 1–38
a) Kapitalgesellschaften (§ 1 Abs. 1 Nr. 1) 2–10
aa) Begriff der Kapitalgesellschaft 2–4
bb) Ausländische Kapitalgesellschaften 5–10
b) Optierende Gesellschaften (§ 1 Abs. 1 Nr. 1, § 1a) 11–15
c) Genossenschaften (§ 1 Abs. 1 Nr. 2) 16, 17
d) Versicherungs- und Pensionsfondsvereine (§ 1 Abs. 1 Nr. 3) 18, 19
e) Sonstige jur. Personen des privaten Rechts (§ 1 Abs. 1 Nr. 4) 20–22
f) Vereine ohne Rechtspersönlichkeit, nicht rechtsfähige Anstalten, Stiftungen, Zweckvermögen (§ 1 Abs. 1 Nr. 5) 23–27
g) Betriebe gewerblicher Art von juristischen Personen des öffentlichen Rechts (§ 1 Abs. 1 Nr. 6) 28–38
aa) Einrichtung 30
bb) Wirtschaftliches Herausheben, Nachhaltigkeit 31, 32
cc) Kein Hoheitsbetrieb 33–38
2. Geschäftsleitung oder Sitz im Inland 39, 40
II. Beschränkte Steuerpflicht 41–46
1. Körperschaften ohne inländischen Sitz oder Geschäftsleitung 41–44
2. Sonstige beschränkt Steuerpflichtige 45, 46
III. Steuerbefreiungen 47–53
1. Grundlagen 47–51
2. Einzelne Steuerbefreiungen 52, 53
IV. Gemeinnützigkeit 54–106
1. Voraussetzungen der Gemeinnützigkeit 54–89
a) Steuerbegünstigte Zwecke 56–73
aa) Gemeinnützige Zwecke 57–70
bb) Mildtätige Zwecke 71
cc) Kirchliche Zwecke 72, 73
b) Selbstlos, ausschließlich und unmittelbar 74–81
aa) Selbstlosigkeit 74–76
bb) Ausschließlichkeit 77–79
cc) Unmittelbarkeit 80, 81
c) Satzung und tatsächliche Geschäftsführung 82–85
aa) Satzung 83, 84
bb) Tatsächliche Geschäftsführung 85
d) Anerkennung der Gemeinnützigkeit 86–89

Rn.
2. Wirtschaftlicher Geschäftsbetrieb ... 90–98
a) Merkmale des wirtschaftlichen Geschäftsbetriebs ... 92–96
b) Verfahren ... 97, 98
3. Zweckbetrieb ... 99–106
a) Generalklausel (§ 65 AO) ... 100–102
b) Einzelne Zweckbetriebe gem. §§ 66 bis 68 AO ... 103–106
aa) Wohlfahrtspflege ... 103–105
bb) Weitere Zweckbetriebe ... 106
V. Ende der Körperschaftsteuerpflicht ... 107–109
C. Steuerobjekt der Körperschaftsteuer ... 1–177
I. Einkommen ... 1–14
1. Einkommensermittlung ... 2–6
2. Einkunftsarten ... 7–12
a) Umqualifizierung in gewerbliche Einkünfte ... 8, 9
b) Keine außerbetriebliche Sphäre bei Kapitalgesellschaften ... 10–12
3. Besonderheiten bei BgA ... 13, 14
II. Nichtabziehbare Aufwendungen ... 15–36
1. Aufwendungen für die Erfüllung von Zwecken der Körperschaft ... 19–23
2. Steuern vom Einkommen und sonstige Steuern ... 24–29
3. Geldstrafen ... 30–33
4. Aufsichtsratsvergütungen ... 34–36
III. Gewerbesteuer ... 37–87
1. Überblick ... 38–40
2. Steuerobjekt und -subjekt der Gewerbesteuer ... 41–54
a) Steuerobjekt ... 41–52
aa) Gewerbebetrieb von Körperschaften ... 44–47
bb) Inlandsbezug ... 48, 49
cc) Mehrere Gewerbebetriebe ... 50–52
b) Steuerschuldner ... 53, 54
3. Gewerbeertrag ... 55–76
a) Ausgangsgröße ... 58–63
aa) Gewinnermittlung nach EStG und KStG ... 58–60
bb) Sonderfälle ... 61–63
b) Hinzurechnungen ... 64–69
aa) Bestimmte Entgelte ... 66–68
bb) Übrige Hinzurechnungen ... 69
c) Kürzungen ... 70–76
aa) Grundbesitz ... 72–75
bb) Übrige Kürzungen ... 76
4. Steuermessbetrag und Festsetzung der Gewerbesteuer ... 77–87
a) Berechnung des Gewerbesteuermessbetrags ... 77–80
b) Festsetzung ... 81–87
aa) Festsetzung des Gewerbesteuermessbetrags ... 81, 82
bb) Festsetzung der Gewerbesteuer ... 83–85
cc) Zerlegung ... 86, 87
IV. Zinsschranke (§ 8a KStG iVm § 4h EStG) ... 88–106
1. Systematik ... 89–93

Rn.
2. Voraussetzungen der Zinsschranke nach § 4h EStG ... 94–98
a) Berechnung ... 95–97
b) Ausnahmen ... 98
3. Spezifikationen für Körperschaften nach § 8a KStG ... 99–103
a) Maßgebliches Einkommen ... 100
b) Rückausnahme zur „Escape-Klausel" ... 101–103
4. Rechtsfolge ... 104–106
V. Körperschaftsteuerliche Organschaft ... 107–177
1. Voraussetzungen ... 111–165
a) Organgesellschaft ... 113–128
aa) Mögliche Gesellschaftsformen ... 113–115
bb) Geschäftsleitung und Sitz ... 116, 117
cc) „Finale Verluste", Symmetriethese ... 118–128
b) Organträger ... 129–141
aa) Mögliche Rechtsformen ... 130–134
bb) Inlandsbezug ... 135, 136
cc) Gewerblichkeit ... 137–141
c) Finanzielle Eingliederung ... 142–151
aa) Mehrheit der Stimmrechte ... 143–145
bb) Mittelbare Beteiligung ... 146–151
d) Gewinnabführungsvertrag ... 152–165
aa) Gewinn- und Verlustabführung ... 153–155
bb) Inhalt des Gewinnabführungsvertrages ... 156–159
cc) Tatsächliche Durchführung ... 160–165
2. Rechtsfolgen ... 166–177
a) Zurechnung des Einkommens ... 166–168
b) Mehr-/Minderabführungen in organschaftlicher Zeit ... 169–171
c) Mehr-/Minderabführungen in vororganschaftlicher Zeit ... 172–174
d) Verfahren ... 175–177
D. Körperschaftsteuerlicher Verlustabzug ... 1–40
I. Grundlagen ... 2–15
1. Historische Entwicklung ... 2–5
2. Einführung des § 8c KStG ... 6–9
3. Verfassungswidrigkeit des § 8c Abs. 1 S. 1 KStG aF ... 10–15
II. Voraussetzungen des § 8c Abs. 1 KStG ... 16–34
1. Entfall des Verlustabzugs ... 17–22
a) Übertragung des gezeichneten Kapitals ... 17, 18
b) Vergleichbarer Sachverhalt ... 19, 20
c) Rechtsfolge ... 21, 22
2. Übersteigen der stillen Reserven ... 23–25
3. Sanierung ... 26–30
4. Konzernklausel ... 31–34
III. Fortführungsgebundener Verlustvortrag ... 35–40
E. Tarif/Ausschüttung ... 1–162
I. Körperschaftsteuertarif ... 1–4
II. Systematik der Besteuerung von Ausschüttungen ... 5–22
1. Anrechnungsverfahren ... 7–12
2. Halbeinkünfteverfahren ... 13–18
3. Teileinkünfteverfahren und gesonderter Steuertarif ... 19–22

Rn.
III. Beteiligung im Betriebsvermögen 23–88
1. Abgrenzung zwischen Betriebs- und Privatvermögen 26–38
a) Betriebsaufspaltung 29–31
b) Einzelgewerbebetrieb 32, 33
c) Mitunternehmerschaft 34–38
2. Kapitalertragsteuer 39–43
a) Anrechnung auf Einkommensteuer 40, 41
b) Ausnahmen von der Erhebung 42, 43
3. Natürliche Person als Anteilseigner 44–61
a) Systemwidrigkeit des § 3c Abs. 2 EStG 46–48
b) Ertraglose Beteiligung 49–52
c) Darlehen 53–56
d) Überlassung von Wirtschaftsgütern 57–61
4. Körperschaft als Anteilseigner (§ 8b KStG) 62–83
a) Systematik 62–65
b) Betriebsausgabenabzugsverbot 66–71
aa) Fiktion von Betriebsausgaben 67, 68
bb) Verfassungsrechtliche Bewertung 69–71
c) Gewinnminderungen 72–83
aa) Teilwertabschreibungen und Veräußerungsverluste 72–74
bb) Gewinnminderungen bei Darlehensforderung 75–81
cc) Fremdvergleich 82, 83
5. Fragen des Feststellungsverfahrens 84–88
IV. Beteiligung im Privatvermögen 89–158
1. Kapitalertragsteuer 90, 91
2. Gesonderter Steuertarif (Abgeltungsteuer) 92–104
a) Wirkung bei Einkünften aus Kapitalvermögen 93, 94
b) Verlustausgleichsverbot 95, 96
c) Werbungskostenabzug 97–99
d) Antragsveranlagung 100–104
3. Ausnahmen vom gesonderten Steuertarif 105–125
a) Veranlagung nach der tariflichen Einkommensteuer 105–110
aa) Günstigerprüfung 105–107
bb) Antrag 108–110
b) Unternehmerische Beteiligung 111–125
aa) Kapitalerträge bei unternehmerischer Beteiligung 112–120
bb) Zinseinkünfte 121–125
4. Veräußerung von Anteilen im Privatvermögen 126–158
a) Ermittlung des Veräußerungsgewinns 129–134
b) Auswirkung von Darlehensverlusten (Uneinbringlichkeit) 135–158
aa) Frühere Rechtsprechung 136–142
bb) Neue Rechtsprechung 143–146
cc) § 17 Abs. 2a EStG nF 147–150
dd) Berücksichtigung bei den Kapitaleinkünften 151–155
ee) Weitere Einschränkungen 156–158
V. Zusammenfassung 159
VI. Belastungsvergleich 160–162
F. Verdeckte Gewinnausschüttung 1–192
I. Überblick 1–28

Rn.

1. Gesetzeszweck 1, 2
2. Belastungsvergleich 3–16
3. Abgrenzung gegenüber anderen Vorschriften 17–28
   a) Abgrenzung zu § 20 Abs. 1 Nr. 1 S. 2 EStG 17–19
   b) Abgrenzung zur Liebhaberei 20, 21
   c) Abgrenzung zu nichtabziehbaren Aufwendungen gem. § 4 Abs. 5 EStG 22–26
   d) Abgrenzung zu § 42 AO 27, 28

II. Voraussetzungen 29–99
1. Vermögensminderung oder verhinderte Vermögensmehrung 31–39
   a) Fallgruppen 31
   b) Vermögensminderung 32–35
   c) Verhinderte Vermögensmehrung 36–39
2. Auswirkung auf die Höhe des Unterschiedsbetrages 40–47
3. Keine offene Ausschüttung 48–50
4. Veranlassung durch das Gesellschaftsverhältnis 51–95
   a) Gesellschafterstellung 53–76
      aa) Zivilrechtlicher Gesellschafter 53–56
      bb) Wirtschaftlicher Eigentümer 57–60
      cc) Treuhand 61–64
      dd) Nahestehende Person 65–73
      ee) Dreiecksverhältnis 74–76
   b) Materieller Fremdvergleich 77–88
      aa) Drei Stufen des Fremdvergleichs 79–85
      bb) Verdoppelung des Fremdvergleichs 86–88
   c) Formeller Fremdvergleich bei beherrschendem Gesellschafter 89–95
5. Eignung für sonstigen Bezug iSd § 20 Abs. 1 Nr. 1 S. 2 EStG 96, 97
6. Zusammenfassung 98, 99

III. Rechtsfolge 100–111
1. Rechtsfolge auf Gesellschafts- und Gesellschafterebene 100–105
2. Zeitpunkt der Erfassung 106–108
3. Bewertung 109–111

IV. Vertiefung: Einzelne Schwerpunktbereiche 112–178
1. Bezüge des Gesellschafter-Geschäftsführers 112–138
   a) Festes Geschäftsführergehalt 114–122
      aa) Rechtsprechung 116, 117
      bb) Finanzverwaltung 118, 119
      cc) Gehaltsstrukturuntersuchungen 120–122
   b) Tantiemen 123–135
      aa) Gewinntantieme 125–127
      bb) Vergleich zu den Gesamtbezügen 128–131
      cc) Umsatztantieme 132, 133
      dd) „Nur-Tantieme“ 134, 135
   c) Zuschläge 136–138
2. Privatnutzung eines Kfz der Gesellschaft 139–152
   a) Erste Stufe: Vorliegen einer Privatnutzung 141–145
   b) Zweite Stufe: Veranlassung durch das Gesellschaftsverhältnis 146–149
   c) Bewertung der vGA 150–152

Rn.
3. Pensionszusagen ... 153–165
a) Voraussetzungen des § 6a EStG ... 156, 157
b) Bewertung der Pensionsrückstellung ... 158–161
c) Steuerrechtliche Voraussetzungen – Nachzahlungsverbot ... 162–165
4. Darlehen ... 166–175
a) Vermögensminderung ... 167–169
b) Veranlassung durch das Gesellschaftsverhältnis ... 170–173
c) Einzelfälle ... 174, 175
5. Geschäftschancen ... 176–178
V. Verfahrensrecht ... 179–192
1. Formelle und materielle Korrespondenz ... 179–185
a) Formelle Korrespondenz ... 179–181
b) Materielle Korrespondenz ... 182–185
2. Beweislastumkehrregeln ... 186–192
a) Anscheinsbeweise ... 188
b) Beweislast der Finanzverwaltung ... 189
c) Sonderfall: Hinzuschätzungen ... 190–192
G. Verdeckte Einlage ... 1–46
I. Überblick ... 1, 2
II. Voraussetzungen ... 3–21
1. Bilanzierbarer Vermögensvorteil ... 4–10
a) Vermögensmehrung oder verhinderte Vermögensminderung ... 5–7
b) Bilanzierbarkeit ... 8–10
aa) Maßstab des Bilanzrechts ... 8
bb) Sonderfall: Gebrauchs- und Nutzungsvorteile ... 9, 10
2. Ursache im Gesellschaftsverhältnis ... 11–18
a) Gesellschafterstellung ... 12
b) Materieller Fremdvergleich ... 13, 14
c) Sonderfall: Nahestehende Personen ... 15–18
3. Ohne Entgelt in Gestalt von Gesellschaftsrechten ... 19–21
III. Rechtsfolge ... 22–35
1. Rechtsfolge für die Gesellschaft ... 22–26
2. Rechtsfolge für den Gesellschafter ... 27–35
a) Beteiligung im Privatvermögen ... 27–31
b) Beteiligung im Betriebsvermögen ... 32–35
IV. Verfahrensrecht ... 36–46
1. Formelle Korrespondenz ... 37, 38
2. Materielle Korrespondenz ... 39–46
a) Systematische Gründe ... 41–44
b) Dreiecksverhältnis ... 45, 46
H. Das steuerliche Einlagekonto ... 1–69
I. Feststellung des Bestands des steuerlichen Einlagekontos ... 6–44
1. Bedeutung ... 6–10
2. Ermittlung des steuerlichen Einlagekontos ... 11–31
a) Begriff der Einlage ... 14–17
b) Fortschreibung des Einlagekontos ... 18–22
c) Verwendungsreihenfolge ... 23–31
3. Verfahren ... 32–34

Rn.
4. Bescheinigung über die Verwendung ... 35–44
a) Bedeutung und Inhalt der Bescheinigung ... 35–38
b) Materielle Präklusionswirkung bei Fehlern ... 39–44
II. Möglichkeiten der späteren Berichtigung ... 45–69
1. Voraussetzungen der Berichtigung ... 51–55
2. Fallgruppen der Berichtigung ... 56–69
a) Positive Berichtigung ... 56–61
b) Keine Berichtigung ... 62–69

Stichwortverzeichnis ... 161

Literaturverzeichnis

Beck'scher Bilanz-Kommentar, Handelsbilanz Steuerbilanz, 14. Auflage 2024 (abgekürzt: BeBiKo)

Birk/Desens/Tappe, Steuerrecht, 26. Auflage 2023

Bott/Walter, Körperschaftsteuergesetz, Loseblatt Stand Oktober 2024

Brandis/Heuermann, Ertragsteuerrecht, Kommentar, Loseblatt Stand September 2024

Dötsch/Pung/Möhlenbrock, Die Körperschaftsteuer, Kommentar, Loseblatt Stand September 2024 (abgekürzt: DPM)

Frotscher/Drüen, Körperschaftsteuergesetz, Gewerbesteuergesetz, Umwandlungsteuergesetz, Kommentar, Loseblatt Stand September 2024

Glanegger/Güroff, Gewerbesteuergesetz, Kommentar, 11. Auflage 2023

Gosch, Abgabenordnung, Finanzgerichtsordnung, Kommentar, Loseblatt Stand Mai 2024

Gosch, Körperschaftsteuergesetz, Kommentar, 4. Auflage 2020

Herrmann/Heuer/Raupach, Einkommensteuergesetz, Körperschaftsteuergesetz, Kommentar, Loseblatt Stand September 2024 (abgekürzt: HHR)

Hübschmann/Hepp/Spitaler, Abgabenordnung, Finanzgerichtsordnung, Kommentar, Loseblatt Stand Oktober 2024 (abgekürzt: HHSp)

Kirchhof/Seer, Einkommensteuergesetz, Kommentar, 23. Auflage 2024

Kirchhof/Söhn/Mellinghoff, Einkommensteuergesetz, Kommentar, Loseblatt Stand November 2024 (abgekürzt: KSM)

Kirchhof/Kulosa/Ratschow, Beck'scher Online-Kommentar zum Einkommensteuergesetz (abgekürzt: BeckOK EStG), 20. Edition, Stand November 2024

Klein, Abgabenordnung, Kommentar, 17. Auflage 2023

Knobbe-Keuk, Bilanz- und Unternehmensteuerrecht, 9. Auflage 1993

Koenig, Abgabenordnung, Kommentar, 5. Auflage 2024

Lenski/Steinberg, Gewerbesteuergesetz, Kommentar, Loseblatt Stand August 2024

Lüdicke/Sistermann, Unternehmensteuerrecht, 2. Auflage 2018

Micker/Pohl, Beck'scher Online-Kommentar zum Körperschaftsteuergesetz (abgekürzt: BeckOK KStG), 22. Edition, Stand September 2024

Mössner/Oellerich/Valta, Körperschaftsteuergesetz, Kommentar, 5. Auflage 2021 (abgekürzt: MOV)

Münchener Kommentar zum Bilanzrecht, 1. Auflage 2013 (abgekürzt: MüKoBilanzR)

Münchener Kommentar zum HGB, 5. Auflage 2024 (abgekürzt: MüKoHGB)

Rödder/Herlinghaus/Neumann, Körperschaftsteuergesetz, Kommentar, 2. Auflage 2023 (abgekürzt: RHN)

Schauhoff/Kirchhain, Handbuch der Gemeinnützigkeit, 4. Auflage 2023 (abgekürzt: Schauhoff/Kirchhain Gemeinnützigkeits-HdB)

Schmidt, Einkommensteuergesetz, Kommentar, 43. Auflage 2024, und 33. Auflage 2014

Schmitz-Herscheidt, Beschränkung der Verlustberücksichtigung bei der Umstrukturierung von Körperschaften, Dissertation, 2004

Schnitger/Fehrenbacher, Körperschaftsteuergesetz, Kommentar, 2. Auflage 2018

Streck, Körperschaftsteuergesetz, Kommentar, 10. Auflage 2022

Tipke/Kruse, Abgabenordnung, Finanzgerichtsordnung, Kommentar, Loseblatt Stand August 2024

Tipke/Lang, Steuerrecht, 24. Auflage 2021 (abgekürzt: Tipke/Lang SteuerR)

Abkürzungsverzeichnis

aA	anderer Ansicht
aaO	am angegebenen Ort
ABl.	Amtsblatt der Europäischen Union
Abs.	Absatz
AdV	Aussetzung der Vollziehung
aE	am Ende
AEAO	Anwendungserlass zur Abgabenordnung
AEUV	Vertrag über die Arbeitsweise der Europäischen Union
aF	alte Fassung
AfA	Absetzung für Abnutzung
AG	Aktiengesellschaft
AktG	Aktiengesetz
Alt.	Alternative
Anm.	Anmerkung
anrechenb.	anrechenbar(e)
AO	Abgabenordnung
Art.	Artikel
AStG	Außensteuergesetz
Aufl.	Auflage
BB	Betriebsberater (Zeitschrift)
BeBiKo	Beck'scher Bilanz-Kommentar HGB
BeckOK	Beck'scher Online-Kommentar
Beil.	Beilage
Bemessungsgrundl.	Bemessungsgrundlage
BerechnungsVO	Verordnung über wohnungswirtschaftliche Berechnungen nach dem Zweiten Wohnungsbaugesetz
BFH	Bundesfinanzhof
BFHE	Sammlung der Entscheidungen des BFH
BFH/NV	Sammlung amtlich nicht veröffentlichter Entscheidungen des Bundesfinanzhofs
BgA	Betrieb gewerblicher Art
BGB	Bürgerliches Gesetzbuch
BGB-Gesellschaft	Gesellschaft Bürgerlichen Rechts
BGBl.	Bundesgesetzblatt
BGH	Bundesgerichtshof
BGHZ	Amtliche Sammlung der Entscheidungen des Bundesgerichtshofs in Zivilsachen
BMF	Bundesministerium der Finanzen
BR	Bundesrat
bspw.	beispielsweise
BStBl.	Bundessteuerblatt
BT	Bundestag
BT-Drs.	Bundestags-Drucksache
Buchst.	Buchstabe
BVerfG	Bundesverfassungsgericht
BVerfGE	Amtliche Sammlung der Entscheidungen des Bundesverfassungsgerichts
BVerwG	Bundesverwaltungsgericht
BVerwGE	Amtliche Sammlung der Entscheidungen des Bundesverwaltungsgerichts
bzw.	beziehungsweise

DB	Der Betrieb (Zeitschrift)
DBA	Doppelbesteuerungsabkommen
d.h.	das heißt
Diss.	Dissertation
DPM	Dötsch/Pung/Möhlenbrock, Die Körperschaftsteuer
Drucks.	Drucksache
DStR	Deutsches Steuerrecht (Zeitschrift)
DStRE	Deutsches Steuerrecht Entscheidungsdienst
DStZ	Deutsche Steuer-Zeitung
EBIT	Earnings before interest and taxes
EBITDA	Earnings before interest, taxes, depreciation and amortisation
EFG	Entscheidungen der Finanzgerichte (Zeitschrift)
e.G.	eingetragene Genossenschaft
EG	Vertrag zur Gründung der Europäischen Gemeinschaft
EGAktG	Einführungsgesetz zum Aktiengesetz
EGAO	Einführungsgesetz zur Abgabenordnung
EK	Eigenkapital
entspr.	Entsprechend
ErbStG	Erbschaft- und Schenkungsteuergesetz
ESt	Einkommensteuer
EStDV	Einkommensteuer-Durchführungsverordnung
EStG	Einkommensteuergesetz
EStR	Einkommensteuer-Richtlinien
EU	Europäische Union
EuG	Gericht der Europäischen Union
EuGH	Gerichtshof der Europäischen Union
EuZW	Europäische Zeitschrift für Wirtschaftsrecht (Zeitschrift)
EWR	Europäischer Wirtschaftsraum
e.V.	eingetragener Verein
FA	Finanzamt
f.	für
ff.	folgende
FG	Finanzgericht
FGO	Finanzgerichtsordnung
Fn.	Fußnote
FR	Finanzrundschau Ertragsteuerrecht (Zeitschrift)
FS	Festschrift
GAV	Gewinnabführungsvertrag
GbR	Gesellschaft Bürgerlichen Rechts
GeFü	Geschäftsführer
gem.	gemäß
GenG	Genossenschaftsgesetz
GemeinnützigkeitsHB	Handbuch der Gemeinnützigkeit
GewO	Gewerbeordnung
GewSt	Gewerbesteuer
GewStG	Gewerbesteuergesetz
GewStDV	Gewerbesteuerdurchführungsverordnung
GewStR	Gewerbesteuer-Richtlinien (Richtlinienteil)
GewStH	Gewerbesteuer-Richtlinien (Hinweisteil)
GG	Grundgesetz
gl. A.	gleiche Ansicht
GmbH	Gesellschaft mit beschränkter Haftung
GmbHG	Gesetz betreffend die Gesellschaften mit beschränkter Haftung
GmbHR	GmbH-Rundschau (Zeitschrift)
GrS	Großer Senat
GWG	Geringwertige Wirtschaftsgüter

Hs.	Halbsatz
HdB	Handbuch
HFR	Höchstrichterliche Finanzrechtsprechung (Zeitschrift)
HGB	Handelsgesetzbuch
HHR	Herrmann/Heuer/Raupach, EStG, KStG, Kommentar
HHSp	Hübschmann/Hepp/Spitaler, AO, FGO, Kommentar
hM	herrschende Meinung
Hrsg.	Herausgeber
idF	in der Fassung
iHv	in Höhe von
insb.	insbesondere
InsO	Insolvenzordnung
InvStG	Investmentsteuergesetz
idS	in diesem Sinne
iSd	im Sinne des/der
iVm	in Verbindung mit
JStG	Jahressteuergesetz
Kap.	Kapitel
KfW	Kreditanstalt für Wiederaufbau
Kfz	Kraftfahrzeug
KG	Kommanditgesellschaft
KGaA	Kommanditgesellschaft auf Aktien
KöMoG	Gesetz zur Modernisierung des Körperschaftsteuerrechts
Korb-II-Gesetz	Gesetz zur Umsetzung der Protokollerklärung der Bundesregierung zur Vermittlungsempfehlung zum Steuervergünstigungsabbaugesetz
KSM	Kirchhof/Söhn/Mellinghoff, EStG, Kommentar
KSt	Körperschaftsteuer
KStG	Körperschaftsteuergesetz
KStR	Körperschaftsteuer-Richtlinien (Richtlinienteil)
KStH	Körperschaftsteuer-Richtlinien (Hinweisteil)
MoMiG	Gesetz zur Modernisierung des GmbH-Rechts und zur Bekämpfung von Missbräuchen
MoPeG	Gesetz zur Modernisierung des Personengesellschaftsrechts
MOV	Mössner/Oellerich/Valta, KStG, Kommentar
MüKoBilanzR	Münchener Kommentar zum Bilanzrecht
MüKoHGB	Münchener Kommentar zum HGB
mwN	mit weiteren Nachweisen
nF	neue Fassung
NJW	Neue Juristische Wochenschrift
Nr.	Nummer
NRW	Nordrhein-Westfalen
NVwZ	Neue Zeitschrift für Verwaltungsrecht (Zeitschrift)
NWB	Neue Wirtschafts-Briefe (Zeitschrift)
NZG	Neue Zeitschrift für Gesellschaftsrecht (Zeitschrift)
NZV	Neue Zeitschrift für Verwaltungsrecht (Zeitschrift)
OFD	Oberfinanzdirektion
OHG	offene Handelsgesellschaft
ParteiG	Parteiengesetz
Rev.	Revision
RFH	Reichsfinanzhof
RHN	Rödder/Herlinghaus/Neumann, KStG, Kommentar

rkr.	rechtskräftig
Rn.	Randnummer
Rspr.	Rechtsprechung
S.	Satz/Seite
SEStEG	Gesetz über steuerliche Begleitmaßnahmen zur Einführung der Europäischen Gesellschaft und zur Änderung weiterer steuerrechtlicher Vorschriften
SGB	Sozialgesetzbuch
SolZ	Solidaritätszuschlag
SolZG	Solidaritätszuschlagsgesetz
StAnpG	Steueranpassungsgesetz
Stbg.	Die Steuerberatung (Zeitschrift)
SteuerR	Steuerrecht
str.	strittig
st. Rspr.	ständige Rechtsprechung
StuW	Steuer und Wirtschaft (Zeitschrift)
Tz.	Textziffer
ua	unter anderem
Ubg	Die Unternehmensbesteuerung (Zeitschrift)
UmwStG	Umwandlungsteuergesetz
UnternehmenStR	Unternehmensteuerrecht
UntStFortG	Gesetz zur Fortentwicklung des Unternehmensteuerrechts
USA	Vereinigte Staaten von Amerika
USt	Umsatzsteuer
UStG	Umsatzsteuergesetz
VAG	Versicherungsaufsichtsgesetz
vE	verdeckte Einlage
Verf.	Verfasser
VG	Verwaltungsgericht
vGA	verdeckte Gewinnausschüttung
VO	Verordnung
VZ	Veranlagungszeitraum
zB	zum Beispiel
ZIP	Zeitschrift für Wirtschaftsrecht (Zeitschrift)
zzgl.	zuzüglich

A. Systematik

Zwischen Körperschaft und Anteilseigner gilt das **Trennungsprinzip.** Dieses besagt, dass sich Körperschaft und Anteilseigner grundsätzlich wie fremde Dritte gegenüberstehen.[1] Sie verfügen über getrennte Vermögenssphären und werden auch getrennt voneinander besteuert. Die Körperschaft unterliegt der Körperschaftsteuer, der Anteilseigner unterliegt nur dann der Körperschaftsteuer, wenn er selbst eine Körperschaft ist. Ist er eine natürliche Person oder Personengesellschaft, unterliegt er der Einkommensteuer. 1

Dagegen werden Personengesellschaften – auch nach dem MoPeG[2] – nach dem **Transparenzprinzip** besteuert.[3] Bei ihnen werden auf der Ebene der Personengesellschaft lediglich die Besteuerungsgrundlagen ermittelt (§ 180 Abs. 1 S. 1 Nr. 2 Buchst. a AO), die sodann den einzelnen Gesellschaftern zugerechnet werden. Eine Personengesellschaft ist daher kein Einkommensteuersubjekt, sondern die einzelnen Gesellschafter sind die Einkommensteuersubjekte (bzw. Körperschaftsteuersubjekte, sofern eine Körperschaft Gesellschafterin der Personengesellschaft ist). Eine weitere Konsequenz der Transparenz ist, dass Leistungen der Personengesellschaft an die Gesellschafter sich nicht nur auf einer Ebene auswirken, sondern dem Gesamtgewinn der Gesellschafter gem. § 15 Abs. 1 S. 1 Nr. 2, 2. Alt. EStG als „Vergütungen" hinzugerechnet und auf Gesellschaftsebene festgestellt werden. 2

Diese Unterschiede zwischen Körperschaft- und Einkommensteuer bei Kapital- und Personengesellschaften führen zu einem „Dualismus der Unternehmensbesteuerung", weswegen das Unternehmensteuerrecht nicht rechtsformneutral ist. 3

Ein wesentliches Ziel des Körperschaftsteuersystems ist es, eine wirtschaftliche Doppelbelastung auf Ebene der Körperschaft und des Anteilseigners zu vermeiden. Die volle Doppelbelastung mit Körperschaft- und Einkommensteuer könnte zwar damit gerechtfertigt werden, dass Körperschaft und Anteilseigner eigenständige Rechtssubjekte sind. Eine volle Doppelbelastung schränkt aber die Wettbewerbsfähigkeit der Körperschaften erheblich ein. 4

Während das frühere „Anrechnungsverfahren" zu einer vollständigen Aufhebung der Doppelbelastung im Rahmen des Trennungsprinzips geführt hat – aber europarechtswidrig war –,[4] mildert das derzeitige **Teileinkünfteverfahren** die wirtschaftliche Doppelbelastung zumindest erheblich ab. Aufgrund seiner pauschalierenden Wirkung führt es nicht immer zu einer vollständigen Neutralisierung der Doppelbelastung. Die Entlastungswirkung kann in unterschiedlichen Konstellationen unterschiedlich effizient sein. 5

Das BVerfG hat zum **Trennungsprinzip** mit Beschluss vom 29.3.2017 Folgendes ausgeführt:[5] 6

„Der Gesetzgeber erkennt Körperschaften im Sinne von § 1 KStG, insbesondere Kapitalgesellschaften, eine eigenständige und objektive Leistungsfähigkeit zu, die

---

[1] Tipke/Lang SteuerR/Hey § 11 Rn. 1.

[2] Gesetz zur Modernisierung des Personengesellschaftsrechts (MoPeG) vom 10.8.2021, BGBl. 2021 I 3436.

[3] Die Fortgeltung des Transparenzprinzips nach dem MoPeG wurde sichergestellt durch das Kreditzweitmarktförderungsgesetz vom 22.12.2023, BGBl. 2023 I Nr. 411, ua durch Anpassung des § 39 Abs. 2 Nr. 2 und des § 181 Abs. 2 S. 1 Nr. 1 AO.

[4] Dazu unten → Kap. E Rn. 10, 11.

[5] BVerfG 29.3.2017 – 2 BvL 6/11, BVerfGE 145, 106, BStBl. II 2017, 1082, Rn. 110–111, 114.

von der individuellen und subjektiven Leistungsfähigkeit der hinter der Kapitalgesellschaft stehenden Personen getrennt ist und unabhängig von dieser besteuert wird (BVerfGE 116, 164 (199)). Er misst die Leistungsfähigkeit der Kapitalgesellschaft nach deren Einkommen (§§ 7f. KStG) und damit nach der Ertragskraft des Unternehmens (vgl. BVerfGE 127, 224 (248)).
Damit behandelt der Gesetzgeber unternehmerische Tätigkeiten steuerlich unterschiedlich je nachdem, ob sie in Gestalt von Personen- oder Kapitalgesellschaften ausgeübt werden. Während Gewinne aus einer unternehmerischen Tätigkeit in Form einer Personengesellschaft den Gesellschaftern zugerechnet werden, folgt der Gesetzgeber bei der Kapitalgesellschaft einer formellen Betrachtungsweise, die die rechtliche Selbstständigkeit der Kapitalgesellschaft gegenüber den dahinter stehenden Personen betont und in den Vordergrund rückt (Trennungsprinzip). […]
Die auf diese Weise bewirkte stärkere Abschirmung der Vermögenssphäre einer Kapitalgesellschaft gegenüber ihren Anteilseignern hat zur Folge, dass in der abgeschirmten Vermögenssphäre eine eigenständige Leistungsfähigkeit entsteht, die getrennt von der individuellen Leistungsfähigkeit der hinter der Kapitalgesellschaft stehenden Personen besteuert werden darf (vgl. BVerfGE 116, 164 (198f.); 127, 224 (250); Drüen, GmbHR 2008, 393 (398)). Das gilt unabhängig davon, ob eine dadurch drohende Doppelbelastung der auf der Ebene der Körperschaft erwirtschafteten Gewinne durch die Erhebung der Körperschaftsteuer einerseits und der Einkommensteuer bei der Ausschüttung an den Gesellschafter andererseits im Wege einer Anrechnung der Körperschaftsteuer auf die Einkommensteuer – wie bei dem bis zum Jahr 2000 geltenden Anrechnungsverfahren (vgl. dazu BVerfGE 125, 1 (2ff.)) – oder – wie beim Halb- oder Teileinkünfteverfahren (vgl. dazu BVerfGE 127, 224 (228f.)) – in pauschaler Form im Wege einer Entlastung sowohl auf der Körperschaftsebene als auch auf der Ebene der Anteilseigner vermieden wird.“

B. Steuersubjekt der Körperschaftsteuer

I. Unbeschränkte Steuerpflicht

1. Arten von Körperschaften gem. § 1 Abs. 1 Nr. 1 bis 6 KStG

Unbeschränkt körperschaftsteuerpflichtig sind gem. § 1 Abs. 1 Nr. 1 bis 6 KStG 1
die folgenden Körperschaften, Personenvereinigungen und Vermögensmassen, die ihre Geschäftsleitung oder ihren Sitz im Inland haben. Die Aufzählung ist abschließend und einer analogen Anwendung nicht zugänglich.[1]

a) Kapitalgesellschaften (§ 1 Abs. 1 Nr. 1)

aa) Begriff der Kapitalgesellschaft

Der Begriff der Kapitalgesellschaft ist nicht abstrakt definiert. Vielmehr hat der 2
Gesetzgeber in § 1 Abs. 1 Nr. 1 KStG eine Aufzählung vorgenommen, nämlich Europäische Gesellschaften, Aktiengesellschaften, Kommanditgesellschaften auf Aktien und GmbH's. Dieser Aufzählung kommt der Charakter von Regelbeispielen zu. Sie ist nicht abschließend, was an dem Wort „insbesondere" deutlich wird.

§ 1 Abs. 1 Nr. 1 KStG knüpft an zivilrechtliche Ordnungsstrukturen an. Es ist 3
also nach dem jeweiligen Gesellschaftsrecht zu beurteilen, ob eine Kapitalgesellschaft wirksam gegründet worden ist und existiert. Dies ist im Verwaltungsverfahren oder im finanzgerichtlichen Verfahren eigenständig zu beurteilen. Es existiert keine Bindungswirkung, zB von früheren behördlichen Entscheidungen.[2]

Die Steuerpflicht beginnt bei Kapitalgesellschaften nicht erst mit der Erlangung 4
der Rechtsfähigkeit durch die Eintragung in das Handelsregister (zB § 11 GmbHG, §§ 39ff. AktG), sondern erstreckt sich auch auf die mit Abschluss des notariellen Gesellschaftsvertrages oder durch notarielle Feststellung der Satzung errichtete **Vorgesellschaft,** dh die Kapitalgesellschaft im Gründungsstadium.[3] Demgegenüber ist die **Vorgründungsgesellschaft** – vor Abschluss des Gesellschaftsvertrags – kein Körperschaftsteuersubjekt iSd § 1 Abs. 1 KStG, sondern entsprechend der zivilrechtlichen Qualifikation als BGB-Gesellschaft zu verstehen.

bb) Ausländische Kapitalgesellschaften

Das Wort „insbesondere" in § 1 Abs. 1 Nr. 1 KStG, welches durch das SEStEG[4] 5
eingefügt wurde, eröffnet die Möglichkeit, Gesellschaften, die nicht nach deutschem und europäischem Recht gegründet worden sind, den Kapitalgesellschaften gleichzustellen. Dabei kommt es auf einen sog. **Typenvergleich** an.[5] Das BMF hat eine Liste von ausländischen Gesellschaftsformen herausgegeben, die dem Typenvergleich entsprechen.[6]

---

[1] BFH 25.6.1984 – GrS 4/82, BStBl. II 1984, 751; KStR 1.1 Abs. 1.

[2] BFH 29.1.2003 – I R 106/00, BFH/NV 2003, 868.

[3] BFH 14.10.1992 – I R 17/92, BStBl. II 1993, 352; KStH 1.1, Stichwort „Beginn der Steuerpflicht".

[4] Gesetz über steuerliche Begleitmaßnahmen zur Einführung der Europäischen Gesellschaft und zur Änderung weiterer steuerrechtlicher Vorschriften vom 7.12.2006, BGBl. 2006 I 2782.

[5] BFH 8.2.2017 – I R 55/14, BFH/NV 2017, 1588, Rn. 14; BFH 25.10.2016 – I R 54/14, BFHE 256, 66; BFH 23.6.1992 – IX R 182/87, BStBl. II 1992, 972.

[6] Für eine Zusammenstellung ausländischer Gesellschaften, die diesen Kriterien entsprechen, vgl. Anlagen 1 und 2 zum BMF 24.12.1999, BStBl. I 1999, 1076. Ein Beispiel für eine in Liechtenstein

6 (1) Bei dem Typenvergleich kommt es nach ständiger BFH-Rechtsprechung nicht auf die zivilrechtliche Rechtsfähigkeit an, sondern lediglich darauf, ob die ausländische Gesellschaft nach ihrer wirtschaftlichen und rechtlichen **Struktur** einem im Inland körperschaftsteuerpflichtigen Rechtsgebilde entspricht.[7] Dies führt dazu, dass eine im Inland nicht rechtsfähige (→ Rn. 8 ff.) Drittstaaten-Kapitalgesellschaft (zB eine britische Limited nach dem Austritt des Vereinigten Königreichs von Großbritannien und Nordirland aus der EU) in Deutschland nicht rechtsfähig, aber aufgrund des Typenvergleichs Körperschaftsteuersubjekt ist.[8] Der Gesetzgeber[9] hat hierzu eine Klarstellung in **§ 8 Abs. 1 S. 4 KStG** geschaffen. Demnach sind bei Körperschaften mit Sitz im Ausland, deren Ort der Geschäftsleitung im Inland belegen ist und die nach inländischem Gesellschaftsrecht mangels Rechtsfähigkeit nicht als juristische Person zu behandeln sind, Leistungen und Leistungsversprechen zwischen der Körperschaft und Personen, die aus dieser Körperschaft Einkünfte erzielen, für Zwecke der Durchführung der Besteuerung mit Ertragsteuern wie Leistungen und Leistungsversprechen zwischen einer rechtsfähigen Körperschaft und deren Anteilseignern zu behandeln. Dadurch wird sichergestellt, dass die ausländische Körperschaft und ihre Anteilseigner so behandelt werden, als würde es sich um eine rechtsfähige Körperschaft handeln.

7 Bei der Frage, ob auch die **Ausschüttungen** einer ausländischen Gesellschaft wie inländische Ausschüttungen behandelt werden können (§ 8b Abs. 1 KStG, § 3 Nr. 40 EStG),[10] verlangt die Rechtsprechung, dass sowohl das ausländische Rechtsgebilde als auch die konkrete Beteiligungsform des Steuerpflichtigen vom Typ her den Gesellschafts- und Beteiligungsformen gleichen, die in diesen Regelungen angeführt werden.[11]

8 (2) Exkurs: Von der Frage der Körperschaftsteuerpflicht zu unterscheiden ist die Frage, ob eine ausländische Gesellschaft im Inland (zivilrechtlich) rechtsfähig ist. Nach der sog. **Gründungstheorie** ist eine Gesellschaft rechtsfähig, wenn sie in einem Vertragsstaat der EU oder des EWR wirksam gegründet worden ist.[12] Dies folgt aus der Niederlassungsfreiheit gem. Art. 54 AEUV.

9 Für Gesellschaften außerhalb der EU und des EWR gilt hingegen die **Sitztheorie.** Haben Kapitalgesellschaften, die nach ausländischem Recht gegründet wurden, ihren Sitz im Inland, können sie im Regelfall mangels Einhaltung der inländischen Gründungsvorschriften für Kapitalgesellschaften zivilrechtlich nicht als solche betrachtet werden.[13] Solche Gesellschaften werden als (teil-)rechtsfähige Personengesellschaften behandelt, sodass es insbesondere nicht zu einer haftungsrechtlichen

---

ansässige Gesellschaft findet sich im BFH 14.9.2022 – I R 47/19, BFHE 278, 160, BStBl. II 2023, 443, Vorinstanz FG Münster 14.8.2019 – 13 K 3170/17 K, EFG 2019, 1705.

[7] BFH 13.10.2021 – I B 31/21, BFH/NV 2022, 357, Rn. 8.

[8] BFH 13.10.2021 – I B 31/21, BFH/NV 2022, 357, Rn. 8.

[9] Gesetz zur Abwehr von Steuervermeidung und unfairem Steuerwettbewerb und zur Änderung weiterer Gesetze (StAbwG) vom 25.6.2021, BGBl. 2021 I 2056.

[10] → Kap. E Rn. 44 ff. und → Kap. E Rn. 62 ff.

[11] BFH 18.5.2021 – I R 12/18, BFH/NV 2021, 1043, BStBl. II 2021, 875; BFH 20.8.2008 – I R 34/08, BFHE 222, 521, BStBl. II 2009, 263.

[12] BGH 29.1.2003 – VIII ZR 155/02, BGHZ 153, 353, zur Partei- und Prozessfähigkeit einer in den Vereinigten Staaten von Amerika gegründeten Gesellschaft mit Verwaltungssitz in der Bundesrepublik Deutschland aufgrund des deutsch-amerikanischen Freundschaftsvertrages, im Anschluss an EuGH 5.11.2002 – C 208/00, NJW 2002, 3614 – Überseering; vgl. auch BFH 8.1.2019 – II B 62/18, BFH/NV 2019, 293, Rn. 26; FG Münster 12.4.2019 – 13 K 3645/16 G, EFG 2019, 1317, Rn. 37.

[13] BFH 8.1.2019 – II B 62/18, BFH/NV 2019, 293, Rn. 27; FG Münster 12.4.2019 – 13 K 3645/16 G, EFG 2019, 1317, Rn. 38.

Abschirmwirkung kommt.[14] Aufgrund des Gesetzes zur Modernisierung des Personengesellschaftsrechts (MoPeG)[15] können aber auch Personengesellschaften inzwischen rechtsfähige Gesellschaften sein (§ 705 Abs. 2 BGB).

Verfahrensrechtlich wird die Behandlung ausländischer Gesellschaften als rechtsfähige Gesellschaften durch § 14b Abs. 1 AO gesichert. Satz 1 regelt: Ist eine Körperschaft mit Sitz (§ 11 AO) im Ausland und Ort der Geschäftsleitung (§ 10 AO) im Geltungsbereich dieses Gesetzes nach dem Recht des Staates, in dem sie ihren Sitz hat, rechtsfähig, sind Verwaltungsakte an sie zu richten, soweit sie nach den Steuergesetzen Steuerschuldner ist. Dies gilt nach § 14b Abs. 1 S. 2 AO auch dann, wenn sie nach inländischem Gesellschaftsrecht mangels Rechtsfähigkeit nicht als juristische Person zu behandeln ist. **10**

b) Optierende Gesellschaften (§ 1 Abs. 1 Nr. 1, § 1a)

Durch das Gesetz zur Modernisierung des Körperschaftsteuerrechts (KöMoG)[16] **11** wurde das sog. Optionsmodell eingeführt (§ 1a KStG).

Das Optionsmodell ermöglicht es einer Personenhandelsgesellschaft, Partner- **12** schaftsgesellschaft oder eingetragenen Gesellschaft bürgerlichen Rechts,[17] wie eine Kapitalgesellschaft und ihren Gesellschaftern, wie die Anteilseigner einer Kapitalgesellschaft behandelt zu werden (§ 1a Abs. 1 S. 1 KStG). Die Personenhandelsgesellschaft wird hierdurch für steuerliche Zwecke (fiktiv) einer Kapitalgesellschaft gleichgestellt. Ziel ist also die **rechtsformunabhängige Besteuerung.**

Bedeutung erhält das Optionsmodell im Hinblick auf die Möglichkeit einer Ge- **13** winnthesaurierung.[18] Es kommt zunächst nicht mehr zu einer Besteuerung der Gesellschafter der Personenhandelsgesellschaft, sondern erst dann, wenn sie eine Ausschüttung beschließen. Zwar kann schon seit längerer Zeit eine Personenhandelsgesellschaft eine steuerliche Begünstigung für nicht entnommene Gewinne gem. § 34a EStG (Sondertarif: 28,25 %) erreichen. Dies führt jedoch nicht zu einer echten rechtsformunabhängigen Besteuerung, da etwa die auf die Einkünfte der Personengesellschaft entfallenden Steuern als entnommen gelten und somit dem regulären Steuertarif unterliegen. Außerdem wird in der Praxis von der sog. **Thesaurierungsbesteuerung** aufgrund ihrer Komplexität nur selten Gebrauch gemacht.[19] Das Optionsmodell sollte Abhilfe schaffen.

§ 1a KStG hat die folgende **Struktur:**[20] **14**

- § 1a Abs. 1 KStG regelt den persönlichen Anwendungsbereich der Optionsmöglichkeit und die konkreten Details zur wirksamen Antragstellung (zuständige Finanzbehörde, Frist und Form auf amtlich vorgeschriebenem Datensatz).
- § 1a Abs. 2 S. 1 KStG legt fest, dass die Optionsausübung rechtlich grundsätzlich wie ein Formwechsel einer Personengesellschaft in eine Kapitalgesellschaft gem. § 1 Abs. 3 Nr. 3 UmwStG (fiktiver Formwechsel) zu behandeln ist. Es gelten aber

---

[14] BGH 1.7.2002 – II ZR 380/00, BGHZ 151, 204, unter II.1.; BGH 27.10.2008 – II ZR 158/06, BGHZ 178, 192 – Trabrennbahn, unter I.1.c; FG Münster 12.4.2019 – 13 K 3645/16 G, EFG 2019, 1317, Rn. 38.

[15] Gesetz vom 10.8.2021, BGBl. 2021 I 3436.

[16] Gesetz vom 25.6.2021, BGBl. 2021 I 2050. Das Gesetz trat in Bezug auf § 1a KStG am 1.7.2021 in Kraft, Art. 12 Abs. 2 KöMoG. Geändert wurde § 1a KStG durch das Wachstumschancengesetz vom 27.3.2024, BGBl. I 2024 Nr. 108.

[17] Die Option für die BGB-Gesellschaft wurde durch das Wachstumschancengesetz in § 1a Abs. 1 KStG eingefügt.

[18] Brandis/Heuermann/Wackerbeck KStG § 1a Rn. 5.

[19] BT-Drs. 19/6308, 7: „In den Jahren 2012 bis 2014 betrugen die Fallzahlen zwischen 6.762 und 6.271.".

[20] Brandis/Heuermann/Wackerbeck KStG § 1a Rn. 1; ausführlich DStR-Beihefter 2021 zu Heft 41.

gewisse Besonderheiten hinsichtlich des Einbringungszeitpunkts (Ende des Wirtschaftsjahres, § 1a Abs. 2 S. 3 KStG) und des auszuweisenden Eigenkapitals (Erfassung im steuerlichen Einlagekonto, § 1a Abs. 2 S. 4 KStG).
- § 1a Abs. 3 KStG befasst sich mit der steuerlichen Behandlung der Gesellschafter der optierenden Personengesellschaft. So führen etwa durch das Gesellschaftsverhältnis veranlasste Einnahmen zu Einkünften aus Kapitalvermögen iSd § 20 Abs. 1 Nr. 1 EStG (§ 1a Abs. 3 S. 2 Nr. 1 KStG) und Einnahmen des Gesellschafters für seine Tätigkeit im Dienst der Gesellschaft zu Einkünften aus nicht selbstständiger Arbeit iSd § 19 EStG (§ 1a Abs. 3 S. 2 Nr. 2 KStG).
- In § 1a Abs. 4 KStG sind die rechtlichen Voraussetzungen für eine Rückoption geregelt.

15 Die Ausübung der Option hat zur Folge, dass die optierende Gesellschaft durch den Formwechsel gem. § 25 S. 1, § 23 Abs. 1, § 12 Abs. 3, § 4 Abs. 2 und 3 UmwStG in die steuerliche Rechtsstellung der Personengesellschaft eintritt (sog. Fußstapfentheorie).[21]

c) Genossenschaften (§ 1 Abs. 1 Nr. 2)

16 Genossenschaften iSd § 1 Abs. 1 Nr. 2 KStG sind Genossenschaften nach § 1 Abs. 1 GenG. Es ist nicht erforderlich, dass die Genossenschaft in das Genossenschaftsregister eingetragen ist; auch nicht rechtsfähige Genossenschaften fallen unter § 1 Abs. 1 Nr. 2 KStG.[22] Die Steuerpflicht erstreckt sich auf die mit Abschluss des Statuts (§ 5 GenG) errichtete Vorgenossenschaft, dh die Genossenschaft im Gründungsstadium.[23]

17 Darüber hinaus sind Europäische Genossenschaften gem. § 1 Abs. 1 Nr. 2 KStG körperschaftsteuerpflichtig. Dies sind Genossenschaften auf der Basis des Gesetzes zur Ausführung der Verordnung (EG) Nr. 1435/2003 des Rates vom 22. Juli 2003 über das Statut der europäischen Genossenschaft (SCE) – SCE-Ausführungsgesetz.[24]

d) Versicherungs- und Pensionsfondsvereine (§ 1 Abs. 1 Nr. 3)

18 Unter den in § 1 Abs. 1 Nr. 3 KStG genannten Körperschaften sind Versicherungsvereine iSd §§ 171 ff. VAG (Versicherungsaufsichtsgesetz) zu verstehen. Nach § 171 VAG wird ein Verein, der die Versicherung seiner Mitglieder nach dem Grundsatz der Gegenseitigkeit betreiben will, dadurch rechtsfähig, dass ihm die Aufsichtsbehörde erlaubt, als Versicherungsverein auf Gegenseitigkeit Geschäfte zu betreiben. Es handelt sich also um eine Spezialform des wirtschaftlichen Vereins.

19 Ein Pensionsfonds ist gem. § 236 Abs. 1 S. 1 Nr. 1 VAG ua eine rechtsfähige Versorgungseinrichtung, die im Wege des Kapitaldeckungsverfahrens Leistungen der betrieblichen Altersversorgung für einen oder mehrere Arbeitgeber zugunsten von Arbeitnehmern erbringt.

e) Sonstige jur. Personen des privaten Rechts (§ 1 Abs. 1 Nr. 4)

20 Zu den sonstigen juristischen Personen des privaten Rechts iSd § 1 Abs. 1 Nr. 4 KStG gehören nicht wirtschaftliche (eingetragene) Vereine (§ 21 BGB), wirtschaftliche Vereine (§ 22 BGB) und rechtsfähige privatrechtliche Stiftungen (§ 80 BGB).[25]

---

[21] Brandis/Heuermann/Wackerbeck KStG § 1a Rn. 50.
[22] KStR 1.1 Abs. 4 S. 3.
[23] KStR 1.1 Abs. 4 S. 1.
[24] Gesetz vom 14.8.2006, BGBl. 2006 I 1911.
[25] KStR 1.1 Abs. 2 S. 1.

Es handelt sich um einen Auffangtatbestand für alle juristischen Personen, die aufgrund des Zivilrechts Rechtsfähigkeit besitzen.

Eine Stiftung ist gem. § 80 Abs. 1 S. 1 BGB eine mit einem Vermögen zur dauernden und nachhaltigen Erfüllung eines vom Stifter vorgegebenen Zwecks ausgestattete, mitgliederlose juristische Person. Das Stiftungszivilrecht der §§ 80ff. BGB ist durch das Gesetz zur Vereinheitlichung des Stiftungsrechts und zur Änderung des Infektionsschutzgesetzes vom 16.7.2021[26] mit Wirkung ab dem 1.7.2023 grundlegend neu geregelt worden. Auf das Steuerrecht hatte diese Reform aber keinen Einfluss. Zu unterscheiden sind rechtsfähige privatrechtliche Stiftungen, die unter § 1 Abs. 1 Nr. 4 KStG fallen, von Stiftungen des öffentlichen Rechts (§ 89 Abs. 1 BGB), die unter § 1 Abs. 1 Nr. 6 KStG fallen können, wenn sie einen Betrieb gewerblicher Art unterhalten, und nicht rechtsfähigen Stiftungen (dazu § 1 Abs. 1 Nr. 5 KStG). 21

Beispiel: A hat von seinem Vater ein großes Vermögen geerbt und sich ehrenamtlich sein Leben lang engagiert. Dies möchte er über seinen Tod hinaus fortsetzen. Daher errichtet er am 3.6.2021 durch notarielles Testament eine „Stiftung von Todes wegen" gem. § 83 BGB. Das Vermögen soll zugunsten der Altenhilfe von einem Altenheim verwendet werden. A verstirbt am 30.6.2021. Die nach dem Stiftungsgeschäft berufene Geschäftsführerin beantragt sofort die staatliche Anerkennung der Stiftung. Diese wird jedoch erst am 19.11.2023 anerkannt. Ab wann ist die Stiftung körperschaftsteuerpflichtig? 22

Lösung: Wird die Stiftung erst nach dem Tode des Stifters als rechtsfähig anerkannt, so gilt sie gem. § 80 Abs. 2 S. 2 BGB für die Zuwendungen des Stifters als schon vor dessen Tod entstanden. Dies gilt auch für die Körperschaftsteuerpflicht. Die von Todes wegen errichtete Stiftung ist also aufgrund der Rückwirkung bereits ab dem Zeitpunkt des Vermögensanfalls subjektiv körperschaftsteuerpflichtig nach § 1 Abs. 1 Nr. 4 KStG.[27]

f) Vereine ohne Rechtspersönlichkeit, nicht rechtsfähige Anstalten, Stiftungen, Zweckvermögen (§ 1 Abs. 1 Nr. 5)

§ 1 Abs. 1 Nr. 5 KStG ist im Zusammenhang mit § 3 Abs. 1 KStG zu sehen. 23
Nach § 3 Abs. 1 KStG[28] sind Personenvereinigungen (vgl. § 14a AO), nicht rechtsfähige Anstalten, Stiftungen und andere Zweckvermögen körperschaftsteuerpflichtig, wenn ihr Einkommen weder nach dem KStG noch nach dem EStG unmittelbar bei einem anderen Steuerpflichtigen zu versteuern ist. Dies ist als Auffangtatbestand zu verstehen. Liegt etwa eine BGB-Gesellschaft vor, werden die Einkünfte bei den hinter der Personenvereinigung stehenden Personen erfasst; handelt es sich dabei um natürliche Personen, richtet sich die Besteuerung nach dem EStG. Nur subsidiär wird die Personenvereinigung selbst besteuert gem. § 3 Abs. 1 KStG.

Dass Personenvereinigungen als Körperschaftsteuersubjekt in Betracht kommen, 24
wird durch § 1 Abs. 1 Nr. 5 KStG sichergestellt. Diese Vorschrift erfasst Vereine ohne Rechtspersönlichkeit, nicht rechtsfähige Anstalten, Stiftungen und andere Zweckvermögen des privaten Rechts. Während die letzten drei genannten Gebilde nicht rechtsfähig sind, handelt es sich bei Vereinen ohne Rechtspersönlichkeit nach neuem Recht[29] um rechtsfähige Personenvereinigungen (§ 14a Abs. 2 AO).

Beispiel:[30] Ein Betriebsrat als Betreiber einer Werkskantine ist eine nicht rechtsfähige Per- 25
sonenvereinigung gem. § 1 Abs. 1 Nr. 5 KStG.

---

[26] Gesetz vom 16.7.2021, BGBl. 2021 I 2947; dazu zB Hüttemann/Rawert ZIP-Beil. 33/2021, S 003; Schauhoff/Mehren NJW 2021, 2993.

[27] BFH 17.9.2003 – I R 85/02, BStBl. II 2005, 149, zu § 84 BGB aF.

[28] In der Fassung des Kreditzweitmarktförderungsgesetzes vom 22.12.2023, BGBl. I 2023 Nr. 411.

[29] Art. 23 des Kreditzweitmarktförderungsgesetzes vom 22.12.2023, BGBl. I 2023 Nr. 411.

[30] BFH 18.10.1960 – I 121/59 U, BStBl. III 1960, 496; BFH 2.10.1968 – I 250/65, StLex BFH 6, 1, 45.

26 Unter § 1 Abs. 1 Nr. 5 KStG fällt auch ein nach ausländischem Recht gegründeter **Trust,** der im Inland nicht rechtsfähig ist.

27 Ein **Zweckvermögen** des Privatrechts liegt vor, wenn ein selbstständiges Sondervermögen gebildet wird, das durch Widmung einem bestimmten Zweck dient.[31] Dazu gehören ua Sammelvermögen iSd § 1914 BGB und inländische Investmentfonds in der Rechtsform eines Sondervermögens.[32] Gemäß § 6 Abs. 1 S. 1 InvStG[33] gelten inländische Investmentfonds als Zweckvermögen nach § 1 Abs. 1 Nr. 5 KStG und sind unbeschränkt körperschaftsteuerpflichtig.

g) Betriebe gewerblicher Art von juristischen Personen des öffentlichen Rechts (§ 1 Abs. 1 Nr. 6)

28 Juristische Personen des öffentlichen Rechts sollen nicht durch die Besteuerung in der Wahrnehmung ihrer hoheitlichen Aufgaben beeinträchtigt werden. Daher sind sie nur mit ihren Betrieben gewerblicher Art (BgA) gem. § 1 Abs. 1 Nr. 6 KStG körperschaftsteuerpflichtig. Das Einkommen mehrerer BgA darf grundsätzlich nicht zusammengerechnet werden.[34] Die juristische Person ist also **mit jedem einzelnen BgA** steuerpflichtig; Gewinnermittlungssubjekt ist jeweils der einzelne BgA.[35] Eine Ausnahme besteht in der Regelung des § 4 Abs. 6 KStG, wonach bestimmte BgA bei Gleichartigkeit oder im Falle der Verflechtung zusammengefasst werden dürfen.[36]

29 Der Begriff des BgA ist in § 4 Abs. 1 KStG legal definiert. Danach sind BgA alle Einrichtungen, die einer nachhaltigen wirtschaftlichen Tätigkeit zur Erzielung von Einnahmen außerhalb der Land- und Forstwirtschaft dienen und sich innerhalb der Gesamtbetätigung der juristischen Person wirtschaftlich herausheben. Die Absicht, Gewinn zu erzielen, und die Beteiligung am allgemeinen wirtschaftlichen Verkehr sind gem. § 4 Abs. 1 S. 2 KStG nicht erforderlich.

aa) Einrichtung

30 Unter einer Einrichtung iSd § 4 Abs. 1 KStG ist jede Betätigung zur Erzielung von Einnahmen zu verstehen, die sich von der sonstigen Tätigkeit funktionell abgrenzen lässt.[37] Eine funktionelle Einheit kann sich insbesondere aus einer besonderen Leistung, einem geschlossenen Geschäftskreis, der Buchhaltung oder aus einem ähnlichen, auf eine Einheit hindeutenden Merkmal ergeben.[38] Es ist nicht notwendig, dass die Tätigkeit im Rahmen einer organisatorisch verselbstständigten Abteilung ausgeübt wird. Die Finanzverwaltung geht von einer wirtschaftlich selbstständigen Einrichtung aus, wenn der Jahresumsatz den Betrag von 130.000 EUR übersteigt.[39]

---

[31] KStR 1.1 Abs. 5 S. 1.

[32] KStR 1.1 Abs. 5 S. 2, 3.

[33] InvStG vom 19.7.2016, BGBl. 2016 I 1730.

[34] BFH 13.4.2021 – I R 2/19, BStBl. II 2021, 777; Frotscher/Drüen/Frotscher KStG § 1 Rn. 50.

[35] BFH 18.4.2024 – V R 50/20, BFH/NV 2024, 1102, BStBl. II 2024, 693 Rn. 32; BFH 18.1.2023 – I R 9/19, BFH/NV 2023, 828, Rn. 18; BFH 10.12.2019 – I R 24/17, BFHE 267, 354, BStBl. II 2020, 815, Rn. 10.

[36] BFH 15.3.2023 – I R 49/20, BFH/NV 2023, 962.

[37] BFH 18.4.2024 – V R 50/20, BFH/NV 2024, 1102, BStBl. II 2024, 693 Rn. 14; BFH 15.3.2023 – I R 49/20, BFH/NV 2023, 962 Rn. 10; BFH 18.1.2023 – I R 9/19, BFH/NV 2023, 828, Rn. 16; BFH 3.2.2010 – I R 8/09, BStBl. II 2010, 502.

[38] BFH 18.4.2024 – V R 50/20, BFH/NV 2024, 1102, BStBl. II 2024, 693 Rn. 15; BFH 13.4.2021 – I R 2/19, BFHE 273, 29, BStBl. II 2021, 777 Rn. 14.

[39] KStR 4.1 Abs. 4 S. 2.

bb) Wirtschaftliches Herausheben, Nachhaltigkeit

Ein Jahresumsatz von über 35.000 EUR ist ein wichtiger Anhaltspunkt dafür, dass die Tätigkeit von einigem wirtschaftlichen Gewicht ist und sich die Tätigkeit innerhalb der Gesamtbetätigung der juristischen Person des öffentlichen Rechts wirtschaftlich heraushebt.[40] 31

Weitere Merkmale sind die Nachhaltigkeit und die Einnahmeerzielungsabsicht. Es darf sich schließlich nicht um Vermögensverwaltung (§ 14 S. 3 AO) handeln.[41] 32

cc) Kein Hoheitsbetrieb

Ein wichtiges negatives Abgrenzungsmerkmal ist der **Hoheitsbetrieb.** 33

Gemäß § 4 Abs. 5 S. 1 KStG gehören zu den BgA nicht Betriebe, die überwiegend der Ausübung der öffentlichen Gewalt dienen (Hoheitsbetriebe). 34

Die Rechtsprechung verwendet die folgende Formel:[42] „Zur hoheitlichen Tätigkeit bzw. zur Ausübung öffentlicher Gewalt i. S. des § 4 Abs. 5 KStG gehören solche Tätigkeiten, die der juristischen Person des öffentlichen Rechts **„eigentümlich und vorbehalten“** sind […]. Kennzeichnend ist insoweit die Erfüllung spezifisch öffentlich-rechtlicher Aufgaben, die aus der Staatsgewalt abgeleitet sind, staatlichen Zwecken dienen und zu deren Annahme der Leistungsempfänger aufgrund gesetzlicher oder behördlicher Anordnung verpflichtet ist. Eine Ausübung öffentlicher Gewalt ist allerdings insoweit ausgeschlossen, als sich die Körperschaft durch ihre Einrichtungen in den allgemeinen wirtschaftlichen Verkehr einschaltet und eine Tätigkeit entfaltet, die sich ihrem Inhalt nach von der Tätigkeit eines privaten gewerblichen Unternehmens nicht wesentlich unterscheidet.“ [Hervorhebung durch den Verf.] Abgrenzungskriterium ist also die **Wettbewerbslage** zu Privaten.[43] 35

Beispiel 1:[44] Eine Sparkasse ist körperschaftsteuerpflichtig, da sie eine rechtsfähige Anstalt des öffentlichen Rechts ist (§ 1 Abs. 1 Sparkassengesetz NRW) und im Rahmen ihrer wirtschaftlichen Tätigkeit einen BgA gem. § 1 Abs. 1 Nr. 6 KStG betreibt. 36

Beispiel 2:[45] Von einer Kommune betriebene Kindergärten sind keine Hoheitsbetriebe, sondern BgA. Sie können aber Zweckbetrieb sein (→ Rn. 106).
Dies gilt ungeachtet des Rechtsanspruchs von Kindern ab dem vollendeten dritten Lebensjahr auf Förderung in der Tageseinrichtung nach § 24 SGB VIII.

Beispiel 3:[46] Der Betrieb von Parkuhren oder von Parkscheinautomaten ist als Ausübung öffentlicher Gewalt anzusehen, soweit er im Rahmen der StVO durchgeführt wird.

Beispiel 4: Die Bereitstellung von öffentlichen Parkflächen in Parkhäusern, Tiefgaragen oder zusammenhängenden Parkflächen außerhalb öffentlicher Straßen ist dagegen als wirtschaftliche Tätigkeit anzusehen (Verkehrsbetrieb iSd § 4 Abs. 3 KStG).

Auch die Beteiligung einer juristischen Person des öffentlichen Rechts an einer **gewerblich tätigen Personengesellschaft** führt zu einem BgA.[47] Denn die aus der 37

---

[40] KStR 4.1 Abs. 5 S. 1 und 2.

[41] BFH 13.3.1974 – I R 7/71, BStBl. II 1974, 391.

[42] BFH 7.11.2007 – I R 52/06, BStBl. II 2009, 248; BFH 29.10.2008 – I R 51/07, BFHE 223, 232; BFH 3.2.2010 – I R 8/09, BStBl. II 2010, 502.

[43] BFH 18.4.2024 – V R 50/20, BFH/NV 2024, 1102, BStBl. II 2024, 693 Rn. 16; vgl. auch BMF 11.12.2009, BStBl. I 2009, 1597.

[44] BFH 19.10.2005 – I R 40/04, BFH/NV 2006, 822.

[45] BFH 12.7.2012 – I R 106/10, BStBl. II 2012, 837.

[46] BFH 27.2.2003 – V R 78/01, BStBl. II 2004, 431; KStR 4.5 Abs. 4 S. 1.

[47] BFH 18.1.2023 – I R 9/19, BFH/NV 2023, 828, Rn. 17; BFH 29.11.2017 – I R 83/15, BFHE 260, 327, BStBl. II 2018, 495, Rn. 18; BFH 25.3.2015 – I R 52/13, BStBl. II 2016, 172; dazu BMF 21.6.2017, BStBl. I 2017, 880.

Beteiligung bezogenen Gewinnanteile sind Einkünfte des Gesellschafters aus Gewerbebetrieb (§ 15 Abs. 1 S. 1 Nr. 2 EStG) und die einzelnen Mitunternehmer sind – entsprechend dem ertragsteuerrechtlichen Grundsatz der transparenten Behandlung der Mitunternehmerschaften – selbst als Gewerbetreibende und Steuersubjekte anzusehen.[48] Dadurch wird der Rahmen der Vermögensverwaltung überschritten. Die durch die Beteiligung bezogenen Sondervergütungen unterliegen auf der Ebene des Betriebs gewerblicher Art der Körperschaftsteuer.

38 Etwas anderes gilt jedoch im Falle der Beteiligung einer juristischen Person des öffentlichen Rechts an einer **gewerblich geprägten Personengesellschaft.** Die Fiktion des § 15 Abs. 3 Nr. 2 S. 1 EStG, der zufolge die mit Einkünfteerzielungsabsicht unternommene Tätigkeit einer Personengesellschaft, die keine originär gewerbliche Betätigung ausübt und bei der ausschließlich eine oder mehrere Kapitalgesellschaften persönlich haftende Gesellschafter sind und nur diese oder Personen, die nicht Gesellschafter sind, zur Geschäftsführung befugt sind (gewerblich geprägte Personengesellschaft), in vollem Umfang als Gewerbebetrieb gilt, ist im Rahmen des § 4 KStG nicht anwendbar.[49] Denn § 4 Abs. 1 S. 1 KStG enthält eine eigenständige, von den einkommensteuerrechtlichen Begriffen des Gewerbebetriebs und der gewerblichen Einkünfte unabhängige und ausschließlich tätigkeitsbezogene Definition des Betriebs gewerblicher Art; die Fiktion gewerblicher Einkünfte nach § 15 Abs. 3 Nr. 2 S. 1 EStG wird durch § 4 Abs. 1 KStG nicht aufgegriffen.[50] Dementsprechend ist die Beteiligung auch kein BgA.

2. Geschäftsleitung oder Sitz im Inland

39 Die Körperschaft muss ihre Geschäftsleitung oder ihren Sitz im Inland haben, um unbeschränkt körperschaftsteuerpflichtig gem. § 1 Abs. 1 KStG zu sein.

- Geschäftsleitung ist gem. § 10 AO der Mittelpunkt der geschäftlichen Oberleitung. Es kommt auf die tatsächlichen Verhältnisse an, die im Einzelfall festzustellen sind.
- Den Sitz hat eine Körperschaft, Personenvereinigung oder Vermögensmasse gem. § 11 AO an dem Ort, der durch Gesetz, Gesellschaftsvertrag, Satzung, Stiftungsgeschäft oder dergleichen bestimmt ist.

40 Demnach reicht es zB aus, wenn eine nach dem Recht eines Bundesstaates der USA gegründete Kapitalgesellschaft mit statutarischem Sitz in den USA ihre tatsächliche Geschäftsleitung in der Bundesrepublik Deutschland hat, um körperschaftsteuerpflichtig zu sein.[51] Sie kann dann auch zB Organträgerin sein.

II. Beschränkte Steuerpflicht

1. Körperschaften ohne inländischen Sitz oder Geschäftsleitung

41 Gemäß § 2 Nr. 1 KStG sind beschränkt körperschaftsteuerpflichtig alle Körperschaften, Personenvereinigungen und Vermögensmassen, die weder ihre Geschäftsleitung (§ 10 AO) noch ihren Sitz (§ 11 AO) im Inland haben, mit ihren inländischen Einkünften. Darunter fallen vor allem ausländische Kapitalgesellschaften, die

---

[48] BFH 18.1.2023 – I R 9/19, BFH/NV 2023, 828, Rn. 17.

[49] BFH 29.11.2017 – I R 83/15, BFHE 260, 327, BStBl. II 2018, 495, Rn. 24; BMF 21.6.2017, BStBl. I 2017, 880, Rn. 7; Gosch KStG/Märtens KStG § 4 Rn. 59; RHN/Paetsch KStG § 4 Rn. 32.

[50] BFH 29.11.2017 – I R 83/15, BFHE 260, 327, BStBl. II 2018, 495, Rn. 24; BFH 25.5.2011 – I R 60/10, BFHE 234, 59, BStBl. II 2011, 858, Rn. 13.

[51] BFH 10.11.1998 – I R 91, 102/97, BStBl. II 1999, 306.

im Wege des **Typenvergleichs**[52] (→ Rn. 6) mit inländischen Kapitalgesellschaften vergleichbar sind, aber weder Sitz noch Geschäftsleitung im Inland haben.[53]

Für den Begriff der inländischen Einkünfte iSd § 2 Nr. 1 KStG ist auf § 49 Abs. 1 EStG zurückzugreifen. Von praktischer Bedeutung ist hier insbesondere § 49 Abs. 1 Nr. 2 EStG, der die gewerblichen inländischen Einkünfte betrifft. Buchstabe a dieser Vorschrift knüpft an das Bestehen einer inländischen Betriebsstätte (vgl. § 12 AO) oder eines inländischen ständigen Vertreters (vgl. § 13 AO) an.[54] Weiterhin ist § 49 Abs. 1 Nr. 2 Buchst. f EStG[55] für die Praxis von besonderer Bedeutung, da hierdurch eine reine Vermögensverwaltung (Vermietung und Verpachtung) zur gewerblichen Tätigkeit **„umqualifiziert"** wird und zur beschränkten Steuerpflicht führt. 42

Von der beschränkten Steuerpflicht zu unterscheiden ist die Frage einer Hinzurechnungsbesteuerung. So können die Einkünfte sog. ausländischer Zwischengesellschaften iSd §§ 7ff. AStG dem Einkommen inländischer Anteilseigner hinzuzurechnen sein. Eine solche Hinzurechnung lässt jedoch die Frage der beschränkten Körperschaftsteuerpflicht unberührt.[56] 43

Rechtsfolge einer beschränkten Körperschaftsteuerpflicht ist die Steuerbarkeit von inländischen Einkünften gem. § 8 Abs. 1 KStG iVm § 49 EStG, also zB Einkünfte durch eine inländische Betriebsstätte. 44

2. Sonstige beschränkt Steuerpflichtige

§ 2 Nr. 2 KStG erfasst Körperschaften, die zwar ihre Geschäftsleitung oder ihren Sitz im Inland haben, die aber nicht unbeschränkt steuerpflichtig sind, wie zB öffentlich-rechtliche Gebietskörperschaften, Zweckverbände, Innungen, Religionsgemeinschaften oder Hochschulen. Ausdrücklich ausgeschlossen sind nur die in § 3 Abs. 2 KStG genannten Realgemeinden. 45

Der Körperschaftsteuerpflicht unterliegen insbesondere Kapitalerträge mit Steuerabzug gem. §§ 43ff. EStG sowie Einkünfte iSd § 50a EStG. 46

III. Steuerbefreiungen

1. Grundlagen

Befreiungen von der Körperschaftsteuerpflicht sind in § 5 KStG geregelt. Zu unterscheiden sind persönliche und sachliche Steuerbefreiungen. 47

Persönliche Steuerbefreiungen knüpfen an die Körperschaft als solche an und entbinden diese im Umfang der Befreiung vollständig von der Körperschaftsteuerpflicht. Dies sind die in § 5 Abs. 1 Nr. 1 bis 2a, 9 und 15 KStG genannten juristischen Personen. 48

Sachliche Steuerbefreiungen stellen bestimmte Einkünfte bzw. Einkünfte in einer bestimmten Höhe steuerfrei, und zwar für alle Körperschaften. Im Übrigen bleibt 49

---

[52] BFH 8.2.2017 – I R 55/14, BFH/NV 2017, 1588, Rn. 14; BFH 25.10.2016 – I R 54/14, BFHE 256, 66.

[53] Vgl. Anlagen 1 und 2 zum BMF 24.12.1999, BStBl. I 1999, 1076.

[54] Nach dem BFH 23.10.2018 – I R 54/16, BFHE 263, 102, BStBl. II 2019, 365, können auch Organe von juristischen Personen ständige Vertreter iSd § 13 AO sein. Im Falle der Tätigkeit des Organs einer juristischen Person fehlt es nicht an der Personenverschiedenheit von Unternehmer und (ständigem) Vertreter.

[55] Eingeführt durch Investmentsteuerreformgesetz vom 19.7.2016 (BGBl. 2016 I 1730) mit Wirkung ab 2017.

[56] Vgl. BMF 22.12.2023, BStBl. I 2023, Sondernr. 1, 2, Rn. 211 betreffend die Grundsätze zur Anwendung des Außensteuergesetzes.

die Körperschaft aber steuerpflichtig. Es handelt sich um die in § 5 Abs. 1 Nr. 3 bis 8, 10 bis 14 und 16 bis 22 genannten Befreiungen.

50 Ausgenommen von der persönlichen wie sachlichen Steuerbefreiung sind steuerabzugspflichtige Einkünfte (§ 5 Abs. 2 Nr. 1 KStG), wie zB der Steuerabzug bei Kapitalerträgen.[57]

51 § 5 KStG ist im Zusammenhang mit § 13 KStG zu sehen. Beginnt oder endet eine Steuerbefreiung im Laufe der Existenz einer Körperschaft, so ist jeweils eine Schlussbilanz (§ 13 Abs. 1 KStG) oder eine Anfangsbilanz (§ 13 Abs. 2 KStG) aufzustellen.

2. Einzelne Steuerbefreiungen

52 § 5 Abs. 1 KStG enthält eine Aufzählung verschiedener Steuerbefreiungen, deren Rechtfertigung überwiegend die Erfüllung öffentlicher oder staatswirtschaftlicher Aufgaben ist. Im Schrifttum wird vertreten, die Befreiungsvorschriften seien einer Analogie zugänglich, wenn nur so der Zweck der Vorschrift erreicht werden könne.[58] Dies erscheint aber eher zweifelhaft,[59] da die Liste der Befreiungsvorschriften einen abschließenden Charakter hat.

53 Einzelne Steuerbefreiungen des § 5 Abs. 1 KStG gelten etwa für:

- Deutsche Bundesbank, KfW, Landes- und Förderbanken (Nr. 2),
- rechtsfähige Pensions-, Sterbe-, Kranken- und Unterstützungskassen (Nr. 3),
- Berufsverbände, kommunale Spitzenverbände, deren Zweck nicht auf einen wirtschaftlichen Geschäftsbetrieb gerichtet ist (Nr. 5),
- politische Parteien iSd § 2 ParteiG (Nr. 7),
- berufsständische Pflichtversicherungs- und Versorgungseinrichtungen (Nr. 8),
- Auftragsforschung[60] öffentlich-rechtlicher Wissenschafts- und Forschungseinrichtungen (Nr. 23). Bei der Auftragsforschung einer öffentlich-rechtlichen Einrichtung handelt es sich um einen BgA nach § 1 Abs. 1 Nr. 6 KStG.[61] Die Steuerbefreiung gem. § 5 Abs. 1 Nr. 23 KStG dient der Gleichbehandlung öffentlich-rechtlicher Einrichtungen (zB staatlicher Hochschulen) und der Forschungstätigkeit gemeinnütziger Einrichtungen, die nach § 5 Abs. 1 Nr. 9 KStG steuerbefreit sein kann.[62]

Die für die Praxis wichtigste Steuerbefreiung ist § 5 Abs. 1 Nr. 9 KStG (siehe nun → Rn. 54ff.).

IV. Gemeinnützigkeit

1. Voraussetzungen der Gemeinnützigkeit

54 Gemäß § 5 Abs. 1 Nr. 9 S. 1 KStG sind Körperschaften, Personenvereinigungen und Vermögensmassen steuerbefreit, die nach der Satzung, dem Stiftungsgeschäft

---

[57] Zu Rückausnahmen beachte aber § 44a Abs. 4 EStG.

[58] Streck/Streck KStG § 5 Rn. 4; MOV/Oellerich KStG § 5 Rn. 17.

[59] Zweifelhaft, da im Vorfeld einer analogen Anwendung zunächst stets eine zweckentsprechende Auslegung des Wortlauts zu erfolgen hat und dann kaum Raum für eine Analogie verbleiben dürfte. Der BFH hat dies soweit ersichtlich bislang noch nicht entschieden.

[60] Zur Abgrenzung von Auftragsforschung gegenüber nicht zweckgebundenen Drittmitteln vgl. Kaufmann/Schmitz-Herscheidt/Kroes BB 2008, 2717; körperschaftsteuerrechtlich sind beide Arten der Forschung im Ergebnis nicht steuerbar, weil entweder kein BgA gem. § 1 Abs. 1 Nr. 6 KStG vorliegt oder die Befreiung des § 5 Abs. 1 Nr. 23 KStG eingreift.

[61] Vgl. BeckOK KStG/Exner/Schröder, 20. Edition, KStG § 5 Rn. 695.

[62] BT-Drs. 15/1945, 12.

oder der sonstigen Verfassung und nach der tatsächlichen Geschäftsführung ausschließlich und unmittelbar gemeinnützigen, mildtätigen oder kirchlichen Zwecken dienen (§§ 51 bis 68 AO).

Es müssen also steuerbegünstigte Zwecke vorliegen (→ Rn. 56 ff.), die selbstlos, ausschließlich und unmittelbar verfolgt werden (→ Rn. 74 ff.). Außerdem müssen die Satzung und die tatsächliche Geschäftsführung entsprechende Anforderungen erfüllen (→ Rn. 82 ff.). **55**

a) Steuerbegünstigte Zwecke

Als steuerbegünstigte Zwecke kommen gemeinnützige Zwecke (§ 52 AO), mildtätige Zwecke (§ 53 AO) und kirchliche Zwecke in Frage (§ 54 AO). **56**

aa) Gemeinnützige Zwecke

Eine Körperschaft verfolgt gem. § 52 Abs. 1 S. 1 AO gemeinnützige Zwecke, wenn ihre Tätigkeit darauf gerichtet ist, die Allgemeinheit auf materiellem, geistigem oder sittlichem Gebiet selbstlos zu fördern. **57**

(1) Als Förderung der Allgemeinheit sind in § 52 Abs. 2 S. 1 AO beispielhaft förderungswürdige Zwecke aufgeführt. Verfolgt eine Körperschaft einen in § 52 Abs. 2 S. 1 AO genannten Zweck, genügt dies allein aber nicht zur Anerkennung eines gemeinnützigen Zwecks. Vielmehr müssen auch die in § 52 Abs. 1 AO genannten Voraussetzungen vorliegen. Der Katalog des § 52 Abs. 2 S. 1 AO umfasst zB: **58**

- Förderung von Wissenschaft und Forschung (Nr. 1),
- Förderung der Religion (Nr. 2),
- Förderung des öffentlichen Gesundheitswesens und der öffentlichen Gesundheitspflege (Nr. 3),
- Förderung der Jugend- und Altenhilfe (Nr. 4),
- Förderung von Kunst und Kultur (Nr. 5),
- Förderung des Naturschutzes (Nr. 8),
- Förderung des Sports, wobei Schach als Sport gilt (Nr. 21),
- Förderung der Tierzucht, der Pflanzenzucht, der Kleingärtnerei, des traditionellen Brauchtums einschließlich des Karnevals etc. (Nr. 23).

Beispiel: Ein „Grillsportverein" möchte als gemeinnützig anerkannt werden. Das FG Baden-Württemberg führt hierzu aus:[63] **59**

Die zubereiteten Grillgerichte sind nicht Ergebnis einer persönlichen, schöpferischen Gestaltung der Vereinsmitglieder. Diese Kochkunst fällt nicht unter die Förderung der Kunst und Kultur iSd § 52 Abs. 2 S. 1 Nr. 5 AO. Überlegungen und Training zur besten Grillweise und Temperatur von Lebensmitteln – auch zur Vorbereitung für die Teilnahme an Grillmeisterschaften – können nicht als Sport iSd § 52 Abs. 2 S. 1 Nr. 21 AO angesehen werden. Das Grillen ist auch nicht Teil landsmannschaftlicher oder kultureller Überlieferungen, die das traditionelle Brauchtum iSd § 52 Abs. 2 S. 1 Nr. 23 AO auszeichnen.

Wenn vordergründig die Geselligkeit gefördert wird, kann der satzungsmäßige Zweck des Vereins auch nicht der Gemeinwohlförderung in vergleichbarer Weise wie die Katalogzwecke gem. § 52 Abs. 2 S. 2 AO (sog. „Öffnungsklausel"; → Rn. 62) dienen.

Eine Förderung steuerbegünstigter Zwecke gem. § 52 Abs. 2 S. 1 AO ist ausgeschlossen, wenn ausschließlich oder überwiegend **politische Zwecke** verfolgt werden – zB im Gewand des „Naturschutzes" (§ 52 Abs. 2 S. 1 Nr. 8 AO). Eine eigenständige Befassung mit Fragen der politischen Willensbildung ist der gemeinnützigen Körperschaft verwehrt.[64] Gleichwohl darf eine gemeinnützige Körper- **60**

---

[63] FG Baden-Württemberg 7.6.2016 – 6 K 2803/15, EFG 2017, 1, rechtskräftig nach BFH 22.2.2018 – V B 153/16.

[64] BFH 10.12.2020 – V R 14/20, BFHE 271, 53, Rn. 18.

schaft auf die politische Willensbildung und die öffentliche Meinung Einfluss nehmen, wenn dies der Verfolgung eines der in § 52 Abs. 2 AO genannten Zwecke dient. Eine derart dienende und damit ergänzende Einwirkung muss aber gegenüber der unmittelbaren Förderung des steuerbegünstigten Zwecks in den Hintergrund treten.[65] Der Steuerbegünstigung steht es also nicht entgegen, wenn eine nach § 52 Abs. 2 AO begünstigte Tätigkeit im Einzelfall zwangsläufig mit einer gewissen politischen Zielsetzung verbunden ist. Die allgemeinpolitische Betätigung im Rahmen des steuerbegünstigten Zwecks darf aber nicht über das hinausgehen, was das Eintreten für diesen jeweiligen Zweck und dessen Verwirklichung erfordert.[66] Eine Förderung der Allgemeinheit ist jedenfalls zu verneinen, wenn eine Körperschaft Bestrebungen verfolgt, die sich gegen die freiheitliche demokratische Grundordnung richten.[67]

61 **Beispiel:**[68] Die Grenzen der Förderung des öffentlichen Gesundheitswesens sind überschritten bei einem Verein, der auf seiner Internetseite Dokumente zum Download bereitstellt, in denen die Effektivität von Masken hinsichtlich des Schutzes vor Viren infrage gestellt und auf angebliche gesundheitsschädliche Nebenwirkungen von Gesichtsmasken hingewiesen wird. Ein solcher Verein ist nicht gemeinnützig.

62 (2) Aus der **„Öffnungsklausel"** § 52 Abs. 2 S. 2 AO ergibt sich, dass der Katalog des § 52 Abs. 2 S. 1 AO nicht abschließend ist.

63 Ist der von einer Körperschaft verfolgte Zweck nicht in Satz 1 genannt, so kann dieser Zweck nach § 52 Abs. 2 S. 2 AO ebenfalls für gemeinnützig erklärt werden, wenn die Allgemeinheit auf materiellem, geistigem oder sittlichem Gebiet entsprechend selbstlos gefördert wird.

64 **Beispiel:**[69] Ein „Turnierbridge"-Verein ist ein Dachverband von Bridge-Vereinen, die den Bridgesport in den Ländern der Bundesrepublik Deutschland auf gemeinnütziger Grundlage pflegen und fördern. Unter ihm befinden sich 14 Regionalverbände und ca. 500 Bridge-Vereine. Hierzu gehören ausweislich der Satzung insbesondere alle bridgesportlichen Aktivitäten, die der Völkerverständigung in Deutschland und im Ausland, dem kulturellen, sozialen und karitativen Austausch mit Menschen verschiedener Nationalität, Herkunft und Generation, der Förderung der Jugend und der Wahrung der besonderen Belange der älteren Generation dienen.

Der „Turnierbridge"-Verein möchte als gemeinnützig anerkannt werden.

Lösung: Eine Gemeinnützigkeit ergibt sich nicht bereits aus dem Katalog des § 52 Abs. 2 S. 1 AO.[70] Turnierbridge ist kein Sport iSd § 52 Abs. 2 S. 1 Nr. 21 AO. Mangels einer gesetzlichen Definition umfasst der Begriff des Sports iSd § 52 Abs. 2 S. 1 Nr. 21 AO nur Betätigungen, die die allgemeine Definition des Sports erfüllen und der körperlichen Ertüchtigung dienen. Das ist bei Turnierbridge nicht der Fall. Turnierbridge wird auch nicht von den in § 52 Abs. 2 S. 1 Nr. 23 AO genannten sog. privilegierten Freizeitbeschäftigungen umfasst.

Der Verein kann aber nach der Öffnungsklausel des § 52 Abs. 2 S. 2 AO als gemeinnützig anerkannt werden. Aus der Generalklausel des § 52 Abs. 1 AO und einem Vergleich mit dem in § 52 Abs. 2 S. 1 Nr. 21 AO genannten Katalogzweck „Schach" ergibt sich, dass auch die Förderung von Turnierbridge für gemeinnützig zu erklären ist.[71]

65 (3) An einer Förderung der Allgemeinheit iSd § 52 Abs. 1 S. 1 AO auf materiellem, geistigem oder sittlichem Gebiet kann es fehlen, wenn ein Verein ein bestimm-

---

[65] BFH 10.1.2019 – V R 60/17, BFHE 263, 290, BStBl. II 2019, 301, Rn. 21, mwN zur ständigen BFH-Rechtsprechung; BFH 10.12.2020 – V R 14/20, BFHE 271, 53, Rn. 19.

[66] BFH 10.1.2019 – V R 60/17, BFHE 263, 290, BStBl. II 2019, 301 (18)ff; BFH 18.8.2021 – V B 25/21 (AdV), BFHE 273, 404, BStBl. II 2021, 931.

[67] BFH 5.9.2024 – V R 15/22, BFH/NV 2025, 53, BeckRS 2024, 32846.

[68] BFH 18.8.2021 – V B 25/21 (AdV), BFHE 273, 404, BStBl. II 2021, 931.

[69] Nach BFH 9.2.2017 – V R 69/14, BFHE 257, 6, BStBl. II 2017, 1221.

[70] BFH 9.2.2017 – V R 69/14, BFHE 257, 6, BStBl. II 2017, 1221.

[71] BFH 9.2.2017 – V R 70/14, BFHE 257, 12, BStBl. II 2017, 1106.

tes Geschlecht – zB **Frauen** – ohne sachlich zwingenden Grund von der Mitgliedschaft **ausschließt.**[72]

Beispiel: Der A-Verein ist ein Zusammenschluss, der die Kunst und den Humor unter Beachtung eines bestimmten Zeremoniells pflegt. Die Mitglieder spielen ein altertümliches Zeremoniell nach festen Regeln. Sie müssen dabei humorvoll und künstlerisch einfallsreich sein. Im Mittelpunkt steht die Pflege der Kunst. Die Mitglieder halten Vorträge, schreiben Gedichte und tragen diese vor oder rezitieren aus dem gesamten Literaturschatz, egal ob historisch oder zeitgenössisch, bekannt oder unbekannt. Manchmal wird auch gesungen und musiziert. Wenn sich die Mitglieder nach altertümlichem Zeremoniell „ritterlich" streiten, machen sie dies nicht mit Waffen, sondern durch einen Gedichts-, Literatur- oder Gesangswettstreit. 66

Die Besonderheit des A-Vereins besteht darin, dass nur Männer Mitglied sein können.

Das FA meint, der gemeinnützige Zweck komme nicht der Allgemeinheit zugute, wenn nur Männer Mitglied werden können.

Lösung: Es handelt sich wohl um eine Förderung der Kunst und Kultur iSd § 52 Abs. 2 S. 1 Nr. 5 AO, da die Pflege von Gedichten, Literatur und Musik im Vordergrund steht. Dass für einzelne Mitglieder sicher auch der private Zweck eines geselligen Beisammenseins für eine Mitgliedschaft ausschlaggebend ist, muss im Einzelfall nicht unbedingt schädlich sein. Ansonsten müsste auch zB bei einem Karnevalsverein die Frage des gemeinnützigen Zwecks aufgeworfen werden.

Es stellt sich aber die Frage, ob eine Körperschaft dann nicht gemeinnützig sein kann, wenn ihr satzungsgemäß nur Männer beitreten dürfen, wie es der BFH in dem Fall einer Freimaurerloge entschieden hat.[73] Meines Erachtens ist es im Ergebnis nachvollziehbar, eine Freimaurerloge nicht als gemeinnützig anzuerkennen, da es sich um einen Geheimbund handelt, der wegen seiner Geheimhaltung nicht die Allgemeinheit fördern kann.[74] Der BFH stellt in seiner neueren Entscheidung aber allein auf den Ausschluss der Frauen von der Mitgliedschaft ab, da die Ungleichbehandlung von Männern und Frauen gegen die Werteordnung des GG verstoße und im dortigen Fall auch sachlich nicht gerechtfertigt sei.[75]

Zu prüfen ist im Einzelfall aber, ob ein **sachlicher Grund** für die Beschränkung der Mitgliedschaft auf Männer besteht, zB aufgrund historischer Entwicklungen. Dies könnte man etwa bei einem Schützenverein annehmen, sofern nur Männer Mitglied werden können. 67

(4) Eine Förderung der Allgemeinheit ist gem. § 52 Abs. 1 S. 2 AO nicht gegeben, wenn der **Kreis der Personen,** dem die Förderung zugute kommt, **fest abgeschlossen** ist.[76] Der BFH hat schon früh – noch im Zusammenhang mit der Vorgängervorschrift des § 17 StAnpG – den Begriff der Allgemeinheit konkretisiert und das Spannungsfeld beschrieben, innerhalb dessen sich die Körperschaft bewegen kann:[77] 68

„Unter ‚Allgemeinheit' ist nicht notwendig die Gesamtheit der Bürger der Bundesrepublik Deutschland oder eine daraus kaum zu ermittelnde Mehrheit der Bevölkerung zu verstehen. Würde man allein davon ausgehen, so wären gemeinnützige Zwecke i.S. der bisherigen gesetzlichen Regelung der Steuerbegünstigung kaum denkbar. Demgegenüber kann ein Nutzen für das allgemeine Beste auf materiellem, geistigem oder sittlichem Gebiet […] – allgemein gesehen – auch dann

---

[72] BFH 17.5.2017 – V R 52/15, BFHE 258, 124, BStBl. II 2018, 218, Verfassungsbeschwerde nicht zur Entscheidung angenommen: BVerfG 14.11.2018 – 2 BvR 1966/17.

[73] BFH 17.5.2017 – V R 52/15, BFHE 258, 124.

[74] So die Begründung im BFH 26.1.1973 – III R 40/72, BStBl. II 1973, 430.

[75] BFH 17.5.2017 – V R 52/15, BFHE 258, 124, BStBl. II 2018, 218 unter II.1.a, cc der Gründe; zu der Frage, ob diese Erwägungen – die schon die Vorinstanz angestellt hatte – auf andere Vereine übertragbar sind: Joisten/Vossel FR 2016, 714.

[76] BFH 1.2.2022 – V R 1/20, BFHE 276, 291, BStBl. II 2022, 629, Rn. 15 für den Fall einer Kinderbetreuungseinrichtung, deren Plätze nur von Mitarbeitern bestimmter Unternehmen besetzt werden konnten.

[77] BFH 13.12.1978 – I R 39/78, BStBl. II 1979, 482.

gegeben sein, wenn nur einzelne oder wenige Personen gefördert werden […]. Nach dem steuerlichen Gemeinnützigkeitsrecht darf die Tätigkeit der Körperschaft jedoch nicht einem infolge seiner Abgrenzung nach örtlichen oder beruflichen Merkmalen, nach Stand und Religionsbekenntnis oder nach mehreren dieser Merkmale dauernd nur kleinen Personenkreis zugute kommen […]; die Tätigkeit darf auch nicht „nur den Belangen bestimmter Personen" dienen oder „in erster Linie eigenwirtschaftliche Zwecke" verfolgen […]. Dieser gesetzlichen Regelung entsprechend ist „Allgemeinheit" […] – was den damit gemeinten Personenkreis angeht – zwischen den genannten Extremen (Gesamtheit der Bürger der Bundesrepublik Deutschland einerseits und bestimmte Personen oder dauernd nur kleiner Personenkreis andererseits) angesiedelt […]."

69 Eine Förderung der Allgemeinheit ist gem. § 52 Abs. 1 S. 2 AO auch dann nicht gegeben, wenn der Kreis der Personen, dem die Förderung zugute kommt, durch **zu hohe Mitgliedsbeiträge und Aufnahmegebühren** klein gehalten wird (AEAO zu § 52 Nr. 1.1–1.3). So fördert der Träger einer Privatschule mit dem Schulbetrieb nicht die Allgemeinheit, wenn die Höhe der Schulgebühren auch unter Berücksichtigung eines Stipendienangebots zur Folge hat, dass die Schülerschaft sich nicht mehr als Ausschnitt der Allgemeinheit darstellt.[78] Danach ist von einer Förderung der Allgemeinheit nur dann auszugehen, wenn im Grundsatz jedermann freien Zutritt zur Körperschaft oder zu ihren Leistungen hat und sich der geförderte Personenkreis dementsprechend zumindest als Ausschnitt der Allgemeinheit darstellt.[79]

70 Bei einem Verein, dessen Tätigkeit in erster Linie seinen Mitgliedern zugute kommt (zB Sportverein), ist eine Förderung der Allgemeinheit iSd § 52 Abs. 1 AO anzunehmen, wenn[80]

- die Mitgliedsbeiträge und Mitgliedsumlagen zusammen im Durchschnitt 1.023 EUR je Mitglied und Jahr,
- die Aufnahmegebühren für die im Jahr aufgenommenen Mitglieder im Durchschnitt 1.534 EUR nicht übersteigen und
- eine Investitionsumlage höchstens 5.113 EUR innerhalb von zehn Jahren je Mitglied beträgt.

bb) Mildtätige Zwecke

71 Eine Körperschaft verfolgt mildtätige Zwecke iSd § 53 AO, wenn ihre Tätigkeit darauf gerichtet ist, Personen selbstlos zu unterstützen, die infolge ihres körperlichen, geistigen oder seelischen Zustands auf die Hilfe anderer angewiesen sind (Nr. 1) oder die wirtschaftlich bedürftig sind (Nr. 2). Es handelt sich um zwei selbstständige Alternativen, sodass es bei der Unterstützung Hilfsbedürftiger nach § 53 Nr. 1 AO nicht auf deren wirtschaftliche Bedürftigkeit ankommt.

cc) Kirchliche Zwecke

72 Eine Körperschaft verfolgt kirchliche Zwecke iSd § 54 Abs. 1 AO, wenn ihre Tätigkeit darauf gerichtet ist, eine Religionsgemeinschaft, die Körperschaft des öffentlichen Rechts ist, selbstlos zu fördern.

73 Religionsgemeinschaften des privaten Rechts können damit nur im Falle einer Förderung der Religion gem. § 52 Abs. 2 Nr. 2 AO als gemeinnützig anerkannt werden.[81]

---

[78] BFH 26.5.2021 – V R 31/19, BFHE 272, 335, BStBl. II 2021, 835, Leitsatz.

[79] BFH 1.2.2022 – V R 1/20, BFHE 276, 291, BStBl. II 2022, 629; BFH 26.5.2021 – V R 31/19, BFHE 272, 335, BStBl. II 2021, 835, Rn. 33 f.

[80] Vgl. AEAO zu § 52 Nr. 1.1–1.2.

[81] AEAO zu § 54 Satz 2.

b) Selbstlos, ausschließlich und unmittelbar

aa) Selbstlosigkeit

Eine Förderung oder Unterstützung geschieht gem. § 55 Abs. 1 S. 1 Hs. 1 AO selbstlos, wenn dadurch nicht in erster Linie eigenwirtschaftliche Zwecke – zB gewerbliche Zwecke oder sonstige Erwerbszwecke – verfolgt werden („Verbot der primären Verfolgung eigenwirtschaftlicher Zwecke" oder „Selbstlosigkeit im engeren Sinne"[82]). **74**

Zusätzlich müssen nach dem Katalog des § 55 Abs. 1 S. 1 Hs. 2 Nr. 1 bis 5 AO folgende Voraussetzungen erfüllt sein: **75**

- Verwendung der Mittel der Gesellschaft nur für satzungsmäßige Zwecke (Nr. 1). Daher dürfen Mittel aus einem gemeinnützigen Bereich (Zweckbetrieb) nicht verwendet werden zum Ausgleich von Verlusten aus einem nicht gemeinnützigen Bereich. Geschieht dies dennoch, muss der Fehlbetrag dem ideellen Bereich zurückgeführt werden bis zum Ende des dem Verlustentstehungsjahr folgenden Wirtschaftsjahres.[83]
- Rückerhalt nur der eingezahlten Kapitalanteile bei Ausscheiden eines Mitglieds oder bei Auflösung der Körperschaft (Nr. 2).
- Die Körperschaft darf keine Person durch Ausgaben, die dem Zweck der Körperschaft fremd sind, oder durch unverhältnismäßig hohe Vergütungen begünstigen (Begünstigungsverbot, Nr. 3).[84]
- Grundsatz der Vermögensbindung bei Auflösung oder Aufhebung der Körperschaft oder bei Wegfall ihres steuerbegünstigten Zwecks (Nr. 4).
- Die Körperschaft muss ihre Mittel grundsätzlich zeitnah für ihre steuerbegünstigten satzungsmäßigen Zwecke verwenden (zeitnahe Mittelverwendung, Nr. 5). Ausnahmen von der zeitnahen Mittelverwendung sind in § 62 AO geregelt, wonach die Körperschaft Rücklagen bilden darf (§ 62 Abs. 1 AO) und Mittelzuführungen für bestimmte Zwecke vornehmen darf (§ 62 Abs. 3 AO).

„Eigenwirtschaftliche Zwecke" iSd § 55 Abs. 1 S. 1 Hs. 1 AO werden nicht nur verfolgt, wenn es um die wirtschaftlichen Interessen und Vorteile der Körperschaft selbst geht.[85] Eine Körperschaft handelt auch dann nicht selbstlos, wenn sie in erster Linie unmittelbar oder mittelbar die wirtschaftlichen Interessen ihrer Mitglieder[86] oder die Interessen der den Mitgliedern nahestehenden Personen wahrnimmt.[87] Eine Körperschaft verfolgt „in erster Linie" eigenwirtschaftliche Zwecke, wenn sie vorrangig und somit nicht nur nebenbei ihre eigenen wirtschaftlichen Interessen oder (mittelbar) die ihrer Mitglieder fördert.[88] Die Feststellung der fehlenden Selbstlosigkeit erfordert eine Abwägung zwischen den eigenwirtschaftlichen Vorteilen und der Förderung der Allgemeinheit. Dabei sind Art und Ausmaß des eigenwirtschaftlichen Vorteils des einzelnen Mitglieds ebenso zu berücksichtigen wie die Anzahl der wirtschaftlich geförderten Mitglieder im Verhältnis zur Gesamtzahl der Mitglieder und der geförderten Personen insgesamt.[89] Der BFH hat die Gemeinnützigkeit wegen fehlender Selbstlosigkeit zB verneint, **76**

---

[82] BFH 22.8.2019 – V R 67/16, BStBl. II 2020, 40, Rn. 24.
[83] BFH 13.11.1996 – I R 152/93, BStBl. II 1998, 711.
[84] FG Düsseldorf 15.4.2024 – 6 K 2425/21 AO, EFG 2024, 1881.
[85] BFH 26.4.1989 – I R 209/85, BFHE 157, 132, BStBl. II 1989, 670.
[86] BFH 23.10.1991 – I R 19/91, BFHE 165, 484, BStBl. II 1992, 62.
[87] BFH 22.8.2019 – V R 67/16, BStBl. II 2020, 40, Rn. 25.
[88] BFH 27.4.2005 – I R 90/04, BFHE 209, 489, BStBl. II 2006, 198, Rn. 25.
[89] BFH 22.8.2019 – V R 67/16, BStBl. II 2020, 40, Rn. 27.

- wenn ein Wettbewerbsverein (Abmahnverein) vornehmlich zur Wahrung der gewerblichen Interessen seiner unternehmerisch tätigen Mitglieder handelt,[90]
- wenn sich ein Verein mit dem Zweck der sozialen, gesundheitlichen und kulturellen Betreuung von Angestellten mehrerer Banken und ihrer Angehörigen darauf beschränkt, seinen Mitgliedern preisgünstige Reisen zu vermitteln und zinsgünstige Darlehen zu gewähren,[91]
- wenn eine kunstfördernde Stiftung ihren Kunstbestand in den Privaträumen des Stifters unterbringt und nur eingeschränkt der Öffentlichkeit zugänglich macht; hier überwiegt der private „Genuss" des Kunstbestands die nur eingeschränkte Förderung der Allgemeinheit,[92]
- wenn eine Körperschaft die durch Spenden ihrer Gesellschafter erlangten (nicht gebundenen) Vermögensmittel ausschließlich und von vornherein zur Finanzierung einer von diesen Gesellschaftern beherrschten Personengesellschaft einsetzt.[93]

bb) Ausschließlichkeit

77 Ausschließlichkeit liegt nach § 56 AO vor, wenn eine Körperschaft nur ihre steuerbegünstigten satzungsmäßigen Zwecke verfolgt. Ausnahmen vom Grundsatz der Ausschließlichkeit sind in §§ 58, 64 bis 68 AO geregelt. So enthält § 58 AO einen Katalog von nicht schädlichen Tätigkeiten, zB

- die Zuwendung von Mitteln an eine andere, ebenfalls steuerbegünstigte Körperschaft oder eine juristische Person des öffentlichen Rechts zur Verwirklichung steuerbegünstigter Zwecke (Nr. 1), wobei § 58a AO unter bestimmten Voraussetzungen Vertrauensschutz bei der Mittelweitergabe gewährt;
- das Zurverfügungstellen von Arbeitskräften an andere Personen, Unternehmen, Einrichtungen oder an eine juristische Person des öffentlichen Rechts für steuerbegünstigte Zwecke (Nr. 4);
- bei einer Stiftung: wenn die Stiftung einen Teil, jedoch höchstens ein Drittel ihres Einkommens dazu verwendet, um in angemessener Weise den Stifter und seine nächsten Angehörigen zu unterhalten, ihre Gräber zu pflegen und ihr Andenken zu ehren (Nr. 6);
- die Veranstaltung geselliger Zusammenkünfte, die im Vergleich zu der steuerbegünstigten Tätigkeit von untergeordneter Bedeutung sind (Nr. 7);
- die Förderung von bezahltem Sport neben dem unbezahlten Sport durch einen Sportverein (Nr. 8).

78 Eine Tätigkeit außerhalb des satzungsmäßig begünstigten Bereichs schließt die Gemeinnützigkeit nur dann nicht aus, wenn es sich um eine untergeordnete und unselbstständige Hilfstätigkeit handelt. So kann es etwa im Interesse der Förderung gemeinnütziger Zwecke liegen, wenn eine Körperschaft bei Verfolgung ihrer satzungsmäßigen Zwecke gelegentlich auch zu einem besonders wichtigen Gegenstand der allgemeinen **Politik** Stellung bezieht (→ Rn. 60).[94]

79 **Beispiel:**[95] Die A gGmbH ist eine Gesellschaft zur Förderung von Kunst und Kultur und als solche vom Finanzamt als gemeinnützig anerkannt. Tatsächlich führt sie nur eine einwöchige Kunstausstellung pro Jahr durch. Ab dem Folgejahr, nachdem sie als gemeinnützig anerkannt war, betrieb sie folgende Geschäfte: Sie erwarb in erheblichem Umfang jeweils kurz vor dem Dividendenstichtag dividendenberechtigte Aktien („cum Dividende") von ausländischen An-

---

[90] BFH 6.10.2009 – I R 55/08, BFHE 226, 525, BStBl. II 2010, 335.
[91] BFH 28.6.1989 – I R 86/85, BFHE 157, 416, BStBl. II 1990, 550.
[92] BFH 23.2.2017 – V R 51/15, BFH/NV 2017, 882.
[93] BFH 22.8.2019 – V R 67/16, BStBl. II 2020, 40, Leitsatz und Rn. 33.
[94] BFH 23.11.1988 – I R 11/88, BStBl. II 1989, 391.
[95] Sachverhalt aus BFH 4.3.2020 – I B 57/18, BFH/NV 2020, 1236.

teilseignern, ließ sich die Dividende – aufgrund der Vorlage des Bescheids nach § 60a AO – ohne Kapitalertragsteuerabzug auf ihr zuvor bei der C-Bank eröffnetes Konto/Depot auszahlen und verkaufte die Aktien anschließend wieder an die bisherigen Anteilseigner zurück. Dadurch vereinnahmte sie steuerfreie Dividenden. Der Erwerb der Aktien war fremdfinanziert. Hierzu schlossen die A gGmbH und die B-Ltd. einen Kreditrahmenvertrag („Facility Agreement"), einen Pfandvertrag, eine Kontrollvereinbarung über ein Sicherheitenkonto unter Beteiligung der C-Bank (Kreditsicherungsvertrag) sowie Future-Vereinbarungen, mit denen das Marktrisiko abgesichert werden sollte.

Lösung: Der Gemeinnützigkeitsstatus ist der A gGmbH zu entziehen. Die tatsächliche Geschäftsführung war nicht auf die ausschließliche Verfolgung der satzungsmäßigen gemeinnützigen Zwecke (Förderung von Kunst und Kultur gem. § 52 Abs. 2 Nr. 5 AO) gerichtet. Zwar steht die Unterhaltung eines wirtschaftlichen Geschäftsbetriebs der Steuerbegünstigung nicht entgegen, wenn dieser betrieben wird, um der Körperschaft Mittel für die gemeinnützigen Zwecke zu verschaffen und die Überschüsse dem steuerbegünstigten Zweck zugutekommen.[96] Jedoch darf der Geschäftsbetrieb nicht um seiner selbst willen betrieben werden. Ob eine wirtschaftliche Tätigkeit um ihrer selbst willen ausgeübt wird, kann sich danach richten, wie viel Zeit und Personal im wirtschaftlichen Geschäftsbetrieb eingesetzt wird.[97] Aufgrund des Umfangs der Aktiengeschäfte ist dies der Fall, eventuelle Dividendenbezüge sind nicht steuerfrei.

Allerdings waren der A gGmbH die Dividenden gar nicht zuzurechnen, da sie aufgrund des modellhaft aufgelegten Gesamtvertragskonzepts nicht wirtschaftliche Eigentümerin der Aktien geworden war (§ 39 Abs. 2 Nr. 1 S. 1 AO).[98]

cc) Unmittelbarkeit

Eine Körperschaft verfolgt unmittelbar ihre steuerbegünstigten satzungsmäßigen Zwecke, wenn sie selbst diese Zwecke verwirklicht (§ 57 Abs. 1 S. 1 AO). **80**

Das kann auch durch Hilfspersonen geschehen, wenn nach den Umständen des Falles, insbesondere nach den rechtlichen und tatsächlichen Beziehungen zwischen der Körperschaft und der Hilfsperson das Wirken der Hilfspersonen wie eigenes Wirken der Körperschaft anzusehen ist (§ 57 Abs. 1 S. 2 AO). **81**

c) Satzung und tatsächliche Geschäftsführung

Die Steuervergünstigung wird gem. § 59 AO gewährt, wenn sich aus der Satzung, dem Stiftungsgeschäft oder der sonstigen Verfassung (Satzung im Sinne dieser Vorschriften) ergibt, welchen Zweck die Körperschaft verfolgt, dass dieser Zweck den Anforderungen der §§ 52 bis 55 AO entspricht und dass er ausschließlich und unmittelbar verfolgt wird; die tatsächliche Geschäftsführung muss diesen Satzungsbestimmungen entsprechen. **82**

aa) Satzung

Die Satzungszwecke und die Art ihrer Verwirklichung müssen gem. § 60 Abs. 1 S. 1 AO so genau bestimmt sein, dass aufgrund der Satzung geprüft werden kann, ob die satzungsmäßigen Voraussetzungen für Steuervergünstigungen gegeben sind. Die Satzung muss die in der Anlage 1 zu § 60 AO[99] bezeichneten Festlegungen enthalten. Hierbei handelt es sich um eine **Mustersatzung** für Vereine, Stiftungen, BgA von juristischen Personen des öffentlichen Rechts, geistliche Genossenschaften und Kapitalgesellschaften. Hiernach müssen etwa die Begriffe „ausschließlich" und „unmittelbar" im Zusammenhang mit der Benennung des verfolgten satzungsmäßi- **83**

---

[96] BFH 4.4.2007 – I R 76/05, BFHE 217, 1, BStBl. II 2007, 631; BFH 4.3.2020 – I B 57/18, BFH/NV 2020, 1236, Rn. 17.

[97] BFH 4.3.2020 – I B 57/18, BFH/NV 2020, 1236, Rn. 17; Gosch KStG/Märtens KStG § 5 Rn. 204.

[98] BFH 4.3.2020 – I B 57/18, BFH/NV 2020, 1236, Rn. 23; siehe auch unten → Kap. F Rn. 60.

[99] Eingefügt durch Gesetz vom 19.12.2008, BGBl. 2008 I 2794.

gen Zwecks verwendet werden.[100] Die Mustersatzung enthält darüber hinaus auch etwa Formulierungen für die satzungsmäßige Vermögensbindung.

84 Werden diese Vorgaben nicht beachtet, erfüllt die Satzung nicht die formellen Voraussetzungen für eine Anerkennung als gemeinnützige Körperschaft. Ein Mangel kann auch nicht durch die tatsächliche Geschäftsführung oder den Hinweis auf anderweitige Regelungen ausgeglichen werden.[101]

bb) Tatsächliche Geschäftsführung

85 Auch die tatsächliche Geschäftsführung der Körperschaft muss auf die ausschließliche und unmittelbare Erfüllung der steuerbegünstigten Zwecke gerichtet sein und den Bestimmungen entsprechen, die die Satzung über die Voraussetzungen für Steuervergünstigungen enthält (§ 63 Abs. 1 AO). Die Körperschaft hat den Nachweis, dass ihre tatsächliche Geschäftsführung den Erfordernissen des § 63 Abs. 1 AO entspricht, durch ordnungsgemäße Aufzeichnungen über ihre Einnahmen und Ausgaben zu führen (§ 63 Abs. 3 AO).

d) Anerkennung der Gemeinnützigkeit

86 Die Voraussetzungen der Gemeinnützigkeit wurden früher im Rahmen des Körperschaftsteuerbescheids geprüft. Seit 2013 wird gem. § 60a Abs. 1 S. 1 AO[102] die Einhaltung der satzungsmäßigen Voraussetzungen nach den §§ 51, 59, 60 und 61 AO gesondert festgestellt. Die Feststellung der Satzungsmäßigkeit erfolgt gem. § 60a Abs. 2 AO auf Antrag der Körperschaft oder von Amts wegen bei der Veranlagung zur Körperschaftsteuer.

87 Es handelt sich um einen Feststellungsbescheid, der für die Besteuerung der Körperschaft gem. § 60a Abs. 1 S. 2 AO bindend und damit **Grundlagenbescheid** iSd § 171 Abs. 10, § 351 Abs. 2 AO ist.

88 Verfahrensrechtlich können Entscheidungen im Feststellungsbescheid nur durch Anfechtung dieses Bescheids, nicht auch durch Anfechtung eines darauf aufbauenden Körperschaftsteuerbescheids angegriffen werden (§ 351 Abs. 2 AO).

89 **Beispiel:** A hat am 3.6.2021 notariell eine „Stiftung von Todes wegen" gegründet und ist am 30.6.2021 verstorben. Die Stiftung ist Rechtsnachfolgerin und Erbin nach A. Sie wird erst am 19.11.2023 staatlich anerkannt.

Lösung: Zivilrechtlich entfaltet die staatliche Anerkennung gem. § 80 Abs. 2 S. 2 BGB Rückwirkung auf das Datum der Gründung (3.6.2021). § 80 Abs. 2 S. 2 BGB entfaltet für die Steuerbefreiung jedoch keine Rückwirkung.[103] Die spätere Anerkennung als gemeinnützige Stiftung führt also nicht automatisch zu einer Steuerbefreiung für die beiden Anfangsjahre. Vielmehr muss die Stiftung von Anfang an die Voraussetzungen der Gemeinnützigkeit erfüllen. Dies wird im Rahmen des Feststellungsverfahrens gem. § 60a AO geprüft und entschieden.

2. Wirtschaftlicher Geschäftsbetrieb

90 Wird ein wirtschaftlicher Geschäftsbetrieb unterhalten, ist die Steuerbefreiung gem. § 5 Abs. 1 Nr. 9 S. 2 KStG insoweit ausgeschlossen.

91 In diesem Zusammenhang ist § 64 Abs. 1 AO zu beachten: Schließt das Gesetz (hier § 5 Abs. 1 Nr. 9 S. 2 KStG) die Steuervergünstigung insoweit aus, als ein wirtschaftlicher Geschäftsbetrieb unterhalten wird, so verliert die Körperschaft die

---

100 Anders noch zur früheren Rechtslage: BFH 20.12.2006 – I R 94/02, BStBl. II 2010, 331.

101 BFH 31.10.1984 – I R 21/81, BStBl. II 1985, 162.

102 IdF des Gesetzes vom 21.3.2013, BGBl. 2013 I 556.

103 BFH 17.9.2003 – I R 85/02, BStBl. II 2005, 149, zu § 84 BGB aF; aA: Schauhoff/Kirchhain Gemeinnützigkeits-HdB/Mehren § 3 Rn. 39a.

Steuervergünstigung für die dem Geschäftsbetrieb zuzuordnenden Besteuerungsgrundlagen (Einkünfte, Umsätze, Vermögen), soweit der wirtschaftliche Geschäftsbetrieb kein Zweckbetrieb (§§ 65 bis 68 AO) ist. Unterhält die Körperschaft mehrere wirtschaftliche Geschäftsbetriebe, die keine Zweckbetriebe (§§ 65 bis 68) sind, werden diese gem. § 64 Abs. 2 AO als ein wirtschaftlicher Geschäftsbetrieb behandelt.

a) Merkmale des wirtschaftlichen Geschäftsbetriebs

Ein wirtschaftlicher Geschäftsbetrieb ist nach § 14 S. 1 AO eine selbstständige **92** nachhaltige Tätigkeit, durch die Einnahmen oder andere wirtschaftliche Vorteile erzielt werden und die über den Rahmen einer Vermögensverwaltung hinausgeht. Die Absicht, Gewinn zu erzielen, ist nach § 14 S. 2 AO nicht erforderlich.[104]

Eine Vermögensverwaltung liegt nach § 14 S. 3 AO idR vor, wenn Vermögen ge- **93** nutzt, zB Kapitalvermögen verzinslich angelegt oder unbewegliches Vermögen vermietet oder verpachtet wird.

Tatbestandsmerkmale des wirtschaftlichen Geschäftsbetriebs sind demnach: **94**

- Selbstständigkeit,
- Nachhaltigkeit,
- Erzielung von Einnahmen oder anderen wirtschaftlichen Vorteilen,
- keine Vermögensverwaltung.

Hinsichtlich der Abgrenzung zwischen Vermögensverwaltung und wirtschaftli- **95** chem Geschäftsbetrieb wendet die herrschende Meinung die zur Einkommensteuer entwickelten Kriterien zum Gewerbebetrieb an.[105] Demnach gilt: Wer Vermögen verwaltet, erzielt die wirtschaftlichen Vorteile dadurch, dass er Vermögen zur (idR längerfristigen) Erhaltung und Fruchtziehung anlegt, während die Vermögensumschichtung gewerbliche Tätigkeit ist. Steht der Gebrauch und die Nutzung realer Werte im Vordergrund, liegt Vermögensverwaltung vor; steht die Ausnutzung solcher Werte durch Umschichtung im Vordergrund, liegt gewerbliche Tätigkeit vor.[106]

Beispiel 1: Die Beteiligung einer gemeinnützigen Körperschaft an einer vermögensverwal- **96** tenden Personengesellschaft stellt keinen wirtschaftlichen Geschäftsbetrieb dar. Sie ist selbst dann kein wirtschaftlicher Geschäftsbetrieb, wenn die Personengesellschaft gewerblich geprägt ist gem. § 15 Abs. 3 Nr. 2 EStG.[107]

Beispiel 2: Die Beteiligung einer steuerbegünstigten Körperschaft an einer Kapitalgesellschaft ist grundsätzlich Vermögensverwaltung (§ 14 S. 3 AO).

Sie stellt jedoch einen wirtschaftlichen Geschäftsbetrieb dar, wenn mit ihr tatsächlich ein entscheidender Einfluss auf die laufende Geschäftsführung der Kapitalgesellschaft ausgeübt wird oder ein Fall der Betriebsaufspaltung vorliegt.[108]

Beispiel 3: Ein gemeinnütziger Verein betreibt ein Vereinslokal, in dem große Mengen Bier ausgeschenkt und verkauft werden. Diese werden von den Mitgliedern verköstigt.

Bei selbst bewirtschafteten Vereinsgaststätten bzw. beim Verkauf von Speisen und Getränken liegt ein wirtschaftlicher Geschäftsbetrieb vor.[109]

---

104 Nach Tipke/Kruse/Seer AO § 64 Rn. 6 kommt es aber ohne Gewinnerzielungsabsicht zu keiner sachlichen Körperschaftsteuerpflicht, da dann keine Einkünfte gem. § 8 Abs. 1 KStG iVm § 2 Abs. 1 EStG vorliegen.

105 Tipke/Kruse/Seer AO § 14 Rn. 11.

106 BFH 15.3.2000 – X R 130/97, BFHE 191, 360, BStBl. II 2001, 530 mwN; BFH 16.9.2009 – X R 48/07, BFH/NV 2010, 212, Rn. 18.

107 BFH 25.5.2011 – I R 60/10, BStBl. II 2011, 858.

108 BFH 30.6.1971 – I R 57/70, BStBl. II 1971, 753; AEAO zu § 64 Nr. 3 S. 5.

109 BFH 21.8.1985 – I R 60/80, BStBl. II 1986, 88.

b) Verfahren

97 Ob ein steuerpflichtiger wirtschaftlicher Geschäftsbetrieb oder ein Zweckbetrieb (§§ 65 bis 68 AO) vorliegt, ist bei der Körperschaftsteuerveranlagung der steuerbegünstigten Körperschaft zu entscheiden.[110]

98 Diese Entscheidung wird also nicht im gesonderten Feststellungsbescheid gem. § 60a AO getroffen, da es dort nur um die satzungsmäßigen Voraussetzungen geht.

3. Zweckbetrieb

99 Zweckbetrieb ist ein wirtschaftlicher Geschäftsbetrieb, der nach § 64 Abs. 1 AO dem steuerbegünstigten Bereich der Körperschaft zugerechnet wird.

a) Generalklausel (§ 65 AO)

100 Ein Zweckbetrieb ist gem. § 65 AO gegeben, wenn

- der wirtschaftliche Geschäftsbetrieb in seiner Gesamtrichtung dazu dient, die steuerbegünstigten satzungsmäßigen Zwecke der Körperschaft zu verwirklichen,
- die Zwecke nur durch einen solchen Geschäftsbetrieb erreicht werden können und
- der wirtschaftliche Geschäftsbetrieb zu nicht begünstigten Betrieben derselben oder ähnlicher Art nicht in größerem Umfang in Wettbewerb tritt, als es bei Erfüllung der steuerbegünstigten Zwecke unvermeidbar ist.

101 Der Zweckbetrieb muss tatsächlich und unmittelbar die satzungsmäßigen Zwecke der Körperschaft selbst verwirklichen. Unterhält ein gemeinnütziger Verein einen (steuerschädlichen) wirtschaftlichen Geschäftsbetrieb, so wird die Körperschaftsteuerpflicht des sich daraus ergebenden Gewinns nicht dadurch ausgeschlossen, dass der Verein den Gewinn für seine satzungsmäßigen Zwecke verwendet.[111]

102 **Beispiel:** Ein Karnevalsverein führt in der Karnevalswoche ein Kostümfest durch. Die Veranstaltung wird als „Nacht der Nächte“ bezeichnet. Die Karnevalisten halten sie als für den Vereinszweck unentbehrlich.

Lösung: Das Kostümfest ist kein für die Vereinszwecke „unentbehrlicher Hilfsbetrieb“ und deshalb kein Zweckbetrieb.[112] Auch wenn die Veranstaltung als „Nacht der Nächte“ bezeichnet und als für den Verein unentbehrlich dargestellt wird, dient sie im Einzelfall nach gerichtlicher Prüfung möglicherweise nicht dazu, die satzungsmäßigen Zwecke des Vereins zu verwirklichen (§ 65 Nr. 1 AO). Denn nicht jede von einem gemeinnützigen Karnevalsverein in der Karnevalswoche durchgeführte gesellige Veranstaltung, die durch Kostümierung der Teilnehmer, musikalische und tänzerische Darbietungen sowie ausgelassenes Feiern geprägt ist, ist vom Begriff des traditionellen Brauchtums (§ 52 Abs. 1 S. 1, Abs. 2 Nr. 23 AO) in Gestalt des Karnevals umfasst.[113] Erforderlich ist vielmehr, dass die Veranstaltung selbst durch Elemente des Karnevals in seiner traditionellen Form geprägt wird. Hierfür reicht die Darbietung von Stimmungsmusik und Stimmungsbeiträgen ohne Bezug zum traditionellen Karneval, die der Veranstaltung das Gepräge im Sinne einer Kostümparty geben, nicht aus.

Zudem handelt es sich bei einer „Nacht der Nächte“ nicht automatisch um einen für die Vereinszwecke iSd § 65 Nr. 2 AO „unentbehrlichen Hilfsbetrieb“.[114] Steuerbegünstigte Zwecke sind nur dann nicht ohne die wirtschaftliche Betätigung erreichbar, wenn sich der wirtschaftliche Geschäftsbetrieb von der Verfolgung des steuerbegünstigten Zwecks nicht trennen lässt,

---

[110] AEAO zu § 64 Nr. 3 S. 2.
[111] BFH 21.8.1985 – I R 60/80, BStBl. II 1986, 88.
[112] BFH 30.11.2016 – V R 53/15, BFHE 255, 513, BStBl. II 2017, 1224.
[113] BFH 30.11.2016 – V R 53/15, BFHE 255, 513, BStBl. II 2017, 1224.
[114] BFH 22.4.2009 – I R 15/07, BFHE 224, 405, BStBl. II 2011, 475, Rn. 10.

sondern vielmehr als das unentbehrliche und einzige Mittel zur Erreichung des steuerbegünstigten Zwecks anzusehen ist.[115] Daran fehlt es, wenn der wirtschaftliche Geschäftsbetrieb nur einen finanziellen Beitrag zur gemeinnützigen Tätigkeit leistet und deshalb abstrakt gesehen eine Zweckerreichung auch ohne diesen Geschäftsbetrieb denkbar wäre.

b) Einzelne Zweckbetriebe gem. §§ 66 bis 68 AO

aa) Wohlfahrtspflege

Eine Einrichtung der Wohlfahrtspflege ist gem. § 66 Abs. 1 AO ein Zweckbetrieb, wenn sie in besonderem Maße den in § 53 AO genannten Personen dient. Die Tätigkeit muss also auf die Sorge für notleidende oder gefährdete Menschen gerichtet sein. Notleidend bzw. gefährdet sind Menschen, die eine oder beide der in § 53 Nr. 1 und 2 AO genannten Voraussetzungen erfüllen. Auf die Vertragsbeziehung, die der Leistungserbringung zugrunde liegt, kommt es nicht an; entscheidend ist, dass die Einrichtung der Wohlfahrtspflege zumindest faktisch unmittelbar gegenüber den in § 53 AO genannten Personen tätig wird.[116] **103**

Wohlfahrtspflege ist gem. § 66 Abs. 2 S. 1 AO die planmäßige, zum Wohle der Allgemeinheit und nicht des Erwerbs wegen ausgeübte Sorge für notleidende oder gefährdete Mitmenschen. Die Sorge kann sich gem. § 66 Abs. 2 S. 2 AO auf das gesundheitliche, sittliche, erzieherische oder wirtschaftliche Wohl erstrecken und Vorbeugung oder Abhilfe bezwecken. **104**

Beispiel:[117] Ein Krankenhaus in der Rechtsform einer gemeinnützigen Stiftung ist gem. § 67 AO als steuerbegünstigter Zweckbetrieb anerkannt. Die Laborleistungen, welche das Krankenhaus für seine Patienten benötigt, wurden früher von Laboren abgewickelt, die in den jeweiligen Krankenhausbetrieb integriert sind. Nun gründet die Stiftung eine GmbH, deren alleinige Gesellschafterin sie ist. Die GmbH übernimmt die Laborleistungen und ebenso das hierfür erforderliche Personal im Wege des Betriebsübergangs gem. § 613a BGB von ihrem Gesellschafter. Sie erbringt die Laborleistungen unmittelbar jedoch lediglich gegenüber der Stiftung, nicht hingegen an Außenstehende oder zur Versorgung der Allgemeinheit. Betreibt die GmbH selbst einen Zweckbetrieb, wenn sie im Übrigen als gemeinnützig gilt? **105**

Lösung: Das Erbringen von Laborleistungen kann eine Wohlfahrtspflege sein. Die Wohlfahrtspflege ist in § 66 Abs. 2 AO als die planmäßige, zum Wohle der Allgemeinheit und nicht des Erwerbs wegen ausgeübte Sorge für notleidende oder gefährdete Mitmenschen definiert. Des Weiteren kann die individuelle Hilfe in Krankheitsfällen unter dem Aspekt der Mildtätigkeit steuerbefreit sein.

Eine Voraussetzung der Steuerbefreiung ist jedoch gem. § 5 Abs. 1 Nr. 9 KStG, dass die Körperschaft ihre steuerbegünstigten Zwecke unmittelbar erfüllt. Das ist gem. § 57 Abs. 1 AO der Fall, wenn sie die steuerbegünstigten Zwecke selbst erfüllt, ggf. und nach Maßgabe von § 57 Abs. 2 S. 2 AO unter Hinzuziehung von Hilfspersonen. An dieser Voraussetzung fehlt es hier, weil die Hilfeleistungen gegenüber den Patienten ausschließlich von den Krankenhäusern erbracht werden und die GmbH mit ihren Laborleistungen lediglich die Krankenhäuser bei deren Hilfeleistungen unterstützt.[118] Anders wäre der Fall zu beurteilen, wenn die GmbH auch Laborleistungen gegenüber der Allgemeinheit erbringen würde.

bb) Weitere Zweckbetriebe

Weitere Zweckbetriebe sind etwa: **106**

- Krankenhäuser (§ 67 AO),
- sportliche Veranstaltungen (§ 67a AO), Beispiel: Vereinsschwimmen,[119]

---

[115] BFH 30.11.2016 – V R 53/15, BFHE 255, 513, BStBl. II 2017, 1224; BFH 16.12.2009 – I R 49/08, BFHE 228, 53, BStBl. II 2011, 398, Rn. 23.

[116] Vgl. AEAO zu § 66 AO Nr. 3.

[117] Nachgebildet nach BFH 6.2.2013 – I R 59/11, BStBl. II 2013, 603.

[118] BFH 6.2.2013 – I R 59/11, BStBl. II 2013, 603 unter II.3.c der Gründe.

[119] Vgl. AEAO zu § 67a Nr. 13.

- Alten-, Altenwohn- und Pflegeheime (§ 68 Nr. 1 Buchst. a AO),
- Kindergärten (§ 68 Nr. 1 Buchst. b AO),
- Behindertenwerkstätten (§ 68 Nr. 3 AO),
- Volkshochschulen (§ 68 Nr. 8 AO),
- Wissenschafts- und Forschungseinrichtungen, deren Träger sich überwiegend aus Zuwendungen der öffentlichen Hand oder Dritter oder aus der Vermögensverwaltung finanziert; der Wissenschaft und Forschung dient auch die Auftragsforschung (§ 68 Nr. 9 AO).

V. Ende der Körperschaftsteuerpflicht

107 Die Körperschaftsteuerpflicht endet nicht mit der Auflösung oder der Eröffnung des Insolvenzverfahrens über das Vermögen der Körperschaft. Vielmehr schließt sich nach der Auflösung ein **Abwicklungszeitraum** an. Erst wenn die Körperschaft voll beendet ist (idR nach Löschung im Handelsregister, wobei die Löschung nur deklaratorisch ist), endet auch die Körperschaftsteuerpflicht.

108 Wird die Körperschaft abgewickelt, so ist gem. § 11 Abs. 1 S. 1 KStG der im Zeitraum der Abwicklung erzielte Gewinn der Besteuerung zugrunde zu legen. Es handelt sich um die Besteuerung des **Liquidationsgewinns.** Gewinnermittlungszeitraum für den Liquidationsgewinn ist die Zeit vom Schluss des der Auflösung vorangegangenen Wirtschaftsjahres bis zur Beendigung der Abwicklung. Dies soll drei Jahre nicht übersteigen (§ 11 Abs. 1 S. 2 KStG).[120] Der Liquidationsgewinn wird durch Vermögensvergleich (Abwicklung-Endvermögen ./. Abwicklung-Anfangsvermögen) ermittelt.

109 Im Falle des **Insolvenzverfahrens** gilt § 11 Abs. 1 bis 6 KStG sinngemäß (§ 11 Abs. 7 KStG).

---

[120] Auch bei Überschreiten des Drei-Jahres-Zeitraums kann aber ein Körperschaftsteuerbescheid erlassen werden: BFH 18.9.2007 – I R 44/06, BStBl. II 2008, 319.

C. Steuerobjekt der Körperschaftsteuer

I. Einkommen

Die Körperschaftsteuer bemisst sich gem. § 7 Abs. 1 KStG nach dem zu versteuernden Einkommen. Zu versteuerndes Einkommen ist gem. § 7 Abs. 2 KStG das Einkommen iSd § 8 Abs. 1 KStG, vermindert um die Freibeträge der §§ 24 und 25 KStG. 1

1. Einkommensermittlung

Das KStG kennt keinen eigenen Gewinn- oder Einkommensbegriff. Was als Einkommen gilt und wie das Einkommen zu ermitteln ist, bestimmt sich gem. § 8 Abs. 1 S. 1 KStG nach den Vorschriften des EStG und des KStG. Nach dieser Generalverweisung ist auch das Einkommen der Körperschaften ausgehend von den Vorschriften des EStG zu ermitteln. 2

Beispiel:[1] Die A-GmbH ist durch einen Steuerberater vertreten. Der Steuerberater unterlässt es, die Bilanz der A-GmbH für das Jahr 00 rechtzeitig im Bundesanzeiger zu veröffentlichen. Gegen die A-GmbH wird daraufhin ein Bußgeld wegen der Nichtveröffentlichung festgesetzt. Der Steuerberater erstattet der A-GmbH das Bußgeld im Wege des Regresses. 3

Nach Auffassung der Betriebsprüfung ist die Geldbuße gem. § 4 Abs. 5 S. 1 Nr. 8 EStG iVm § 8 Abs. 1 KStG nicht abzugsfähig; die Erstattung der Geldbuße durch den Steuerberater soll aber eine steuerbare Betriebseinnahme sein.

Lösung: Die Geldbuße ist nicht als Betriebsausgabe abziehbar, weil dies durch die genannte gesetzliche Vorschrift ausdrücklich angeordnet ist; eine korrespondierende Vorschrift, welche eine Erfassung der Schadensersatzleistung als steuerpflichtige Einnahme verhindern würde, existiert im Ertragsteuerrecht hingegen nicht. Es gibt nach der Rechtsprechung keinen allgemeinen Rechtsgrundsatz, dass Rückzahlungen oder Erstattungen nicht zu Betriebseinnahmen führen dürfen, wenn die Aufwendungen bei Zahlung nicht zu einer Gewinnminderung geführt haben.[2] Die Auffassung der Betriebsprüfung trifft daher zu.

Mit dem vorstehenden Beispiel soll verdeutlicht werden, dass die einkommensteuerlichen Einkommensermittlungsgrundsätze auch für Körperschaften gelten.[3] Abweichungen von der einkommensteuerlichen Gewinnermittlung ergeben sich, soweit im KStG spezielle vorrangige Regelungen enthalten sind. 4

Dies sind etwa Regelungen zur verdeckten Gewinnausschüttung (§ 8 Abs. 3 S. 2 KStG) und zu nicht abziehbaren Aufwendungen gem. § 10 KStG. Außerdem werden die Vorschriften über die persönliche Steuerpflicht, die Veranlagung und den Tarif nicht von der Verweisung in das EStG erfasst. 5

Für Körperschaften iSd § 1 Abs. 1 Nr. 1 bis 3 KStG (zB Kapitalgesellschaften), für die alle Einkünfte als Einkünfte aus Gewerbebetrieb gelten (§ 8 Abs. 2 KStG) und die einen Steuerbilanzgewinn ermitteln, entsteht vereinfacht die folgende Übersicht: 6

---

[1] Nach FG Münster 11.3.2015 – 13 K 3129/13, EFG 2015, 1021.

[2] BFH 20.11.2007 – I R 54/05, BFH/NV 2008, 617; BFH 29.8.1996 – VIII R 24/95, BFHE 182, 307, BFH/NV 1997, 289.

[3] Für Details der Einkommensermittlung wird daher auf die einschlägigen Regelungen des EStG (insbesondere §§ 4 ff. EStG) und auf die dazu ergangene Rechtsprechung und das Schrifttum verwiesen (zB Tipke/Lang SteuerR/Hennrichs Kap. 9; Birk/Desens/Tappe Kap. E.II. Rn. 860 ff.).

	Steuerbilanzgewinn nach dem EStG
+/–	Gewinnkorrekturen (KStR 7.1, zB verdeckte Gewinnausschüttungen, verdeckte Einlagen, Bildung und Auflösung von Investitionsabzugsbeträgen, nicht abziehbare Aufwendungen, Korrekturen bei ausländischen Einkünften)
=	steuerlicher Gewinn
+	Hinzurechnungen (zB Organeinkommen)
–	Abzüge (zB Spenden nach § 9 Abs. 1 KStG)
=	Gesamtbetrag der Einkünfte
–	Verlustabzug
=	Einkommen
–	Freibetrag für bestimmte Körperschaften (§ 24 KStG)
=	zu versteuerndes Einkommen
*	Steuersatz 15 %
=	**tarifliche/festzusetzende Körperschaftsteuer**
–	anrechenbare Kapitalertragsteuer/Körperschaftsteuer-Vorauszahlung.

2. Einkunftsarten

7 Grundsätzlich verweist § 8 Abs. 1 S. 1 KStG auf alle Einkunftsarten des EStG. Körperschaften können demnach auch etwa Einkünfte aus Vermietung und Verpachtung, Kapitaleinkünfte oder sonstige Einkünfte haben.

a) Umqualifizierung in gewerbliche Einkünfte

8 Gemäß § 8 Abs. 2 KStG sind bei unbeschränkt Steuerpflichtigen iSd § 1 Abs. 1 Nr. 1 bis 3 KStG alle Einkünfte als Einkünfte aus Gewerbebetrieb zu behandeln. Bei Kapitalgesellschaften, Genossenschaften und Versicherungs- und Pensionsvereinen werden alle Einkünfte also als gewerbliche Einkünfte qualifiziert. Betreibt die Körperschaft zB nur Vermögensverwaltung, werden die Einkünfte trotzdem in gewerbliche Einkünfte unqualifiziert. Auf das frühere Kriterium der Buchführungspflicht kommt es nicht mehr an.[4]

9 Bei den übrigen Körperschaften gem. § 1 Abs. 1 Nr. 4 bis 6 KStG (zB rechtsfähige Vereine, Vereine ohne Rechtspersönlichkeit, nicht rechtsfähige Anstalten, Stiftungen und BgA) bleibt es hingegen bei den Einkunftsarten des EStG.[5] Betreiben solche Körperschaften etwa eine Vermögensverwaltung, haben sie insoweit keine gewerblichen Einkünfte.

b) Keine außerbetriebliche Sphäre bei Kapitalgesellschaften

10 Aufgrund von § 8 Abs. 2 KStG vertritt der BFH in ständiger Rechtsprechung die Auffassung, dass eine **Kapitalgesellschaft** keine außerbetriebliche Sphäre hat.[6] Dies bedeutet, dass alle Geschäftsvorfälle der Kapitalgesellschaft betrieblich veranlasst iSd § 4 Abs. 4 EStG sind. Gewinnkorrekturen, die bei Einzelunternehmen oder Personengesellschaften aufgrund einer Veranlassung durch die „Privatsphäre" oder einer fehlenden betrieblichen Veranlassung möglich sind, sind bei Kapitalgesellschaften nicht denkbar. Das gilt auch etwa dann, wenn durch den Geschäftsvorfall

[4] Seit Inkrafttreten des SEStEG vom 7.12.2006, BGBl. 2006 I 2782.

[5] KStR 8.1 Abs. 2 S. 1.

[6] BFH 22.8.2007 – I R 32/06, BFHE 218, 523, BStBl. II 2007, 961, Rn. 15; BFH 31.3.2004 – I R 83/03, BFHE 206, 58; BFH 4.12.1996 – I R 54/95, BFHE 182, 123; BFH 8.7.1998 – I R 123/97, BFHE 186, 540; BFH 8.8.2001 – I R 106/99, BFHE 196, 173, BStBl. II 2003, 487.

tatsächlich Aufwand entstanden ist, der dazugehörigen Rechnung aber kein Leistungsaustausch zugrunde lag.[7]

Eine Gewinnkorrektur ist nur außerbilanziell als verdeckte Gewinnausschüttung[8] möglich oder aufgrund der Vorschriften über die Nichtabzugsfähigkeit von Aufwendungen gem. § 4 Abs. 5 EStG iVm § 8 Abs. 1 KStG und § 10 KStG.[9] 11

Beispiel: Die A-GmbH unterhält Vertragsbeziehungen zu einer in Estland ansässigen Gesellschaft und einer in Russland ansässigen Gesellschaft. Der genaue Inhalt der Vertragsbeziehungen ist unklar und wird auf Nachfrage von der A-GmbH nicht offengelegt. Es existieren auch keine schriftlichen Dokumente hierüber. Die genauen Geschäftspartner der A-GmbH sind ebenfalls unklar, teilweise handelt es sich nur um Mittelsmänner und Provisionsempfänger. 12

Für die mit der estnischen Gesellschaft getätigten Geschäfte liegen Banküberweisungen vor, aus denen allerdings nicht klar hervorgeht, ob Waren oder Dienstleistungen bezahlt oder andere Zwecke verfolgt werden. Zumindest ist der Empfänger klar nachgewiesen. Die russischen Geschäftspartner werden hingegen in bar bezahlt, teilweise durch die Mittelsmänner als Boten. Hier ist unklar, ob und bei wem das Geld angekommen ist. Klar ist lediglich, dass das Geld durch einen Gesellschafter vom Bankkonto der A-GmbH abgehoben wurde. Das Finanzamt erkennt alle Zahlungen nicht als Betriebsausgabe an, da die betriebliche Veranlassung nicht nachgewiesen sei.

Lösung: Sämtliche Zahlungen sind als Betriebsausgabe gem. § 4 Abs. 4 EStG anzuerkennen. Die Zahlungen sind entweder in bar oder durch Banküberweisung bei der A-GmbH abgeflossen. Da die A-GmbH keine außerbetriebliche Sphäre hat, genügt allein der Abfluss, um von einer betrieblichen Veranlassung auszugehen.

Soweit allerdings nicht geklärt ist, ob das Geld bei den Barzahlungen überhaupt die russischen Geschäftspartner erreicht hat, könnte es auch bei dem Gesellschafter verblieben sein. Dann handelt es sich um eine verdeckte Gewinnausschüttung. Hier trifft den Gesellschafter gem. § 90 Abs. 2 AO eine erhöhte Nachweispflicht. Kann er diesen Nachweis nicht führen, verbleibt es bei der verdeckten Gewinnausschüttung.

Soweit demgegenüber die Person des estnischen Geschäftspartners und Zahlungsempfängers nachgewiesen ist, besteht kein Raum für eine außerbilanzielle Hinzurechnung, da weder eine nichtabziehbare Betriebsausgabe noch eine verdeckte Gewinnausschüttung an den Gesellschafter oder eine ihm nahestehende Person vorliegt.

3. Besonderheiten bei BgA

In den KStR 2022 sind besondere Einschränkungen über die Einkommensermittlung bei BgA statuiert. So sind „Regelungen" der juristischen Personen des öffentlichen Rechts in Bezug auf den BgA über verzinsliche Darlehen steuerrechtlich nur anzuerkennen, soweit der BgA mit einem angemessenen Eigenkapital ausgestattet ist (KStR 8.2 Abs. 2 S. 1). Ein BgA ist grundsätzlich mit einem angemessenen Eigenkapital ausgestattet, wenn das Eigenkapital mindestens 30 % des Aktivvermögens beträgt (KStR 8.2 Abs. 2 S. 3). 13

Diese Bestimmungen sind verständlich vor dem Hintergrund, dass der BgA und die juristische Person des öffentlichen Rechts nicht unterschiedliche Personen sind; es handelt sich um eine einzige Person. Dementsprechend sind Aufwendungen für Darlehen gar nicht denkbar, da sich eine Person nicht selbst ein Darlehen geben kann. Es ist nachvollziehbar, derartige „Regelungen" über den Aufwand von Darlehen zu beschränken. 14

---

[7] Nicht hinreichend beachtet im Urteil des FG Hamburg 27.11.2019 – 2 K 111/17, DStRE 2020, 606, das zwar im 1. Leitsatz eine verdeckte Gewinnausschüttung benennt, aber in den einzelnen Prüfungspunkten lediglich eine betriebliche Veranlassung gem. § 4 Abs. 4 EStG prüft und daher keine ausreichenden Feststellungen zur verdeckten Gewinnausschüttung enthält.

[8] Dazu unten → Kap. F Rn. 1 ff.

[9] Dazu → Kap. C Rn. 15 ff.

II. Nichtabziehbare Aufwendungen

15 Regelungen über die Nichtabziehbarkeit von Aufwendungen enthalten § 10 KStG sowie § 4 Abs. 5 und 5b EStG, die aufgrund der Verweisung des § 8 Abs. 1 KStG für Körperschaften anwendbar sind. Sind Aufwendungen nichtabziehbar, so werden sie bei der Ermittlung des Einkommens der Körperschaft dem Einkommen außerbilanziell hinzugerechnet.

16 § 4 Abs. 5 EStG enthält einen Katalog von nichtabziehbaren Betriebsausgaben (s. etwa das Beispiel unter → Rn. 3). Von besonderer Bedeutung in der Praxis sind etwa die beschränkte Abziehbarkeit von Geschenken (§ 4 Abs. 5 S. 1 Nr. 1 EStG) und von Bewirtungen (§ 4 Abs. 5 S. 1 Nr. 2). Nichtabziehbar ist auch die Gewerbesteuer gem. § 4 Abs. 5b EStG.[10]

17 § 10 KStG ergänzt die Regelungen des § 8 KStG über die Ermittlung des Einkommens und ist insofern als lex specialis zu § 8 Abs. 1 KStG zu verstehen. Es handelt sich um eine nicht abschließende Aufzählung von Aufwendungen, die bei der Ermittlung des Einkommens der Körperschaft nicht oder nur zum Teil abgezogen werden dürfen.

18 § 10 KStG ist im Zusammenhang mit § 9 KStG zu sehen. § 9 KStG enthält eine ausdrückliche Regelung über abziehbare Aufwendungen, insbesondere Spenden (§ 9 Abs. 1 S. 1 Nr. 2 und S. 2 KStG, der § 10b Abs. 1 EStG nachgebildet ist). § 10 KStG regelt – ähnlich § 12 EStG – Aufwendungen, die nicht der steuerbaren Sphäre zugeordnet sind. Da eine Kapitalgesellschaft keine Privatsphäre hat, ist der Regelungsumfang des § 10 KStG deutlich geringer als derjenige des § 12 EStG.

1. Aufwendungen für die Erfüllung von Zwecken der Körperschaft

19 Gemäß § 10 Nr. 1 KStG sind Aufwendungen für die Erfüllung von Zwecken des Steuerpflichtigen, die durch Stiftungsgeschäft, Satzung oder sonstige Verfassung vorgeschrieben sind, nichtabziehbar. Die Vorschriften über den Spendenabzug gem. § 9 Abs. 1 Nr. 2 KStG bleiben davon unberührt.

20 § 10 Nr. 1 KStG entspricht der allgemeinen ertragsteuerlichen Trennung von Einkommenserzielung und Einkommensverwendung. Von Bedeutung ist dies insbesondere für Vereine, Stiftungen und andere Zweckvermögen, die unter Beachtung ihrer Satzung Aufwendungen an ihre Destinatäre zu erbringen haben.

21 Soweit es sich um eine Körperschaft handelt, die nicht von Gesetzes wegen gem. § 8 Abs. 2 KStG gewerbliche Einkünfte erzielt (Stiftungen, Vereine etc.), hat die Vorschrift nur eine **deklaratorische Bedeutung.** Da solche Körperschaften eine außerbetriebliche Sphäre haben, ist der Betriebsausgabenabzug schon mangels Veranlassung durch die Einkommenserzielung ausgeschlossen (§ 4 Abs. 4 EStG), wenn durch das Geschäft nur die vorgeschriebenen Satzungszwecke erfüllt werden.[11]

22 Handelt es sich hingegen um eine Kapitalgesellschaft, hat diese nach der Rechtsprechung keine außerbetriebliche Sphäre; dann kommt § 10 Nr. 1 KStG eine konstitutive Wirkung zu. Dennoch ist in der Praxis der Anwendungsbereich sehr gering, da bei Kapitalgesellschaften in solchen Fällen idR eher eine verdeckte Gewinnausschüttung vorliegen wird.[12]

23 Da sich die Regelungswirkung des § 10 Nr. 1 KStG auf den Bereich der Einkommensverwendung beschränkt, berührt er die allgemeinen Regelungen der Ein-

[10] Siehe dazu → Rn. 37 ff.
[11] BFH 12.10.2011 – I R 102/10, BStBl. II 2014, 484.
[12] BFH 20.1.1993 – I R 55/92, BStBl. II 1993, 376.

kommensermittlung nicht. Daher bleibt für Aufwendungen zur Erfüllung des Satzungszwecks, die zugleich als Betriebsausgaben oder Werbungskosten anzusehen sind, der Betriebsausgaben- bzw. Werbungskostenabzug zulässig.[13]

2. Steuern vom Einkommen und sonstige Steuern

Gemäß § 10 Nr. 2 KStG sind nichtabziehbar die Steuern vom Einkommen und **24** sonstige Personensteuern sowie die Umsatzsteuer für Umsätze, die Entnahmen oder verdeckte Gewinnausschüttungen sind, und die Vorsteuerbeträge auf Aufwendungen, für die das Abzugsverbot des § 4 Abs. 5 S. 1 Nr. 1 bis 4 und 7 oder Abs. 7 EStG gilt; das gilt auch für die auf diese Steuern entfallenden Nebenleistungen.

§ 10 Nr. 2 KStG ist weitgehend deckungsgleich mit § 12 Nr. 3 EStG und ver- **25** wirklicht ebenfalls die Abgrenzung von Einkommenserzielung und Einkommensverwendung.

Zu den Steuern vom Einkommen zählt vor allem die **Körperschaftsteuer,** und **26** zwar sowohl die aufgrund einer Veranlagung gezahlte Körperschaftsteuer inkl. Solidaritätszuschlag (§ 1 Abs. 2 SolZG) als auch die Kapitalertragsteuer. Dagegen fällt die Kapitalertragsteuer, welche die Körperschaft von den von ihr ausgeschütteten Kapitalerträgen einbehält, nicht unter § 10 Nr. 2 KStG. Hierbei handelt es sich um eine vom Empfänger der Ausschüttung geschuldete Steuer und nicht um eine Steuer der Körperschaft.

Zu den sonstigen Personensteuern zählen etwa die **Erbschaftsteuer** oder die frü- **27** her erhobene Vermögensteuer. Dies gilt auch etwa für die nach § 24 ErbStG erhobene Erbersatzsteuer für Familienstiftungen.[14]

Die Nichtabziehbarkeit für die **Umsatzsteuer** auf Umsätze, die Entnahmen oder **28** verdeckte Gewinnausschüttungen sind, ist eine Folgeänderung der ab dem Veranlagungszeitraum 1999 geänderten Eigenverbrauchsbesteuerung. Umsatzsteuerlich gilt die verdeckte Gewinnausschüttung nach § 3 Abs. 1b Nr. 3 UStG als Lieferung bzw. nach § 3 Abs. 9a Nr. 2 UStG als sonstige Leistung. Die Umsatzsteuer entsteht allerdings nur, soweit der Unternehmer (Gesellschafter) wegen der Lieferung oder sonstigen Leistung zum Vorsteuerabzug berechtigt ist. In diesem Fall darf die auf die steuerbare Lieferung oder Leistung entfallende Umsatzsteuer bei der Ermittlung des Einkommens gem. § 10 Nr. 2 KStG nicht abgezogen werden.

Steuererstattungen sind als *actus contrarius* zur Steuerzahlung ebenfalls für die **29** Einkommensermittlung nicht beachtlich. Nach der Rechtsprechung sind Steuererstattungsansprüche „entsprechend § 10 Nr. 2 KStG" außerbilanziell steuerlich zu neutralisieren, also abzuziehen.[15]

3. Geldstrafen

Gemäß § 10 Nr. 3 KStG sind in einem Strafverfahren festgesetzte Geldstrafen **30** nichtabziehbar, ebenso wie sonstige Rechtsfolgen vermögensrechtlicher Art, bei denen der Strafcharakter überwiegt, und Leistungen zur Erfüllung von Auflagen oder Weisungen, soweit die Auflagen oder Weisungen nicht lediglich der Wiedergutmachung des durch die Tat verursachten Schadens dienen, sowie damit zusammenhängende Aufwendungen.

---

13 BFH 22.12.2010 – I R 110/09, BFH/NV 2011, 1085; BFH 17.12.1997 – I R 58/97, BStBl. II 1998, 357.

14 BFH 14.9.1994 – I R 78/94, BStBl. II 1995, 207.

15 BFH 30.1.2013 – I R 54/11, BStBl. II 2013, 1048; zur Auszahlung des KSt-Guthabens: BFH 20.11.2007 – I R 54/05, BFH/NV 2008, 617.

31 Die Vorschrift entspricht § 12 Nr. 4 EStG und bezweckt, dass die Belastung mit Geldstrafen nicht durch einen Steuerabzug geschmälert werden soll.

32 Die Vorschrift erfasst ausdrücklich nur Geldstrafen. Da Geldstrafen typischerweise nur gegen natürliche Personen festgesetzt werden können, ist der Anwendungsbereich des § 10 Nr. 3 KStG gering. Er kommt insbesondere in Betracht, wenn eine ausländische Rechtsordnung die Verhängung einer Geldstrafe gegen eine Körperschaft zulässt.

33 Zu unterscheiden sind Geldstrafen und Geldbußen. Geldbußen sind von § 4 Abs. 5 Nr. 8 EStG erfasst und über die Verweisung gem. § 8 Abs. 1 KStG ebenfalls nichtabziehbar. Sie sind, anders als Geldstrafen, auch gegen juristische Personen zulässig. Voraussetzung für das Abzugsverbot bei Geldbußen ist aber, dass sie von einem Gericht oder einer Behörde im Geltungsbereich des EStG oder von Organen der Europäischen Union festgesetzt worden sein müssen.

4. Aufsichtsratsvergütungen

34 Gemäß § 10 Nr. 4 KStG sind die Hälfte der Vergütungen jeder Art nichtabziehbar, die an Mitglieder des Aufsichtsrats, Verwaltungsrats oder andere mit der Überwachung der Geschäftsführung beauftragte Personen gewährt werden.

35 Die Vorschrift soll das Interesse an überhöhten Aufsichtsratsvergütungen verringern und nimmt dafür eine teilweise Doppelbelastung der Vergütungen mit Körperschaftsteuer und Einkommensteuer beim Empfänger der Aufsichtsratsvergütungen in Kauf. Da die Nichtabziehbarkeit auf die Hälfte der Vergütungen beschränkt ist, handelt es sich „nur" um eine eineinhalbfache Belastung.

36 Ist die Person des Aufsichtsratsmitglieds beschränkt steuerpflichtig, wird die vom Aufsichtsratsmitglied zu zahlende Steuer durch Steuerabzug bei der Körperschaft erhoben gem. § 50a Abs. 1 Nr. 4, Abs. 2 EStG (Steuersatz: 30 %).

III. Gewerbesteuer

37 Gemäß § 8 Abs. 1 KStG iVm § 4 Abs. 5b EStG[16] sind die Gewerbesteuer und die darauf entfallenden Nebenleistungen keine Betriebsausgaben. Die gezahlte Gewerbesteuer wird daher außerbilanziell dem Einkommen der Körperschaft hinzugerechnet. Dies ist der Anlass, um einen kurzen Überblick über die Gewerbesteuer zu geben.

1. Überblick

38 Die Gewerbesteuer wird als Realsteuer (§ 3 Abs. 2 AO) bzw. als **Objektsteuer** bezeichnet.[17] Mit dem Begriff der Objektsteuer soll verdeutlicht werden, dass nicht eine Rechtsperson, sondern der Gewerbebetrieb als Gegenstand der Besteuerung im Mittelpunkt steht.[18] Gemäß § 2 Abs. 1 S. 1 GewStG unterliegt jeder stehende Gewerbebetrieb der Gewerbesteuer, soweit er nicht im Inland betrieben wird. Damit sind auch gewerblich tätige Körperschaften gewerbesteuerpflichtig.

---

[16] In der Fassung des Unternehmensteuerreformgesetzes 2008 vom 14.8.2007, BGBl. 2007 I 1912. Zuvor war die Gewerbesteuer eine abziehbare Betriebsausgabe, jedoch war der Steuermessbetrag höher, da die Steuermesszahl für den Gewerbeertrag früher – nach Anwendung einer Staffelung für die ersten 48.000 EUR – 5,0 % betrug gem. § 11 Abs. 2 GewStG aF.

[17] ZB BVerfG 15.2.2016 – 1 BvL 8/12, BStBl. II 2016, 557, Rn. 33; BFH 17.6.2020 – X R 15/18, BFHE 269, 330, BStBl. II 2021, 157, Rn. 17; BFH 20.3.2013 – X R 38/11, BFH/NV 2013, 1125, Rn. 20; Tipke/Lang SteuerR/Hey Rn. 12.3.

[18] Lenski/Steinberg/Sarrazin GewStG § 1 Rn. 8.

Die Gewerbesteuer bemisst sich maßgeblich nach dem **Gewerbeertrag** (→ Rn. 55 ff.). Hingegen wird das Gewerbekapital seit dem Jahr 1998[19] nicht mehr in die Bemessungsgrundlage der Gewerbesteuer einbezogen. Daher wird zu Recht darauf hingewiesen, dass die Gewerbesteuer zulasten des Objektsteuercharakters zunehmend Elemente einer Ertragsteuer angenommen hat.[20] Aufgrund der Beibehaltung von Hinzurechnungen und Kürzungen (→ Rn. 64 ff. und → Rn. 70 ff.) ist die Gewerbesteuer aber zu keinem Zeitpunkt zu einer „reinen" (Zusatz-)Ertragsteuer fortentwickelt worden.[21] Im Unterschied zur Einkommensteuer berücksichtigt das Gewerbesteuerrecht weiterhin keine Elemente der subjektiven Leistungsfähigkeit, sondern es gilt grundsätzlich das Objektsteuerprinzip.[22] 39

Das **Aufkommen** der Gewerbesteuer steht gem. Art. 106 Abs. 6 S. 1 GG den Gemeinden zu. Daher handelt es sich bei der Gewerbesteuer (neben der Grundsteuer) um eine der wichtigsten steuerlichen Einnahmequellen der Gemeinden. Nach Art. 106 Abs. 6 S. 2 GG ist den Gemeinden das Recht einzuräumen, die Hebesätze der Gewerbesteuer im Rahmen der Gesetze festzusetzen. Dieses Prinzip wird allerdings dadurch eingeschränkt, dass der Gewerbesteuerhebesatz gem. § 16 Abs. 4 S. 2 GewStG mindestens 200 % betragen muss. Die Gemeinden können also die Höhe der Gewerbesteuer bestimmen, nicht aber wählen, ob sie überhaupt Gewerbesteuer erheben wollen.[23] 40

2. Steuerobjekt und -subjekt der Gewerbesteuer

a) Steuerobjekt

Der Gewerbesteuer unterliegt gem. § 2 Abs. 1 S. 1 GewStG jeder stehende Gewerbebetrieb, soweit er im Inland betrieben wird. Besteuerungsgrundlage für die Gewerbesteuer ist gem. § 6 GewStG der Gewerbeertrag. Für den Gewerbebetrieb als Objekt der Gewerbesteuer ist demnach der Gewerbeertrag das maßgebliche Kriterium. Dieser ermittelt sich nach §§ 7 ff. GewStG (→ Rn. 55 ff.). 41

Gemäß § 2 Abs. 1 S. 2 GewStG ist unter Gewerbebetrieb ein gewerbliches Unternehmen iSd EStG zu verstehen. Damit entspricht der Begriff des Gewerbebetriebs in § 2 Abs. 1 S. 1 GewStG demjenigen in **§ 15 Abs. 2 EStG.**[24] Die Annahme eines Gewerbebetriebs im gewerbesteuerrechtlichen Sinne setzt das Vorliegen sämtlicher Tatbestandsmerkmale des § 15 Abs. 2 EStG voraus.[25] Zur Gewerbesteuerpflicht kann es demnach etwa nach den Regeln der Betriebsaufspaltung sowohl für das Besitz- als auch für das Betriebsunternehmen kommen.[26] Andere Unternehmen, etwa Betriebe der Land- und Forstwirtschaft oder freie Berufe, unterliegen ebenso wie die Vermögensverwaltung demgegenüber grundsätzlich nicht der Gewerbesteuer. 42

Vom „stehenden" Gewerbebetrieb ist der Reisegewerbebetrieb gem. § 35a Abs. 1 GewStG zu unterscheiden. Reisegewerbebetrieb ist gem. § 35a Abs. 2 S. 1 GewStG ein Gewerbebetrieb, dessen Inhaber nach den Vorschriften der GewO und den dazugehörigen Ausführungsbestimmungen einer Reisegewerbekarte bedarf. 43

---

[19] Durch das Gesetz zur Fortsetzung der Unternehmensteuerreform vom 29.10.1997, BGBl. 1997 I 2590.

[20] BFH 6.10.2009 – I R 102/06, BFH/NV 2010, 462, Rn. 14; Gosch DStZ 1998, 327.

[21] BFH 4.6.2014 – I R 70/12, BFHE 246, 67, BStBl. II 2015, 289, Rn. 17.

[22] Vgl. BFH 14.6.2018 – III R 35/15, BFHE 261, 558, BStBl. II 2018, 662, Rn. 21.

[23] Lenski/Steinberg/Sarrazin GewStG § 1 Rn. 13.

[24] Vgl. GewStR 2.1 (1).

[25] ZB BFH 30.8.2022 – X R 17/21, BFHE 278, 327, BStBl. II 2023, 396, Rn. 14; vgl. auch GewStH 2.1 (1).

[26] Lenski/Steinberg/Nöcker GewStG § 2 Rn. 1070 ff.

aa) Gewerbebetrieb von Körperschaften

44 Gemäß § 2 Abs. 2 S. 1 GewStG gilt als Gewerbebetrieb stets und in vollem Umfang die Tätigkeit der Kapitalgesellschaften (insbesondere Europäische Gesellschaften, Aktiengesellschaften, Kommanditgesellschaften auf Aktien, Gesellschaften mit beschränkter Haftung), Genossenschaften einschließlich Europäischer Genossenschaften sowie der Versicherungs- und Pensionsfondsvereine auf Gegenseitigkeit. Dies entspricht im Ergebnis der körperschaftsteuerlichen Rechtslage nach § 8 Abs. 2 KStG.[27]

45 Kapitalgesellschaften, Genossenschaften und die weiteren genannten Personen unterhalten also bereits **kraft ihrer Rechtsform** einen Gewerbebetrieb, unabhängig von ihrer tatsächlichen Tätigkeit. Auch der Betrieb etwa einer vermögensverwaltenden Kapitalgesellschaft wird dadurch zum Gewerbesteuerobjekt. Das BVerfG hat dies als verfassungsrechtlich unbedenklich erachtet.[28] In Bezug auf eine GmbH, die aus freiberuflichen Gesellschaftern besteht, hat das BVerfG in einer weiteren Entscheidung anschaulich erklärt, dass die Tätigkeit einer Kapitalgesellschaft keine freiberufliche Tätigkeit nach § 18 EStG ist, auch wenn die Geschäftsführer in dieser Funktion freiberufliche Tätigkeiten ausüben.[29] Eine Kapitalgesellschaft könne nicht iSd § 18 EStG aufgrund eigener Fachkenntnisse leitend und eigenverantwortlich tätig werden. Sie sei darauf angewiesen, ihre Tätigkeiten durch Vorstandsmitglieder, Geschäftsführer oder andere Arbeitnehmer wahrnehmen zu lassen. Gegenüber diesen Personen komme der Kapitalgesellschaft eigene Rechtssubjektqualität zu. Ihre Tätigkeit erschöpfe sich darin, dass sie Kapital aufbringe, Betriebsmittel einsetze und Personal beschäftige, so das BVerfG. Dem **Trennungsprinzip** (→ Kap. A Rn. 1, 6) wird hierdurch genüge getan.

46 Gemäß § 2 Abs. 3 GewStG[30] gilt als Gewerbebetrieb auch die Tätigkeit der sonstigen juristischen Personen des privaten Rechts und der Vereine ohne Rechtspersönlichkeit, soweit sie einen wirtschaftlichen Geschäftsbetrieb (ausgenommen Land- und Forstwirtschaft) unterhalten. In diesem Fall kommt es also auf die tatsächliche gewerbliche Betätigung (§ 15 Abs. 2 EStG) an. Durch die Voraussetzung des „wirtschaftlichen" Geschäftsbetriebs ist etwa die Vermögensverwaltung nicht erfasst.

47 Auch Unternehmen von **juristischen Personen des öffentlichen Rechts** unterhalten einen Gewerbebetrieb, und zwar entsprechend dem Begriff des stehenden Gewerbebetriebs nach § 2 Abs. 1 S. 2 GewStG. Für den Umfang des Unternehmens gilt § 4 Abs. 6 S. 1 KStG[31] entsprechend (vgl. § 2 Abs. 1 GewStDV). Demnach ist die juristische Person also grundsätzlich mit jedem einzelnen Betrieb steuerpflichtig, außer die Betriebe können nach § 4 Abs. 6 KStG bei Gleichartigkeit oder im Falle von Verflechtungen zusammengefasst werden.

bb) Inlandsbezug

48 Der Gewerbesteuer unterliegen gem. § 2 Abs. 1 S. 1 GewStG nur inländische Gewerbebetriebe. Es gilt das **Territorialitätsprinzip.**[32] Gemäß § 2 Abs. 1 S. 3 GewStG wird ein Gewerbebetrieb im Inland betrieben, soweit für ihn im Inland oder auf einem in einem inländischen Schiffsregister eingetragenen Kauffahrteischiff eine

---

27 → Rn. 8 f.

28 BVerfG 23.12.1977 – 1 BvR 715/77, HFR 1978, 68.

29 BVerfG 24.3.2010 – 1 BvR 2130/09, NZG 2010, 796, Rn. 9.

30 In der Fassung des Art. 22 des Kreditzweitmarktförderungsgesetzes vom 22.12.2023, BGBl. I 2023 Nr. 411.

31 Dazu → Kap. B Rn. 28.

32 Tipke/Lang SteuerR/Hey Rn. 12.18.

Betriebsstätte unterhalten wird. Bestimmte Erweiterungen des Inlandsbegriffs enthält § 2 Abs. 7 GewStG.

Der Begriff der Betriebsstätte ergibt sich aus § 12 AO. Gemäß § 12 S. 1 AO ist 49 Betriebsstätte jede feste Geschäftseinrichtung oder Anlage, die der Tätigkeit eines Unternehmens dient. § 12 S. 2 AO enthält eine nicht abschließende („insbesondere") Aufzählung von Betriebsstätten, etwa die Geschäftsleitungsbetriebsstätte (§ 12 S. 2 Nr. 1 AO), Zweigniederlassungen (§ 12 S. 2 Nr. 2 AO) oder Geschäftsstellen (§ 12 S. 2 Nr. 3 AO).

cc) Mehrere Gewerbebetriebe

Da gem. § 2 Abs. 2 S. 1 GewStG als Gewerbebetrieb stets und „in vollem Um- 50 fang" die Tätigkeit der Kapitalgesellschaften und der anderen in dieser Vorschrift genannten Körperschaften gilt, werden mehrere Gewerbebetriebe, die von dieser Körperschaft betrieben werden – anders als bei natürlichen Personen –, zu einem einzigen Gewerbebetrieb zusammengefasst.[33] Für natürliche Personen gilt nach der Rechtsprechung hingegen Folgendes: Übt eine natürliche Person mehrere gewerbliche Tätigkeiten aus, kann es sich gewerbesteuerrechtlich entweder um einen einheitlichen Betrieb (Steuergegenstand) oder aber um mehrere selbstständige Betriebe – und damit um mehrere Steuergegenstände – handeln.[34] Zur Beurteilung dieser Frage unterscheidet die höchstrichterliche Rechtsprechung zwischen gleichartigen und ungleichartigen Betätigungen. In beiden Fällen ist ein sachlicher (wirtschaftlicher, organisatorischer oder finanzieller) Zusammenhang zwischen den Betätigungen erforderlich, um sie als einen einzigen Steuergegenstand ansehen zu können; die erforderliche Mindest-Intensität dieses Zusammenhangs ist in den beiden Fallgruppen aber unterschiedlich stark ausgeprägt.[35]

Bei Kapitalgesellschaften führt die Zusammenfassung mehrerer Gewerbebetriebe 51 dazu, dass Verluste aus einem gewerblichen Bereich stets mit Gewinnen aus einem anderen Bereich **verrechnet** werden können, ohne dass es auf die Frage der wirtschaftlichen Einheit der Betriebe ankäme.[36]

Werden von einer sonstigen juristischen Person des privaten Rechts oder einem 52 nichtrechtsfähigen Verein (§ 2 Abs. 3 GewStG) mehrere wirtschaftliche Geschäftsbetriebe unterhalten, so können sie ebenfalls zu einem einheitlichen Gewerbebetrieb zusammengefasst werden (§ 8 GewStDV).

b) Steuerschuldner

Steuerschuldner ist gem. § 5 Abs. 1 S. 1 GewStG der Unternehmer. Als Unter- 53 nehmer gilt gem. § 5 Abs. 1 S. 2 GewStG der, für dessen Rechnung das Gewerbe betrieben wird. Wird das Gewerbe von einer Körperschaft betrieben, so ist die Körperschaft der Steuerschuldner der Gewerbesteuer.

Persönliche Befreiungen von der Gewerbesteuer sieht § 3 GewStG für bestimmte 54 Betriebe vor. Beispielhaft zu nennen sind etwa Körperschaften, die nach der Satzung, dem Stiftungsgeschäft oder der sonstigen Verfassung und nach der tatsächlichen Geschäftsführung ausschließlich und unmittelbar gemeinnützigen, mildtätigen oder kirchlichen Zwecken dienen (§§ 51 bis 68 AO; vgl. § 3 Nr. 6 S. 1 GewStG). Ein wirtschaftlicher Geschäftsbetrieb ist von dieser Steuerbefreiung aber gem. § 3

---

[33] Vgl. GewStR 2.4 (2) und (4).

[34] BFH 17.6.2020 – X R 15/18, BFHE 269, 330, BStBl. II 2021, 157, Rn. 17.

[35] BFH 17.6.2020 – X R 15/18, BFHE 269, 330, BStBl. II 2021, 157, Rn. 18; vgl. zu einem aktuellen praktischen Fall FG Münster 29.11.2023 – 13 K 986/21 G, EFG 2024, 477, rkr.

[36] Lenski/Steinberg/Nöcker GewStG § 2 Rn. 3125.

Nr. 6 S. 1 GewStG ausgeschlossen. Es handelt sich um eine parallele Vorschrift zu § 5 Abs. 1 Nr. 9 KStG.[37]

3. Gewerbeertrag

55 Besteuerungsgrundlage für die Gewerbesteuer ist gem. § 6 GewStG der Gewerbeertrag. Dessen Ermittlung ist in §§ 7ff. GewStG geregelt.

56 Der Begriff des Gewerbeertrags ist in § 7 S. 1 GewStG normiert. Danach ist Gewerbeertrag der nach den Vorschriften des EStG oder des KStG zu ermittelnde Gewinn aus dem Gewerbebetrieb, der bei der Ermittlung des Einkommens für den dem Erhebungszeitraum (§ 14 GewStG) entsprechenden Veranlagungszeitraum zu berücksichtigen ist, vermehrt und vermindert um die in den §§ 8 und 9 GewStG bezeichneten Beträge (Hinzurechnungen und Kürzungen). Durch die Hinzurechnungen und Kürzungen soll dem Objektsteuercharakter der Gewerbesteuer Rechnung getragen werden.[38] Ob dies durch die teilweise hochkomplexen Vorschriften der §§ 8 und 9 GewStG gelingt, darf durchaus bezweifelt werden.

57 Periodenübergreifend können Gewerbesteuerfehlbeträge gem. § 10a GewStG abgezogen werden. Ein unbegrenzter Abzug ist nur bis zu 1 Mio. EUR zulässig (§ 10a S. 1 GewStG). Es handelt sich um eine gegenüber § 10d EStG vorrangige Vorschrift.

a) Ausgangsgröße

aa) Gewinnermittlung nach EStG und KStG

58 Ausgangsgröße für den Gewerbeertrag ist gem. § 7 S. 1 GewStG der Gewinn aus Gewerbebetrieb entsprechend den Vorschriften des EStG und des KStG. Für eine Körperschaft gelten damit grundsätzlich dieselben Regeln der Gewinnermittlung wie für die Körperschaftsteuer (→ Rn. 2ff.).[39] Aufgrund der Generalverweisung des § 8 Abs. 1 S. 1 KStG ist das Einkommen der Körperschaften grundsätzlich ausgehend von den Vorschriften des EStG zu ermitteln. Das gilt auch dann, wenn in Anbetracht des gewerbesteuerlichen Objektsteuercharakters eine Anwendung der einkommensteuerlichen Regelungen sachlich fragwürdig erscheinen könnte.[40]

59 Für Körperschaften gelten ergänzend zu den einkommensteuerlichen Regelungen der Gewinnermittlung auch die speziellen Regelungen des KStG für die Ermittlung des Gewerbeertrags. Das gilt etwa für die verdeckte Gewinnausschüttung gem. § 8 Abs. 3 S. 2 KStG (→ Kap. F Rn. 1ff.). Eine verdeckte Gewinnausschüttung erhöht bei einer Körperschaft also nicht nur das körperschaftsteuerliche Einkommen, sondern auch den Gewerbeertrag.

60 Obwohl die Ermittlung des Gewerbeertrags grundsätzlich den einkommen- und körperschaftsteuerlichen Gewinnermittlungsvorschriften folgt, sind einkommen- oder körperschaftsteuerliche Festsetzungsbescheide keine Grundlagenbescheide für die Gewerbesteuer; ihnen kommt keine Bindungswirkung zu.[41] Verfahrensrechtlich wird durch § 35b Abs. 1 GewStG aber ein Gleichlauf der Festsetzungen sichergestellt (→ Rn. 82).

---

37 → Kap. B Rn. 54ff.

38 BFH 8.5.1991 – I R 33/90, BFHE 165, 191, BStBl. II 1992, 437, unter B.2.a der Gründe.

39 BFH 8.5.1991 – I R 33/90, BFHE 165, 191, BStBl. II 1992, 437, unter B.2.a der Gründe zur Einkommensteuer.

40 BFH 22.2.2006 – I R 120/04, BFHE 213, 25, BStBl. II 2007, 321, Rn. 11.

41 BFH 17.12.2003 – XI R 83/00, BFHE 205, 390, BStBl. II 2004, 699, Rn. 16; Tipke/Lang SteuerR/Hey Rn. 12.33.

bb) Sonderfälle

Zum Gewerbeertrag gehört gem. § 7 S. 2 GewStG auch der Gewinn aus der **Veräußerung oder Aufgabe** des Betriebs oder eines Teilbetriebs einer Mitunternehmerschaft (§ 7 S. 2 Nr. 1 GewStG), des Anteils eines Gesellschafters, der als Unternehmer (Mitunternehmer) des Betriebs einer Mitunternehmerschaft anzusehen ist (§ 7 S. 2 Nr. 2 GewStG), und des Anteils eines persönlich haftenden Gesellschafters einer Kommanditgesellschaft auf Aktien (§ 7 S. 2 Nr. 3 GewStG), soweit er nicht auf eine natürliche Person als unmittelbar beteiligter Mitunternehmer entfällt. Durch § 7 S. 2 Nr. 2 und 3 GewStG wird der Gewinn gewerbesteuerlich bei der Mitunternehmerschaft erfasst, obwohl der Veräußerungsgewinn beim Veräußerer verbleibt; dies hat das BVerfG als verfassungsgemäß angesehen.[42] Ziel des Gesetzgebers war es, Umgehungsgestaltungen zu verhindern.[43] 61

Für den Sonderfall der Zwischenschaltung einer Personengesellschaft stellt § 7 S. 4 KStG klar, dass § 8b KStG anzuwenden ist.[44] 62

Weitere Sonderregelungen enthalten § 7a GewStG für die Ermittlung des Gewerbeertrags einer Organgesellschaft und § 7b GewStG für Gewinne bei unternehmensbezogener Sanierung. Durch die letztgenannte Regelung wird sichergestellt, dass die Steuerbefreiung für Sanierungsgewinne gem. § 3a EStG[45] auch gewerbesteuerlich anzuwenden ist. § 7b Abs. 2 GewStG enthält aber Korrekturen gegenüber § 3a EStG, um Doppelbegünstigungen zu vermeiden.[46] 63

b) Hinzurechnungen

Der Gewerbeertrag (§ 7 GewStG) ist zu korrigieren durch Hinzurechnungen nach § 8 GewStG. Dies soll die „objektivierte Ertragskraft der Gewerbebetriebe" berücksichtigen und ist nach der Rechtsprechung des BVerfG von der verfassungsrechtlichen Legitimität der Gewerbesteuer erfasst.[47] 64

Dem Gewinn aus Gewerbebetrieb werden gem. § 8 GewStG bestimmte, in den Nr. 1 bis 12 genannte Beträge hinzugerechnet, soweit sie bei der Ermittlung des Gewinns abgesetzt worden sind. 65

aa) Bestimmte Entgelte

Die wichtigste (und streitanfälligste) Hinzurechnungsvorschrift ist § 8 Nr. 1 GewStG. Durch diese Vorschrift soll der Abzug von Aufwendungen für Fremdkapital (im weitesten Sinne) gewerbesteuerlich teilweise neutralisiert werden. Seit der Neuregelung durch das Unternehmensteuerreformgesetz 2008[48] werden 66

- Entgelte für Schulden, zB Schuldzinsen (Nr. 1 Buchst. a),
- Renten und dauernde Lasten (Nr. 1 Buchst. b),
- Gewinnanteile des stillen Gesellschafters (Nr. 1 Buchst. c),
- ein Fünftel der Miet- und Pachtzinsen, einschließlich Leasingraten, für **bewegliche** Wirtschaftsgüter des Anlagevermögens, bei bestimmten Elektrofahrzeugen sogar nur ein Zehntel (Nr. 1 Buchst. d),
- die Hälfte der Miet- und Pachtzinsen, einschließlich Leasingraten, für **unbewegliche** Wirtschaftsgüter des Anlagevermögens (Nr. 1 Buchst. e) und

---

[42] BVerfG 10.4.2018 – 1 BvR 1236/11, BStBl. II 2018, 303.
[43] BT-Drs. 14/6882, 1, 41.
[44] Allgemein zu § 8b KStG → Kap. E Rn. 62ff.
[45] Diese Vorschrift war eingeführt worden als Reaktion auf den BFH 28.11.2016 – GrS 1/15, BFHE 255, 482, BStBl. II 2017, 393.
[46] Vgl. BT-Drs. 18/12128, 30ff.
[47] BVerfG 15.2.2016 – 1 BvL 8/12, BStBl. II 2016, 557, Rn. 34.
[48] Gesetz vom 14.8.2007, BGBl. 2007 I 1912.

- ein Viertel der Aufwendungen für die zeitlich befristete Überlassung von Rechten (insbesondere Lizenzen und Konzessionen)

erfasst. Allerdings wird die Summe dieser Beträge nur zu einem Viertel hinzugerechnet. Außerdem sieht das Gesetz einen Freibetrag von 200.000 EUR (vor dem 1.7.2020: 100.000 EUR) vor.

67 Vor der Neuregelung durch das Unternehmensteuerreformgesetz 2008 wurde lediglich die Hälfte der Dauerschuldzinsen hinzugerechnet. Dauerschuldzinsen wurden zuvor also in höherem Umfang erfasst; die Hinzurechnung nach § 8 Nr. 1 GewStG aF war aber auf diese Aufwendungen für Fremdkapital begrenzt. Absicht des Gesetzgebers bei der Ausweitung der Hinzurechnungsvorschriften für Wirtschaftsgüter in § 8 Nr. 1 GewStG durch das Unternehmensteuerreformgesetz 2008 war es, die bis dahin in § 8 GewStG aF gegebenen Ungleichbehandlungen verschiedener Finanzierungsformen zu vermeiden und die Struktur der Hinzurechnungstatbestände zu vereinheitlichen.[49] Dabei wollte der Gesetzgeber trotz der Ausweitung der Hinzurechnungstatbestände die Aufkommenswirkung der Hinzurechnungen insgesamt unverändert lassen; deshalb hat er durch die Ausweitung der unter die gewerbesteuerliche Hinzurechnung fallenden Eigenkapitalsubstitute in § 8 Nr. 1 Buchst. a bis f GewStG die Steuerbemessungsgrundlage der Gewerbesteuer verbreitert, gleichzeitig aber den Hinzurechnungssatz verringert und einen Hinzurechnungsfreibetrag in Höhe von (jetzt) 200.000 EUR eingeführt.[50]

68 **Beispielhaft** für die Intention, verschiedene Finanzierungsformen gleichzustellen, seien § 8 Nr. 1 Buchst. d und e genannt. Diese Vorschrift erfasst Miet- und Pachtzinsen, einschließlich Leasingraten, für bewegliche und unbewegliche Wirtschaftsgüter des **Anlagevermögens.**[51] Durch die Beschränkung der Hinzurechnung auf Aufwendungen für das Anlagevermögen wird eine Angleichung an Betriebe bezweckt, die ihr Anlagevermögen durch Eigenkapital finanzieren und hierfür keine weiteren Aufwendungen tragen. Dass nur ein Teil der Miet- und Pachtzinsen hinzugerechnet wird, trägt dem Umstand Rechnung, dass nur dieser Teil vom Gesetzgeber pauschal als **Finanzierungsanteil** angesehen wird.[52] Die unterschiedliche Höhe der Hinzurechnung abhängig davon, ob es sich um bewegliche Wirtschaftsgüter (dann ein Fünftel, bei Elektrofahrzeugen sogar nur ein Zehntel) oder unbewegliche Wirtschaftsgüter (dann die Hälfte) handelt, ist allerdings schwer nachvollziehbar und erscheint eher fiskalisch motiviert.[53]

bb) Übrige Hinzurechnungen

69 Weitere Hinzurechnungen gem. § 8 GewStG betreffen (nicht genannte Nummern sind entfallen):

- bestimmte Gewinnanteile an persönlich haftende Gesellschafter einer KGaA (Nr. 4),
- bestimmte Gewinnanteile (Dividenden) und Bezüge von Körperschaften, die nach § 3 Nr. 40 EStG oder § 8b Abs. 1 KStG außer Ansatz bleiben (Nr. 5); → Kap. E Rn. 44 ff. und → Kap. E Rn. 62 ff.,
- Verlustanteile einer in- oder ausländischen Mitunternehmerschaft (Nr. 8),
- Ausgaben iSd § 9 Abs. 1 Nr. 2 KStG, also Spenden und Mitgliedsbeiträge zur Förderung steuerbegünstigter Zwecke (Nr. 9),

---

[49] BT-Drs. 16/4841, 78 f.

[50] BVerfG 15.2.2016 – 1 BvL 8/12, BStBl. II 2016, 557, Rn. 33.

[51] Zur Abgrenzung zu den Herstellungskosten von Wirtschaftsgütern des Umlaufvermögens vgl. BFH 30.7.2020 – III R 24/18, BFHE 269, 342, BStBl. II 2022, 279.

[52] Vgl. BT-Drs. 16/4841, 31.

[53] Kritisch auch Lenski/Steinberg/Sarrazin GewStG § 8 Nr. 1 Buchst. d Rn. 52.

- bestimmte Teilwertabschreibungen oder Veräußerungsverluste auf Anteile an einer Körperschaft (Nr. 10),
- bestimmte ausländische Steuern nach § 34c EStG (Nr. 12).

c) Kürzungen

Die Kürzungen gem. § 9 GewStG sollen zum einen Doppelbelastungen und Friktionen in Bezug auf andere Steuerarten (zB Grundsteuer) ausgleichen, zum anderen Hinzurechnungen nach § 8 GewStG in bestimmten Konstellationen rückgängig machen. 70

Gemäß § 9 GewStG wird die Summe des Gewinns und der Hinzurechnungen gekürzt um bestimmte in den Nr. 1 bis 8 genannte Beträge. 71

aa) Grundbesitz

Die wichtigste (und streitanfälligste) Kürzungsvorschrift ist § 9 Nr. 1 GewStG. Vergleichsweise einfach ist noch die Kürzung nach § 9 Nr. 1 S. 1 GewStG um 1,2 % des Einheitswerts des zum Betriebsvermögen des Unternehmers gehörenden und nicht von der Grundsteuer befreiten Grundbesitzes (ab 2025: 0,11 % des Grundsteuerwerts). Dieser Kürzungsbetrag ist vergleichsweise gering und findet auf alle betrieblichen Grundstücke Anwendung. Er soll eine Doppelbelastung mit Grundsteuer vermeiden. 72

Deutlich stärkere Auswirkungen entfaltet die sog. **„erweiterte" Kürzung** nach § 9 Nr. 1 S. 2 GewStG bei Unternehmen, die ausschließlich eigenen Grundbesitz oder neben eigenem Grundbesitz eigenes Kapitalvermögen verwalten und nutzen. Die Kürzung umfasst den Teil des Gewerbeertrags, der auf die Verwaltung und Nutzung des eigenen Grundbesitzes entfällt. Bei einer ausschließlich grundbesitzverwaltenden Tätigkeit bewirkt diese Vorschrift eine faktische Befreiung der Erträge aus der Vermögensverwaltung von der Gewerbesteuer. Hintergrund dieser Befreiung ist die Erwägung, dass die reine Vermögensverwaltung, sofern sie nicht in der Rechtsform der Kapitalgesellschaft ausgeübt wird und gem. § 2 Abs. 2 S. 1 GewStG gewerbesteuerpflichtig ist (→ Rn. 44 f.), nicht zu Einkünften aus Gewerbebetrieb gem. § 15 Abs. 2 EStG führt[54] und daher auch keinen Gewerbebetrieb iSd § 2 Abs. 1 S. 1 GewStG darstellt. 73

Die Streitanfälligkeit des § 9 Nr. 1 S. 2 GewStG ergibt sich allerdings daraus, dass die erweiterte Kürzung nach ständiger Rechtsprechung durch das Erfordernis der **„Ausschließlichkeit"** tatbestandlich zweifach begrenzt ist: Zum einen ist die unternehmerische Tätigkeit gegenständlich begrenzt, nämlich ausschließlich auf eigenen Grundbesitz oder daneben auch auf eigenes Kapitalvermögen, zum anderen sind Art, Umfang und Intensität der Tätigkeit derart begrenzt, dass nämlich die Unternehmen dieses Vermögen ausschließlich verwalten und nutzen.[55] Nebentätigkeiten zur Verwaltung liegen nur dann innerhalb des von diesem Ausschließlichkeitsgebot gezogenen Rahmens und sind nicht kürzungsschädlich, wenn sie der Verwaltung und Nutzung eigenen Grundbesitzes im engeren Sinne dienen und als zwingend notwendiger Teil einer wirtschaftlich sinnvoll gestalteten eigenen Grundstücksverwaltung und -nutzung angesehen werden können.[56] 74

Beispiel: Die Rechtsprechung hat eine solche zwingende Notwendigkeit etwa abgelehnt, wenn bei einer Hotelvermietung auch Betriebsvorrichtungen (zB Kühlräume, Kühlmöbel für 75

---

[54] Vgl. Schmidt/Wacker EStG § 15 Rn. 46.

[55] Beschluss des Großen Senats des BFH 25.9.2018 – GrS 2/16, BFHE 263, 225, BStBl. II 2019, 262, Rn. 73; BFH 11.4.2019 – III R 36/15, BFHE 264, 470, BStBl. II 2019, 705, Rn. 25.

[56] BFH 11.4.2019 – III R 36/15, BFHE 264, 470, BStBl. II 2019, 705, Rn. 26; BFH 17.1.2006 – VIII R 60/02, BFHE 213, 5, BStBl. II 2006, 434, unter II.1.c, bb.

Theken- und Büfettanlage)[57] oder bei einem Autohaus auch Lackierkabinen mitvermietet werden.[58]

bb) Übrige Kürzungen

76 Weitere Kürzungen gem. § 9 GewStG betreffen zB:

- Gewinnanteile einer in- oder ausländischen Mitunternehmerschaft (Nr. 2, Gegenstück zu § 8 Nr. 8 GewStG),
- Gewinne aus Anteilen einer inländischen Kapitalgesellschaft, wenn die Beteiligung mindestens 15 % beträgt und die Gewinnanteile bei Ermittlung des Gewinns angesetzt werden (Nr. 2a: Die Vorschrift korrespondiert zu § 8 Nr. 5 GewStG und soll eine gewerbesteuerliche Doppelbelastung vermeiden),
- Gewinne aus Anteilen einer KgaA (Nr. 2b, Gegenstück zu § 8 Nr. 4 GewStG),
- den Teil des Gewerbeertrags eines inländischen Unternehmens, der auf eine nicht im Inland belegene Betriebsstätte dieses Unternehmens entfällt (Nr. 3),
- Spenden und Mitgliedsbeiträge zur Förderung steuerbegünstigter Zwecke (Nr. 5),
- Gewinne aus Anteilen einer ausländischen Kapitalgesellschaft (Nr. 7, 8; vgl. dazu schon § 9 Nr. 2 GewStG).

4. Steuermessbetrag und Festsetzung der Gewerbesteuer

a) Berechnung des Gewerbesteuermessbetrags

77 Gemäß § 11 Abs. 1 S. 1 GewStG ist bei der Berechnung der Gewerbesteuer von einem Steuermessbetrag auszugehen. Dieser ist gem. § 11 Abs. 1 S. 2 GewStG durch Anwendung eines Prozentsatzes (Steuermesszahl) auf den Gewerbeertrag zu ermitteln. Der Gewerbeertrag ist gem. § 11 Abs. 1 S. 3 GewStG auf volle 100 EUR nach unten abzurunden.

78 Für natürliche Personen und bestimmte Unternehmen (ua solche iSd § 2 Abs. 3 GewStG und Unternehmen von juristischen Personen des öffentlichen Rechts) sieht § 11 Abs. 1 S. 3 Nr. 1 und 2 GewStG zudem einen **Freibetrag** vor (24.500 EUR bzw. 5.000 EUR). Kapitalgesellschaften iSd § 2 Abs. 2 S. 1 GewStG, die kraft ihrer Rechtsform als Gewerbebetrieb gelten, erhalten hingegen keinen Freibetrag. Die Rechtsprechung erkennt den Freibetrag aber an, wenn an dem gewerblichen Unternehmen einer Kapitalgesellschaft natürliche Personen als atypisch stille Gesellschafter beteiligt sind.[59]

79 Die **Steuermesszahl** für den Gewerbeertrag beträgt gem. § 11 Abs. 2 GewStG 3,5 %.

80 Der Gewerbesteuermessbetrag, der Grundlage für die Festsetzung der Gewerbesteuer durch die hebeberechtigte Gemeinde ist, ergibt sich also durch die Anwendung des Prozentsatzes von 3,5 auf den Gewerbeertrag.

b) Festsetzung

aa) Festsetzung des Gewerbesteuermessbetrags

81 Der Gewerbesteuermessbetrag wird vom zuständigen **Finanzamt** festgesetzt (§ 14 S. 1 GewStG). Den zu erlassenden Bescheid bezeichnet man als Steuermessbescheid (§ 184 Abs. 1 S. 1 AO). Die Vorschriften über die Durchführung der Besteuerung gelten sinngemäß (§ 184 Abs. 1 S. 3 AO). Es besteht eine Pflicht zur Abgabe einer Gewerbesteuererklärung gem. § 14a GewStG.

---

[57] BFH 11.4.2019 – III R 36/15, BFHE 264, 470, BStBl. II 2019, 705, Rn. 28.
[58] BFH 11.4.2019 – III R 5/18, BFH/NV 2019, 1248.
[59] BFH 10.11.1993 – I R 20/93, BFHE 173, 184, BStBl. II 1994, 327.

Eine **Änderung** der Einkommen- oder Körperschaftsteuer hat auch Auswirkung auf den Gewerbesteuermessbetrag. Das betrifft beispielsweise den Fall, dass ein Einkommen- oder Körperschaftsteuerbescheid geändert wird, weil die gewerblichen Einkünfte abweichend ermittelt wurden. Nach § 35b Abs. 1 S. 1 GewStG ist der Gewerbesteuermessbescheid oder Verlustfeststellungsbescheid von Amts wegen aufzuheben oder zu ändern, wenn der Einkommensteuerbescheid, der Körperschaftsteuerbescheid oder ein Feststellungsbescheid aufgehoben oder geändert wird und die Aufhebung oder Änderung den Gewinn aus Gewerbebetrieb berührt. § 35b Abs. 1 S. 1 GewStG ermöglicht in diesem Fall verfahrensrechtlich die Änderung des Gewerbesteuermessbescheids. 82

bb) Festsetzung der Gewerbesteuer

Die Steuer wird gem. § 16 Abs. 1 GewStG aufgrund des Steuermessbetrags mit einem Prozentsatz (Hebesatz) festgesetzt und erhoben, der von der **hebeberechtigten Gemeinde** zu bestimmen ist. Wer hebeberechtigte Gemeinde ist, ergibt sich aus § 4 Abs. 1 S. 1 GewStG. Danach unterliegen die stehenden Gewerbebetriebe der Gewerbesteuer in der Gemeinde, in der eine Betriebsstätte zur Ausübung des stehenden Gewerbes unterhalten wird. 83

Der Hebesatz muss mindestens 200% betragen (§ 16 Abs. 4 S. 2 GewStG) und wird von der jeweiligen Gemeinde selbst bestimmt. 84

Die hebeberechtigte Gemeinde erlässt unter Berücksichtigung des Hebesatzes den **Gewerbesteuerbescheid.** Dazu teilt das Finanzamt gem. § 184 Abs. 3 S. 1 AO den Inhalt des Steuermessbescheids der hebeberechtigten Gemeinde mit. Der Gewerbesteuerbescheid ist ein **Folgebescheid** zum Gewerbesteuermessbescheid. Der Messbescheid ist also ein Grundlagenbescheid (§ 171 Abs. 10 AO). Bei Zweifeln über die Höhe des Gewerbeertrags muss der Grundlagenbescheid angefochten werden (§ 351 Abs. 2 AO). 85

cc) Zerlegung

Sind im Erhebungszeitraum Betriebsstätten zur Ausübung des Gewerbes in **mehreren Gemeinden** unterhalten worden, ist gem. § 28 Abs. 1 S. 1 GewStG der Steuermessbetrag in die auf die einzelnen Gemeinden entfallenden Anteile **(Zerlegungsanteile)** zu zerlegen. Der Zerlegungsmaßstab ist in §§ 29ff. GewStG geregelt. Maßgeblich ist insbesondere die Summe der Arbeitslöhne. Das zuständige Finanzamt erlässt den Zerlegungsbescheid. 86

Das Zerlegungsverfahren ist in den §§ 185ff. AO geregelt. Grundsätzlich ist für die Zerlegung das für die Steuermessbeträge vorgesehene Verfahren anzuwenden (§ 185 AO). Der Zerlegungsbescheid wird also vom zuständigen Finanzamt erlassen. Besonderheiten entstehen in diesem Verfahren dadurch, dass nicht nur der Steuerpflichtige Beteiligter des Verfahrens ist (§ 186 Nr. 1 AO), sondern auch die Steuerberechtigten, denen ein Anteil an dem Steuermessbetrag zugeteilt worden ist oder die einen Anteil beanspruchen (§ 186 Nr. 2 AO). Dies sind die jeweils hebeberechtigten Gemeinden, denen ein Anteil am Gewerbesteuermessbetrag zusteht. Dementsprechend ist der Zerlegungsbescheid allen Beteiligten bekannt zu geben (§ 188 Abs. 1 AO). 87

IV. Zinsschranke (§ 8a KStG iVm § 4h EStG)

§ 8a KStG ist im Zusammenhang mit § 4h EStG (sog. „Zinsschranke") zu sehen und ist eine besondere Vorschrift über die Nichtabziehbarkeit von Aufwendungen. Systematisch handelt sich um eine Einkommensermittlungsvorschrift. 88

1. Systematik

89 § 8a KStG enthielt bereits seit 1993[60] Vorschriften zur Beschränkung des Abzugs von Aufwendungen der Gesellschafter-Fremdfinanzierung. Ziel des Gesetzgebers ist es jeweils zu verhindern, dass der Gesellschaft durch die Zahlung von zu hohen Aufwendungen (Zinsen) auf Fremdkapital Liquidität entzogen wird. Das Steuersubstrat soll gesichert werden. Dies kann gesetzessystematisch auf unterschiedliche Weise geschehen. § 8a KStG aF sah die fiktive Zurechnung einer verdeckten Gewinnausschüttung vor. Es handelte sich somit um eine Einkommensverwendungsvorschrift. Danach wurden Vergütungen für Fremdkapital, welche an einen wesentlich beteiligten Anteilseigner, eine ihm nahestehende Person oder einen rückgriffsberechtigten Dritten gezahlt wurden, bei Überschreiten bestimmter Grenzen in verdeckte Gewinnausschüttungen umqualifiziert.

90 Während § 8a KStG aF ursprünglich nur für Zinsen galt, die an einen nicht zur Anrechnung von Körperschaftsteuer berechtigten Anteilseigner gezahlt wurden – also einen ausländischen Anteilseigner –, wurde wegen dieses Verstoßes gegen die europarechtliche **Niederlassungsfreiheit**[61] der Regelungsgehalt des § 8a KStG durch das sog. „Korb-II-Gesetz“[62] auch auf reine Inlandsfälle ausgedehnt. Damit entstand eine Fülle von Fällen, in denen verdeckte Gewinnausschüttungen bei Gesellschafter-Fremdfinanzierungen zum Tragen kamen.

91 Das Unternehmenssteuerreformgesetz 2008[63] schuf die jetzige Form des § 8a KStG und wählte den „umgekehrten“ Weg einer Einkommensermittlungsvorschrift, indem durch § 4h EStG der **Betriebsausgabenabzug** für Zinsen beschränkt wurde. Da die Zinsschranke gem. § 4h EStG rechtsformübergreifend für alle Unternehmen gilt, enthält § 8a KStG lediglich Sondervorschriften, die bei Kapitalgesellschaften für die Anwendung des § 4h EStG gelten. Die Zinsschranke soll der „Sicherung inländischen Steuersubstrats“ und der „Vermeidung von missbräuchlichen Steuergestaltungen“ dienen.[64]

92 Nach Auffassung des BFH verstößt das durch die Regelungen der Zinsschranke ausgelöste Abzugsverbot für Zinsaufwendungen gegen Art. 3 Abs. 1 GG, da die ergebnisabhängige Zinsabzugsbeschränkung das Gebot der **folgerichtigen Ausgestaltung** des Ertragsteuerrechts (bzw. des Körperschaftsteuerrechts) nach Maßgabe der finanziellen Leistungsfähigkeit des Steuerpflichtigen verletze.[65] Die für die Lastengleichheit im Einkommensteuerrecht maßgebliche finanzielle Leistungsfähigkeit bemesse der einfache Gesetzgeber nach dem objektiven und dem subjektiven Nettoprinzip, so der BFH. Diese systematische Grundentscheidung habe der Gesetzgeber durchbrochen, weil aufgrund der Zinsschranke betrieblicher Zinsaufwand als zur Einkommensermittlung nichtabziehbar qualifiziert und damit insoweit nicht das Nettoeinkommen besteuert werde.[66]

93 Seit Anfang 2016 ist ein Normenkontrollverfahren beim BVerfG anhängig.[67]

---

[60] Eingeführt durch Gesetz vom 13.9.1993, BGBl. 1993 I 1569.

[61] EuGH 12.12.2002 – C-324-00, BB 2003, 190 – Lankhorst-Hohorst.

[62] Gesetz zur Umsetzung der Protokollerklärung der Bundesregierung zur Vermittlungsempfehlung zum Steuervergünstigungsabbaugesetz vom 22.12.2003, BGBl. 2003 I 2840.

[63] Gesetz vom 14.8.2007, BGBl. 2007 I 1912.

[64] BT-Drs. 16/4841, 35, 48.

[65] BFH 14.10.2015 – I R 20/15, BFHE 252, 44.

[66] BFH 14.10.2015 – I R 20/15, BFHE 252, 44, Rn. 16.

[67] BVerfG – 2 BvL 1/16.

2. Voraussetzungen der Zinsschranke nach § 4h EStG

Die Zinsschranke hat folgende Grundstruktur:[68] Nach § 4h Abs. 1 S. 1 EStG 94
kann der Saldo von Zinsaufwendungen und Zinserträgen grundsätzlich nur bis zu einem Anteil von 30 % des (um bestimmte Posten korrigierten) Gewinns abgezogen werden. Die diesen Wert übersteigenden Zinsen können im Wege eines Zinsvortrags in die Folgeperioden vorgetragen werden (§ 4h Abs. 1 S. 5 EStG). Dieser Zinsvortrag geht aber bei Übertragung oder Aufgabe des Betriebs unter. Die Norm beschränkt sich dabei nicht auf Zinszahlungen zwischen Konzernunternehmen.

a) Berechnung

Zur Bestimmung des abziehbaren Zinssaldos wird nach § 4h Abs. 1 S. 1 EStG das 95
„verrechenbare EBITDA" berechnet. Dies sind nach § 4h Abs. 1 S. 2 EStG:[69]

+	Maßgeblicher Gewinn (bei Körperschaften: maßgebliches Einkommen)
+	Zinsaufwendungen
+	Beträge nach § 6 Abs. 2 S. 1 EStG (AfA GWG)
+	Beträge nach § 6 Abs. 2a S. 2 EStG (AfA auf Sammelposten)
+	Beträge nach § 7 EStG (AfA)
–	Zinserträge
=	EBITDA
*	davon 30 % = verrechenbares EBITDA

96
Soweit das verrechenbare EBITDA die um die Zinserträge geminderten Zinsaufwendungen des Betriebs (sog. Nettozinsaufwendungen)[70] übersteigt, ist es in die folgenden fünf Wirtschaftsjahre vorzutragen (**EBITDA-Vortrag;** § 4h Abs. 1 S. 3 EStG). In späteren Jahren dient dieser EBITDA-Vortrag dem Zweck, überhöhte Zinsaufwendungen gem. § 4h Abs. 1 S. 4 EStG sofort verrechnen zu können.

Ist hingegen kein hinreichendes verrechenbares EBITDA aus dem aktuellen Ver- 97
anlagungszeitraum oder aus Vorjahren vorhanden, werden nicht abziehbare Zinsaufwendungen in die folgenden Wirtschaftsjahre vorgetragen (**Zinsvortrag;** § 4h Abs. 1 S. 5 EStG).

b) Ausnahmen

§ 4h Abs. 2 S. 1 EStG enthält drei Ausnahmen: 98

- eine **Freigrenze** von drei Mio. EUR für die Nettozinsaufwendungen nach Buchst. a: wenn der Saldo aus Zinsaufwendungen und Zinserträgen diese Grenze unterschreitet, sind die Regelungen der Zinsschranke nicht anzuwenden;
- die **„Stand-Alone-Klausel"** nach Buchst. b: danach sind nicht konzernzugehörige Betriebe vom Anwendungsbereich der Zinsschranke ausgenommen; was unter „konzernzugehörig" zu verstehen ist, hat der Gesetzgeber präzisiert in Anlehnung an § 1 Abs. 2 AStG;[71]
- die **„Escape-Klausel"** nach Buchst. c: konzernzugehörige Betriebe sind von der Zinsschranke ausgenommen, deren Eigenkapitalquote am Schluss des vorangegangenen Abschlussstichtags die des Konzerns nicht um mehr als zwei Prozentpunkte unterschreitet (Eigenkapitalvergleich). Die Zinsschranke kommt danach

---

[68] Vgl. die Ausführungen in BFH 14.10.2015 – I R 20/15, BFHE 252, 44.

[69] Vgl. BMF 4.7.2008, BStBl. I 2008, 718 Tz. 41.

[70] Diese Definition der Nettozinsaufwendungen wurde eingefügt durch das Kreditzweitmarktförderungsgesetz vom 22.12.2023, BGBl. I 2023, Nr. 411.

[71] Durch die Neufassung des § 4h Abs. 2 S. 1 Buchst. b EStG im Kreditzweitmarktförderungsgesetz vom 22.12.2023, BGBl. I 2023 Nr. 411.

nicht zur Anwendung, solange der Betrieb nicht mit erheblich mehr Fremdkapital finanziert ist als der Gesamtkonzern.

3. Spezifikationen für Körperschaften nach § 8a KStG

99 Für Körperschaftsteuersubjekte ordnet § 8 Abs. 1 S. 1 KStG die grundsätzliche Anwendbarkeit der Zinsschranke an. Allerdings enthält § 8a KStG dazu einige Spezifikationen.

a) Maßgebliches Einkommen

100 An die Stelle des maßgeblichen Gewinns (§ 4h Abs. 1 S. 2 EStG) tritt gem. § 8a Abs. 1 S. 1 KStG das maßgebliche Einkommen. Maßgebliches Einkommen ist gem. § 8a Abs. 1 S. 2 KStG das nach den Vorschriften des EStG und des KStG ermittelte Einkommen mit Ausnahme der §§ 4h und 10d EStG und des § 9 Abs. 1 Nr. 2 KStG. Bei der Ermittlung des verrechenbaren EBITDA nach dem obigen Schema ist das „maßgebliche Einkommen" also wie folgt zu berücksichtigen:

+	Bilanzgewinn vor Anwendung der Zinsschranke
+	verdeckte Gewinnausschüttungen
–	Einlagen
+	Nichtabzugsfähige Aufwendungen (§ 10 KStG, § 4 Abs. 5 EStG)
–	Gesamtbetrag der Zuwendungen nach § 9 Abs. 1 Nr. 2 KStG
	Kein Verlustabzug/kein Zinsvortrag aus früheren Jahren
=	Maßgebliches Einkommen

b) Rückausnahme zur „Escape-Klausel"

101 § 8a Abs. 3 KStG enthält eine Rückausnahme[72] zu der oben beschriebenen „Escape-Klausel" des § 4h Abs. 2 S. 1 Buchst. c EStG. Diese kommt nicht zur Anwendung – dh, die Zinsschranke greift wiederum ein –, wenn die Fremdkapitalvergütungen an wesentlich beteiligte Anteilseigner, diesen nahestehende Personen oder gegenüber diesen zum Rückgriff berechtigte Dritte mehr als 10 % des Zinssaldos ausmachen.[73] Hier sind zwei Quoten zu beachten:

- Zum einen muss es sich um einen wesentlich beteiligten Anteilseigner handeln, an den die Vergütungen gezahlt werden. Unter „wesentlich" versteht das Gesetz einen zu mindestens einem Viertel **(25 %)** unmittelbar oder mittelbar am Kapital beteiligten Anteilseigner. Dasselbe gilt, wenn das Darlehen von einer dem Anteilseigner nahestehenden Person oder einem gegenüber dem Anteilseigner Rückgriffsberechtigten gewährt wurde.
- Zum anderen dürfen die Vergütungen nicht mehr als **10 %** der Nettozinsaufwendungen (= Zinsaufwendungen ./. Zinserträge) betragen.

102 Bei der Prüfung der 10 %-Grenze, ob zur Anwendung der sog. Zinsschranke eine „schädliche" Gesellschafter-Fremdfinanzierung iSd § 8a Abs. 3 S. 1 KStG vorliegt, sind aber nach Auffassung des BFH Vergütungen für Fremdkapital der einzelnen qualifiziert beteiligten Gesellschafter nicht zusammenzurechnen.[74]

---

[72] Eine Rückausnahme zur „Stand-Alone-Klausel" des § 4h Abs. 2 S. 1 Buchst. b EStG wurde gestrichen, indem § 8a Abs. 2 KStG aufgehoben wurde durch das Kreditzweitmarktförderungsgesetz vom 22.12.2023, BGBl. I 2023 Nr. 411.

[73] Vgl. die Ausführungen in BFH 14.10.2015 – I R 20/15, BFHE 252, 44.

[74] BFH 11.11.2015 – I R 57/13, BStBl. II 2017, 319, gegen BMF 4.7.2008, BStBl. I 2008, 718, Tz. 82 Satz 2.

Beispiel:[75] A ist zu 50 % an der A-GmbH beteiligt. Die übrigen 50 % hält eine konzernzugehörige Gesellschaft. Die GmbH vermietet Immobilien. Zur Anschaffung der Immobilien hat die GmbH ein Darlehen über 50 Mio. EUR von A aufgenommen. A verlangt hierfür von der GmbH 4 % Zinsen entsprechend der vertraglichen Regelung. Außerdem hat die A-GmbH bei einer Bank ein Darlehen über 100 Mio. EUR aufgenommen mit 3 % Zinsen pa. Hierfür hat die andere konzernzugehörige Gesellschafterin eine Bürgschaft gegeben. Die A-GmbH erwirtschaftet Zinserträge von 200.000 EUR. 103

Das Einkommen der A-GmbH beträgt 500.000 EUR, worin AfA iHv 1.700.000 EUR enthalten sind. Die Eigenkapitalquote der A-GmbH ist höher als diejenige des Konzerns. In welcher Höhe sind die Zinsen abzugsfähig?

Lösung:

1. Berechnung Nettozinsaufwendungen:

Zinsen an A (4 % von 50.000.000 EUR):	2.000.000 EUR
Zinsen an Bank (3 % von 100.000.000 EUR)	3.000.000 EUR
Zinserträge	./. 200.000 EUR
Nettozinsaufwendungen	**4.800.000 EUR**

Folge: Die Freigrenze des § 4h Abs. 2 S. 1 Buchst. a EStG ist überschritten.

2. Berechnung verrechenbares EBITDA

Maßgebliches Einkommen	500.000 EUR
Zinsaufwendungen	5.000.000 EUR
AfA	1.700.000 EUR
Zinserträge	./. 200.000 EUR
EBITDA	7.000.000 EUR
verrechenbares EBITDA (30 %)	**2.100.000 EUR**

Folge nach § 4h Abs. 1 EStG: 2.700.000 EUR Zinsaufwand sind nichtabziehbar.

3. Anwendbarkeit der „Escape-Klausel" nach § 8a Abs. 3 KStG:

- Die „Escape-Klausel" nach § 4h Abs. 2 S. 1 Buchst. c EStG ist klar erfüllt, da die Eigenkapitalquote der A-GmbH höher ist als diejenige des Konzerns.
- Das Darlehen des A fällt aber unter § 8a Abs. 3 KStG, da er zu mehr als 25 % beteiligt ist. Auch das Darlehen der Bank ist davon erfasst, da die Bank auf die konzernzugehörige Gesellschafterin Rückgriff nehmen kann und diese zu mehr als 25 % an der A-GmbH beteiligt ist.
- Die Vergütungen an A betragen 2.000.000 EUR, im Verhältnis zum Nettozinsaufwand (4.800.000 EUR) 41,67 %. Damit kommt die „Escape-Klausel" nach § 8a Abs. 3 KStG nicht zur Anwendung, die Zinsschranke bleibt bestehen.
- Die Vergütungen an die Bank betragen 3.000.000 EUR, im Verhältnis zum Nettozinsaufwand (4.800.000 EUR) 62,5 %. Damit kommt die „Escape-Klausel" auch hier nicht zur Anwendung, die Zinsschranke bleibt bestehen. 2.700.000 EUR Zinsaufwand sind nichtabziehbar.
- Nach Auffassung des BFH sind die Vergütungen an die Gesellschafter für jeden einzelnen Gesellschafter zu berechnen. Es findet keine Addition der an den angeführten Personenkreis geleisteten Fremdkapital-Vergütungen nach Art einer Gesamtbetrachtung statt.[76]

4. Rechtsfolge

Zinsaufwendungen eines Betriebs sind gem. § 4h Abs. 1 S. 1 EStG nur in Höhe des Zinsertrags unbeschränkt abziehbar. 104

Zinserträge sind gem. § 4h Abs. 3 S. 3 EStG Erträge aus Kapitalforderungen jeder Art, die den maßgeblichen Gewinn erhöht haben. Nach der Gesetzesbegründung soll dies nur gelten, wenn die Rückzahlung des Fremdkapitals oder ein Entgelt für die Überlassung des Fremdkapitals zur Nutzung zugesagt oder gewährt worden 105

[75] Sachverhalt frei nachgebildet nach BFH 11.11.2015 – I R 57/13, BStBl. II 2017, 319.
[76] BFH 11.11.2015 – I R 57/13, BStBl. II 2017, 319.

ist.[77] Es werden also nur Erträge aus der Überlassung von Geldkapital erfasst. Vergütungen für die Überlassung von beweglichen oder unbeweglichen Wirtschaftsgütern (Miete, Pacht) oder immateriellen Wirtschaftsgütern (Lizenz- oder Patentgebühren) sind keine Zinserträge.

106 Über die Höhe des Zinsertrags hinaus ist der sog. Nettozinsaufwand nur beschränkt abzugsfähig, nämlich bis zur Höhe des verrechenbaren EBITDA. Die darüber hinausgehenden Beträge sind als Zinsvortrag in einem gesonderten Verfahren festzustellen (§ 4h Abs. 4 S. 1 EStG). § 10d Abs. 4 EStG gilt dabei sinngemäß (§ 4h Abs. 4 S. 3 EStG).

V. Körperschaftsteuerliche Organschaft

107 Als Folge des Trennungsprinzips können Verluste einer Körperschaft nicht mit positiven Einkünften des Gesellschafters verrechnet werden.

108 Eine „Durchbrechung" des Trennungsprinzips ist nur unter den Voraussetzungen der Organschaft gem. §§ 14ff. KStG möglich. Hierdurch werden die Einkünfte der Körperschaft (Organgesellschaft) dem Organträger **zugerechnet,** sodass es zu einer Zusammenrechnung kommt. In der Folge können Gewinne und Verluste zwischen Organträger und Organgesellschaft verrechnet werden. Außerdem wird eine steuerliche Doppelbelastung vollständig ausgeschlossen.

109 Als Kehrseite der Zusammenrechnung müssen Verluste der Organgesellschaft tatsächlich übernommen werden, sodass haftungsrechtlich die Abschirmung aufgehoben ist. Erwirtschaftet die Organgesellschaft Gewinne, ist wegen der verpflichtenden Gewinnabführung eine Thesaurierung nicht möglich.

110 Die körperschaftsteuerliche Organschaft (§§ 14ff. KStG) ist in seinen Voraussetzungen identisch mit der gewerbesteuerlichen Organschaft, da § 2 Abs. 2 S. 2 GewStG auf die körperschaftsteuerlichen Regelungen verweist. Hiervon zu unterscheiden ist die umsatzsteuerliche Organschaft, die gem. § 2 Abs. 2 S. 1 Nr. 2 UStG eine finanzielle, wirtschaftliche und organisatorische Eingliederung voraussetzt. Diese wird hier nicht weiter thematisiert.

1. Voraussetzungen

111 Verpflichtet sich gem. § 14 Abs. 1 S. 1 KStG eine SE, AG oder KGaA mit Geschäftsleitung im Inland und Sitz in einem Mitgliedstaat der Europäischen Union oder in einem Vertragsstaat des EWR-Abkommens (Organgesellschaft) durch einen Gewinnabführungsvertrag iSd § 291 Abs. 1 AktG, ihren ganzen Gewinn an ein einziges anderes gewerbliches Unternehmen abzuführen, ist das Einkommen der Organgesellschaft, soweit sich aus § 16 KStG nichts anderes ergibt, dem Träger des Unternehmens (Organträger) zuzurechnen, wenn die Voraussetzungen des § 14 Abs. 1 S. 1 Nr. 1 bis 3 KStG erfüllt sind.

112 Dasselbe gilt gem. § 17 Abs. 1 S. 1 KStG auch für andere als die zuvor genannten Kapitalgesellschaften mit Geschäftsleitung im Inland und Sitz in einem EU-Mitgliedstaat oder in einem Vertragsstaat des EWR-Abkommens. Zu den „anderen" Kapitalgesellschaften gehören insbesondere GmbHs. Allerdings müssen nach § 17 Abs. 1 S. 2 KStG noch weitere Voraussetzungen erfüllt sein.

[77] BT-Drs. 16/4841, 49.

a) Organgesellschaft

aa) Mögliche Gesellschaftsformen

Als Organgesellschaft kommen nach § 14 Abs. 1 S. 1 KStG zunächst nur die SE (Europäische Gesellschaft), die AG oder KGaA in Betracht. Der Kreis der möglichen Organgesellschaften wird durch § 17 KStG auf andere Kapitalgesellschaften erweitert, insbesondere auf die GmbH. 113

Damit kommen Personengesellschaften, etwa die GmbH & Co. KG, als Organgesellschaft nicht in Betracht. Sie sind weder gesellschaftsrechtlich noch steuerrechtlich Kapitalgesellschaften.[78] Denkbar ist aber, dass die Komplementär-GmbH Organgesellschaft zu einem Kommanditisten ist, sofern die übrigen Voraussetzungen vorliegen.[79] 114

In der Rechtsprechung ist bislang nicht geklärt, ob eine Kapitalgesellschaft mit **atypisch** stillen Beteiligungen (Kapitalgesellschaft & Atypisch Still) Organgesellschaft sein kann. Die atypisch stille Gesellschaft führt zu einer Mitunternehmerschaft. Dies könnte dazu führen, dass eine Organschaft mit einer solchen Organgesellschaft ausgeschlossen ist.[80] Der BFH hat die Frage ausdrücklich offengelassen.[81] Besteht an der Organgesellschaft hingegen eine **typisch** stille Beteiligung (Kapitalgesellschaft & Typisch Still), gibt es keine Einschränkungen, da der stille Gesellschafter lediglich Einkünfte aus Kapitalvermögen erzielt. 115

bb) Geschäftsleitung und Sitz

Die Organgesellschaft muss ihre Geschäftsleitung im Inland haben. Geschäftsleitung ist gem. § 10 AO der Mittelpunkt der geschäftlichen Oberleitung. 116

Für den Sitz (dazu § 11 AO) genügt es, dass sich dieser in einem EU-Mitgliedstaat oder in einem Vertragsstaat des EWR-Abkommens befindet. Während früher auch der Sitz im Inland sein musste, hat der Gesetzgeber Kapitalgesellschaften mit Sitz im EU-Ausland durch Gesetz vom 20.2.2013[82] in den Anwendungsbereich der Organschaft einbezogen, um eine Unionsrechtswidrigkeit zu beseitigen. 117

cc) „Finale Verluste", Symmetriethese

Es stellt sich die Frage, ob **Verluste einer Tochter-Kapitalgesellschaft,** die sowohl Geschäftsleitung als auch Sitz im EU-Ausland hat, mit inländischen Einkünften verrechnet werden können. 118

(1) Der BFH hatte dies zunächst für Betriebsstättenverluste entschieden. Danach war der Abzug der Verluste einer im Ausland unterhaltenen Betriebsstätte ausnahmsweise aus Gründen des Gemeinschaftsrechts wegen Verstoßes gegen die Niederlassungsfreiheit (Art. 43 iVm Art. 48 des EG-Vertrages) und frühestens im Veranlagungszeitraum des Eintritts der „Verlustfinalität" möglich.[83] Der BFH hat sich hiermit der ständigen Rechtsprechung des EuGH angeschlossen.[84] Es handelte sich 119

---

[78] BFH 26.1.1995 – IV R 73/93, BStBl. II 1995, 589. Durch das MoPeG (Gesetz vom 10.8.2021, BGBl. 2021 I 3436) hat sich hieran nichts geändert.

[79] BFH 24.2.2005 – IV R 12/03, BStBl. II 2006, 361.

[80] DPM/Dötsch KStG § 14 Rn. 54.

[81] BFH 11.8.2011 – I B 179/10, BFH/NV 2011, 2052, Rn. 13; FG Düsseldorf 12.4.2021 – 6 K 2616/17 K,G,F, EFG 2021, 1052, Rn. 35.

[82] BGBl. 2013 I 285.

[83] BFH 5.2.2014 – I R 48/11, BFHE 244, 371; BFH 9.6.2010 – I R 107/09, BFHE 230, 35.

[84] BFH 5.2.2014 – I R 48/11, BFHE 244, 371 unter Bezugnahme auf die Rechtsprechung des EuGH, zB EuGH 15.5.2008 – C-414/06, EuZW 2008, 402 – Lidl Belgium.

um eine Abweichung von der sog. **Symmetriethese**[85] (abkommensrechtliche Freistellung positiver und negativer Einkünfte).[86]

120 Unter einer **„Finalität“** verstand der BFH die Endgültigkeit der Verluste, welche frühestens nach Beendigung der Geschäftstätigkeit oder ggf. einer Liquidation der Betriebsstätte eintreten kann.

121 Diese Rechtsprechung hat der BFH auch auf **Tochter-Kapitalgesellschaften** angewandt.[87] Sie war für die Situation einer ausländischen Tochter-Kapitalgesellschaft gleichermaßen einschlägig. Die Verluste einer Tochter-Kapitalgesellschaft können jedoch auch in diesem Fall selbst bei prinzipieller Abzugsfähigkeit im Inland aufgrund unterstellter „faktischer“ Organschaftsverhältnisse frühestens in den jeweiligen „Finalitätsjahren“[88] – also frühestens nach Beendigung ihrer Geschäftstätigkeit oder ggf. einer Liquidation – berücksichtigt werden, zuvor jedoch nicht.[89] Aus diesem Grund kam es letztlich in dem Verfahren des BFH nicht zu einer Entscheidung zugunsten des Organträgers, da lediglich die Jahre der Verlustentstehung im Streit standen.

122 **Beispiel:** Die A-AG hat mehrere Tochtergesellschaften in mehreren EU-Ländern. Die italienische A-S.r.l. erwirtschaftet in den Jahren 00–03 hohe Verluste. Über ihr Vermögen wird im Jahr 04 ein Insolvenzverfahren eröffnet. Im Jahr 05 endet das Insolvenzverfahren und die Gesellschaft wird im Handelsregister gelöscht. In Italien besteht keine Möglichkeit, die Verluste mit Gewinnen, ggf. eines anderen Rechtsträgers, zu verrechnen.

Lösung: Eine Verrechnung der Verluste der A-S.r.l. mit Gewinnen der A-AG ist nicht in den Jahren 00–03 möglich, auch wenn die A-AG die Verluste tatsächlich ausgeglichen hat. Vielmehr tritt erst im Jahr 05 nach Beendigung des Insolvenzverfahrens eine „Finalität“ ein. Nach der bisherigen Rechtsprechung des BFH kommt erst dann eine Berücksichtigung der finalen Verluste in Betracht.

123 (2) Sodann hat der BFH in einem weiteren Urteil seine bisherige Rechtsprechung zur Abzugsfähigkeit finaler Verluste **aufgegeben.** Danach ist die im Zuge einer Anteilsveräußerung an den Erwerber geleistete Ausgleichszahlung (Betriebsstätte mit abkommensrechtlicher Freistellung) weder einfachrechtlich noch als finaler Verlust unionsrechtlich als Betriebsausgabe abziehbar.[90]

124 Der BFH hat sich damit einer inzwischen geänderten Rechtsprechung des EuGH angeschlossen. Im Urteil „Timac Agro Deutschland“[91] zur Veräußerung einer österreichischen Betriebsstätte an eine österreichische Kapitalgesellschaft, die zu dem gleichen Konzern gehörte wie die deutsche Kapitalgesellschaft, hat der EuGH entschieden, dass Art. 49 AEUV dahingehend auszulegen ist, dass er einer Steuerregelung eines Mitgliedstaats nicht entgegensteht, die einer gebietsansässigen Gesellschaft im Fall der Veräußerung einer in einem anderen Mitgliedstaat belegenen Betriebsstätte an eine gebietsfremde, zum gleichen Konzern wie die veräußernde Gesellschaft gehörende Gesellschaft die Möglichkeit verwehrt, die Verluste der veräußerten Betriebsstätte in die Bemessungsgrundlage der Steuer einzubeziehen, sofern aufgrund eines DBA die ausschließliche Befugnis zur Besteuerung der Ergeb-

[85] Allgemein zur Symmetriethese etwa BFH 22.2.2017 – I R 2/15, BFHE 257, 120, BStBl. II 2017, 709; BFH 22.2.2023 – I R 35/22, I R 32/18, BFHE 280, 98, BStBl. II 2023, 761.

[86] BFH 9.6.2010 – I R 107/09, BFHE 230, 35.

[87] BFH 9.11.2010 – I R 16/10, BFHE 231, 554.

[88] Zu den Anforderungen an die Finalität von Verlusten FG Köln 13.3.2013 – 10 K 2067/12, EFG 2013, 1430.

[89] BFH 9.11.2010 – I R 16/10, BFHE 231, 554.

[90] BFH 22.2.2017 – I R 2/15, BFHE 257, 120, BStBl. II 2017, 709.

[91] EuGH 17.12.2015 – C-388/14, IStR 2016, 74 – Timac Agro Deutschland, ABl. 2016 C 68, 14, BStBl. II 2016, 362, auf Vorlage des FG Köln 19.2.2014 – 13 K 3906/09, EFG 2014, 1901.

nisse dieser Betriebsstätte dem Mitgliedstaat zusteht, in dem sie belegen ist. Hiernach kommt es entscheidend auf die abkommensrechtliche Freistellung der ausländischen Einkünfte im Sitzstaat der Gesellschaft an. In diesem Fall sind auch „finale" Verluste nicht mehr im Inland abzugsfähig.

Diese Entscheidung, die zunächst nur für eine ausländische Betriebsstätte gilt, könnte auf Verluste einer im EU-Ausland belegenen Tochter-Kapitalgesellschaft zu übertragen sein. **125**

(3) Zweifel[92] an dieser Rechtsprechung entstanden durch das EuGH-Urteil „Bevola".[93] Nach dem Leitsatz dieses Urteils ist Art. 49 AEUV dahingehend auszulegen, dass er Rechtsvorschriften eines Mitgliedstaats entgegensteht, die es einer gebietsansässigen Gesellschaft verwehrt, von ihrem steuerpflichtigen Gewinn Verluste einer in einem anderen Mitgliedstaat belegenen Betriebsstätte abzuziehen, obgleich sie zum einen alle Möglichkeiten zum Abzug dieser Verluste ausgeschöpft hat, die ihr das Recht des Mitgliedstaats bietet, in dem diese Betriebsstätte belegen ist, und zum anderen über diese Betriebsstätte keine Einnahmen mehr erzielt, sodass keine Möglichkeit mehr besteht, dass die Verluste in diesem Mitgliedstaat berücksichtigt werden, was zu prüfen Sache des vorlegenden Gerichts ist. Ob künftig die Abzugsfähigkeit finaler Verluste wieder zu gestatten war, blieb zunächst offen.[94] **126**

Allerdings hat der EuGH im Urteil „W" sodann klargestellt, dass er bei seiner Rechtsprechung aus dem Urteil „Timac Agro Deutschland" bleibe.[95] Nach dem ersten Leitsatz dieses Urteils stehen Art. 49 und 54 AEUV der Steuerregelung eines Mitgliedstaats nicht entgegen, nach der eine dort gebietsansässige Gesellschaft die endgültigen Verluste ihrer in einem anderen Mitgliedstaat belegenen Betriebsstätte von ihrem steuerpflichtigen Gewinn nicht abziehen kann, wenn der Ansässigkeitsmitgliedstaat aufgrund eines Doppelbesteuerungsabkommens auf seine Befugnis zur Besteuerung der Einkünfte dieser Betriebsstätte verzichtet hat. Der EuGH führte aus, aus dem EuGH-Urteil „Bevola" ergebe sich nichts Gegenteiliges. In jener Rechtssache („Bevola") habe der Ansässigkeitsmitgliedstaat der Gesellschaft, die die Berücksichtigung der endgültigen Verluste ihrer gebietsfremden Betriebsstätte beantragt hatte, nicht durch ein Doppelbesteuerungsabkommen auf seine Befugnis zur Besteuerung der Ergebnisse dieser Betriebsstätte verzichtet. Er habe vielmehr unilateral entschieden, trotz seiner entsprechenden Befugnis die Gewinne und Verluste gebietsfremder Betriebsstätten gebietsansässiger Gesellschaften nicht zu berücksichtigen, so der EuGH im Urteil „W".[96] **127**

Der BFH schloss sich der EuGH-Rechtsprechung im Urteil „W" an. Damit bestätigte der BFH die Geltung der sog. Symmetriethese und zwar auch für den Fall finaler Verluste einer Tochter-Kapitalgesellschaft.[97] Der BFH behandelt also positive und negative Einkünfte abkommensrechtlich gleich. Werden Einkünfte der ausländischen Betriebsstätte aufgrund der DBA-Regelung nicht besteuert, so gilt dies sowohl für positive Einkünfte als auch für (finale) Verluste. **128**

---

[92] Vgl. Brandis DStR 2018, 2051 (2055 ff.).

[93] EuGH 12.6.2018 – C-650/16, DStR 2018, 1353 ABl. 2018, C 276, 3.

[94] BFH 11.7.2018 – I R 52/16, BFHE 262, 365, BStBl. II 2019, 105, Rn. 33; ebenso FG Schleswig-Holstein 13.3.2019 – 1 K 218/15, EFG 2019, 1466, Rn. 49 ff., erledigt durch BFH 9.8.2023 – I R 26/19, BStBl. II 2024, 134, der auf diese Frage nicht mehr eingehen musste.

[95] EuGH 22.9.2022 – C-538/20, DStR 2022, 1993, ABl. EU 2022, Nr. C 424, 6.

[96] EuGH 22.9.2022 – C-538/20, DStR 2022, 1993, Rn. 25, ABl. EU 2022, Nr. C 424, 6.

[97] BFH 22.2.2023 – I R 35/22, I R 32/18, BFHE 280, 98, BStBl. II 2023, 761, Rn. 18 ff.; BFH 12.4.2023 – I R 44/22, I R 49/19, I R 17/16, BFHE 280, 213, BStBl. II 2023, 974, Rn. 24 ff.

b) Organträger

129 Der Organträger muss nach § 14 Abs. 1 S. 1 KStG ein „einziges anderes gewerbliches Unternehmen“ sein.

aa) Mögliche Rechtsformen

130 Damit kommen sowohl Körperschaften als auch Personengesellschaften und natürliche Personen als Organträger in Betracht.

131 § 14 Abs. 1 S. 1 Nr. 2 S. 1 KStG statuiert hierzu, dass der Organträger eine natürliche Person oder eine nicht von der Körperschaftsteuer befreite Körperschaft, Personenvereinigung oder Vermögensmasse sein muss. Organträger kann gem. § 14 Abs. 1 S. 1 Nr. 2 S. 2 KStG auch eine Personengesellschaft iSd § 15 Abs. 1 S. 1 Nr. 2 EStG sein, wenn sie eine Tätigkeit iSd § 15 Abs. 1 S. 1 Nr. 1 EStG ausübt.

132 Personengesellschaften iSd § 15 Abs. 1 S. 1 Nr. 2 EStG sind die OHG, die KG sowie die anderen Personengesellschaften, bei denen die Gesellschafter als Mitunternehmer anzusehen sind. Dazu gehört die GmbH & Co. KG.

133 Weitere Voraussetzung ist, dass die Personengesellschaft originär eine gewerbliche Tätigkeit ausübt, was durch den Verweis auf § 15 Abs. 1 S. 1 Nr. 1 EStG zum Ausdruck kommt.[98] Daher genügt es **nicht,** wenn die Personengesellschaft lediglich gewerblich geprägt ist gem. § 15 Abs. 3 Nr. 2 EStG. Auch eine vermögensverwaltende Personengesellschaft kann kein Organträger sein.

134 Auch die atypisch stille Gesellschaft (zB GmbH & Atypisch Still) kann kein Organträger sein, da sie als Innengesellschaft keine originäre eigene gewerbliche Tätigkeit ausübt.[99] Hier kommt lediglich eine Organschaft mit der Kapitalgesellschaft als Organträgerin in Betracht.

bb) Inlandsbezug

135 Eine Organschaft ist auch mit einem ausländischen Organträger möglich. Früher sah § 18 KStG hierzu die Notwendigkeit einer im deutschen Handelsregister eingetragenen Zweigniederlassung vor. § 18 KStG aF ist mit Wirkung ab dem 25.2.2013 aufgehoben.

136 Der Inlandsbezug wird durch § 14 Abs. 1 S. 1 Nr. 2 Sätze 4ff. KStG[100] hergestellt. Danach muss die Beteiligung iSd § 14 Abs. 1 Nr. 1 KStG an der Organgesellschaft oder, bei mittelbarer Beteiligung an der Organgesellschaft, die Beteiligung an der vermittelnden Gesellschaft, ununterbrochen während der gesamten Dauer der Organschaft einer inländischen Betriebsstätte iSd § 12 AO des Organträgers zuzuordnen sein. Es kommt auf die Zuordnung zu einer inländischen Betriebsstätte an. Allerdings verlangt § 14 Abs. 1 S. 1 Nr. 2 S. 7 KStG, dass die dieser Betriebsstätte zuzurechnenden Einkünfte sowohl nach innerstaatlichem Steuerrecht als auch nach einem anzuwendenden Abkommen zur Vermeidung der Doppelbesteuerung der inländischen Besteuerung unterliegen müssen.

cc) Gewerblichkeit

137 Da im Zuge der Gewinnabführung keine Umqualifizierung der Einkünfte stattfinden soll, muss der Organträger selbst originär gewerblich tätig sein. Ein „gewerbliches Unternehmen“ iSd § 14 Abs. 1 S. 1 KStG liegt vor, wenn die Voraussetzungen für einen Gewerbebetrieb iSd § 2 GewStG erfüllt sind.[101] Es muss sich also

---

[98] Eingefügt durch das Steuervergünstigungsabbaugesetz vom 16.5.2003, BGBl. 2003 I 660, mit Wirkung ab dem Veranlagungszeitraum 2003.

[99] BMF 20.8.2015, BStBl. I 2015, 649.

[100] Eingefügt durch Gesetz vom 20.2.2013, BGBl. 2013 I 285.

[101] BMF 26.8.2003, BStBl. I 2003, 437.

um eine selbstständige, nachhaltige, mit Gewinnerzielungsabsicht ausgeübte Betätigung handeln, die sich als Beteiligung am allgemeinen wirtschaftlichen Verkehr darstellt und die weder als Ausübung von Land- und Forstwirtschaft noch als Ausübung eines freien Berufes noch als eine andere selbstständige Arbeit anzusehen ist (vgl. § 15 Abs. 2 EStG).

Die Tätigkeit von **Kapitalgesellschaften** gilt kraft Rechtsform als Gewerbebetrieb (§ 8 Abs. 2 KStG). 138

Mitunternehmerschaften iSd § 15 Abs. 1 S. 1 Nr. 2 EStG sind ebenfalls originär gewerblich tätig, nicht aber gewerblich geprägte Personengesellschaften iSd § 15 Abs. 3 Nr. 2 EStG. Hierbei handelt es sich um eine vermögensverwaltende Personengesellschaft, bei der ausschließlich eine oder mehrere Kapitalgesellschaften persönlich haftende Gesellschafter sind und nur diese oder Personen, die nicht Gesellschafter sind, zur Geschäftsführung befugt sind. Auch eine Einzelperson oder eine vermögensverwaltende Personengesellschaft, die keinen Gewerbebetrieb betreiben, kommen als Organträger nicht in Betracht. 139

Besonderheiten bestehen bei einer „Holding"-Personengesellschaft. Die reine „Holding"-Tätigkeit genügt nach herrschender Auffassung nicht, um der Person die Eigenschaft als Organträger zu verleihen. Vielmehr muss die Personengesellschaft selbst eine eigene gewerbliche Tätigkeit ausüben.[102] Hierzu muss sie zB eigene Leistungen gegenüber einem Auftraggeber erbringen. 140

Durch das Merkmal der Gewerblichkeit des Organträgers hat der Gesetzgeber im Steuervergünstigungsabbaugesetz[103] die sog. „Mehrmütter-Organschaft" ab dem Veranlagungszeitraum 2003 abgeschafft. Dies zeigt das folgende Bsp.: 141

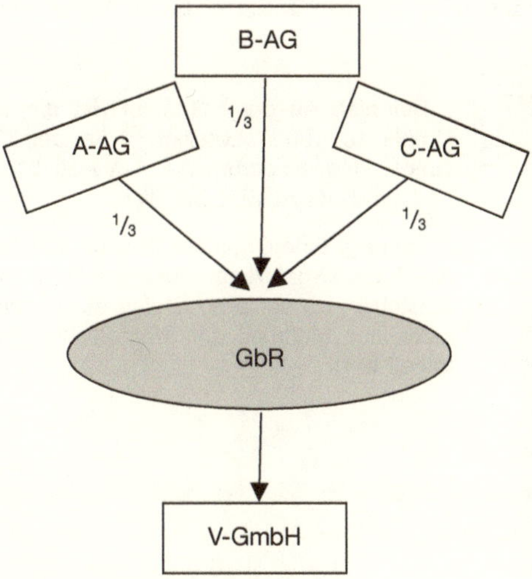

Beispiel: Die V-GmbH erzielt Verluste.

Die A-, B- und C-AG möchten diese zu gleichen Teilen übernehmen und schließen sich hierzu zu einer „Interessengemeinschaft" zusammen.

Können die drei AGs je ein Drittel der Verluste übernehmen?

Lösung: Dies ist nicht im Wege einer Organschaft möglich. Keine der AGs kann die Mehrheit der Anteile an der V-GmbH allein erhalten, da sie nur zu je 1/3 beteiligt sein wollen. Eine „Mehrmütter-Organschaft" durch die „Interessengemeinschaft", die als GbR anzusehen ist, ist nicht möglich, da die GbR nicht originär gewerblich tätig ist. Sie erfüllt wohl die Voraussetzungen des § 15 Abs. 3 Nr. 2 EStG, dies ist jedoch gem. § 14 Abs. 1 Nr. 2 S. 2 KStG nicht ausreichend.

c) Finanzielle Eingliederung

Der Organträger muss gem. § 14 Abs. 1 S. 1 Nr. 1 S. 1 KStG an der Organgesellschaft vom Beginn ihres Wirtschaftsjahrs an ununterbrochen in einem solchen Maße beteiligt sein, dass ihm die Mehrheit der Stimmrechte aus den Anteilen an der Organgesellschaft zusteht (finanzielle Eingliederung). Mittelbare Beteiligungen sind nach § 14 Abs. 1 S. 1 Nr. 1 S. 2 KStG zu berücksichtigen, wenn die Beteiligung an jeder vermittelnden Gesellschaft die Mehrheit der Stimmrechte gewährt. 142

102 BMF 10.11.2005, BStBl. I 2005, 1038, Tz. 18.

103 Gesetz vom 16.5.2003, BGBl. 2003 I 660.

aa) Mehrheit der Stimmrechte

143 § 14 Abs. 1 S. 1 Nr. 1 S. 1 KStG setzt für die finanzielle Eingliederung die Mehrheit der Stimmrechte voraus. Diese entscheidet sich durch den Anteilsbesitz.

144 Der Organträger muss in einer Weise an der Organgesellschaft beteiligt sein, dass er seinen Willen (ggf. durch Mehrheitsbeschlüsse) durchsetzen kann.[104] Die Mehrheit der Stimmrechte aus den Anteilen muss über 50 % der gesamten Stimmrechte betragen. Maßgebend ist, dass die Stimmenmehrheit allgemein und nicht nur im Einzelfall erreicht werden kann.[105]

145 Es kann zu Abweichungen zwischen dem Anteilsbesitz und der Stimmenmehrheit kommen, wenn dem Anteil nicht zugleich eine Stimme zukommt. Das ist der Fall etwa bei stimmrechtslosen Vorzugsaktien (§ 12 S. 2, § 139 AktG), Mehrstimmrechtsaktien (§ 12 S. 2 AktG, § 5 EGAktG), Stimmrechtsbeschränkungen (§ 134 Abs. 1 S. 2ff. AktG) oder bei Stimmrechtsausschlüssen (§ 136 AktG). Auch bei einer GmbH kann es Stimmrechtsbeschränkungen aufgrund des Gesellschaftsvertrags geben. Für das Merkmal der Mehrheit der Stimmrechte kommt es stets auf die Ausübung der Stimmen an.

bb) Mittelbare Beteiligung

146 Nach dem Wortlaut des § 14 Abs. 1 S. 1 Nr. 1 S. 2 KStG sind mittelbare Beteiligungen zu berücksichtigen, wenn die Beteiligung an jeder vermittelnden Gesellschaft die Mehrheit der Stimmrechte gewährt. Dies bedeutet, dass die vermittelnde Gesellschaft (also die unmittelbar beteiligte Gesellschaft) die Mehrheit der Stimmrechte besitzen muss. Dann wird in jeder Stufe der Organkette die Mehrheit der Stimmrechte vermittelt.

147

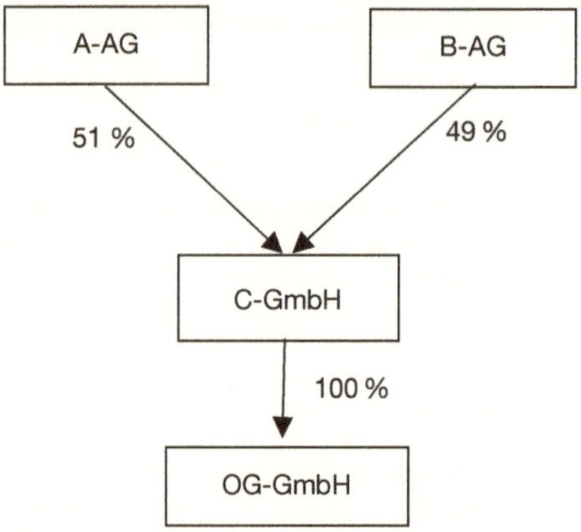

Beispiel: An der OG-GmbH ist die C-GmbH zu 100 % beteiligt.[106] An der C-GmbH sind wiederum die A-AG zu 51 % und die B-AG zu 49 % beteiligt.

Lösung: Eine Organschaft kann von der A-AG als Organträger über die C-GmbH entstehen, da auf allen Stufen der Organkette eine Mehrheit der Stimmrechte vermittelt wird.

148 Aus der Berücksichtigung mittelbarer Beteiligungen ergibt sich, dass diese auch mit unmittelbaren Beteiligungen zusammengerechnet werden können und aufgrund der **Zusammenrechnung** die finanzielle Eingliederung entstehen kann.

149 Wegen § 14 Abs. 1 S. 1 Nr. 1 S. 2 KStG ist dies aber nur dann möglich, wenn auch die vermittelnde Gesellschaft eine Mehrheit der Stimmrechte hat; ansonsten muss sie bei der Zusammenrechnung unbeachtet bleiben. Dies wird zumindest von der

[104] BFH 20.1.1999 – XI R 69/97, BFH/NV 1999, 1136.
[105] BFH 22.11.2001 – V R 50/00, BStBl. II 2002, 167.
[106] Es wird unterstellt, dass die Beteiligungsrechte quotal den Stimmrechten entsprechen.

Finanzverwaltung[107] und der herrschenden Auffassung im Schrifttum[108] so vertreten.

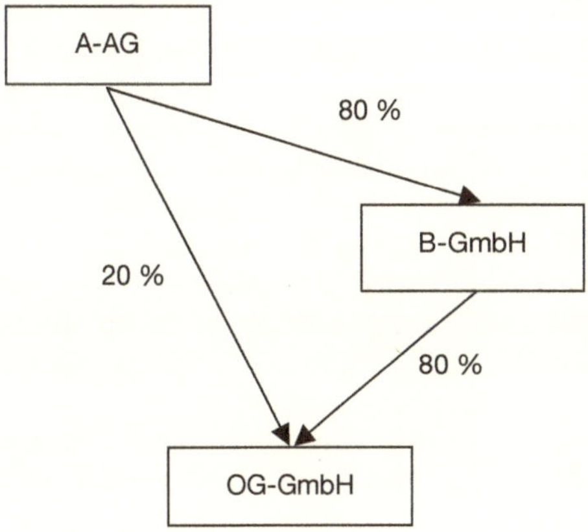

Beispiel:[109] Die A-AG ist zu 20 % unmittelbar an der OG-GmbH beteiligt. Zugleich ist die A-AG am Vermögen der B-GmbH zu 80 % beteiligt, die ihrerseits 80 % der Anteile an der OG-GmbH hält. 150

Lösung: Die OG-GmbH ist in die A-AG finanziell eingegliedert, da unmittelbare und mittelbare Beteiligung aufgrund der Stimmrechtsmehrheit der A-AG an der B-GmbH zu addieren sind (20 % + 64 %).

Mittelbare Beteiligungen sind nach § 14 Abs. 1 S. 1 Nr. 1 S. 3 KStG[110] allerdings 151 dann **nicht** zu berücksichtigen, wenn bereits die unmittelbare Beteiligung die Mehrheit der Stimmrechte gewährt. Damit sind Fälle gemeint, in denen der Organträger sowohl unmittelbar als auch mittelbar an der Organgesellschaft beteiligt ist.[111] Es kommt dann nur auf die unmittelbare Beteiligung an.

d) Gewinnabführungsvertrag

In dem Merkmal des auf mindestens fünf Jahre abgeschlossenen und während der 152 gesamten Geltungsdauer durchgeführten Gewinnabführungsvertrags unterscheidet sich das Körperschaftsteuer- maßgeblich vom Umsatzsteuerrecht.

aa) Gewinn- und Verlustabführung

§ 14 Abs. 1 S. 1 KStG nimmt ausdrücklich Bezug auf einen „Gewinnabführungs- 153 vertrag im Sinne des § 291 Abs. 1 des Aktiengesetzes". § 291 Abs. 1, 1. Alt. AktG enthält eine Legaldefinition des Begriffs „Beherrschungsvertrag", § 291 Abs. 1, 2. Alt. AktG eine Legaldefinition des Begriffs „Gewinnabführungsvertrag". Bei beiden Vertragsarten handelt es sich um Unternehmensverträge.

Ein Gewinnabführungsvertrag ist demnach ein Vertrag, durch den sich eine Akti- 154 engesellschaft oder KGaA verpflichtet, „ihren ganzen Gewinn an ein anderes Unternehmen abzuführen."

Anders als es diese Definition vermuten lässt, bezieht sich die Abführungspflicht 155 nicht nur auf den Gewinn, sondern auch auf den Verlust. Denn wenn ein Beherrschungs- oder Gewinnabführungsvertrag besteht, so hat gem. § 302 AktG der andere Vertragsteil jeden während der Vertragsdauer sonst entstehenden Jahresfehlbetrag auszugleichen, soweit dieser nicht dadurch ausgeglichen wird, dass den anderen Gewinnrücklagen Beträge entnommen werden, die während der Vertrags-

[107] KStR 14.2 Satz 4 und Beispiel 3.
[108] MOV/Müller KStG § 14 Rn. 234; BeckOK KStG/Ebber, 20. Edition, KStG § 14 Rn. 331; Herlinghaus FR 2000, 1105; aA: DPM/Dötsch KStG § 14 Rn. 127.
[109] Nach KStR 14.2 Beispiel 3 mit geänderten Gesellschaftsbezeichnungen.
[110] Eingeführt durch das JStG 2022 vom 16.12.2022, BGBl. 2022 I 2294.
[111] BeckOK KStG/Ebber, 20. Edition, KStG § 14 Rn. 331a.

dauer in sie eingestellt worden sind. Zutreffender wäre daher die Bezeichnung „Ergebnisabführungsvertrag".[112]

bb) Inhalt des Gewinnabführungsvertrages

156 Der Gewinnabführungsvertrag (GAV) muss gem. § 14 Abs. 1 S. 1 Nr. 3 S. 1 KStG auf mindestens fünf Jahre abgeschlossen und während seiner gesamten Geltungsdauer durchgeführt werden. Eine vorzeitige Beendigung des Vertrags durch Kündigung ist gem. § 14 Abs. 1 S. 1 Nr. 3 S. 2 KStG unschädlich, wenn ein wichtiger Grund die Kündigung rechtfertigt.

157 Wesentliche Bestandteile des Gewinnabführungsvertrags sind demnach:

- Abschluss auf fünf Jahre; die tatsächliche fünfjährige Durchführung eines auf unbestimmte Zeit geschlossenen Gewinnabführungsvertrags ist nicht ausreichend;[113]
- Gewinnabführung;
- Verlustübernahme (§ 302 AktG), wobei diese in allen seinen Bestandteilen und in den jeweiligen Regelungsfassungen des § 302 AktG vereinbart worden sein muss;[114]
- Begrenzung der Gewinnabführung auf den Höchstbetrag nach § 301 AktG (Jahresüberschuss vor Gewinnabführung, vermindert um den Verlustvortrag, die gesetzliche Rücklage nach § 300 AktG und den ausschüttungsgesperrten Betrag nach § 268 Abs. 8 HGB, der durch bilanzierte selbst geschaffene immaterielle Vermögensgegenstände des Anlagevermögens entstehen kann);
- Sofern außenstehende Aktionäre vorhanden sind: Angemessener Ausgleich für die außenstehenden Aktionäre durch eine auf die Anteile am Grundkapital bezogene wiederkehrende Geldleistung (Ausgleichszahlung; § 304 AktG);
- Eintragung in das Handelsregister (§ 294 AktG). Der Vertrag wird erst wirksam, wenn sein Bestehen in das Handelsregister des Sitzes der Gesellschaft eingetragen worden ist (§ 294 Abs. 2 AktG).

158 Gemäß § 14 Abs. 1 S. 2 AktG ist das Einkommen der Organgesellschaft dem Organträger erstmals für das Kalenderjahr zuzurechnen, in dem das Wirtschaftsjahr der Organgesellschaft endet, in dem der Gewinnabführungsvertrag wirksam wird.[115] Soll in einem Wirtschaftsjahr das Einkommen der Organgesellschaft aufgrund eines neuen Gewinnabführungsvertrags zugerechnet werden, muss der Gewinnabführungsvertrag bis zum Ende dieses Wirtschaftsjahres in das Handelsregister eingetragen sein. Eventuelle Verzögerungen bei der Eintragung führen dazu, dass der Gewinnabführungsvertrag nicht wirksam wird.

159 **Beispiel:** Die A-AG hält seit dem 1.1.2016 100 % der Anteile an der OG-GmbH (finanzielle Eingliederung). Am 1.7.2016 wird zwischen beiden Gesellschaften ein Gewinnabführungsvertrag abgeschlossen. Das Ergebnis der OG-GmbH soll bereits für das Wirtschaftsjahr 2016 der A-AG zugerechnet werden. Das Wirtschaftsjahr entspricht bei beiden Gesellschaften dem Kalenderjahr.

Der Gewinnabführungsvertrag muss bis spätestens zum 31.12.2016 in das Handelsregister eingetragen werden, um wirksam zu werden.

cc) Tatsächliche Durchführung

160 (1) Tatsächlich durchgeführt wird ein Gewinnabführungsvertrag, wenn er entsprechend den vertraglichen Vereinbarungen **vollzogen** wird, also die nach den

---

[112] MOV/Müller KStG § 14 Rn. 493; BeckOK KStG/Ebber, 20. Edition, KStG § 14 Rn. 351 f.

[113] BFH 22.10.2008 – I R 66/07, BStBl. II 2009, 972.

[114] BFH 10.5.2017 – I R 93/15, BFHE 259, 49, BStBl. II 2019, 278; vgl. zur Übergangsregelung BMF 3.4.2019, BStBl. I 2019, 467.

[115] Eingeführt durch das Steuervergünstigungsabbaugesetz vom 16.5.2003, BGBl. 2003 I 660.

Grundsätzen ordnungsmäßiger Buchführung ermittelten Gewinne tatsächlich vertragsgemäß an den Organträger abgeführt werden.[116]

Der tatsächlichen Durchführung steht nicht entgegen, wenn Meinungsverschiedenheiten zwischen der Finanzverwaltung und dem Unternehmen über den Ansatz oder die Bewertung von Bilanzposten entstehen und es später zu Mehrergebnissen aufgrund einer Betriebsprüfung kommt.[117] **161**

(2) Problematisch ist, ob eine **objektiv falsche Bilanz korrigiert** werden kann. **162** Kann sie nicht korrigiert werden, führt dies dazu, dass der Gewinnabführungsvertrag nicht durchgeführt worden und die Organschaft nicht anzuerkennen ist. Die Verpflichtung zur Gewinnabführung bzw. Verlustübernahme bezieht sich nämlich auf den Gewinn bzw. Verlust aus einer objektiv richtigen Bilanz.[118] Der Gewinn oder Verlust aus einer falschen Bilanz ist nicht abzuführen bzw. zu übernehmen.

Um der Praxis zu helfen und die scharfe Folge der Nichtanerkennung der Or- **163** ganschaft zu vermeiden, hat der Gesetzgeber das Problem **gesetzlich geregelt.** Der Gewinnabführungsvertrag gilt gem. § 14 Abs. 1 S. 1 Nr. 3 S. 4 KStG[119] auch als durchgeführt, wenn der abgeführte Gewinn oder ausgeglichene Verlust auf einem Jahresabschluss beruht, der fehlerhafte Bilanzansätze enthält, sofern

- der Jahresabschluss wirksam festgestellt ist (Buchst. a),
- die Fehlerhaftigkeit bei Erstellung des Jahresabschlusses unter Anwendung der Sorgfalt eines ordentlichen Kaufmanns nicht hätte erkannt werden müssen (Buchst. b) und
- ein von der Finanzverwaltung beanstandeter Fehler spätestens in dem nächsten nach dem Zeitpunkt der Beanstandung des Fehlers aufzustellenden Jahresabschluss der Organgesellschaft und des Organträgers korrigiert und das Ergebnis entsprechend abgeführt oder ausgeglichen wird, soweit es sich um einen Fehler handelt, der in der Handelsbilanz zu korrigieren ist (Buchst. c).

Zur Bestimmung, ob die Sorgfalt eines ordentlichen Kaufmanns angewandt wur- **164** de, regelt § 14 Abs. 1 S. 1 Nr. 3 S. 5 KStG: Die Voraussetzung des Satzes 4 Buchst. b gilt bei Vorliegen eines uneingeschränkten Bestätigungsvermerks nach § 322 Abs. 3 HGB zum Jahresabschluss, zu einem Konzernabschluss, in den der handelsrechtliche Jahresabschluss einbezogen worden ist, oder über die freiwillige Prüfung des Jahresabschlusses oder der Bescheinigung eines Steuerberaters oder Wirtschaftsprüfers über die Erstellung eines Jahresabschlusses mit umfassenden Beurteilungen als erfüllt.

Beispiel: Einzelunternehmer A hält 100 % der Anteile an der A-GmbH und ist deren Organ- **165** träger. Der Gewinnabführungsvertrag lief bereits seit fünf Jahren. Im Jahr 06 veräußert A seine Beteiligung an der A-GmbH, die Organschaft endet. Durch die neuen Anteilseigner fällt auf, dass A bereits im Jahr 04 erhebliche Abschreibungen auf das Vorratsvermögen hätte vornehmen müssen, weil die Lagerzeit von Vorräten überschritten war. A möchte die Bilanz der A-GmbH berichtigen und den Gewinn für 04 um 100.000 EUR vermindern. Eine Korrektur der Bilanzansätze im laufenden Wirtschaftsjahr 06 würde dem A hingegen nicht mehr zugute kommen aufgrund des Anteilseignerwechsels.

Das Finanzamt meint, trotz Durchführung der Korrektur könnte die Organschaft insgesamt nicht mehr anerkannt werden, da die Korrektur gem. § 14 Abs. 1 S. 1 Nr. 3 S. 4 Buchst. c KStG auf Betreiben der Finanzverwaltung korrigiert werden müsste, nicht hingegen auf Betreiben

[116] BFH 2.11.2022 – I R 29/19, BFHE 278, 469, BStBl. II 2023, 405, Rn. 25; BFH 21.10.2010 – IV R 21/07, BStBl. II 2014, 481.

[117] BFH 21.10.2010 – IV R 21/07, BStBl. II 2014, 481; BFH 5.4.1995 – I R 156/93, BFHE 177, 429.

[118] BGH 14.2.2005 – II ZR 361/02, AG 2005, 397.

[119] Eingefügt durch Gesetz vom 20.2.2013, BGBl. 2013 I 285.

des Anteilseigners. Die Möglichkeit der Bilanzberichtigung gem. § 4 Abs. 2 S. 1 EStG ist hingegen zwischen den Beteiligten unstreitig.

Lösung: Meines Erachtens kann die gesetzliche Formulierung, wonach es sich um einen „von der Finanzverwaltung beanstandeten Fehler" handeln muss, nicht so verstanden werden, dass der Fehler nicht von der Organgesellschaft selbst korrigiert werden kann. Dies ist allerdings bislang – soweit ersichtlich – gerichtlich noch nicht entschieden.[120] Auch von der Finanzverwaltung liegen keine Stellungnahmen vor.[121] Die Gesetzesmaterialien zu § 14 Abs. 1 S. 1 Nr. 3 KStG beschreiben die „Beanstandung durch die Finanzverwaltung" nicht als materielle Tatbestandsvoraussetzung, sondern bringen sie lediglich mit dem Zeitpunkt, welcher eine Korrekturpflicht auslöst, in Zusammenhang.[122] Im Schrifttum werden folgende Auffassungen vertreten, die letztlich alle zumindest eine Korrektur im Jahr 04 unter den Voraussetzungen des § 4 Abs. 2 S. 1 EStG zulassen:

- Teilweise wird im Schrifttum vertreten, eine Korrektur sei unabhängig von den Tatbestandsmerkmalen des § 14 Abs. 1 S. 1 Nr. 3 KStG möglich durch eine rückwirkende Korrektur des fehlerhaften handelsrechtlichen Jahresabschlusses „an der Quelle", was zu einer Heilung mit Wirkung für die Vergangenheit führen könne.[123] Diese Auffassung wird damit begründet, dass eine solche Korrekturmöglichkeit bereits vor Neufassung des § 14 Abs. 1 S. 1 KStG[124] bestand und es durch diese Neufassung nicht zu einer Einschränkung der Korrekturmöglichkeit kommen sollte. Darüber hinaus wird diese Auffassung gestützt durch den Gesetzeswortlaut, der das Wort „auch" verwendet in § 14 Abs. 1 Nr. 3 S. 4 KStG.[125]
- Andere Autoren erklären ebenfalls, die Vorschrift des § 14 Abs. 1 S. 1 Nr. 3 S. 4 Buchst. c KStG sei nicht so zu verstehen, dass eine Heilungswirkung nur bei von der Finanzverwaltung identifizierten und beanstandeten Bilanzierungsfehlern möglich sei; die Heilungswirkung trete ebenfalls bei vom Steuerpflichtigen selbst erkannten und in laufender Rechnung korrigierten Fehlern ein.[126] Durch die explizite Erfassung von verwaltungsseitig erkannten Fehlern bringe der Gesetzgeber vielmehr lediglich zum Ausdruck, dass selbst in den Fällen einer Beanstandung durch die Finanzverwaltung eine Heilungswirkung eintreten solle.[127] Darüber hinaus diene die „Beanstandung durch die Finanzverwaltung" nur dazu, den spätesten Zeitpunkt der Korrektur festzulegen.[128]
- Die hierzu im Schrifttum vertretene Gegenauffassung bestreitet nicht, dass eine Korrektur allein aufgrund der Beanstandung des Steuerpflichtigen durchgeführt werden kann, sondern fordert in diesem Fall lediglich eine rückwirkende Berichtigung des Fehlers „bis zur Quelle" und erlaubt keine Berichtigung in laufender Rechnung.[129] Auch hiernach ist also eine Korrektur auf Betreiben der A-GmbH möglich.

2. Rechtsfolgen

a) Zurechnung des Einkommens

166 Die Rechtsfolge der Organschaft ist eine Zurechnung des Einkommens der Organgesellschaft an den Organträger gem. § 14 Abs. 1 S. 1 KStG.

---

120 Zur früheren Gesetzesfassung hat der BFH die Frage ausdrücklich offen gelassen, ob eine formelle und materielle Korrektur der fehlerhaften Gewinnabführung zu einem späteren Zeitpunkt den Mangel der tatsächlichen Durchführung des Gewinnabführungsvertrags rückwirkend beseitigen kann: BFH 21.10.2010 – IV R 21/07, BStBl. II 2014, 481.

121 KStR 14 und OFD Frankfurt 30.5.2016, DStR 2016, 1375 betreffen andere als die hier aufgeworfene Frage.

122 BT-Drs. 17/11217, 7.

123 Rödder Ubg 2012, 717 (720); Dötsch/Pung DB 2013, 305; Stangl/Brühl Der Konzern 2013, 77 (87).

124 Durch Gesetz vom 20.2.2013, BGBl. 2013 I 285.

125 Stangl/Brühl Der Konzern 2013, 77 (87), Fn. 79.

126 RHN/Rödder/Liekenbrock KStG § 14 Rn. 392; Frotscher/Drüen/Frotscher KStG § 14 Rn. 445s; Schnitger/Fehrenbacher/Brink KStG § 14 Rn. 498b.

127 RHN/Rödder/Liekenbrock KStG § 14 Rn. 392.

128 Frotscher/Drüen/Frotscher KStG § 14 Rn. 445s.

129 DPM/Dötsch KStG § 14 Rn. 490; Bott/Walter/Walter KStG § 14 Rn. 652.6.

Bei der Ermittlung des Einkommens bei der Organschaft gelten jedoch abweichend von den allgemeinen Vorschriften gem. § 15 S. 1 KStG mehrere Besonderheiten: 167

- Ein Verlustabzug iSd § 10d EStG ist bei der Organgesellschaft nicht zulässig (Nr. 1). Der Verlustabzug ist vielmehr bei dem Organträger durchzuführen, sofern er bei diesem festgestellt ist. § 15 S. 1 KStG dient dem Zweck, dass Verlustabzüge der Organgesellschaft aus vororganschaftlicher Zeit nicht durch die Organschaft dem Organträger zugerechnet werden sollen.
- Es bestehen Sondervorschriften für Sanierungen nach § 3a EStG (Nr. 1a).
- § 8b Abs. 1 bis 6 KStG ist bei der Organgesellschaft nicht anzuwenden (Nr. 2). Vielmehr sind diese Vorschriften nach Durchführung der Zurechnung bei dem **Organträger** anzuwenden (§ 15 S. 1 Nr. 2 S. 2 KStG). Bei der Organgesellschaft sind Dividenden und Bezüge einer Beteiligungsgesellschaft steuerlich zu erfassen. Man spricht von der sog. **Bruttomethode.**
- Für die Steuerbefreiung nach § 8b Abs. 1 KStG im Rahmen der Organschaft ist aber die 10 %-Grenze des § 8b Abs. 4 KStG zu beachten,[130] für deren Berechnung die Beteiligungen der Organgesellschaft und die Beteiligungen des Organträgers getrennt zu betrachten sind (§ 15 S. 1 Nr. 2 S. 4 KStG).[131] Die Beteiligungen von Organgesellschaft und -träger werden also nicht zusammengerechnet zur Ermittlung der 10 %-Grenze.
- § 4h EStG („Zinsschranke") ist bei der Organgesellschaft nicht anzuwenden (Nr. 3), da Organträger und Organgesellschaften als ein Betrieb iSd § 4h EStG gelten (§ 15 S. 1 Nr. 3 S. 2 KStG).

Verdeckte Gewinnausschüttungen der Organgesellschaft sind beim Organträger zur Vermeidung der Doppelbelastung aus dem Einkommen auszuscheiden, wenn die Vorteilszuwendung den Bilanzgewinn des Organträgers erhöht oder dessen Bilanzverlust gemindert hat. Hierbei wird nach Auffassung der Finanzverwaltung das eigene Einkommen des Organträgers gekürzt.[132] Der BFH kürzt hingegen das zuzurechnende Organeinkommen, nicht das Einkommen des Organträgers.[133] 168

b) Mehr-/Minderabführungen in organschaftlicher Zeit

Der nach handelsrechtlichen Grundsätzen ermittelte Gewinn der Organgesellschaft, welcher an den Organträger abzuführen ist, weicht regelmäßig von dem nach steuerrechtlichen Prinzipien ermittelten Einkommen der Organgesellschaft ab. Diese Abweichung entsteht etwa, wenn die Organgesellschaft gesetzliche oder sonstige Rücklagen bildet. Dann wird dem Organträger mehr Einkommen zugerechnet, als er aufgrund der Gewinnabführung tatsächlich erhält. Der innere Wert der Organgesellschaft erhöht sich, ohne dass dies im Ansatz der Beteiligung beim Organträger zu Buche schlägt. 169

Der Gesetzgeber hat dies früher dadurch gelöst, dass für Minder- und Mehrabführungen, die ihre Ursache in organschaftlicher Zeit haben, in der Steuerbilanz des Organträgers ein besonderer aktiver oder passiver Ausgleichsposten zu bilden war (§ 14 Abs. 4 S. 1 KStG aF).[134] Durch das KöMoG[135] vom 25.6.2021 hat der Gesetzgeber dieses System geändert. Nunmehr sind Minderabführungen aus organschaft- 170

---

[130] → Kap. E Rn. 65.
[131] Eingefügt durch Gesetz vom 21.3.2013, BGBl. 2013 I 561.
[132] KStR 14.7 Abs. 2 S. 1.
[133] BFH 20.8.1986 – I R 150/82, BStBl. II 1987, 455.
[134] Ausführlich dazu KStR 14.8.
[135] Gesetz zur Modernisierung des Körperschaftsteuerrechts (KöMoG) vom 25.6.2021, BGBl. 2021 I 2050.

licher Zeit als **Einlage** durch den Organträger in die Organgesellschaft und Mehrabführungen als **Einlagerückgewähr** zu behandeln (§ 14 Abs. 4 S. 1 und 2 KStG nF). Dies wirkt sich entsprechend auf das steuerliche Einlagekonto aus.[136] Zum Zeitpunkt der Mehr- und Minderabführung enthält § 14 Abs. 4 S. 3 KStG[137] eine besondere Regelung. Demnach gelten Mehrabführungen nach § 14 Abs. 4 S. 1 KStG und Minderabführungen nach § 14 Abs. 4 S. 2 KStG in dem Zeitpunkt als erfolgt, in dem das Wirtschaftsjahr der Organgesellschaft endet.

171 Minder- oder Mehrabführungen idS liegen gem. § 14 Abs. 4 S. 3 KStG nF insbesondere vor, wenn der an den Organträger abgeführte Gewinn von dem Steuerbilanzgewinn der Organgesellschaft abweicht und diese Abweichung in organschaftlicher Zeit verursacht ist.

c) Mehr-/Minderabführungen in vororganschaftlicher Zeit

172 Mehrabführungen, die ihre Ursache in vororganschaftlicher Zeit haben, gelten gem. § 14 Abs. 3 S. 1 KStG als Gewinnausschüttungen der Organgesellschaft an den Organträger. Minderabführungen, die ihre Ursache in vororganschaftlicher Zeit haben, sind gem. § 14 Abs. 3 S. 2 KStG als Einlage durch den Organträger in die Organgesellschaft zu behandeln.

173 Diese Regelungen folgen dem Grundsatz, dass die Verhältnisse aus der Zeit vor Wirksamwerden des Gewinnabführungsvertrags außer Betracht zu bleiben haben. Daher unterbleibt die Bildung besonderer Ausgleichsposten, vielmehr handelt es sich um Gewinnausschüttungen bzw. Einlagen.

174 **Beispiel:**[138] A erwirbt in 01 sämtliche Anteile an der A-GmbH zu Anschaffungskosten von 100.000 EUR. Mit Wirkung ab 04 wird zwischen A und der A-GmbH ein steuerrechtlich anerkannter Gewinnabführungsvertrag abgeschlossen. In 05 findet bei der A-GmbH eine Betriebsprüfung statt, die sich auf die Jahre 01 bis 03 erstreckt. Sie führt bei der A-GmbH aufgrund einer Verlagerung von Abschreibungen in die späteren Jahre 04 bis 12 steuerrechtlich zu Mehrgewinnen von 10.000 EUR. In diesen Jahren ergeben sich daraus bei der A-GmbH entsprechend höhere steuerbilanzielle als handelsbilanzielle Abschreibungen und dadurch bedingt Mindergewinne iHv ebenfalls insgesamt 10.000 EUR.

Lösung: Die Minderabführungen beruhen auf einer abweichenden Bewertung von Positionen in der Handels- und in der Steuerbilanz. Die Ursache liegt in der vororganschaftlichen Zeit. Daher findet nicht § 14 Abs. 4, sondern Abs. 3 KStG Anwendung. Die steuerlichen Minderabführungen sind als Einlagen in die Organgesellschaft gem. § 14 Abs. 3 S. 2 KStG zu behandeln.

d) Verfahren

175 Das dem Organträger zuzurechnende Einkommen der Organgesellschaft und damit zusammenhängende andere Besteuerungsgrundlagen werden gegenüber dem Organträger und der Organgesellschaft gesondert und einheitlich festgestellt gem. § 14 Abs. 5 S. 1 KStG.

176 Die Feststellungen nach Satz 1 sind für die Besteuerung des Einkommens des Organträgers und der Organgesellschaft bindend (§ 14 Abs. 5 S. 2 KStG). Es handelt sich um einen Grundlagenbescheid iSd § 171 Abs. 10, § 351 AO.

177 Anders als bei der Gewerbesteuer und der Umsatzsteuer, wo die Organgesellschaft als unselbstständige Betriebsstätte des Organträgers angesehen wird, wird das Einkommen also zunächst auf der Ebene der Organgesellschaft ermittelt. Daher muss die Organgesellschaft auch selbst eine **Körperschaftsteuererklärung** abgeben.

---

[136] → Kap. H Rn. 20 und 22.
[137] Eingefügt durch JStG 2022 vom 16.12.2022, BGBl. 2022 I 2294.
[138] Nachgebildet nach R 59 Abs. 4 KStR 1995 (in KStR 2022 nicht mehr enthalten).

D. Körperschaftsteuerlicher Verlustabzug

1 Werden innerhalb von fünf Jahren mittelbar oder unmittelbar mehr als 50 % des gezeichneten Kapitals, der Mitgliedschaftsrechte, der Beteiligungsrechte oder der Stimmrechte an einer Körperschaft an einen Erwerber oder diesem nahestehende Personen übertragen oder liegt ein vergleichbarer Sachverhalt vor (schädlicher Beteiligungserwerb), sind gem. § 8c Abs. 1 S. 1 KStG[1] bis zum schädlichen Beteiligungserwerb nicht ausgeglichene oder abgezogene negative Einkünfte (nicht genutzte Verluste) vollständig nicht mehr abziehbar. Die Regelung gilt auch im Gewerbesteuerrecht durch den Verweis in § 10a Satz 10 Hs. 1 GewStG.[2]

I. Grundlagen

1. Historische Entwicklung

2 Die Beschränkung des Verlustabzugs diente ursprünglich der Missbrauchsverhinderung.

3 Ursprünglich verhinderte die Rechtsprechung des BFH den **„Mantelkauf"**. Als „Mantelkauf" versteht man eine Veräußerung einer juristischen Person, die weder über einen Geschäftsbetrieb noch über Betriebsvermögen verfügt und deshalb keine eigenständige wirtschaftliche Bedeutung hat.[3] Die Übertragung von Anteilen einer solchen juristischen Person sah die Rechtsprechung als missbräuchlich an, wenn „bei wirtschaftlicher Betrachtung Gegenstand des Verkaufs nicht die Anteile, sondern der steuerliche und damit wirtschaftliche Wert des Verlustabzugs ist."[4]

4 Da der BFH dann aber mit drei Urteilen vom 29.10.1986 seine frühere Rechtsprechung unter Hinweis auf das körperschaftsteuerliche Trennungsprinzip aufgab,[5] erließ der Gesetzgeber im Steuerreformgesetz 1990[6] mit **§ 8 Abs. 4 KStG** (dem Vorläufer von § 8c KStG) ein „Nichtanwendungsgesetz". Nach § 8 Abs. 4 S. 1 KStG aF war Voraussetzung für den Verlustabzug bei einer Körperschaft, dass sie nicht nur rechtlich, sondern auch wirtschaftlich mit der Körperschaft identisch ist, die den Verlust erlitten hat. Gemäß § 8 Abs. 4 S. 2 KStG aF lag eine wirtschaftliche Identität insbesondere dann nicht vor, wenn mehr als drei Viertel der Anteile an einer Kapitalgesellschaft übertragen werden und die Gesellschaft danach ihren Geschäftsbetrieb mit überwiegend neuem Betriebsvermögen wieder aufnimmt. Diese Regelung wurde überwiegend nicht mehr als Missbrauchsverhinderung, sondern als zusätzliches Tatbestandsmerkmal für einen Verlustabzug bei Körperschaften und somit als lex specialis zu § 10d EStG angesehen.[7]

5 Der frühere § 8 Abs. 4 KStG wurde im Unternehmenssteuerfortsetzungsgesetz 1997[8] verschärft. Nach § 8 Abs. 4 S. 2 KStG idF des UntStFortG lag eine wirt-

---

[1] In der Fassung des Gesetzes vom 11.12.2018, BGBl. 2018 I 2338, weitere Änderung durch das Gesetz vom 12.12.2019, BGBl. 2019 I 2451.

[2] Ausführlich dazu Glanegger/Güroff/Güroff GewStG § 10a Rn. 30 ff.

[3] Knobbe-Keuk BilanzR/UnternehmensSteuerR, 599; Schmitz-Herscheidt, 144.

[4] BFH 27.9.1961 – I 6/60 U, BStBl. III 1961, 540 (542).

[5] BFH 29.10.1986 – I R 202/82, BStBl. II 1987, 308; BFH 29.10.1986 – I R 271/83, BFH/NV 1987, 266; BFH 29.10.1986 – I R 318–319/83, BStBl. II 1987, 310.

[6] Gesetz vom 25.7.1988, BGBl. 1988 I 1093.

[7] BMF 11.6.1990, BStBl. I 1990, 252, Tz. 2 aE; Müller-Gatermann DStR 1991, 597 (601).

[8] Gesetz vom 29.10.1997, BGBl. 1997 I 2590.

schaftliche Identität insbesondere dann nicht vor, wenn mehr als die Hälfte der Anteile an einer Kapitalgesellschaft übertragen werden und die Kapitalgesellschaft ihren Geschäftsbetrieb mit überwiegend neuem Betriebsvermögen fortführt oder wieder aufnimmt. Diese Tatbestandsmerkmale waren Gegenstand verschiedener Streitfragen.[9]

2. Einführung des § 8c KStG

6 § 8c KStG wurde eingeführt durch das Unternehmensteuerreformgesetz 2008.[10] Es war das erklärte Ziel des Gesetzgebers, die genannten Streitfragen zu den Tatbestandsmerkmalen des § 8 Abs. 4 KStG aF zu beenden und die Fortführung des Verlustabzugs auf das Merkmal des Anteilseignerwechsels zu beschränken.[11]

7 Bei Einführung des § 8c KStG differenzierte das Gesetz zwischen einem schädlichen Beteiligungserwerb von mehr als 25 %, der zu einem quotalen Entfall der Verlustvorträge führte (§ 8c Abs. 1 S. 1 KStG aF), und von mehr als 50 % (§ 8c Abs. 1 S. 2 KStG aF), der zu einem vollständigen Verlustabzug führte. Die Regelung des § 8c Abs. 1 S. 2 KStG aF entspricht dem heutigen § 8c Abs. 1 S. 1 KStG.

8 In seiner Gesetzesbegründung führte der Gesetzgeber im Jahr 2007 aus:

„Der Neuregelung des § 8c KStG liegt der Gedanke zugrunde, dass sich die wirtschaftliche Identität einer Gesellschaft durch das wirtschaftliche Engagement eines anderen Anteilseigners (oder Anteilseignerkreises) ändert. Die in früherer Zeit erwirtschafteten Verluste bleiben unberücksichtigt, soweit sie auf dieses neue wirtschaftliche Engagement entfallen.“[12]

9 Der Hinweis auf die „wirtschaftliche Identität einer Gesellschaft“ im Zusammenhang mit dem Anteilseignerkreis ist durchaus zweifelhaft. Unter Berücksichtigung des körperschaftsteuerlichen Trennungsprinzips (→ Kap. A Rn. 1, 6) sind Gesellschaft und Anteilseignerkreis zu trennen. Die Anteilseigner haben nach dem Trennungsprinzip auf die Besteuerung der Gesellschaft keinen Einfluss. Daher konnte und kann man zu Recht die Frage der Verfassungsmäßigkeit des § 8c KStG aufwerfen.[13]

3. Verfassungswidrigkeit des § 8c Abs. 1 S. 1 KStG aF

10 Das BVerfG hat mit Beschluss vom 29.3.2017 – 2 BvL 6/11 entschieden:[14]

„1. § 8c Satz 1 Körperschaftsteuergesetz [...] sowie § 8c Absatz 1 Satz 1 Körperschaftsteuergesetz [...] sind mit Artikel 3 Absatz 1 des Grundgesetzes unvereinbar, soweit bei der unmittelbaren Übertragung innerhalb von fünf Jahren von mehr als 25 Prozent des gezeichneten Kapitals an einer Kapitalgesellschaft an einen Erwerber (schädlicher Beteiligungserwerb) insoweit die bis zum schädlichen Beteiligungserwerb nicht ausgeglichenen oder abgezogenen negativen Einkünfte (nicht genutzte Verluste) nicht mehr abziehbar sind.

2. Der Gesetzgeber ist verpflichtet, spätestens bis zum 31. Dezember 2018 rückwirkend zum 1. Januar 2008 eine Neuregelung zu treffen.“

11 Dieser Beschluss ist hinsichtlich der Verfassungswidrigkeit des § 8c Abs. 1 KStG in zwei wesentlichen Aspekten eingeschränkt:

---

[9] Dazu ausführlich Schmitz-Herscheidt, 161 ff.

[10] Gesetz vom 14.8.2007, BGBl. 2007 I 1912.

[11] BT-Drs. 16/4841, 75: „Die streitige Tatbestandsvoraussetzung „Zuführung überwiegend neuen Betriebsvermögens“ wird aufgegeben. Maßgebliches Kriterium für die Verlustabzugsbeschränkung ist künftig der Anteilseignerwechsel.“

[12] BT-Drs. 16/4841, 76.

[13] FG Hamburg 4.4.2011 – 2 K 33/10, EFG 2011, 1460 zu § 8c Abs. 1 S. 1 KStG aF und FG Hamburg 29.8.2017 – 2 K 245/17, EFG 2017, 1906 zu § 8c Abs. 1 S. 2 KStG aF.

[14] BVerfG 29.3.2017 – 2 BvL 6/11, BStBl. II 2017, 1082.

- Er bezieht sich nur auf § 8c Abs. 1 S. 1 KStG aF (bzw. § 8c Satz 1 KStG aF), also den quotalen Untergang des Verlustabzugs. Über den vollständigen Untergang des Verlustabzugs gem. § 8c Abs. 1 S. 2 KStG hat das BVerfG bislang nicht entschieden.
- Er bezieht sich ausdrücklich nur auf die Gesetzesfassung bis zum Zeitpunkt des Inkrafttretens des Gesetzes zur Weiterentwicklung der steuerlichen Verlustverrechnung bei Körperschaften vom 20.12.2016.[15] Durch dieses Gesetz wurde der fortführungsgebundene Verlustvortrag gem. § 8d KStG eingeführt, der unter bestimmten Voraussetzungen eine Fortführung des Verlustvortrags ermöglicht (→ Rn. 35ff.). Ob durch Einführung von § 8d KStG der Anwendungsbereich von § 8c Abs. 1 S. 1 KStG in einer Weise reduziert worden ist, dass die Norm nunmehr den Anforderungen von Art. 3 Abs. 1 GG genügt, bedarf „gesonderter Betrachtung", so das BVerfG.[16]

Verkürzt beschrieben hat das **BVerfG wie folgt argumentiert:** § 8c Satz 1 KStG aF behandele Kapitalgesellschaften bei der Bestimmung ihrer steuerpflichtigen Einkünfte unterschiedlich, je nachdem, ob innerhalb von fünf Jahren ein schädlicher Beteiligungserwerb stattgefunden habe oder nicht.[17] Für diese Ungleichbehandlung fehle ein rechtfertigender Grund. § 8c Satz 1 KStG aF halte schon einer Prüfung am Maßstab des Willkürverbots nicht stand.[18] Es fehle ein sachlich einleuchtender Grund für die gesetzliche Differenzierung. Er ergebe sich weder aus der Anknüpfung an die Vorgängerregelung des § 8 Abs. 4 KStG und dem dieser zugrunde liegenden Zweck der Missbrauchsbekämpfung[19] noch aus der vom Gesetzgeber angestrebten Beschränkung von Verlustabzügen beim Verlust der wirtschaftlichen Identität einer Gesellschaft oder dem Gedanken der Unternehmeridentität als Voraussetzung für den Verlustabzug. Der rein fiskalische Zweck staatlicher Einnahmenerhöhung komme als Rechtfertigungsgrund nicht in Betracht. **12**

Der **Gesetzgeber** hat hierauf reagiert, indem er im Gesetz vom 11.12.2018[20] den bisherigen § 8c Abs. 1 S. 1 KStG ersatzlos **aufgehoben** hat. **13**

Bereits zuvor hatte das BMF entschieden, dass § 8c S. 1 bzw. Abs. 1 S. 1 KStG aF für unmittelbare Beteiligungserwerbe von Anteilen an Kapitalgesellschaften vor dem 1.1.2016 bis zu einer gesetzlichen Neuregelung vorerst nicht anzuwenden ist.[21] In Bezug auf entsprechende Bescheide war zudem eine Aussetzung der Vollziehung zu gewähren.[22] **14**

Vor dem Hintergrund des BVerfG-Beschlusses vom 29.3.2017 – 2 BvL 6/11 hat das FG Hamburg dem BVerfG auch die Frage der **Verfassungsmäßigkeit** des § 8c Abs. 1 S. 2 KStG aF (des jetzigen **§ 8c Abs. 1 S. 1 KStG**) vorgelegt mit Beschluss vom 29.8.2017.[23] **15**

---

[15] BGBl. 2016 I 2998.
[16] BVerfG 29.3.2017 – 2 BvL 6/11, BStBl. II 2017, 1082, Rn. 161.
[17] BVerfG 29.3.2017 – 2 BvL 6/11, BStBl. II 2017, 1082, Rn. 109.
[18] BVerfG 29.3.2017 – 2 BvL 6/11, BStBl. II 2017, 1082, Rn. 121.
[19] Bei der Missbrauchsbekämpfung seien die Grenzen zulässiger Typisierung überschritten, wenn zur Erfassung solcher Gestaltungen allein an die Übertragung eines Anteils von mehr als 25 Prozent angeknüpft werde, vgl. BVerfG 29.3.2017 – 2 BvL 6/11, BStBl. II 2017, 1082, Rn. 127.
[20] BGBl. 2018 I 2338.
[21] BMF 28.11.2017, BStBl. I 2017, 1645, Tz. 66.
[22] BFH 12.4.2023 – I B 74/22 (AdV), BFHE 280, 181.
[23] FG Hamburg 29.8.2017 – 2 K 245/17, EFG 2017, 1906; BVerfG 2 BvL 19/17.

II. Voraussetzungen des § 8c Abs. 1 KStG

16 Die Abzugsbeschränkung gem. § 8c KStG ist auf alle nicht ausgeglichenen oder nicht abgezogenen negativen Einkünfte („nicht genutzte Verluste") anwendbar und umfasst insbesondere die Verluste nach §§ 2a, 10d (Verlustvor- und -rücktrag), § 15 Abs. 4, §§ 15a und 15b EStG; § 8c KStG gilt für den Zinsvortrag nach § 4h Abs. 1 S. 2 EStG entsprechend (§ 8a Abs. 1 S. 3 KStG).[24]

1. Entfall des Verlustabzugs

a) Übertragung des gezeichneten Kapitals

17 § 8c Abs. 1 S. 1 KStG sieht als Voraussetzung für den vollständigen Entfall nicht genutzter Verluste eine Übertragung von mehr als 50 % des gezeichneten Kapitals, der Mitgliedschaftsrechte, Beteiligungsrechte oder der Stimmrechte an einer Körperschaft vor. Der Erwerb kann mittelbar oder unmittelbar, entgeltlich oder unentgeltlich erfolgen. Auf der Seite des Erwerbers sind auch Erwerbe durch nahestehende Personen einzurechnen. Darüber hinaus ist nach dem Gesetzeswortlaut ein Zeitraum von fünf Jahren für die Berechnung des schädlichen Beteiligungserwerbs zu berücksichtigen. Hinsichtlich des Zeitpunkts der Übertragung ist auf die Übertragung des wirtschaftlichen Eigentums gem. § 39 Abs. 2 AO abzustellen.[25] Aufgrund einer teleologischen und verfassungskonformen Reduktion des § 8c Abs. 1 S. 1 KStG soll aber ein schädlicher Beteiligungserwerb nicht vorliegen, wenn es durch Beteiligungserwerbe von mehr als 50 % durch einen Erwerber nicht zu einem „change of control" und damit einer veränderten wirtschaftlichen Identität der Gesellschaft kommt.[26]

18 Der schädliche Beteiligungserwerb nach § 8c Abs. 1 S. 1 KStG setzt also Folgendes voraus:

- Übertragung von mehr als 50 % des gezeichneten Kapitals bzw. der sonstigen Beteiligungsrechte,
- entgeltlicher oder unentgeltlicher Erwerb, gleich aus welchem Rechtsgrund,
- Erwerb durch denselben Erwerber oder einen Kreis nahestehender Personen,
- unmittelbarer oder mittelbarer Erwerb,
- Betrachtung eines Zeitraums von fünf Jahren.

b) Vergleichbarer Sachverhalt

19 § 8c Abs. 1 S. 1 KStG erfasst auch sog. „vergleichbare Sachverhalte". Darunter können insbesondere zu verstehen sein:[27]

- der Erwerb von Genussscheinen iSd § 8 Abs. 3 S. 2 KStG;
- Stimmrechtsvereinbarungen, Stimmrechtsbindungen, Stimmrechtsverzicht;
- die Umwandlung auf eine Verlustgesellschaft, wenn durch die Umwandlung ein Beteiligungserwerb durch einen Erwerberkreis stattfindet;
- die Einbringung eines Betriebs, Teilbetriebs oder Mitunternehmeranteils, wenn durch die Einbringung ein Beteiligungserwerb am übernehmenden Rechtsträger durch einen Erwerberkreis stattfindet;
- der Erwerb eigener Anteile, wenn sich hierdurch die Beteiligungsquoten ändern;
- die Kapitalherabsetzung, mit der eine Änderung der Beteiligungsquoten einhergeht.

---

[24] BMF 28.11.2017, BStBl. I 2017, 1645, Tz. 2.
[25] BFH 11.7.2006 – VIII R 32/04, BStBl. II 2007, 296.
[26] FG Münster 23.8.2023 – 9 K 2166/21 K,G,F, EFG 2023, 1644; Rev. BFH I R 53/23.
[27] BMF 28.11.2017, BStBl. I 2017, 1645, Tz. 7.

Die Kapitalerhöhung ist demgegenüber explizit gem. § 8c Abs. 1 S. 3 KStG einer Übertragung des gezeichneten Kapitals gleichgestellt, soweit sie zu einer Veränderung der Beteiligungsquoten am Kapital der Körperschaft führt. 20

c) Rechtsfolge

Werden mehr als 50 % der Anteile übertragen, gehen gem. § 8c Abs. 1 S. 1 KStG nicht genutzte Verluste **vollständig** unter. 21

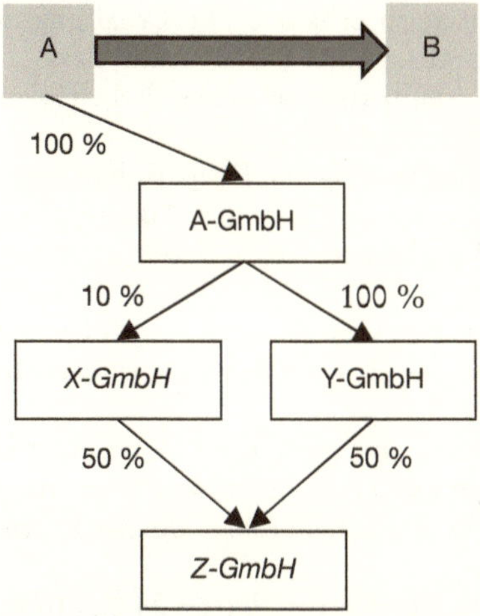

Beispiel: A ist Alleingesellschafter der A-GmbH, die zu 10 % an der X-GmbH und zu 100 % an der Y-GmbH beteiligt ist. Die X-GmbH und die Y-GmbH sind ihrerseits zu jeweils 50 % an der Z-GmbH beteiligt, welche über Verlustvorträge verfügt. Allerdings verfügt auch die X-GmbH über nicht genutzte Verluste. 22

A veräußert seine Beteiligung an der A-GmbH an B.

Lösung: Bei der X-GmbH kommt es nicht zu einem Verlustuntergang, weil A lediglich 10 % der Anteile mittelbar an B überträgt. Jedoch geht der Verlust bei der Z-GmbH vollständig unter, weil A mittelbar 5 % der Anteile über die X-GmbH und 50 % mittelbar über die Y-GmbH überträgt.

2. Übersteigen der stillen Reserven

Nicht genutzte Verluste gehen nach § 8c Abs. 1 S. 1 KStG allerdings nur insoweit unter, als keine stillen Reserven in den Wirtschaftsgütern der Körperschaft vorhanden sind. 23

Gemäß § 8c Abs. 1 S. 5 KStG nF kann ein nicht abziehbarer nicht genutzter Verlust abweichend von § 8c Abs. 1 S. 1 KStG abgezogen werden, soweit er die gesamten zum Zeitpunkt des schädlichen Beteiligungserwerbs vorhandenen im Inland steuerpflichtigen stillen Reserven des Betriebsvermögens der Körperschaft nicht übersteigt. Stille Reserven iSd § 8c Abs. 1 S. 5 KStG sind der Unterschiedsbetrag zwischen dem in der steuerlichen Gewinnermittlung ausgewiesenen Eigenkapital und dem auf dieses Eigenkapital jeweils entfallenden gemeinen Wert der Anteile an der Körperschaft, soweit diese im Inland steuerpflichtig sind (vgl. § 8c Abs. 1 S. 6 KStG nF). 24

Die Stille-Reserven-Klausel fügt sich in den Sinn und Zweck des § 8c Abs. 1 KStG ein, da die Körperschaft im Falle einer späteren Aufdeckung der stillen Reserven die Verlustvorträge mit den durch die Aufdeckung entstehenden Gewinnen verrechnen kann. Auf diese Weise kann es nicht zu einer missbräuchlichen Nutzung der Verlustvorträge kommen. Daher ist der Untergang des Verlustabzugs durch die Stille-Reserven-Klausel auch nur ausgeschlossen, „soweit" stille Reserven vorhanden und im Inland steuerpflichtig sind. 25

3. Sanierung

26 Gemäß § 8c Abs. 1a S. 1 KStG[28] ist für die Anwendung des § 8c Abs. 1 KStG ein Beteiligungserwerb zum Zweck der Sanierung des Geschäftsbetriebs der Körperschaft unbeachtlich. Liegt eine Sanierung vor, gehen Verlustabzüge auch im Fall von Beteiligungserwerben nicht unter.

27 Sanierung ist gem. § 8c Abs. 1a S. 2 KStG eine Maßnahme, die darauf gerichtet ist, die Zahlungsunfähigkeit oder Überschuldung zu verhindern oder zu beseitigen und zugleich die wesentlichen Betriebsstrukturen zu erhalten. Die Erhaltung der wesentlichen Betriebsstrukturen setzt gem. § 8c Abs. 1a S. 3 KStG voraus, dass

- die Körperschaft eine geschlossene Betriebsvereinbarung mit einer Arbeitsplatzregelung befolgt (Nr. 1), oder
- die Summe der maßgebenden jährlichen Lohnsummen der Körperschaft innerhalb von fünf Jahren nach dem Beteiligungserwerb 400 % der Ausgangslohnsumme nicht unterschreitet; § 13a Abs. 1 S. 3 und 4 und Abs. 4 ErbStG gilt sinngemäß (Nr. 2), oder
- der Körperschaft durch Einlagen wesentliches Betriebsvermögen zugeführt wird (Nr. 3 S. 1); Nr. 3 S. 2 enthält eine Definition des Begriffs der wesentlichen Betriebsvermögenszuführung.

28 Keine Sanierung liegt gem. 8c Abs. 1a S. 4 KStG vor, wenn die Körperschaft ihren Geschäftsbetrieb im Zeitpunkt des Beteiligungserwerbs im Wesentlichen eingestellt hat oder nach dem Beteiligungserwerb ein Branchenwechsel innerhalb eines Zeitraums von fünf Jahren erfolgt.

29 Die Europäische Kommission leitete gegen die Bundesrepublik am 24.2.2010 wegen der Sanierungsklausel ein förmliches Beihilfeverfahren gem. Art. 108 Abs. 2 AEUV ein, da es sich um eine europarechtswidrige staatliche Beihilfe handle.[29] Seither wendet die Finanzverwaltung die Vorschrift nicht mehr an.[30] Am 26.1.2011 entschied die Kommission im abschließenden Verfahren, dass es sich um eine unzulässige Beihilfe handelt.[31]

30 Dieser Beschluss der Kommission wurde vom Gericht der Europäischen Union in erster Instanz aber mit Beschluss vom 25.10.2018 für nichtig erklärt.[32]

4. Konzernklausel

31 Durch das Steueränderungsgesetz 2015[33] ist eine bereits zuvor bestehende Konzernklausel erheblich ausgeweitet worden mit steuerlicher Rückwirkung für Beteiligungserwerbe nach dem 31.12.2009 (§ 34 Abs. 6 S. 5 KStG). Gemäß § 8c Abs. 1 S. 4 KStG nF[34] liegt ein schädlicher Beteiligungserwerb nicht vor, wenn

- an dem übertragenden Rechtsträger der Erwerber zu 100 % mittelbar oder unmittelbar beteiligt ist und der Erwerber eine natürliche oder juristische Person oder eine Personenhandelsgesellschaft ist (Nr. 1),
- an dem übernehmenden Rechtsträger der Veräußerer zu 100 % mittelbar oder unmittelbar beteiligt ist und der Veräußerer eine natürliche oder juristische Person oder eine Personenhandelsgesellschaft ist (Nr. 2) oder

---

28 Eingefügt durch Gesetz vom 16.7.2009, BGBl. 2009 I 1959.
29 ABl. 2010 C 90, 8.
30 BMF 30.4.2010, BStBl. I 2010, 488.
31 ABl. 2011 L 235, 26; siehe auch de Weerth DB 2011, 2070.
32 EuG 25.10.2018 – T-627/11, BeckRS 2018, 27920 – ATMvision.
33 Gesetz vom 2.11.2015, BGBl. 2015 I 1834.
34 In der Fassung des Gesetzes vom 11.12.2018, BGBl. 2018 I 2338.

- an dem übertragenden und an dem übernehmenden Rechtsträger dieselbe natürliche oder juristische Person oder dieselbe Personenhandelsgesellschaft zu jeweils 100 % mittelbar oder unmittelbar beteiligt ist (Nr. 3).

In der zuvor geltenden Fassung[35] des § 8c Abs. 1 S. 5 KStG aF gelangte die Konzernklausel nur zur Anwendung, wenn an dem übertragenden und an dem übernehmenden Rechtsträger dieselbe Person zu jeweils 100 % mittelbar oder unmittelbar beteiligt ist. Die frühere Fassung war in zweifacher Hinsicht deutlich eingeschränkter:[36] Zum einen waren konzerninterne Strukturierungen ausgenommen, bei denen es zu Übertragungen von oder auf die Konzernspitze kam; vielmehr mussten der Überträger und der Übernehmer stets selbst Beteiligungsgesellschaften sein, da an beiden dieselbe Person zu 100 % beteiligt sein musste. Das schließt eine Übertragung von der Konzernspitze oder auf die Konzernspitze aus. Dies wird durch § 8c Abs. 1 S. 4 Nr. 1 und 2 KStG nF behoben. Zum anderen sind nun auch Personenhandelsgesellschaften von der Regelung umfasst. 32

Damit sind aber weiterhin vermögensverwaltende Personengesellschaften zB in der Rechtsform der BGB-Gesellschaft von der Konzernklausel ausgenommen. Nicht ganz verständlich ist zudem, warum die Personen auf Überträger- und Erwerberseite zu 100 % identisch sein müssen, während nach § 8c Abs. 1 S. 1 KStG eine Übertragung von weniger als 50 % der Anteile unschädlich ist.[37] 33

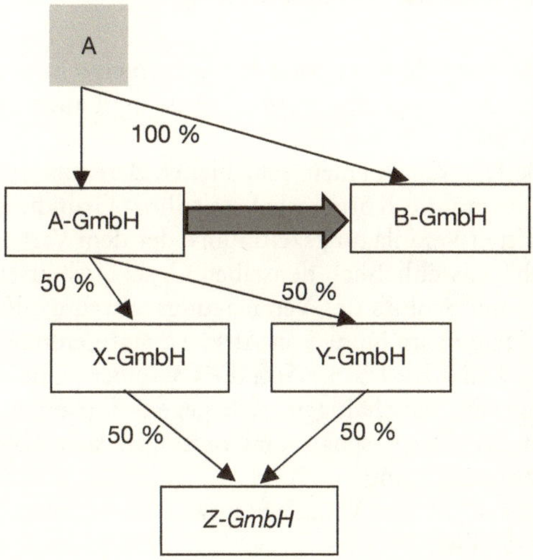

Beispiel 1: A ist Alleingesellschafter der A-GmbH und der B-GmbH. Die A-GmbH ist wiederum zu 50 % an der X-GmbH und zu 50 % an der Y-GmbH beteiligt ist. Die X-GmbH und die Y-GmbH sind ihrerseits zu jeweils 50 % an der Z-GmbH beteiligt, welche über Verlustvorträge verfügt. 34

Die A-GmbH überträgt ihre Beteiligungen an die B-GmbH.

Lösung: An dem übertragenden Rechtsträger (A-GmbH) und an dem übernehmenden Rechtsträger (B-GmbH) ist dieselbe natürliche Person (A) zu 100 % beteiligt. § 8c Abs. 1 S. 4 Nr. 3 KStG kommt zur Anwendung. Die mittelbare Übertragung von 100 % der Anteile an der Z-GmbH führt nicht zu einem schädlichen Beteiligungserwerb iSd § 8c Abs. 1 S. 1 KStG.

---

[35] Eingefügt durch das Wachstumsbeschleunigungsgesetz vom 22.12.2009, BGBl. 2009 I 3950 mit Wirkung ab dem Veranlagungszeitraum 2010.

[36] MOV/Hackermann KStG § 8c Rn. 264.

[37] von Goldacker/Heerdt Ubg 2013, 170 (174) zu § 8c Abs. 1 S. 5 KStG aF. Vgl. auch Glanegger/Güroff/Güroff GewStG § 10a Rn. 54a, der eine teleologische Reduktion befürwortet.

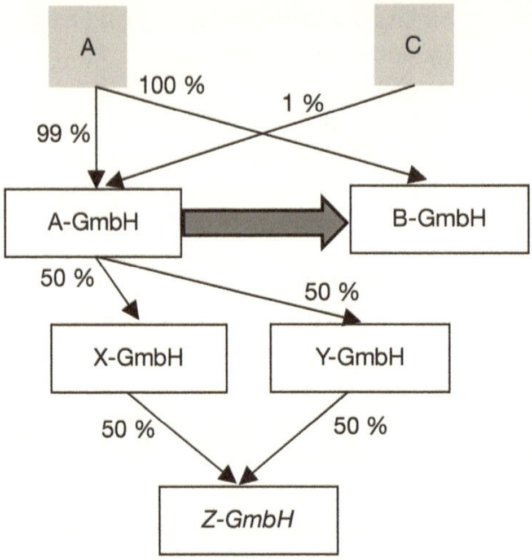

Beispiel 2: Wie im Beispiel 1, nur besteht nun an der A-GmbH eine Minderheitsbeteiligung von 1 %, welche der C hält. An der B-GmbH ist A weiterhin zu 100 % beteiligt.

Lösung: Da an der A-GmbH und an der B-GmbH nicht dieselben Personen zu 100 % beteiligt sind, kommt die Konzernklausel nicht zur Anwendung.

III. Fortführungsgebundener Verlustvortrag

35 Durch das Gesetz zur Weiterentwicklung der steuerlichen Verlustverrechnung bei Körperschaften[38] ist ein neuer § 8d KStG eingefügt worden. Dieser gilt auch im Gewerbesteuerrecht (§ 10a Satz 11 GewStG).

36 Gemäß § 8d Abs. 1 S. 1 KStG ist § 8c KStG nach einem schädlichen Beteiligungserwerb auf Antrag nicht anzuwenden, wenn die Körperschaft seit ihrer Gründung oder zumindest seit dem Beginn des dritten Veranlagungszeitraums, der dem Veranlagungszeitraum nach Satz 5 vorausgeht, ausschließlich denselben Geschäftsbetrieb unterhält und in diesem Zeitraum bis zum Schluss des Veranlagungszeitraums des schädlichen Beteiligungserwerbs kein Ereignis im Sinne von Absatz 2 stattgefunden hat. Ein Geschäftsbetrieb umfasst gem. § 8d Abs. 1 S. 3 KStG die von einer einheitlichen Gewinnerzielungsabsicht getragenen, nachhaltigen, sich gegenseitig ergänzenden und fördernden Betätigungen der Körperschaft und bestimmt sich nach qualitativen Merkmalen in einer Gesamtbetrachtung.

37 Mit „Veranlagungszeitraum nach Satz 5" ist der Veranlagungszeitraum gemeint, in den der schädliche Beteiligungserwerb fällt.

38 Satz 1 gilt nicht ua für Verluste aus der Zeit vor einer Einstellung oder Ruhendstellung des Geschäftsbetriebs (§ 8d Abs. 1 S. 2 Nr. 1 KStG).

39 **Voraussetzungen** sind demnach:

- Die GmbH unterhält drei Jahre **vor** dem schädlichen Beteiligungserwerb bzw. seit ihrer Gründung einen einheitlichen („denselben") Geschäftsbetrieb;
- Der hiernach zu bestimmende Geschäftsbetrieb umfasst die von einer einheitlichen Gewinnerzielungsabsicht getragenen, nachhaltigen, sich gegenseitig ergänzenden und fördernden Betätigungen der Körperschaft und bestimmt sich nach qualitativen Merkmalen in einer Gesamtbetrachtung (also nicht nach quantitativen Merkmalen wie etwa Bilanzansätzen; § 8d Abs. 1 S. 3 KStG). Qualitative Merkmale sind insbesondere die angebotenen Dienstleistungen oder Produkte, der Kunden- und Lieferantenkreis, die bedienten Märkte und die Qualifikation der Arbeitnehmer (§ 8d Abs. 1 S. 4 KStG). Nach Auffassung des BMF richtet sich

[38] Gesetz vom 20.12.2016, BGBl. 2016 I 2998.

der Begriff des Geschäftsbetriebs iSd § 8d Abs. 1 S. 3 und 4 KStG nach denselben Grundsätzen wie der gewerbesteuerliche Begriff der Unternehmensidentität als Voraussetzung für den gewerbesteuerlichen Verlustvortrag;[39]

- Antrag gem. § 8d Abs. 1 S. 5 KStG; dieser kann nur einheitlich für alle schädlichen Beteiligungserwerbe gestellt werden;[40]
- gesonderte Feststellung des fortführungsgebundenen Verlustvortrags nach § 8d Abs. 1 Sätze 6 und 7 KStG;
- Keine Einstellung des Geschäftsbetriebs (§ 8d Abs. 2 S. 1 KStG);
- Kein gleichgestellter Sachverhalt gem. § 8d Abs. 2 S. 2 KStG, so etwa:
  - Ruhendstellung des Geschäftsbetriebs,
  - andere Zweckbestimmung des Geschäftsbetriebs,
  - Aufnahme eines zusätzlichen Geschäftsbetriebs,
  - Beteiligung an einer Mitunternehmerschaft,
  - Übertragung von Wirtschaftsgütern auf die Körperschaft, die sie zu einem geringeren als dem gemeinen Wert ansetzt.

Der fortführungsgebundene Verlustvortrag erinnert in seiner Zielsetzung an den **40** durch das Unternehmenssteuerfortsetzungsgesetz 1997 geänderten früheren § 8 Abs. 4 S. 2 KStG (→ Kap. D Rn. 5). Danach entfiel der Verlustvortrag, wenn mehr als die Hälfte der Anteile an einer Kapitalgesellschaft übertragen wurden und die Kapitalgesellschaft ihren Geschäftsbetrieb mit überwiegend neuem Betriebsvermögen fortführte oder wieder aufnahm. Auch hiernach konnte bei einer Anteilsübertragung also der Verlustvortrag „gerettet" werden, wenn der Geschäftsbetrieb im Wesentlichen unverändert fortgeführt und nicht eingestellt wurde.

---

[39] BMF 18.3.2021, BStBl. I 2021, 363, Tz. 18.
[40] BMF 18.3.2021, BStBl. I 2021, 363, Tz. 4.

E. Tarif/Ausschüttung

I. Körperschaftsteuertarif

1 Die Körperschaftsteuer beträgt gem. § 23 Abs. 1 KStG **15 %** des zu versteuernden Einkommens.

2 Der Körperschaftsteuersatz gilt unmittelbar, sofern keine gesetzliche Befreiung eingreift, zB nach § 5 KStG. Es handelt sich um einen sog. Proportionalsteuersatz, der ohne Grundfreibetrag einsetzt. Er gilt – anders als im früheren Anrechnungsverfahren – unterschiedslos für ausgeschüttete und thesaurierte Gewinne (sog. Definitivsteuer) und ebenso für unbeschränkt und beschränkt körperschaftsteuerpflichtige Rechtsträger.

3 „Zu versteuerndes Einkommen" im vorgenannten Sinne ist gem. § 7 Abs. 2 KStG das Einkommen iSd § 8 Abs. 1 KStG,[1] vermindert um die Freibeträge der §§ 24 und 25 KStG. Die letztgenannten Freibeträge gelten aber nur für Körperschaften, die keine Kapitalgesellschaften sind, also zB für BgA von Körperschaften des öffentlichen Rechts oder für Vereine.

4 Der jetzige Tarif wurde durch das Unternehmenssteuerreformgesetz 2008[2] mit Wirkung ab dem Veranlagungszeitraum 2008 eingeführt und gehört systematisch zum Teileinkünfteverfahren. Bis einschließlich des Veranlagungszeitraums 2007 galt ein Körperschaftsteuertarif von 25 % im Rahmen des Halbeinkünfteverfahrens.

II. Systematik der Besteuerung von Ausschüttungen

5 Im Falle von Gewinnausschüttungen besteht die Gefahr einer wirtschaftlichen **Doppelbesteuerung,** weil der Gewinn zunächst bei der Körperschaft mit Körperschaftsteuer belastet ist und der ausgeschüttete Gewinn danach nochmals beim Anteilseigner der Einkommensteuer (sofern natürliche Person) unterworfen wird.

6 Zwar wäre eine Doppelbelastung mit Körperschaftsteuer und Einkommensteuer in einem sog. klassischen System grundsätzlich zulässig, weil die formaljuristische Unterscheidung (Trennungsprinzip; → Kap. A Rn. 1 ff.) zwischen Körperschaft und Anteilseigner als eigenständigen Rechtssubjekten eine Rechtfertigung darstellt.[3] Der deutsche Gesetzgeber hat sich aber bereits 1977 entschlossen, die wirtschaftliche Doppelbelastung zu vermeiden. Zuvor bestand lediglich für Ausschüttungen ein verminderter Körperschaftsteuertarif.[4]

1. Anrechnungsverfahren

7 Im sog. Anrechnungsverfahren, das von 1977 bis 2000 galt, wurde die Körperschaftsteuer vollständig auf die Einkommensteuer angerechnet. Um auf der Ebene des Anteilseigners die richtige Tarifbelastung berechnen zu können, wurde die Körperschaftsteuer zuvor dem Ausschüttungsbetrag hinzugerechnet (fiktive Bruttodividende).

---

[1] Dazu → Kap. C Rn. 2 ff.
[2] Gesetz vom 14.8.2007, BGBl. 2007 I 1912.
[3] BVerfG 21.6.2006 – 2 BvL 2/99, BVerfGE 116, 164 (198).
[4] Tipke/Lang SteuerR/Hey § 11 Rn. 8.

8 Auf Ebene der Körperschaft wurde aufgrund der Ausschüttung eine einheitliche Ausschüttungsbelastung von 30% hergestellt. Da die noch nicht ausgeschütteten Gewinne zuvor mit unterschiedlichen Körperschaftsteuersätzen belastet waren, ergaben sich Herauf- bzw. Herabrechnungen zur Herstellung der Ausschüttungsbelastung.[5] Dies erforderte eine jährlich fortzuführende Gliederungsrechnung des „verwendbaren Eigenkapitals" nach § 29 Abs. 2 KStG aF. Aus dem hieraus entstandenen latenten Steuerminderungsanspruch ergab sich ab 2001 für viele Körperschaften ein Körperschaftsteuerguthaben, welches in einem Übergangszeitraum bis zum Jahr 2017 zur Auszahlung gelangte, und zwar infolge eines „Körperschaftsteuermoratoriums"[6] ab dem 1.1.2006 mit einer fiktiv gleichmäßigen Verteilung des Gesamtbetrags über die Restlaufzeit (§ 37 Abs. 2a Nr. 2 KStG). Als Restlaufzeit ordnete § 37 Abs. 5 KStG eine Auszahlung in zehn gleichen Jahresbeträgen unabhängig von anderen Ausschüttungen an.[7]

9 Das Anrechnungsverfahren hat den steuersystematischen Vorteil, dass es die Körperschaftsteuerbelastung vollständig aufhebt und hierdurch einen Gleichklang zur Zinsbesteuerung herstellt. Das Anrechnungsverfahren gewährleistet stets eine exakte Senkung der Gesamtbelastung auf die individuelle Einkommensteuerbelastung des Anteilseigners.[8] Dadurch entsteht auch eine Rechtsformneutralität gegenüber Einzelunternehmen und Personengesellschaften. Die folgende Grafik zeigt dies vereinfachend (ohne Gewerbesteuer):

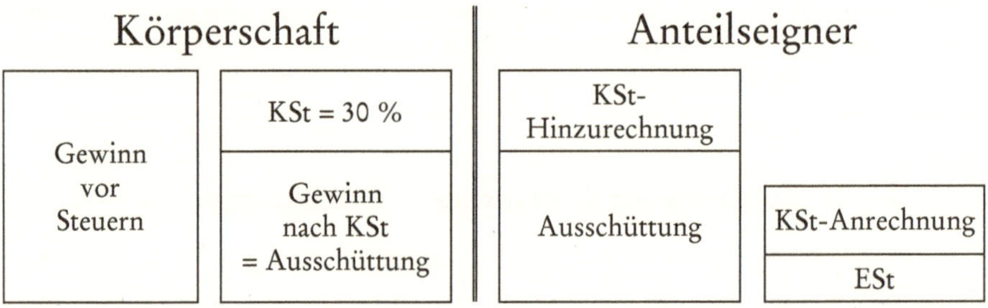

Abb. 1: Anrechnungsverfahren schematisch und zur Vereinfachung ohne Gewerbesteuer

10 Das Anrechnungsverfahren wurde abgeschafft, da es als missbrauchsanfällig und im Übrigen als **europarechtswidrig** angesehen wurde.[9]

11 Die fehlende Anrechenbarkeit ausländischer Körperschaftsteuer auf die deutsche Einkommensteuer stellte einen Verstoß gegen die Kapitalverkehrsfreiheit dar. Die Annahme der Europarechtswidrigkeit wurde später vom EuGH bestätigt.[10] Der EuGH urteilte: „Die Art. 56 EG und 58 EG sind dahin auszulegen, dass sie einer Steuerregelung entgegenstehen, nach der bei einer Ausschüttung von Dividenden durch eine Kapitalgesellschaft ein in einem Mitgliedstaat unbeschränkt steuerpflichtiger Anteilseigner dann in den Genuss einer Steuergutschrift kommt, die nach Maßgabe des für die ausgeschütteten Gewinne geltenden Körperschaftsteuersatzes berechnet wird, wenn die ausschüttende Gesellschaft ihren Sitz im selben Mitgliedstaat hat, nicht aber dann, wenn sie ihren Sitz in einem anderen Mitgliedstaat hat."[11]

---

[5] Vgl. BVerfG 6.12.2022 – 2 BvL 29/14, BVerfGE 164, 139, Rn. 3ff.
[6] Durch das Steuervergünstigungsabbaugesetz vom 16.5.2003, BGBl. 2003 I 660.
[7] Eingeführt durch das SEStEG vom 7.12.2006, BGBl. 2006 I 2782.
[8] Tipke/Lang SteuerR/Hey § 11 Rn. 7.
[9] BT-Drs. 14/2683, 132ff.
[10] EuGH 7.9.2004 – C-319/02, EuZW 2005, 19 – Manninen für Finnland; EuGH 6.3.2007 – C-292/04, NJW 2007, 1440 – Meilicke für Deutschland.
[11] EuGH 6.3.2007 – C-292/04, NJW 2007, 1440 – Meilicke.

Der Übergang vom Anrechnungs- zum Teileinkünfteverfahren (→ Kap. E Rn. 13) 12
wirkt noch bis in die Gegenwart, wie jüngste Entscheidungen des BVerfG zeigen.[12]

2. Halbeinkünfteverfahren

Seit 2001 wird die wirtschaftliche Doppelbelastung vermieden durch ein Teilent- 13
lastungssystem, welches eine pauschalierte Entlastung sowohl auf der Körperschaft- als auch auf der Anteilseignerebene bietet. Ähnliche Systeme bestehen auch in der Mehrheit der europäischen Staaten, so etwa in Belgien, Dänemark, Frankreich und Italien.

Das von 2001 bis 2008 bestehende Halbeinkünfteverfahren lässt sich vereinfacht 14
(unter Außerachtlassung der Gewerbesteuer) in Anlehnung an das obige Schaubild (→ Rn. 9) wie folgt darstellen:

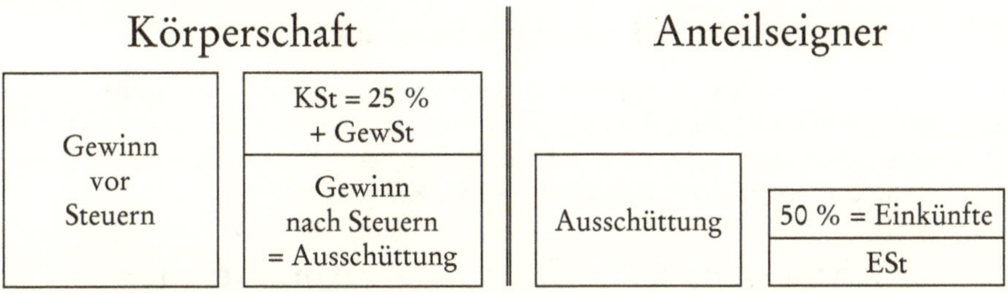

Abb. 2: Halbeinkünfteverfahren schematisch

Im Halbeinkünfteverfahren[13] stand zur Vermeidung der wirtschaftlichen Dop- 15
pelbelastung einem „halben" Körperschaftsteuersatz von „nur" 25 % die halbe Erfassung der Einkünfte des Anteilseigners gem. § 3 Nr. 40 S. 1 EStG aF gegenüber. Aufwendungen, die im wirtschaftlichen Zusammenhang mit dem Beteiligungsertrag standen, durften nur zu 50 % von der Bemessungsgrundlage abgezogen werden (§ 3c Abs. 2 S. 1 EStG). Diese Regelungen verfolgten den Zweck, die Doppelbelastung ausgeschütteter Gewinne mit Körperschaftsteuer und Einkommensteuer so zu mildern, dass sich zusammen mit der steuerlichen Vorbelastung durch die Körperschaftsteuer eine Gesamtbelastung ergab, die typisierend der Einkommensteuerbelastung für andere Einkünfte entsprach[14] (sog. Einmalbesteuerung des ausgeschütteten Gewinns[15]).

Das Halbeinkünfteverfahren führte allerdings nur zu einer pauschalen typisie- 16
renden Entlastung, die die individuelle Einkommensteuerbelastung des Anteilseigners nur bei einem individuellen Steuersatz von 40 % exakt erreichte. Bei einem höheren individuellen Steuersatz als 40 % führte das Halbeinkünfteverfahren zu einer stärkeren Entlastung, bei einem niedrigeren individuellen Steuersatz zu einer geringeren Entlastung.[16]

Ist eine **Körperschaft** selbst Anteilseignerin einer anderen Körperschaft, so blei- 17
ben die an sie ausgeschütteten Bezüge grundsätzlich steuerfrei, und zwar unabhän-

[12] BVerfG 24.11.2022 – 2 BvR 1424/15, BVerfGE 164, 76, „Körperschaftsteuerminderungspotential II"; BVerfG 6.12.2022 – 2 BvL 29/14, BVerfGE 164, 139, „Körperschaftsteuerminderungspotential III".

[13] Eingeführt durch das Steuersenkungsgesetz vom 23.10.2000, BGBl. 2000 I 1433.

[14] BFH 19.6.2007 – VIII R 69/05, BStBl. II 2008, 551, Rn. 13.

[15] BT-Drs. 14/2683, 94.

[16] BFH 19.6.2007 – VIII R 69/05, BStBl. II 2008, 551, Rn. 13.

gig von der Haltedauer (§ 8b Abs. 1 KStG).[17] Der Sinn dieser Regelung ist es, Gewinne nur bei ihrer erstmaligen Erwirtschaftung durch die Körperschaft und danach erst auf Ebene einer natürlichen Person als Anteilseigner – jeweils hälftig – zu besteuern. Sind hingegen weitere Körperschaften dazwischengeschaltet, so soll eine weitere Belastung vermieden werden.

18 Der Gewinnausschüttung ist grundsätzlich die **Anteilsveräußerung** steuerlich gleichgestellt. Deshalb galt für den Erlös aus der Veräußerung von Beteiligungen an Körperschaften ebenfalls das Halbeinkünfteverfahren, wenn eine natürliche Person Gesellschafter war. Bei der Veräußerung durch eine Körperschaft ist der Gewinn gem. § 8b Abs. 3 S. 1 KStG steuerfrei, ebenso wie die Bezüge iSd § 8b Abs. 1 KStG. Durch diese **Gleichstellung von Ausschüttung und Veräußerung** sollen Verzerrungen vermieden werden, da im Kaufpreis bei einer Veräußerung typischerweise auch der (ggf. zukünftige) Gewinn bzw. Rücklagen wirtschaftlich abgebildet sind.

3. Teileinkünfteverfahren und gesonderter Steuertarif

19 Durch das Unternehmenssteuerreformgesetz[18] wurde der Körperschaftsteuersatz auf 15 % gesenkt und die Erfassung der Beteiligungserträge bei einer natürlichen Person als Anteilseigner auf 60 % erhöht. In der vereinfachten Darstellung (ohne Gewerbesteuer) ergibt sich (ausführlich → Kap. E Rn. 44 ff.):

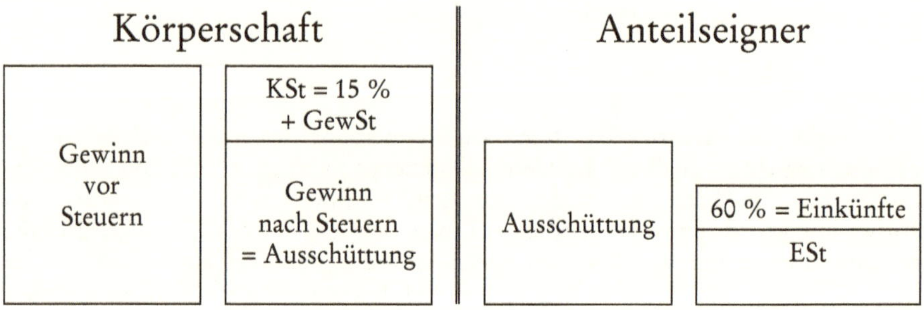

Abb. 3: Teileinkünfteverfahren schematisch

20 Hält der Anteilseigner die Beteiligung im **Privatvermögen,** gilt mit Wirkung ab dem 1.1.2009 der gesonderte Steuertarif von 25 % gem. § 20 Abs. 1 Nr. 1, § 32d Abs. 1, § 43 Abs. 1 Nr. 1, § 43a Abs. 1 S. 1 Nr. 1 EStG. Dies lässt sich wie folgt schematisch darstellen (ohne Gewerbesteuer) (ausführlich → Kap. E Rn. 89 ff.):

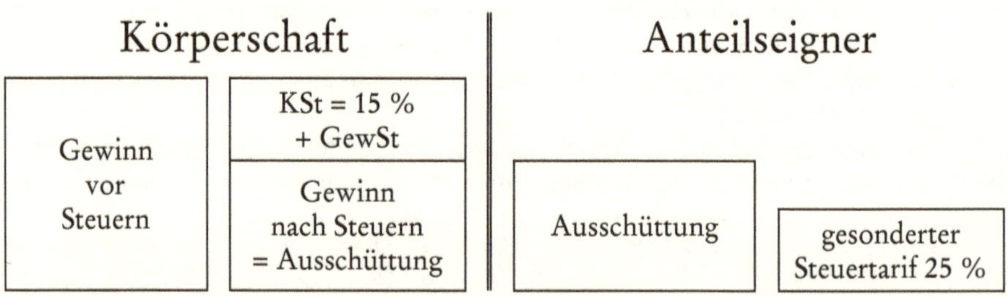

Abb. 4: Ausschüttung mit gesondertem Steuertarif, schematisch

[17] Dies gilt unverändert im Halb- und im Teileinkünfteverfahren; vgl. ausführlich → Rn. 62 ff.
[18] Gesetz vom 14.8.2007, BGBl. 2007 I 1912.

21 Die gesamte Steuerbelastung hat sich durch die Absenkung von 25% auf 15% Körperschaftsteuer nur scheinbar vermindert. Im Gegenzug ist die Gewerbesteuer keine abzugsfähige Betriebsausgabe mehr (§ 8 Abs. 1 KStG iVm § 4 Abs. 5b EStG). Bei der Herabsetzung des Körperschaftsteuersatzes auf 15% geht es wohl eher um eine „psychologische" Wirkung im internationalen Steuerwettbewerb. Das erscheint trügerisch, da Körperschaften zusätzlich zur Körperschaftsteuer auch durch die Gewerbesteuer belastet werden, die – je nach Hebesatz – ca. 15% betragen kann (→ Kap. C Rn. 37ff.).

22 Ist der Anteilseigner eine **Körperschaft,** so werden neben der fortbestehenden Befreiung für Beteiligungserträge (→ Kap. E Rn. 17) allerdings bereits seit dem Jahr 2004[19] 5% des Gewinns bzw. der Bezüge als nicht abziehbare Betriebsausgaben fingiert (§ 8b Abs. 3 S. 1 und Abs. 5 S. 1 KStG). Bei dem Steuersatz von 15% entsteht dadurch eine wirtschaftliche Belastung mit 0,75% Steuern. Dies lässt sich vereinfacht (ohne Gewerbesteuer) und schematisch wie folgt darstellen (ausführlich → Kap. E Rn. 62ff.):

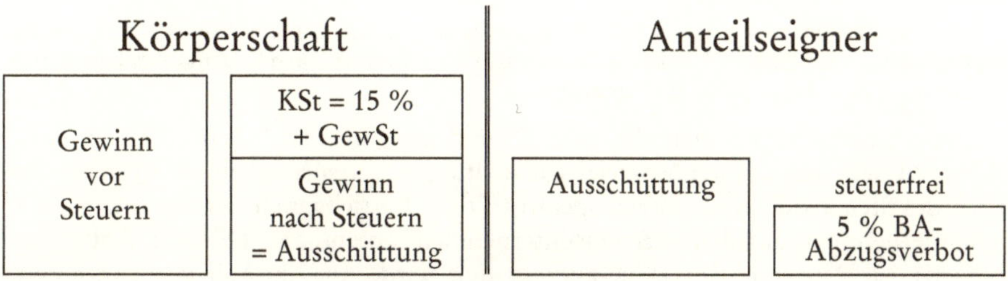

Abb. 5: Ausschüttung an Körperschaft, schematisch

III. Beteiligung im Betriebsvermögen

23 Seit dem 1.1.2009 wird bei der Besteuerung von Ausschüttungen zwischen Beteiligungen im Betriebs- und im Privatvermögen unterschieden. Das frühere Halbeinkünfteverfahren ist nun zum Teileinkünfteverfahren umgebildet worden und gilt uneingeschränkt nur noch für Beteiligungen im Betriebsvermögen. Der steuerfreie Anteil des Beteiligungsertrags beträgt im Teileinkünfteverfahren 40% gem. § 3 Nr. 40 S. 1 EStG. Hierdurch soll der reduzierten Vorbelastung auf Ebene der Körperschaft Rechnung getragen werden.

24 Für Beteiligungen im Privatvermögen gilt demgegenüber der gesonderte Steuertarif („Abgeltungsteuer"), sofern nicht gem. § 32d Abs. 2 Nr. 3 EStG ausnahmsweise das Teileinkünfteverfahren zur Anwendung gelangt.[20]

25 Aus § 20 Abs. 8 EStG ergibt sich der **Vorrang des Teileinkünfteverfahrens** gegenüber den im Privatvermögen gehaltenen Anteilen. Nach § 20 Abs. 8 EStG ist § 20 EStG grundsätzlich nachrangig gegenüber anderen Einkunftsarten. Die Nichtgeltung des gesonderten Steuertarifs bei im Betriebsvermögen gehaltenen Anteilen ergibt sich aus § 32d Abs. 1 S. 1 EStG, welcher Bezug nimmt auf § 20 Abs. 8 EStG.

1. Abgrenzung zwischen Betriebs- und Privatvermögen

26 Für die Frage, in welcher Weise Ausschüttungen beim Anteilseigner besteuert werden, kommt es entscheidend darauf an, ob die Beteiligung im Betriebs- oder im Privatvermögen gehalten wird.

---

[19] Sog. Korb-II-Gesetz vom 22.12.2003, BGBl. 2003 I 2840.
[20] → Rn. 89ff.

27 Gehört die Beteiligung zu dem Betriebsvermögen eines **Gewerbebetriebs** iSd § 15 Abs. 2 EStG, handelt es sich um Betriebsvermögen. Wird sie hingegen zum Zwecke der **Vermögensverwaltung** von einer Privatperson gehalten, handelt es sich um Privatvermögen.

28 In den folgenden, in der Praxis häufig vorkommenden Konstellationen wird die Beteiligung im Betriebsvermögen gehalten:

a) Betriebsaufspaltung

29 Die Beteiligung befindet sich im Betriebsvermögen, wenn eine Betriebsaufspaltung vorliegt. Eine Betriebsaufspaltung liegt vor, wenn einem Betriebsunternehmen wesentliche Grundlagen für seinen Betrieb von einem Besitzunternehmen überlassen werden („sachliche Verflechtung“) und die hinter dem Betriebs- und dem Besitzunternehmen stehenden Personen einen einheitlichen geschäftlichen Betätigungswillen haben. Dieser ist anzunehmen, wenn die Person oder Personengruppe, die das Besitzunternehmen beherrscht, auch in der Betriebsgesellschaft ihren Willen durchsetzen kann („personelle Verflechtung“).[21]

30 **Beispiel:** Ein Einzelunternehmer (Besitzunternehmen) ist zu 100 % an einer GmbH beteiligt und überlässt der GmbH (Betriebsunternehmen) ein Grundstück mit Betriebsgebäude. Die GmbH nutzt das Gebäude für die Produktion.

31 Dabei unterscheidet man die „echte“ und die „unechte“ Betriebsaufspaltung. Während bei einer „echten“ Betriebsaufspaltung ein ursprünglich einheitlicher Betrieb des Steuerpflichtigen in ein operativ tätiges Betriebsunternehmen und ein Besitzunternehmen, das dem Betriebsunternehmen wesentliche Teile des Anlagevermögens zur Nutzung überlässt, aufgespalten wird, sind im Fall der „unechten“ Betriebsaufspaltung Besitz- und Betriebsunternehmen nicht aus einem einheitlichen Betrieb hervorgegangen.[22]

b) Einzelgewerbebetrieb

32 Wird die Beteiligung von einer natürlichen Person gehalten, die selbst einen Gewerbebetrieb führt, so kann – wenn keine Betriebsaufspaltung vorliegt – die Abgrenzung zwischen Betriebs- und Privatvermögen schwierig sein. Der BFH hat folgende Regelungen aufgestellt:

33 Bei einem Einzelgewerbetreibenden, der in derselben Branche tätig ist wie eine GmbH, deren Anteile er besitzt, gehört die Beteiligung an dieser Kapitalgesellschaft zum notwendigen Betriebsvermögen, wenn sie dazu bestimmt ist, die gewerbliche (branchengleiche) Betätigung des Steuerpflichtigen entscheidend zu fördern oder wenn sie dazu dient, den Absatz von Produkten oder Dienstleistungen des Steuerpflichtigen zu gewährleisten.[23] Eine rechtliche oder faktische Beherrschung der Kapitalgesellschaft ist in beiden Alternativen (**„Förderungsalternative“** oder **„Produktabsatzalternative“**) nicht erforderlich.[24]

c) Mitunternehmerschaft

34 Die Beteiligung an einer Körperschaft kann auch von einer Personengesellschaft gehalten werden. Gewerbliche Personengesellschaften werden steuerlich als Mitun-

---

[21] Beschluss des Großen Senats des BFH 8.11.1971 – GrS 2/71, BFHE 103, 440, BStBl. II 1972, 63; BFH 24.9.2015 – IV R 9/13, BFHE 251, 227, BStBl. II 2016, 154, Rn. 19, ständige Rechtsprechung.

[22] BFH 17.4.2019 – IV R 12/16, BFHE 264, 306, BStBl. II 2019, 745, Rn. 44.

[23] BFH 10.4.2019 – X R 28/16, BFHE 264, 226, BStBl. II 2019, 474; BFH 12.6.2019 – X R 38/17, BFHE 265, 182, BStBl. II 2019, 518; zustimmend BFH 19.11.2019 – IX R 7/19, BFH/NV 2020, 675, Rn. 24.

[24] BFH 12.6.2019 – X R 38/17, BFHE 265, 182, BStBl. II 2019, 518, Rn. 37.

ternehmerschaft bezeichnet (§ 15 Abs. 1 S. 1 Nr. 2 EStG). Bei Mitunternehmerschaften gelten teilweise andere Voraussetzungen für die Zuordnung der Beteiligung zum Betriebsvermögen als bei Einzelgewerbebetrieben.

Es handelt sich jedenfalls dann um Betriebsvermögen, wenn die Beteiligung von 35 der Mitunternehmerschaft selbst im **gesamthänderisch gebundenen Vermögen** gehalten wird.

Wird sie hingegen von einem einzelnen Mitunternehmer gehalten, ist eine Ab- 36 grenzung zwischen dem **Sonderbetriebsvermögen II** und dem Privatvermögen des Mitunternehmers erforderlich. Notwendiges Sonderbetriebsvermögen II ist nach der Rechtsprechung des BFH anzunehmen, wenn die dem Mitunternehmer gehörenden Wirtschaftsgüter zur Begründung oder Stärkung seiner Beteiligung eingesetzt werden.[25] Ein solches Wirtschaftsgut kann auch die Beteiligung an einer Kapitalgesellschaft sein.[26] Die Beteiligung an einer Kapitalgesellschaft kann die Beteiligung des Gesellschafters an der Personengesellschaft sowohl dadurch stärken, dass sie für das Unternehmen der Personengesellschaft wirtschaftlich vorteilhaft ist **(1. Alternative),** als auch dadurch, dass sie der Mitunternehmerstellung selbst dient, weil durch die Beteiligung an der Kapitalgesellschaft der Einfluss des Gesellschafters in der Personengesellschaft steigt bzw. gestärkt wird **(2. Alternative).**[27]

Für die Zuordnung einer Beteiligung eines Mitunternehmers an einer Kapitalge- 37 sellschaft zu dessen notwendigem Sonderbetriebsvermögen II kommt es – anders als bei Einzelgewerbebetrieben – auch auf die **Beteiligungshöhe** an. So ist eine Beteiligung eines Kommanditisten an der geschäftsführungsbefugten Komplementär-GmbH grundsätzlich nicht dem Sonderbetriebsvermögen II zuzuordnen, wenn er aufgrund der Höhe der Beteiligung nicht in der Lage ist, über diese Einfluss auf die Geschäftsführung der KG zu nehmen. Eine solche Einflussnahme ist jedenfalls bei einem Gesellschafter, dessen Geschäftsanteil an der Komplementär-GmbH unter 10 % liegt, regelmäßig ausgeschlossen.[28] Abgelehnt hat der BFH eine Qualifizierung als Sonderbetriebsvermögen II zudem bei Geschäftsbeziehungen zwischen Personen- und Kapitalgesellschaft, die üblicherweise auch mit anderen Unternehmen bestehen, selbst wenn sie besonders intensiv sind.[29] Nur wenn zu einer engen wirtschaftlichen Verflechtung hinzutritt, dass der Mitunternehmer die Kapitalgesellschaft beherrscht, und die Kapitalgesellschaft darüber hinaus neben ihren geschäftlichen Beziehungen zur Personengesellschaft keinen anderen eigenen Geschäftsbetrieb von nicht ganz untergeordneter Bedeutung unterhält, kann notwendiges Sonderbetriebsvermögen unter dem Aspekt intensiver Geschäftsbeziehungen angenommen werden.[30]

---

[25] BFH 16.4.2015 – IV R 1/12, BFHE 249, 511, BStBl. II 2015, 705, Rn. 11.

[26] BFH 10.11.1994 – IV R 15/93, BFHE 176, 535, BStBl. II 1995, 452; BFH 23.1.2001 – VIII R 12/99, BFHE 194, 397, BStBl. II 2001, 825; BFH 17.11.2011 – IV R 51/08, BFH/NV 2012, 723, Rn. 18, BFH 16.4.2015 – IV R 1/12, BFHE 249, 511, BStBl. II 2015, 705, Rn. 10f.; BFH 19.12.2019 – IV R 53/16, BFHE 267, 299, BStBl. II 2020, 534, Rn. 35.

[27] BFH 21.12.2021 – IV R 15/19, BFHE 275, 206, BStBl. II 2022, 651, Rn. 33; BFH 16.4.2015 – IV R 1/12, BFHE 249, 511, BStBl. II 2015, 705, Rn. 13, unter Verweis auf BFH 23.2.2012 – IV R 13/08, BFH/NV 2012, 1112, Rn. 54, 62ff.

[28] BFH 16.4.2015 – IV R 1/12, BFHE 249, 511, BStBl. II 2015, 705 (7).

[29] BFH 7.7.1992 – VIII R 2/87, BFHE 168, 322, BStBl. II 1993, 328, unter 2.a; BFH 28.6.2006 – XI R 31/05, BFHE 214, 302, BStBl. II 2007, 378, unter II.6.; BFH 23.2.2012 – IV R 13/08, BFH/NV 2012, 1112, Rn. 58.

[30] Ständige Rechtsprechung, BFH 31.10.1989 – VIII R 374/83, BFHE 159, 434, BStBl. II 1990, 677, unter 3. bis 5.; BFH 23.1.2001 – VIII R 12/99, BFHE 194, 397, BStBl. II 2001, 825, unter 1.a aa; BFH 17.11.2011 – IV R 51/08, BFH/NV 2012, 723, Rn. 21, 23, 32; BFH 23.2.2012 – IV R 13/08, BFH/NV 2012, 1112, Rn. 59, BFH 16.4.2015 – IV R 1/12, BFHE 249, 511, BStBl. II 2015, 705,

38 Die Kriterien für die Zuordnung einer Kapitalbeteiligung zum notwendigen Sonderbetriebsvermögen II unterscheiden sich also von denen für die Zuordnung zum notwendigen Betriebsvermögen eines Einzelunternehmens.[31]

2. Kapitalertragsteuer

39 Im Falle einer Ausschüttung muss – unabhängig davon, ob die Beteiligung im Betriebs- oder im Privatvermögen gehalten wird – gem. § 43 Abs. 1 S. 1 Nr. 1 iVm § 43a Abs. 1 S. 1 Nr. 1 EStG die ausschüttende Kapitalgesellschaft zunächst Kapitalertragsteuer einbehalten und abführen. Der Steuersatz beträgt 25 % (§ 43a Abs. 1 S. 1 Nr. 1 EStG).

a) Anrechnung auf Einkommensteuer

40 Nach der Formulierung des Gesetzes in § 43 Abs. 1 S. 1 EStG wird hierdurch „die Einkommensteuer […] erhoben". Daraus ergibt sich, dass es sich um eine Vorauszahlung auf die Einkommensteuer des Anteilseigners handelt. Diese wird sodann gem. § 36 Abs. 2 Nr. 2 EStG bei der Veranlagung des Anteilseigners auf die Einkommensteuer angerechnet.

41 Auch wenn der Beteiligungsertrag bei dem Anteilseigner steuerfrei ist, weil der Anteilseigner selbst eine Körperschaft ist (§ 8b Abs. 1 S. 1 KStG), ist die Kapitalertragsteuer abzuführen (§ 43 Abs. 1 S. 3 EStG). Das gilt auch für eine teilweise Steuerbefreiung im Rahmen des Teileinkünfteverfahrens. Der Anteilseigner kann sich die Kapitalertragsteuer dann mithilfe einer entsprechenden Kapitalertragsteuerbescheinigung erstatten lassen gem. § 31 Abs. 1 KStG iVm § 36 Abs. 2 Nr. 2 EStG.

b) Ausnahmen von der Erhebung

42 Ist der Gläubiger des Beteiligungsertrags eine steuerbefreite Körperschaft, so ist der Kapitalertragsteuerabzug gem. § 44a Abs. 7 EStG nicht vorzunehmen.

43 Darüber hinaus kann gem. § 43b EStG vom Kapitalertragsteuerabzug abgesehen werden, wenn an bestimmte Gesellschaften ausgeschüttet wird, die unter die Mutter-/Tochter-Richtlinie[32] fallen und die Muttergesellschaft mit mindestens 10 % beteiligt ist (§ 43b Abs. 2 S. 1 Nr. 2 EStG).

3. Natürliche Person als Anteilseigner

44 Ist der Anteilseigner eine natürliche Person, findet bei einer im **Betriebsvermögen** gehaltenen Beteiligung das **Teileinkünfteverfahren** Anwendung mit der Folge, dass die Einnahmen gem. § 3 Nr. 40 EStG nur zu 60 % steuerbar sind.

45 Im Gegenzug dazu dürfen gem. § 3c Abs. 2 S. 1 EStG Betriebsvermögensminderungen, Betriebsausgaben, Veräußerungskosten oder Werbungskosten, die mit Beteiligungserträgen in wirtschaftlichem Zusammenhang stehen, unabhängig davon, in welchem Veranlagungszeitraum die Erträge anfallen, bei der Ermittlung der Einkünfte nur zu 60 % abgezogen werden **(Teilabzugsverbot)**.

a) Systemwidrigkeit des § 3c Abs. 2 EStG

46 § 3c Abs. 2 S. 1 EStG ist vom BFH als systemwidrig erkannt worden. Es besteht kein steuersystematischer Grund, den Abzug von Aufwendungen auf 60 % zu be-

Rn. 14; BFH 19.12.2019 – IV R 53/16, BFHE 267, 299, BStBl. II 2020, 534, Rn. 39; BFH 21.12.2021 – IV R 15/19, BFHE 275, 206, BStBl. II 2022, 651, Rn. 34.

[31] BFH 19.12.2019 – IV R 53/16, BFHE 267, 299, BStBl. II 2020, 534, Rn. 40.

[32] Richtlinie 2011/96/EU des Rates vom 30.11.2011 (ABl. 2011 L 345, 8).

schränken. Ein solcher Grund bestünde nur dann, wenn das (anteilige) Betriebsausgabenabzugsverbot mit einer echten Steuerbefreiung einhergehen würde.

Die Vorschrift des § 3 Nr. 40 EStG normiert jedoch **keine echte Steuerbefreiung,** mit der auf die Besteuerung (teilweise) verzichtet wird. Vielmehr ist, wie der BFH schon unter Geltung des Halbeinkünfteverfahrens erkannt hat, das Halbeinkünfteverfahren daraufhin angelegt, ausgeschüttete Gewinne einer Körperschaft einer Gesamtbelastung zu unterwerfen, die typisierend der Einkommensteuerbelastung anderer Einkünfte entspricht.[33] § 3 Nr. 40 EStG bedeutet ein rechtstechnisches Instrument zur typisierenden Berücksichtigung der auf der Gesellschaftsebene angefallenen körperschaftsteuerlichen Vorbelastung; gemessen an dem Regelungszweck, ausgeschüttete Gewinne einer Gesamtbelastung mit Körperschaftsteuer und Einkommensteuer zu unterwerfen, die annähernd der Belastung anderer Einkünfte des Anteilseigners entspricht, wäre es durchaus folgerichtig gewesen, ebenso wie unter der Geltung des früheren Anrechnungsverfahrens die dem Anteilseigner im Zusammenhang mit seiner Beteiligung zur Erzielung von Gewinnausschüttungen entstandenen Aufwendungen vollständig – wie bei allen anderen Einkünften – als Werbungskosten abzuziehen.[34] Das Halbabzugsverbot durchbricht mithin insoweit das objektive Nettoprinzip.[35] 47

Gleichwohl hat der BFH § 3c Abs. 2 EStG im Ergebnis als verfassungsgemäß angesehen.[36] Die sachliche Rechtfertigung, auch solche Betriebsausgaben und Werbungskosten, die im Zusammenhang mit laufenden Einnahmen iSd § 3 Nr. 40 S. 1 Buchst. d bis i EStG stehen, nach § 3c Abs. 2 S. 1 EStG nur hälftig zum Abzug zuzulassen, ergibt sich nach Ansicht des BFH aus der systematischen Parallele von laufenden Ausschüttungen und **Veräußerungsvorgängen** im Halbeinkünfteverfahren (→ Kap. E Rn. 18). Dem Halbeinkünfteverfahren liegt die systematische Vorstellung zugrunde, dass die Veräußerung einer Beteiligung einer Totalausschüttung wirtschaftlich gleichkommt.[37] Für die mit Veräußerungsgewinnen zusammenhängenden Aufwendungen (zB Anschaffungskosten) ist das Halbabzugsverbot jedoch sachlich geboten, weil der Veräußerung keine unmittelbare Steuerbelastung auf Ebene der Körperschaft vorausgeht.[38] Wegen des Gleichlaufs von Ausschüttung und Veräußerung sieht der BFH das Halbabzugsverbot auch für die mit laufenden Gewinnausschüttungen zusammenhängenden Aufwendungen als gerechtfertigt an, selbst wenn es insoweit – isoliert betrachtet – zu einer Durchbrechung des objektiven Nettoprinzips führt.[39] 48

b) Ertraglose Beteiligung

Betriebsvermögensminderungen, Betriebsausgaben, Veräußerungskosten oder Werbungskosten dürfen gem. § 3c Abs. 2 S. 7 EStG auch dann nur zu 60 % abgezogen werden, wenn der Steuerpflichtige zwar keine durch seine Beteiligung vermittelten Einnahmen erzielt hat, aber mit der Absicht zur Erzielung von Betriebsvermögensmehrungen oder Einnahmen gehandelt hat.[40] 49

---

[33] BFH 19.6.2007 – VIII R 69/05, BStBl. II 2008, 551, Rn. 13.

[34] BFH 19.6.2007 – VIII R 69/05, BStBl. II 2008, 551, Rn. 13.

[35] Schön StuW 2000, 153; Schön FR 2001, 386; HHR/Haep/Nacke Steuerreform 1999/2000/2002 EStG § 3c Rn. R 3; KSM/v. Beckerath EStG § 3c Rn. A 141; Brandis/Heuermann/Valta EStG § 3c Rn. 7; Hundsdoerfer BB 2001, 2242 (2245); Harenberg FR 2002, 768 (770); Tipke/Lang SteuerR/Hey § 11 Rn. 17.

[36] BFH 19.6.2007 – VIII R 69/05, BStBl. II 2008, 551, Rn. 15.

[37] BT-Drs. 14/2683, 96.

[38] BFH 19.6.2007 – VIII R 69/05, BStBl. II 2008, 551, Rn. 16 und 21.

[39] BFH 19.6.2007 – VIII R 69/05, BStBl. II 2008, 551, Rn. 21.

[40] § 3c Abs. 2 S. 7 EStG wurde eingeführt als Satz 2 durch das JStG 2010 vom 8.12.2010, BGBl. 2010 I 1768. Durch Gesetz vom 22.12.2014, BGBl. 2014 I 2417 wurde es zum Satz 7.

50 Es handelt sich um ein „Nichtanwendungsgesetz“ zur früheren Rechtsprechung des BFH.[41] Danach kommt eine Steuerbefreiung zu 40 % nach § 3 Nr. 40 EStG nicht in Betracht, wenn keine Betriebsvermögensmehrungen oder Einnahmen anfallen. Dann tritt die nach § 3c Abs. 2 S. 1 EStG maßgebende Bedingung dafür, entsprechende Aufwendungen nur zu 60 % zu berücksichtigen, nicht ein.

51 Die Neuregelung in § 3c Abs. 2 S. 7 EStG gilt allerdings erst ab dem Veranlagungszeitraum 2011, sodass es für Vorjahre bei der früheren BFH-Rechtsprechung verbleibt.

52 **Beispiel:**[42] A war Geschäftsführer der A-GmbH, an deren Kapital er zu 20 % beteiligt war. Das Stammkapital der Gesellschaft betrug 25.000 EUR, die Kapitalrücklage 100.000 EUR. Er erwarb seine Anteile zum Nominalbetrag. Im Jahr 2011 wurde die Auflösung der A-GmbH beschlossen und A zum Liquidator bestellt. Ausweislich der Bilanz zum 31.12.2011 lag eine bilanzielle Überschuldung der GmbH in Höhe von 1 Mio. EUR vor.

A macht nun einen Verlust gem. § 17 Abs. 4 EStG in Höhe von 25.000 EUR aus der Auflösung der A-GmbH geltend. Diesen ermittelt er durch die Addition seines Anteils am Stammkapital in Höhe von 5.000 EUR sowie seines Anteils an der Kapitalrücklage in Höhe von 20.000 EUR. Nach seiner Ansicht ist das Teilabzugsverbot des § 3c Abs. 2 EStG nicht anwendbar, weil er aus der Beteiligung keine dem Teileinkünfteverfahren unterliegenden Einkünfte erzielt hat.

Lösung: Ab dem Veranlagungszeitraum 2011, dem ersten Jahr der Anwendung des § 3c Abs. 2 S. 7 EStG nF, ist das Teilabzugsverbot auch dann anzuwenden, wenn aus der Beteiligung keine Erträge erzielt wurden. Die Absicht zur Erzielung von Erträgen, welche hier vorliegt, genügt. Nach Auffassung des BFH ist diese Vorschrift verfassungsgemäß.[43]

c) Darlehen

53 Gemäß § 3c Abs. 2 S. 2 EStG[44] gilt das Teilabzugsverbot auch für Betriebsvermögensminderungen oder Betriebsausgaben im Zusammenhang mit einer Darlehensforderung oder aus der Inanspruchnahme von Sicherheiten, die für ein Darlehen hingegeben wurden, wenn das Darlehen oder die Sicherheit von einem Steuerpflichtigen gewährt wird, der zu mehr als einem Viertel unmittelbar oder mittelbar am Grund- oder Stammkapital der Körperschaft, der das Darlehen gewährt wurde, beteiligt ist oder war. Gemäß § 3c Abs. 2 S. 3 EStG ist Satz 2 insoweit nicht anzuwenden, als nachgewiesen wird, dass auch ein fremder Dritter das Darlehen bei sonst gleichen Umständen gewährt oder noch nicht zurückgefordert hätte; dabei sind nur die eigenen Sicherungsmittel der Körperschaft zu berücksichtigen.

54 Es handelt sich um ein „Nichtanwendungsgesetz“ zur Rechtsprechung des BFH. Danach unterliegen **Substanzverluste** von im Betriebsvermögen gehaltenen Gesellschafterdarlehen aufgrund von Wertminderungen, wie sie durch Teilwertabschreibungen abgebildet werden, – unabhängig von der Frage der Fremdüblichkeit der Darlehensüberlassung und einer etwaigen Veranlassung durch das Gesellschaftsverhältnis – mangels wirtschaftlichen Zusammenhangs mit nach § 3 Nr. 40 EStG hälftig steuerbefreiten Beteiligungserträgen nicht dem Abzugsverbot des § 3c Abs. 2

[41] BFH 25.6.2009 – IX R 42/08, BFHE 225, 445, BStBl. II 2010, 220; bestätigt durch BFH 14.7.2009 – IX R 8/09, BFH/NV 2010, 399; BFH 18.3.2010 – IX B 227/09, BFHE 229, 177, BStBl. II 2010, 627; einschränkend zum Begriff der endgültigen Einnahmelosigkeit allerdings BFH 25.7.2019 – IV R 47/16, BFHE 265, 273, Rn. 31: Danach ist eine Kapitalbeteiligung erst dann endgültig einnahmelos, wenn feststeht, dass Einnahmen oder Betriebsvermögensmehrungen aus der nämlichen Beteiligung niemals als Einnahmen oder Betriebsvermögensmehrungen iSd § 3 Nr. 40 EStG einer bestandskräftigen Veranlagung des Steuerpflichtigen oder einer bestandskräftigen gesonderten und ggf. einheitlichen Feststellung seiner Einkünfte zugrunde gelegen haben.

[42] Sachverhalt nach BFH 2.9.2014 – IX R 43/13, BStBl. II 2015, 257.

[43] BFH 2.9.2014 – IX R 43/13, BStBl. II 2015, 257.

[44] Eingeführt durch Gesetz vom 22.12.2014, BGBl. 2014 I 2417 mit Wirkung ab dem VZ 2015.

S. 1 EStG.[45] Diese Rechtsprechung ist allerdings weiterhin anzuwenden für Veranlagungszeiträume bis einschließlich 2014, da § 3c Abs. 2 S. 2 EStG nF erst ab 2015 anwendbar ist (§ 52 Abs. 5 S. 2 EStG).

Durch die Neufassung des Gesetzes wird sichergestellt, dass das Teilabzugsverbot nur dann nicht zur Anwendung kommt, wenn die Darlehensgewährung oder die gleichgestellten Vorgänge (zB Bürgschaften) einem Fremdvergleich entsprechen. Die Beweislast liegt beim Steuerpflichtigen. Damit wird die Rechtslage hergestellt, die zuvor bereits von der Finanzverwaltung vertreten worden war.[46] 55

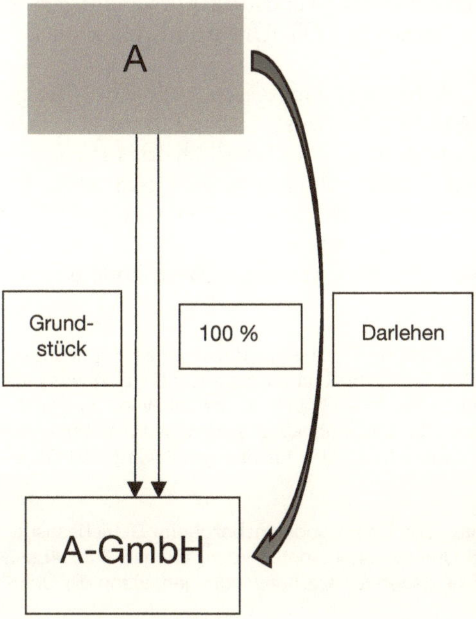

Beispiel: A hält 100 % der Anteile der A-GmbH. Er ist Eigentümer eines Fabrikgrundstücks, das er an die A-GmbH verpachtet. Das Grundstück ist für die A-GmbH eine wesentliche Betriebsgrundlage, weil sie hier produziert. 56

Die A-GmbH schüttet in 01 ihren Gewinn von 100.000 EUR (nach Steuern) vollständig an A aus. A hat aber ein Darlehen bei der Bank in Höhe von 200.000 EUR aufgenommen und in 01 hierfür 10.000 EUR Zinsen gezahlt. Dieses Darlehen hat er an die A-GmbH darlehensweise weitergereicht. Im Jahr 02 erwirtschaftet die A-GmbH Verluste und ist insolvenzreif. Das Darlehen muss er nun abschreiben.

Lösung: A hält die Beteiligung im Betriebsvermögen, da es sich um eine Betriebsaufspaltung handelt („personelle und sachliche Verflechtung") und die Verpachtung daher gewerblich ist (§ 15 EStG). Die Beteiligung ist dem Betriebsvermögen zugeordnet.

- Jahr 01: A muss von der Ausschüttung 60 % versteuern (60.000 EUR). Seine Zinsen kann er nur zu 60 % abziehen (6.000 EUR) (§ 3c Abs. 2 S. 1 EStG). Zu versteuern sind 54.000 EUR.
- Jahr 02: Das Teilabzugsverbot gem. § 3c Abs. 2 S. 2 und 3 EStG gilt auch für die Abschreibung des gesamten Darlehens, sodass A nur 120.000 EUR geltend machen kann, wenn er nicht nachweist, dass auch ein fremder Dritter das Darlehen bei sonst gleichen Umständen gewährt oder noch nicht zurückgefordert hätte.

d) Überlassung von Wirtschaftsgütern

Gemäß § 3c Abs. 2 S. 6 EStG[47] ist das Teilabzugsverbot außerdem ungeachtet eines wirtschaftlichen Zusammenhangs mit den Betriebsvermögensmehrungen oder Einnahmen auch auf Betriebsvermögensminderungen, Betriebsausgaben oder Ver- 57

[45] BFH 18.4.2012 – X R 5/10, BStBl. II 2013, 785, FR 2012, 868 (873) mAnm Schmitz-Herscheidt.

[46] BMF 8.11.2010, BStBl. I 2010, 1292, Nr. 2.

[47] Eingeführt durch Gesetz vom 22.12.2014, BGBl. 2014 I 2417 mit Wirkung ab dem VZ 2015.

äußerungskosten eines Gesellschafters einer Körperschaft anzuwenden, soweit diese mit einer im Gesellschaftsverhältnis veranlassten unentgeltlichen Überlassung von Wirtschaftsgütern an diese Körperschaft oder bei einer teilentgeltlichen Überlassung von Wirtschaftsgütern mit dem unentgeltlichen Teil in Zusammenhang stehen und der Steuerpflichtige zu mehr als einem Viertel unmittelbar oder mittelbar am Grund- oder Stammkapital dieser Körperschaft beteiligt ist oder war.

58 Hier handelt es sich um eine **unentgeltliche oder teilentgeltliche** Überlassung von Wirtschaftsgütern, insbesondere etwa die Verpachtung von Grundstücken oder die Lizenzierung von Patenten. Entstehen etwa für das Grundstück Aufwendungen, so unterliegen diese dem Teilabzugsverbot, wenn die (Teil-)Unentgeltlichkeit im Gesellschaftsverhältnis veranlasst ist.

59 Auch § 3c Abs. 2 S. 6 EStG ist ein „Nichtanwendungsgesetz“ zur BFH-Rechtsprechung.[48] Dieser hatte für substanzbezogene Betriebsausgaben (zB AfA) keinen wirtschaftlichen Zusammenhang der Aufwendungen des Gesellschafters mit Beteiligungserträgen gesehen. Nur für andere Aufwendungen konnte sich nach der Rechtsprechung im Falle einer nicht fremdüblichen Nutzungsüberlassung ein Veranlassungszusammenhang zu Beteiligungserträgen ergeben.

60 Die bisherige Rechtsprechung gilt weiterhin für Veranlagungszeiträume bis einschließlich 2014 (§ 52 Abs. 5 S. 2 EStG).

61 **Beispiel:**[49] A hält 100 % der Anteile der A-GmbH. Er ist Eigentümer eines Fabrikgrundstücks, das er an die A-GmbH verpachtet. Das Grundstück ist für die A-GmbH eine wesentliche Betriebsgrundlage, weil sie hier produziert. Um die A-GmbH vor der Insolvenz zu bewahren, verzichtet A auf einen Teil seiner Pacht für das Fabrikgrundstück. Nun möchte das Finanzamt von den Aufwendungen für das Grundstück (AfA, Erhaltungsaufwand und Darlehenszinsen) nur 60 % anerkennen.

Lösung: Nach der Rechtsprechung konnten zumindest substanzbezogene Betriebsausgaben (AfA und Erhaltungsaufwand) in vollem Umfang anerkannt werden. Gemäß § 3c Abs. 2 S. 6 EStG gilt das Teilabzugsverbot ab 2015 hingegen für alle Aufwendungen, wenn die Überlassung nicht fremdüblich ist.

4. Körperschaft als Anteilseigner (§ 8b KStG)

a) Systematik

62 Ist der Anteilseigner selbst eine Körperschaft, bleiben **Bezüge** iSd § 20 Abs. 1 Nr. 1, 2, 9 und 10a EStG bei der Ermittlung des Einkommens außer Ansatz (§ 8b Abs. 1 S. 1 KStG). Dies gilt allerdings nur, soweit die Bezüge das Einkommen der leistenden Körperschaft nicht gemindert haben (§ 8b Abs. 1 S. 2 KStG), also bei der ausschüttenden Körperschaft auch tatsächlich als Ausschüttung behandelt worden sind (materielles Korrespondenzprinzip).[50]

63 Ebenso bleiben **Gewinne** aus der **Veräußerung** eines Anteils an einer Körperschaft oder an Personenvereinigungen, deren Leistungen beim Empfänger zu Einnahmen iSd § 20 Abs. 1 Nr. 1, 2, 9 und 10a EStG gehören, bei der Ermittlung des Einkommens außer Ansatz (§ 8b Abs. 2 S. 1 KStG). Der Veräußerungsgewinn ist grundsätzlich stichtagsbezogen auf den Veräußerungszeitpunkt zu ermitteln,[51]

[48] BFH 28.2.2013 – IV R 49/11, BStBl. II 2013, 802, dazu Schmitz-Herscheidt NWB 2013, 2537. BFH 17.7.2013 – X R 17/11, BStBl. II 2013, 817.
[49] Nachgebildet nach BFH 17.7.2013 – X R 17/11, BStBl. II 2013, 817.
[50] Dazu noch → Kap. F Rn. 182ff.
[51] BFH 21.9.1982 – VIII R 140/79, BStBl. II 1983, 289.

sodass nachträgliche Veränderungen des Veräußerungspreises sowie nachträglich angefallene Veräußerungskosten auf den Veräußerungszeitpunkt zurückwirken.[52]

Durch diese Regelungen soll die Besteuerung auf die Ebene der (zwischengeschalteten) Tochtergesellschaft **beschränkt** werden; zu einer weiteren Besteuerung kommt es erst bei der Ausschüttung an eine natürliche Person. Die Steuerbefreiung ist notwendig, um bei der Zwischenschaltung von Kapitalgesellschaften eine Vervielfachung der Besteuerung auf der Anteilseignerebene zu vermeiden (sog. **Kaskadeneffekte**) und die Besteuerung nur beim „letzten" Anteilseigner sicherzustellen.[53] 64

Die Steuerbefreiung gilt allerdings nur, sofern der Anteilseigner zu Beginn des Kalenderjahres unmittelbar mit mindestens **10%** an der ausschüttenden Kapitalgesellschaft beteiligt war (§ 8b Abs. 4 S. 1 KStG). Diese Einschränkung für sog. **Streubesitzdividenden** ist verfassungsgemäß.[54] Der BFH führte zur Begründung aus, § 8b Abs. 4 KStG durchbreche zwar den Grundsatz der folgerichtigen Ausgestaltung; dies sei aber gerechtfertigt zur Herstellung einer europarechtskonformen Rechtslage zur Abgrenzung der Besteuerungshoheiten der betroffenen Fisci unter Berücksichtigung der Vorgaben der Mutter-Tochter-Richtlinie.[55] Wird die Mindestbeteiligung von 10% nicht erreicht, sind die Bezüge bzw. der Gewinn steuerbar und fließen in das zu versteuernde Einkommen ein. 65

b) Betriebsausgabenabzugsverbot

Gemäß § 8b Abs. 3 S. 1 KStG[56] gelten von dem jeweiligen **Gewinn** iSd § 8b Abs. 2 S. 1, 3 und 5 KStG 5% als Ausgaben, die nicht als Betriebsausgaben abgezogen werden dürfen. Gemäß § 8b Abs. 5 S. 1 KStG gelten von den **Bezügen** iSd § 8b Abs. 1 KStG, die bei der Ermittlung des Einkommens außer Ansatz bleiben, 5% als Ausgaben, die nicht als Betriebsausgaben abgezogen werden dürfen. 66

aa) Fiktion von Betriebsausgaben

Durch diese Vorschrift werden pauschal 5% der Einnahmen als nichtabzugsfähige Betriebsausgaben fingiert, die dann bei dem zu versteuernden Einkommen erfasst werden. Formell bleibt es also bei der vollständigen Steuerbefreiung gem. § 8b Abs. 1 S. 1 und Abs. 2 S. 1 KStG, jedoch führt ein „Betriebsausgabenabzugsverbot" dazu, dass 5% der Einnahmen in die Bemessungsgrundlage einfließen und – angesichts eines Körperschaftsteuertarifs von 15% – eine Steuer von 0,75% entsteht. 67

Hierbei ist gem. § 8b Abs. 3 S. 2 und Abs. 5 S. 2 KStG der § 3c Abs. 1 EStG nicht anzuwenden. Das Betriebsausgabenabzugsverbot richtet sich also nach § 8b Abs. 3 S. 1 und Abs. 5 S. 1 KStG, nicht nach § 3c Abs. 1 EStG. Übersteigen die tatsächlichen Betriebsausgaben die 5%, so gilt hierfür § 3c EStG nicht (Beispiel: Finanzierungskosten der Beteiligung); demgegenüber ist die 5%ige Pauschale auch dann 68

[52] BFH 12.3.2014 – I R 55/13, BStBl. II 2015, 658. Anders, wenn es sich nicht um eine nachträgliche Veränderung handelt, sondern der Kaufpreis von Anfang an gewinn- oder umsatzabhängig vereinbart wird: Dann kommt es auf den Zuflusszeitpunkt an, BFH 19.12.2018 – I R 71/16, BFHE 264, 115, BStBl. II 2019, 493.

[53] Brandis/Heuermann/Rengers KStG § 8b Rn. 1.

[54] BFH 18.12.2019 – I R 29/17, BFHE 268, 21, BStBl. II 2020, 690; Verfassungsbeschwerde nicht zur Entscheidung angenommen: BVerfG 8.3.2022 – 2 BvR 1832/20.

[55] BFH 18.12.2019 – I R 29/17, BFHE 268, 21, BStBl. II 2020, 690, Rn. 20ff. In der Vorinstanz hatte das FG Hamburg 6.4.2017 – 1 K 87/15, EFG 2017, 1117 verfassungsrechtliche Bedenken gegen die Regelung erhoben, da sie nach Auffassung des FG nicht folgerichtig ausgestaltet sei in Bezug auf die in § 8b Abs. 1 und 2 KStG zum Ausdruck kommenden Grundentscheidungen des Gesetzgebers und sie auch nicht dem Gebot steuerlicher Lastengleichheit entspreche.

[56] Eingeführt durch das „Korb II-Gesetz" vom 22.12.2003, BGBl. 2003 I 2840.

anzusetzen, wenn die tatsächlichen Betriebsausgaben niedriger sind bzw. überhaupt keine Betriebsausgaben vorliegen.[57]

bb) Verfassungsrechtliche Bewertung

69 Das BVerfG hat mit Beschluss vom 12.10.2010 § 8b Abs. 3 S. 1 und Abs. 5 S. 1 KStG als verfassungsgemäß erklärt.[58] Das BVerfG hat dem Gesetzgeber das Recht zur Pauschalierung von Betriebsausgaben und dem hieraus folgenden systembedingten Betriebsausgabenabzugsverbot zugestanden, und zwar auch dann, wenn überhaupt keine Betriebsausgaben angefallen sind.

70 Allerdings hat es das BVerfG in seinem Beschluss vom 12.10.2010 ausdrücklich offen gelassen, ob ein „in mehrfach gestaffelten Beteiligungsstrukturen" möglicher „Kaskadeneffekt [...] im Extremfall eine abweichende verfassungsrechtliche Bewertung verlangen kann".[59] Daher wurde im Schrifttum teilweise auf die Möglichkeit einer erneuten verfassungsrechtlichen Prüfung hingewiesen.[60] Bislang ist allerdings bei den Finanzgerichten kein Fall bekannt geworden, in denen ein Kläger einen solchen „Kaskadeneffekt" hätte nachweisen können.

71 **Beispiel:**[61] Eine Körperschaft ist auf Kapitalanlagen spezialisiert und hält in ihrem Portfolio eine größere Zahl von an der Börse gehandelten Aktien. Aus den testierten Jahresabschlüssen der Aktiengesellschaften, von denen sie Anteile hält, ergibt sich, dass auch diese Aktiengesellschaften wiederum eine größere Zahl von an der Börse gehandelten Aktien besitzen. Dasselbe gilt wiederum für die Aktiengesellschaften, denen diese Aktien zuzuordnen sind.

Die erstgenannte Körperschaft behauptet, die an sie ausgeschütteten Dividenden hätten auf früheren Ausschüttungsstufen mehrfach einer Belastung mit dem pauschalen 5%igen Betriebsausgabenabzugsverbot unterlegen. Dadurch handle es sich nicht nur um eine „marginale", sondern um eine erhebliche Körperschaftsteuerbelastung, welche angesichts des Gleichheitsgrundsatzes gem. Art. 3 Abs. 1 GG nicht gerechtfertigt sei.

Lösung: Ein solcher Vortrag könnte theoretisch zur Überprüfung der Verfassungsmäßigkeit des § 8b Abs. 3 S. 1 und Abs. 5 S. 1 KStG führen. Jedoch müsste hierzu beziffert und nachgewiesen werden, dass die Aktiengesellschaften, von welchen Aktien gehalten werden, bereits selbst Bezüge iSd § 8b Abs. 1 KStG oder Gewinne iSd § 8b Abs. 2 KStG erzielten und hierauf das 5%ige Betriebsausgabenabzugsverbot Anwendung fand und dass weiterhin solche Tatsachen auch in weiteren, niedrigeren Stufen der Beteiligungskette vorlagen. Es genügt hingegen nicht, darauf hinzuweisen, dass die Unternehmen, von welchen die erste Körperschaft Aktien hält, bekanntermaßen verschiedene Beteiligungsketten und -strukturen aufweisen.[62]

c) Gewinnminderungen

aa) Teilwertabschreibungen und Veräußerungsverluste

72 Als Kehrseite für die Steuerbefreiung von Beteiligungserträgen können weder Teilwertabschreibungen noch Verluste aus der Veräußerung von Anteilen steuerlich geltend gemacht werden.

73 Gemäß § 8b Abs. 3 S. 3 KStG sind Gewinnminderungen, die im Zusammenhang mit dem in § 8b Abs. 2 KStG genannten Anteil entstehen, bei der Ermittlung des Einkommens nicht zu berücksichtigen. Die Rechtsfolge ist eine **außerbilanzielle**

---

[57] Vgl. Brandis/Heuermann/Rengers KStG § 8b Rn. 166.

[58] BVerfG 12.10.2010 – 1 BvL 12/07, BVerfGE 127, 224.

[59] BVerfG 12.10.2010 – 1 BvL 12/07, BVerfGE 127, 224, unter D.III.3.b ee der Gründe.

[60] HHR/Watermeyer KStG § 8b Rn. 7; Tipke/Lang SteuerR/Hey § 11 Rn. 42 ff.; Müller FR 2011, 309 (317); Ribbrock BB 2011, 98 (99).

[61] FG Münster 4.5.2020 – 13 K 178/19 K, EFG 2020, 1334, rechtskräftig nach BFH I R 23/20 (Revision zurückgenommen).

[62] FG Münster 4.5.2020 – 13 K 178/19 K, EFG 2020, 1334, Rn. 92, rechtskräftig nach BFH I R 23/20 (Revision zurückgenommen).

Hinzurechnung der Gewinnminderung zum Steuerbilanzgewinn der Körperschaft. Am Beispiel von Veräußerungsverlusten und Teilwertabschreibungen hat der BFH entschieden, dass diese Regelung weder aus verfassungs- noch aus unionsrechtlicher Sicht zu beanstanden sei.[63]

Beispiel: Die A-AG hält 100 % der Anteile der B-GmbH. Die B-GmbH gerät in wirtschaftliche Schwierigkeiten und muss Insolvenz anmelden. Die A-AG nimmt eine Teilwertabschreibung auf die Beteiligung vor. 74

Diese Abschreibung muss gem. § 8b Abs. 3 S. 3 KStG außerbilanziell dem Gewinn hinzugerechnet werden.

bb) Gewinnminderungen bei Darlehensforderung

Zu den Gewinnminderungen iSd § 8b Abs. 3 S. 3 KStG gehören auch Gewinnminderungen im Zusammenhang mit einer **Darlehensforderung** oder aus der Inanspruchnahme von **Sicherheiten,** die für ein Darlehen hingegeben wurden, wenn das Darlehen oder die Sicherheit von einem Gesellschafter gewährt wird, der zu mehr als einem Viertel unmittelbar oder mittelbar am Grund- oder Stammkapital der Körperschaft, der das Darlehen gewährt wurde, beteiligt ist oder war (§ 8b Abs. 3 S. 4 KStG). 75

Dies gilt auch für diesem Gesellschafter **nahestehende Personen** iSd § 1 Abs. 2 AStG oder für Gewinnminderungen aus dem Rückgriff eines Dritten auf den zu mehr als einem Viertel am Grund- oder Stammkapital beteiligten Gesellschafter oder eine diesem nahestehende Person aufgrund eines der Gesellschaft gewährten Darlehens (§ 8b Abs. 3 S. 5 KStG). 76

Die Regelung des § 8b Abs. 3 S. 4, 5 KStG ist auch auf Beteiligungen an ausländischen Gesellschaften anzuwenden.[64] 77

§ 8b Abs. 3 S. 4 KStG ist im Schrifttum **Kritik** ausgesetzt, da die Norm den Abzug von Gewinnminderungen ausschließt, während korrespondierende Gewinne steuerpflichtig bleiben.[65] Dennoch betrachtet der BFH die Regelung in ständiger Rechtsprechung als verfassungs- und unionsrechtsgemäß.[66] 78

---

[63] BFH 13.10.2010 – I R 79/09, BFHE 231, 529, BStBl. II 2014, 943; bestätigt durch BFH 12.3.2014 – I R 87/12, BFHE 244, 567, BStBl. II 2014, 859.

[64] BFH 17.5.2023 – I R 29/20, BFH/NV 2023, 1195, Rn. 19.

[65] Gosch KStG/Gosch KStG § 8b Rn. 278b.

[66] BFH 17.5.2023 – I R 29/20, BFH/NV 2023, 1195, Rn. 38 mit zahlreichen Nachweisen.

79

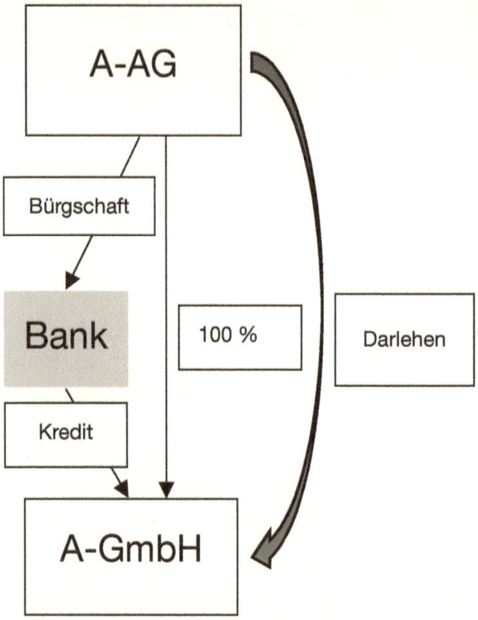

Beispiel: Die A-AG hält 100 % der Anteile der B-GmbH. Die B-GmbH gerät in wirtschaftliche Schwierigkeiten und muss Insolvenz anmelden. Zusätzlich hat die A-AG der B-GmbH ein Darlehen gegeben, das nun abgeschrieben werden muss. Zudem hat sie gegenüber einer Bank eine Bürgschaft für eine Kreditlinie der B-GmbH gegeben und wird nun in Anspruch genommen.

Lösung: Diesen Verlust aus dem Darlehen kann sie steuerlich nicht geltend machen gem. § 8b Abs. 3 S. 4 KStG, da sie qualifiziert (also zu mehr als einem Viertel) an der B-GmbH beteiligt ist. Dasselbe gilt für die Inanspruchnahme aus der Bürgschaft gem. § 8b Abs. 3 S. 5 KStG.

80 Das in § 8b Abs. 3 S. 4 KStG angeordnete Abzugsverbot für Gewinnminderungen im Zusammenhang mit einer Darlehensforderung oder aus der Inanspruchnahme von Darlehenssicherheiten erfordert nur, dass der Gesellschafter, der das Darlehen oder die Sicherheit gewährt, zu irgendeinem Zeitpunkt während der Darlehenslaufzeit zu mehr als einem Viertel am Grund- oder Stammkapital der Körperschaft beteiligt ist oder war.[67] Auf den Zeitpunkt (nur) der Darlehensbegebung oder den Eintritt (nur) der Gewinnminderung kommt es nicht an.

81 Das FG Münster hat entschieden, dass die Beteiligungsquote von 25 % nicht erreicht wird, wenn die Anteile an der Körperschaft von einer **vermögensverwaltenden,** nicht gewerblich geprägten Personengesellschaft gehalten werden und der Gesellschafter der Personengesellschaft zu weniger als 25 % beteiligt ist. Die vermögensverwaltende Personengesellschaft ist steuerlich als transparent zu behandeln.[68]

cc) Fremdvergleich

82 Die Sätze 4 und 5 des § 8b Abs. 3 KStG sind aber nicht anzuwenden, wenn nachgewiesen wird, dass auch ein **fremder Dritter** das Darlehen bei sonst gleichen Umständen gewährt oder noch nicht zurückgefordert hätte; dabei sind nur die eigenen Sicherungsmittel der Gesellschaft zu berücksichtigen (§ 8b Abs. 3 S. 7 KStG).

83 Hier trifft also den Steuerpflichtigen die Beweislast, dass die Darlehensgewährung bzw. die fehlende Rückforderung des Darlehens einem Fremdvergleich standhält. Dieser Beweis ist im Allgemeinen schwer zu führen.

5. Fragen des Feststellungsverfahrens

84 Es stellt sich die Frage, auf welche Weise eine (teilweise) Steuerbefreiung gem. § 8b KStG oder § 3 Nr. 40 EStG festzustellen ist, wenn der Anteilseigner eine Mitunternehmerschaft ist.

[67] BFH 12.3.2014 – I R 87/12, BFHE 244, 567, BStBl. II 2014, 859, Rn. 9.
[68] FG Münster 6.4.2022 – 13 K 3550/19 K,G,F, EFG 2022, 1221, Rev. BFH I R 21/22.

Hierbei kommen grundsätzlich drei Lösungen in Betracht: 85

- Es kommt in Betracht, die vorstehend genannten Steuerfreistellungen erst im Veranlagungsverfahren der Gesellschafter zu berücksichtigen.[69]
- Nach überwiegender Auffassung im Schrifttum sind § 3 Nr. 40, § 3c Abs. 2 EStG bzw. § 8b KStG auf Ebene des Feststellungsverfahrens zu berücksichtigen, wobei nur die steuerpflichtigen Einkünfte nach Anwendung vorstehend genannter Steuerfreistellungen „netto" festzustellen sind (sog. **Nettomethode**).[70]
- Nach der sog. **„Bruttomethode"** sind die steuerfreien Einkünfte im Feststellungsverfahren zu berücksichtigen, allerdings „brutto" ohne Anwendung der Steuerfreistellungen. Diese Methode wird in der Praxis von der Finanzverwaltung angewandt.[71]

Die aufgeworfene Frage war lange Zeit höchstrichterlich ungeklärt. Der BFH hatte lediglich entschieden, es sei rechtlich zulässig, die gem. § 3 Nr. 40, § 3c Abs. 2 EStG bzw. § 8b KStG steuerfreien Einkünfte bereits auf Ebene des Feststellungsverfahrens mit Bindungswirkung „brutto" festzustellen, wenn für einen verständigen Empfänger aus dem Feststellungsbescheid zweifelsfrei erkennbar ist, dass zur Ermittlung der steuerpflichtigen Einkünfte in der Veranlagung des Feststellungsbeteiligten ein zusätzlicher Rechenschritt notwendig ist.[72] Dies entsprach der Vorgehensweise der Finanzverwaltung. 86

Der BFH hat nun entschieden, dass die Steuerfreistellungen nach § 3 Nr. 40, § 3c Abs. 2 EStG bzw. § 8b KStG im Feststellungsverfahren anzuwenden sind, und zwar so, dass die Einkünfte nach Anwendung dieser Vorschriften grundsätzlich „netto" festzustellen sind.[73] Es sei aber weiterhin zulässig, die § 3 Nr. 40, § 3c Abs. 2 EStG unterliegenden laufenden Einkünfte oder Veräußerungsgewinne „brutto" festzustellen, soweit aus den weiteren Feststellungen für einen verständigen Empfänger erkennbar ist, dass zur Ermittlung der steuerpflichtigen Einkünfte ein weiterer Rechenschritt erforderlich ist.[74] Der BFH hat die „Bruttomethode" also ausdrücklich gebilligt. 87

Der BFH begründete seinen **Vorzug der „Nettomethode"** mit dem Gesetzeswortlaut. Nach § 180 Abs. 1 S. 1 Nr. 2 Buchst. a AO sind auf Ebene der Mitunternehmerschaft die „steuerpflichtigen Einkünfte" festzustellen. § 3 Nr. 40, § 3c Abs. 2 EStG und § 8b KStG stellen Gewinnausschüttungen aus einer betrieblichen Beteiligung an einer in- oder ausländischen Körperschaft sowie Gewinne aus der Veräußerung solcher Anteile, die im Gesamtgewinn (Gesamthands- oder Sonderbetriebsgewinn) der Mitunternehmerschaft enthalten sind, beim Mitunternehmer wieder (anteilig) von der Steuer frei. Die Feststellung von „steuerpflichtigen Einkünften" kann daher erst nach Abzug der Steuerfreistellung erfolgen. 88

IV. Beteiligung im Privatvermögen

Wird die Beteiligung im Privatvermögen gehalten, gehören Beteiligungserträge zu den Einkünften aus Kapitalvermögen gem. § 20 EStG. Diese unterliegen seit 89

---

[69] Brandis/Heuermann/Valta EStG § 3 Nr. 40 Rn. 5.

[70] Korn/Tormöhlen/Korn EStG § 3 Nr. 40 Rn. 3.1, 15; HHR/Intemann EStG § 3 Nr. 40 Rn. 48; Schmidt/Levedag EStG § 3 Nr. 40 Rn. 135 aE.

[71] Tipke/Kruse/Brandis AO § 180 Rn. 56.

[72] BFH 18.7.2012 – X R 28/10, BFHE 238, 484, BStBl. II 2013, 444, Rn. 24; BFH 11.12.2018 – VIII R 11/16, BFHE 263, 418, Rn. 24.

[73] BFH 25.7.2019 – IV R 47/16, BFHE 265, 273, Rn. 19.

[74] BFH 25.7.2019 – IV R 47/16, BFHE 265, 273, Rn. 23.

Einführung des Teileinkünfteverfahrens ab dem Veranlagungszeitraum 2009 grundsätzlich dem gesonderten Steuertarif.[75]

1. Kapitalertragsteuer

90 Das Kapitalertragsteuerabzugsverfahren gilt unabhängig davon, ob der Anteilseigner die Anteile im Betriebs- oder Privatvermögen hält (→ Rn. 26ff.). Gemäß § 43 Abs. 1 S. 1 Nr. 1 iVm § 43a Abs. 1 S. 1 Nr. 1 EStG muss die ausschüttende Kapitalgesellschaft Kapitalertragsteuer einbehalten und abführen. Der Steuersatz beträgt 25 % (§ 43a Abs. 1 S. 1 Nr. 1 EStG).

91 Grundsätzlich wird die Kapitalertragsteuer auf die Einkommensteuer bei der Veranlagung des Anteilseigners angerechnet gem. § 36 Abs. 2 Nr. 2 EStG. Es besteht aber die Besonderheit, dass die Kapitalertragsteuer für Kapitalerträge iSd § 20 EStG hinsichtlich der Einkommensteuer eine **abgeltende Wirkung** hat (§ 43 Abs. 5 S. 1 EStG).

2. Gesonderter Steuertarif (Abgeltungsteuer)

92 Wird die Beteiligung im Privatvermögen gehalten, unterliegen Erträge dem gesonderten Steuertarif iHv 25 % gem. § 20, § 32d Abs. 1, § 43 Abs. 1 Nr. 1, § 43a Abs. 1 S. 1 Nr. 1 EStG.[76] Dieser Tarif gilt seit dem 1.1.2009 (§ 52a EStG).

a) Wirkung bei Einkünften aus Kapitalvermögen

93 Da der gesonderte Steuertarif gem. § 32d Abs. 1 S. 1 EStG alle Einkünfte aus Kapitalvermögen erfasst – mit Ausnahme derjenigen gem. § 20 Abs. 8 EStG, also anderer Einkunftsarten –, sind nicht nur **Gewinnausschüttungen,** sondern auch Gewinne aus der **Veräußerung** eines im Privatvermögen gehaltenen Anteils gem. § 20 Abs. 2 EStG vom gesonderten Steuertarif erfasst. Damit wird die Gewinnausschüttung mit Veräußerungsgewinnen steuerlich gleichgestellt, wie dies auch im Teileinkünfteverfahren der Fall ist (→ Kap. E Rn. 18, 48). Durch die vollständige steuerrechtliche Erfassung aller Wertveränderungen im Zusammenhang mit Kapitalanlagen hat der Gesetzgeber die traditionelle quellentheoretische Trennung von Vermögens- und Ertragsebene für Einkünfte aus Kapitalvermögen aufgegeben.[77]

94 Soweit Kapitalerträge iSd § 20 EStG der Kapitalertragsteuer unterlegen haben, ist die Einkommensteuer mit dem Steuerabzug **abgegolten** (§ 43 Abs. 5 S. 1 EStG). Daraus erklärt sich die Bezeichnung als „Abgeltungsteuer".[78] Hierdurch hat der Gesetzgeber einen eigenen, gesonderten Steuertarif für Erträge aus im Privatvermögen gehaltenen Beteiligungen geschaffen und hat insoweit den sog. synthetischen Einkommensbegriff, bei dem alle Einkünfte addiert und das zu versteuernde Einkommen einem einheitlichen progressiven Steuersatz unterworfen wird, durchbrochen. Dies ist in der finanzgerichtlichen Rechtsprechung als verfassungskonform angesehen worden.[79] Der Gesetzgeber hatte das Ziel, entsprechend den guten Erfahrungen, die etwa Österreich mit der Einführung einer Abgeltungsteuer in den

---

[75] Eingeführt durch das Unternehmenssteuerreformgesetz vom 14.8.2007, BGBl. 2007 I 1912.

[76] Für Einzelfragen vgl. insbesondere BMF 19.5.2022, BStBl. I 2022, 742.

[77] BFH 24.10.2017 – VIII R 13/15, BFHE 259, 535, Rn. 11 mwN.

[78] Vgl. HHR/Kühner/Gabert-Pipersberg EStG § 32d Rn. 1; die Bezeichnung „Abgeltungsteuer" findet sich im Gesetzestext nur in der Überschrift zu § 52a EStG idF des Unternehmenssteuerreformgesetzes vom 14.8.2007, BGBl. 2007 I 1912. Inzwischen ist § 52a EStG aF aufgehoben.

[79] FG Nürnberg 3.7.2013 – 3 K 448/13, BeckRS 2013, 95551, rkr.

90er Jahren gemacht hatte, das Steueraufkommen zu erhöhen (insbesondere bei der Abgeltungsteuer auf Zinsen).[80]

b) Verlustausgleichsverbot

Verluste aus Kapitalvermögen dürfen gem. § 20 Abs. 6 S. 1 EStG nicht mit Einkünften aus anderen Einkunftsarten ausgeglichen werden. Sie können lediglich gem. § 20 Abs. 6 S. 2 EStG mit positiven Einkünften aus Kapitalvermögen aus den folgenden Veranlagungszeiträumen verrechnet werden. Hierzu wird eine gesonderte Verlustfeststellung durchgeführt (§ 20 Abs. 6 S. 3 iVm § 10d Abs. 4 EStG). **95**

Weitere Besonderheiten gelten für Verluste aus Aktiengeschäften (§ 20 Abs. 6 S. 4 und 5 EStG). Hier gilt eine spezielle Verlustverrechnungsbeschränkung in Bezug auf Aktien in Höhe von 20.000 EUR. Der VIII. Senat des BFH hält diese Regelung für **verfassungswidrig** und hat sie dem BVerfG vorgelegt.[81] **96**

c) Werbungskostenabzug

Werbungskosten, die im Zusammenhang mit Beteiligungserträgen stehen, können im Rahmen des gesonderten Steuertarifs nicht über den Sparerpauschbetrag iHv 1.000 EUR/2.000 EUR hinaus geltend gemacht werden (§ 20 Abs. 9 S. 1, 2. Hs. EStG). Diese Pauschalierung kann für den Steuerpflichtigen zu einem erheblichen Nachteil führen, wenn er Werbungskosten getragen hat, zB in Form von Zinsen, weil er den Beteiligungserwerb mit einem Darlehen finanzieren musste. Dasselbe gilt für Zinsen für ein Refinanzierungsdarlehen zur Finanzierung der Inanspruchnahme aus einer Bürgschaft.[82] Das Werbungskostenabzugsverbot des § 20 Abs. 9 S. 1 EStG findet auch dann Anwendung, wenn Ausgaben, die nach dem 31.12.2008 getätigt wurden, mit Kapitalerträgen zusammenhängen, die bereits vor dem 1.1.2009 zugeflossen sind.[83] **97**

Die Nichtabziehbarkeit der tatsächlichen Werbungskosten bei den Einkünften aus Kapitalvermögen gem. § 20 Abs. 9 S. 1 EStG ist trotz der Durchbrechung des objektiven Nettoprinzips als verfassungsgemäß angesehen worden.[84] **98**

Beispiel: A hält 20 % der Anteile der AB-GmbH. Die AB-GmbH schüttet in 01 ihren Gewinn von 105.000 EUR (nach Steuern) vollständig an A und B aus. A erhält 21.000 EUR. Er hat für die Erbringung des Stammkapitals ein Darlehen bei der Bank aufgenommen und in 01 hierfür 2.000 EUR Zinsen gezahlt. **99**

Lösung: A hält die Beteiligung im Privatvermögen. Für die Ausschüttung gilt der gesonderte Steuertarif. Seine Zinsen kann er nur bis zur Höhe des Sparerpauschbetrags (1.000 EUR) geltend machen. Die Bemessungsgrundlage beträgt also 20.000 EUR, die Steuer beträgt 5.000 EUR.

d) Antragsveranlagung

Gemäß § 32d Abs. 4 EStG kann der Steuerpflichtige auf Antrag mit der Einkommensteuererklärung für Kapitalerträge, die der Kapitalertragsteuer unterlegen haben, eine Steuerfestsetzung beantragen. Man spricht von einer „Überprüfung des Steuereinbehalts",[85] was auf den Wortlaut des § 32d Abs. 4 EStG zurückzuführen ist. Hierdurch können verschiedene beim Kapitalertragsteuerabzug nicht berück- **100**

---

[80] BT-Drs. 16/4841, 30.
[81] BFH 17.11.2020 – VIII R 11/18, BFHE 271, 399, BStBl. II 2021, 562, BVerfG 2 BvL 3/21.
[82] BFH 22.2.2023 – VIII B 4/22, BFH/NV 2023, 545.
[83] BFH 28.2.2018 – VIII R 41/15, BFHE 261, 53; BFH 2.12.2014 – VIII R 34/13, BFHE 248, 51, BStBl. II 2015, 387; BFH 1.7.2014 – VIII R 53/12, BFHE 246, 332, BStBl. II 2014, 975.
[84] BFH 28.2.2018 – VIII R 41/15, BFHE 261, 53; BFH 9.6.2015 – VIII R 12/14, BFHE 251, 401, BStBl. II 2016, 199; BFH 1.7.2014 – VIII R 53/12, BFHE 246, 332, BStBl. II 2014, 975.
[85] ZB BFH 3.12.2019 – VIII R 8/16, BFHE 267, 225, BStBl. II 2020, 383, Rn. 2.

sichtigte Umstände erfasst werden. Dies ist entsprechend dem Wortlaut des § 32d Abs. 4 EStG insbesondere sinnvoll

- für den Einbezug eines Verlustvortrags nach § 20 Abs. 6 Abs. 2 EStG,[86]
- bei nicht vollständig ausgeschöpftem Sparerpauschbetrag oder wenn kein Freistellungsauftrag erteilt wurde,[87]
- in Fällen noch nicht berücksichtigter ausländischer Verluste,
- bei depotübergreifenden Verrechnungen von Verlusten.[88]

101 Im Fall der Antragsveranlagung wird die Steuer auf die Kapitalerträge im Einkommensteuerbescheid festgesetzt. Es bleibt aber bei der Anwendung des gesonderten Steuertarifs. Auch Werbungskosten können nicht über den Sparerpauschbetrag hinaus geltend gemacht werden (§ 20 Abs. 9 S. 1 EStG). Das führt dazu, dass die Summe der Einkünfte iSd § 2 Abs. 3 EStG einerseits und die Einkünfte aus Kapitalvermögen andererseits separat im Einkommensteuerbescheid ausgewiesen werden.

102 Für den Antrag nach § 32d Abs. 4 EStG gilt grundsätzlich **keine Frist.** Der Antrag kann bis zur Unanfechtbarkeit des Einkommensteuerbescheides gestellt werden bzw. solange eine Änderung nach den Vorschriften der AO möglich ist.[89]

103 Eine Steuerermäßigung für haushaltsnahe Beschäftigungsverhältnisse (§ 35a Abs. 1 EStG), für haushaltsnahe Dienstleistungen (§ 35a Abs. 2 EStG) oder für Handwerkerleistungen (§ 35a Abs. 3 EStG) kommt nicht in Betracht.[90]

104 **Beispiel:** A hat im Privatvermögen hochspekulative Aktienkäufe getätigt. Aus einigen Aktien erzielte er Veräußerungsgewinne, in früheren Jahren auch Veräußerungsverluste. Die Gewinne wurden mit Kapitalertragsteuer belastet. Das Kreditinstitut hat keine Verrechnung gem. § 43a Abs. 3 S. 2 EStG vorgenommen.

Um eine Verrechnung mit den Verlustvorträgen erwirken zu können, muss er die Antragsveranlagung nach § 32d Abs. 4 EStG durchführen lassen. Dies gilt auch, wenn die Verluste in früheren Jahren angefallen sind und nun gem. § 20 Abs. 6 S. 2ff. EStG verrechnet werden sollen. Werbungskosten, zB Zinsen aus einer Finanzierung für den Erwerb der Aktien, kann A demgegenüber nur bis zur Höhe des Sparerpauschbetrags geltend machen.

3. Ausnahmen vom gesonderten Steuertarif

a) Veranlagung nach der tariflichen Einkommensteuer

aa) Günstigerprüfung

105 Auf Antrag können die Kapitaleinkünfte gem. § 32d Abs. 6 EStG anstelle des gesonderten Steuertarifs der tariflichen Einkommensteuer unterworfen werden, wenn dies zu einer niedrigeren Einkommensteuer führt. Das Finanzamt führt hierbei eine **Günstigerprüfung** durch. Die Kapitaleinkünfte werden dann dem Gesamtbetrag der Einkünfte nach § 2 Abs. 3 EStG hinzugerechnet; darauf wird die tarifliche Einkommensteuer angewendet. Eine anteilige Steuerbefreiung im Teileinkünfteverfahren gem. § 3 Nr. 40 S. 1 Buchst. d EStG findet nicht statt.[91] Die Anwendung der tariflichen Einkommensteuer kann vorzugswürdig sein, wenn der persönliche Grenzsteuersatz unter 25 % liegt.

106 Auch bei der Günstigerprüfung nach § 32d Abs. 6 EStG findet § 20 Abs. 9 EStG Anwendung; ein Abzug der tatsächlich entstandenen Werbungskosten kommt da-

---

86 BMF 19.5.2022, BStBl. I 2022, 742, Rn. 145.
87 Schmidt/Levedag EStG § 32d Rn. 24.
88 BFH 29.8.2017 – VIII R 23/15, BFHE 259, 336, BStBl. II 2019, 54.
89 BMF 19.5.2022, BStBl. I 2022, 742, Rn. 145.
90 BFH 28.4.2020 – VI R 54/17, BFHE 269, 15, BStBl. II 2020, 544.
91 BFH 29.8.2017 – VIII R 33/15, BFHE 259, 213, BStBl. II 2018, 69.

her nicht in Betracht.[92] Das Werbungskostenabzugsverbot des § 20 Abs. 9 EStG hält hierbei den verfassungsrechtlichen Anforderungen stand.[93]

Nach neuerer Rechtsprechung des BFH können im Falle eines Antrags gem. § 32d Abs. 6 EStG aber negative Einkünfte aus Kapitalvermögen, die dem gesonderten Tarif des § 32d Abs. 1 EStG unterliegen, mit positiven Einkünften aus Kapitalvermögen verrechnet werden, sofern auch diese Einkünfte der tariflichen Einkommensteuer unterworfen wurden (ähnlich wie im Fall des § 32d Abs. 4 EStG; → Rn. 100).[94] 107

bb) Antrag

Für den Antrag nach § 32d Abs. 6 S. 1 EStG gilt, ebenso wie bei § 32d Abs. 4 EStG, grundsätzlich **keine Frist.** 108

Der zeitlich unbefristete Antrag auf die Günstigerprüfung kann nach einer **Bestandskraft** des Einkommensteuerbescheids jedoch nur dann zu einer Änderung der Einkommensteuerfestsetzung führen, wenn die Voraussetzungen einer Änderungsvorschrift erfüllt sind, zB § 173 Abs. 1 Nr. 2 AO.[95] Die Antragstellung ist auch kein rückwirkendes Ereignis iSd § 175 Abs. 1 S. 1 Nr. 2 AO, sodass eine Änderung eines bestandskräftigen Einkommensteuerbescheids nicht allein durch die Antragstellung erreicht werden kann.[96] 109

Beispiel:[97] Frau A erklärt für das Jahr 00 Einkünfte aus nichtselbstständiger Arbeit und aus einer Leibrente. Ihre Einkünfte aus Kapitalvermögen vergisst sie anzugeben. Das Finanzamt ermittelt aufgrund der Erklärung ein zu versteuerndes Einkommen von 7.849 EUR und eine Einkommensteuer von 0 EUR. Der Bescheid wird bestandskräftig. Einige Wochen später legt A eine Steuerbescheinigung über gezahlte Kapitalertragsteuer in Höhe von 1.523 EUR vor und beantragt, dass die bisher nicht erklärten Kapitalerträge im Rahmen einer Günstigerprüfung nach § 32d Abs. 6 EStG in die Veranlagung einbezogen werden sollen. Dies hätte zur Folge, dass sich die festzusetzende Steuer erhöht, jedoch die einbehaltenen Abzugsteuern in Höhe von 380 EUR anzurechnen sind. Die übrigen Abzugsteuern (1.143 EUR) würden erstattet. 110

Lösung: Der Antrag auf Günstigerprüfung kann unabhängig von dem Eintritt der Bestandskraft gestellt werden, da er nicht fristgebunden ist. Für die Änderung zugunsten der A liegt jedoch keine Änderungsvorschrift vor, da ihr ein grobes Verschulden gem. § 173 Abs. 1 Nr. 2 AO vorzuhalten ist und die nachträgliche Vorlage der Steuerbescheinigung auch kein rückwirkendes Ereignis gem. § 175 Abs. 1 Nr. 2 AO ist.[98]

b) Unternehmerische Beteiligung

§ 32d Abs. 2 EStG enthält Ausnahmen vom gesonderten Steuertarif.[99] 111

aa) Kapitalerträge bei unternehmerischer Beteiligung

Von besonderer Bedeutung ist die Besteuerung von Kapitalerträgen bei einer unternehmerischen Beteiligung nach § 32d Abs. 2 Nr. 3 EStG. 112

Wenn der Steuerpflichtige unmittelbar oder mittelbar 113

---

[92] BFH 28.1.2015 – VIII R 13/13, BStBl. II 2015, 393; BFH 30.11.2016 – VIII R 11/14, BFHE 256, 455, BStBl. II 2017, 443.

[93] BFH 1.7.2014 – VIII R 53/12, BStBl. II 2014, 975.

[94] BFH 30.11.2016 – VIII R 11/14, BFHE 256, 455, BStBl. II 2017, 443, entgegen BMF 18.1.2016, BStBl. I 2016, 85 Tz. 119a. Die letztgenannte Rn. wurde neu gefasst durch BMF 12.4.2018, BStBl. I 2018, 624, und der BFH-Rechtsprechung angepasst; vgl. auch BMF 19.5.2022, BStBl. I 2022, 742, Rn. 119a.

[95] BFH 12.5.2015 – VIII R 14/13, BStBl. II 2015, 806, jurisPR-SteuerR 48/2015 Anm. 4, mAnm Schmitz-Herscheidt.

[96] BFH 26.9.2023 – VIII R 10/21, BFH/NV 2024, 5, Rn. 20; BFH 14.7.2020 – VIII R 6/17, BFHE 268, 538, BStBl. II 2021, 92, Rn. 24.

[97] Nach BFH 12.5.2015 – VIII R 14/13, BStBl. II 2015, 806.

[98] BFH 12.5.2015 – VIII R 14/13, BStBl. II 2015, 806.

[99] Vgl. BeckOK EStG/Schmidt EStG § 32d Rn. 127ff.

- zu mindestens 25 % an einer Kapitalgesellschaft beteiligt ist (Buchst. a) oder
- zu mindestens 1 % an der Kapitalgesellschaft beteiligt ist und durch eine berufliche Tätigkeit für diese maßgeblichen unternehmerischen Einfluss auf deren wirtschaftliche Tätigkeit nehmen kann (Buchst. b),

gilt der gesonderte Steuertarif für Kapitalerträge iSd § 20 Abs. 1 Nr. 1 und 2 EStG nicht. Vielmehr findet das **Teileinkünfteverfahren** Anwendung. Die **Rechtsfolge** des Teileinkünfteverfahrens ergibt sich aus § 32d Abs. 2 Nr. 3 S. 2 EStG. Nach dieser Vorschrift finden § 3 Nr. 40 S. 2 EStG und § 20 Abs. 6 und Abs. 9 EStG keine Anwendung. Der gesetzlich angeordnete Ausschluss von § 3 Nr. 40 S. 2 EStG bewirkt, dass das Teileinkünfteverfahren auch im Rahmen der Einkünfte aus Kapitalvermögen angewandt werden kann.

114 Der gesetzliche Ausschluss von § 20 Abs. 6 und Abs. 9 EStG hat zur Folge, dass **Werbungskosten** in voller Höhe und nicht nur mit der Beschränkung auf den Sparerpauschbetrag abgezogen werden können. Außerdem gilt kein Verrechnungsverbot mit anderen Einkunftsarten.

115 (1) Für die beschriebene Rechtsfolge ist aber ein **Antrag** erforderlich. Wie sich aus § 32d Abs. 2 Nr. 3 S. 4 EStG ergibt, ist der Antrag auf Anwendung des Teileinkünfteverfahrens – anders als bei § 32d Abs. 6 EStG – **fristgebunden,** und zwar spätestens zusammen mit der Einkommensteuererklärung für den jeweiligen Veranlagungszeitraum zu stellen.[100] Wird er rechtzeitig gestellt, gilt er gem. § 32d Abs. 2 Nr. 3 S. 4 EStG für das Jahr der Antragstellung sowie die folgenden vier Veranlagungszeiträume, sofern er nicht widerrufen wird.[101]

116 Wird die Frist versäumt, kann der Antrag auch dann nicht mehr später gestellt werden, wenn eine (verdeckte) Gewinnausschüttung erst im Rahmen einer Betriebsprüfung identifiziert wird; eine teleologische Reduktion des § 32d Abs. 2 Nr. 3 S. 4 EStG kommt nicht in Betracht.[102] Hilfreich kann für solche Fälle ein vorsorglicher Antrag sein, der nach der BFH-Rechtsprechung grundsätzlich zulässig ist.[103]

117 Die mangelnde Kenntnis eines Steuerberaters über verfahrensrechtliche Antragsfristen begründet grundsätzlich einen Verschuldensvorwurf, den sich der Steuerpflichtige zurechnen lassen muss, sodass eine Wiedereinsetzung in den vorigen Stand nicht in Betracht kommt.[104]

118 **Beispiel:**[105] Frau A erklärt – mit Unterstützung eines Steuerberaters – in der Zeile 7 der Anlage KAP zu ihrer Steuererklärung Kapitalerträge in Höhe von insgesamt 625.155 EUR, die dem inländischen Steuerabzug unterlagen. Bei den Kapitalerträgen handelt es sich um Erträge der A-GmbH, an der die A zu 90 % beteiligt ist. A stellt in den Zeilen 4 und 5 der Anlage KAP den Antrag auf Günstigerprüfung und auf Überprüfung des Steuereinbehalts. Den in Zeile 24 vorgesehenen Antrag auf Anwendung der tariflichen Einkommensteuer für eine unternehmerische Beteiligung, der die Besteuerung der Kapitalerträge nach dem Teileinkünfteverfahren zur Folge gehabt hätte, enthält die Erklärung hingegen nicht.

Lösung: Da der Antrag nicht innerhalb der Frist des § 32d Abs. 2 Nr. 3 S. 4 EStG gestellt wurde, kann er nicht nachgeholt werden. Der Antrag auf Günstigerprüfung kann nicht in einen Antrag auf Besteuerung nach dem Teileinkünfteverfahren umgedeutet werden. Das Verschulden des Steuerberaters ist A zuzurechnen, sodass auch eine Wiedereinsetzung in den vorigen Stand gem. § 110 AO nicht möglich ist.

---

[100] Vgl. BeckOK EStG/Schmidt EStG § 32d Rn. 221.

[101] Zur Fortdauer des Antrags BFH 12.12.2023 – VIII R 2/21, BFH/NV 2024, 576.

[102] BFH 14.5.2019 – VIII R 20/16, BFHE 264, 459, BStBl. II 2019, 586, entgegen FG München 15.6.2016 – 9 K 190/16, EFG 2016, 1503; Verfassungsbeschwerde nicht zur Entscheidung angenommen, BVerfG 25.10.2019 – 2 BvR 1698/19.

[103] BFH 14.5.2019 – VIII R 20/16, BFHE 264, 459, BStBl. II 2019, 586, Rn. 32.

[104] BFH 28.7.2015 – VIII R 50/14, BStBl. II 2015, 894.

[105] Nach BFH 28.7.2015 – VIII R 50/14, BStBl. II 2015, 894.

(2) „Für" eine Kapitalgesellschaft iSd § 32d Abs. 2 Nr. 3 EStG können nach der BFH-Rechtsprechung auch Tätigkeiten ausgeübt werden, die auf Ebene einer Tochtergesellschaft entfaltet werden, wenn diese Tätigkeit aufgrund besonderer Umstände in einem engen Zusammenhang mit der Beteiligung an der Muttergesellschaft steht.[106] Der BFH leitet hier für die Auslegung des Merkmals „für diese" aus dem Normzweck des § 32d Abs. 2 Nr. 3 S. 1 Buchst. b EStG ab, dass bei besonderen Umständen auch Tätigkeiten auf Ebene einer anderen Kapitalgesellschaft als berufliche Tätigkeit für diejenige Kapitalgesellschaft zu qualifizieren sein können, für deren Kapitalerträge der Antrag gestellt wird. 119

Beispiel:[107] A ist als Geschäftsführer der C-GmbH tätig. Diese Gesellschaft ist eine Tochtergesellschaft der B-GmbH. Zwischen der B-GmbH als Organträgerin und der C-GmbH besteht eine ertragsteuerliche Organschaft. Im Beherrschungs- und Gewinnabführungsvertrag zwischen beiden Gesellschaften wird ua vereinbart, dass sich die Organgesellschaft der Leitung der Organträgerin unterstellt. Geschäftsführung und Vertretung der Organgesellschaft obliegen aber weiterhin der Geschäftsführung der Organgesellschaft. 120

A ist zugleich Gesellschafter der B-GmbH in Höhe von 5 % und hat seine Anteile fremdfinanziert. Außerdem hat er – fremdfinanziert – eine Einlage in die Kapitalrücklage der B-GmbH geleistet. Die Schuldzinsen möchte er gem. § 3c Abs. 2 EStG zu 60 % und nicht nur beschränkt auf den Sparerpauschbetrag ansetzen.

Lösung: Die Tätigkeit des A bei der C-GmbH ist auch als Tätigkeit „für" die B-GmbH iSd § 32d Abs. 2 Nr. 3 S. 1 Buchst. b EStG zu würdigen. A ist in seiner Funktion als Geschäftsführer der Organtochter C-GmbH für die Umsetzung der ihm aufgrund des Beherrschungsvertrags erteilten Weisungen der Organträgerin B-GmbH verantwortlich. Seine Tätigkeit auf Ebene der C-GmbH liegt im besonderen wirtschaftlichen Interesse der Organträgerin B-GmbH. Die Tätigkeit des A bei der C-GmbH wirkt sich direkt auf das Ergebnis der B-GmbH aus. Wegen dieser besonderen Umstände, insbesondere wegen des Beherrschungsvertrags, besteht ein enger Zusammenhang zwischen der Beteiligung des A an der B-GmbH und seiner Tätigkeit auf Ebene der C-GmbH.

bb) Zinseinkünfte

§ 32d Abs. 2 Nr. 1 Buchst. b EStG enthält eine ähnliche Regelung für Zinseinkünfte iSd § 20 Abs. 1 Nr. 7 EStG, die eine Kapitalgesellschaft an einen Anteilseigner zahlt. Hier wird eine 10%ige Beteiligung vorausgesetzt, wobei nur unmittelbare Beteiligungen anzusetzen sind.[108] 121

Werden die Zinserträge von einer Kapitalgesellschaft an einen Anteilseigner, der zu mindestens 10 % beteiligt ist, oder eine ihm nahestehende Person gezahlt, gilt als Rechtsfolge des § 32d Abs. 2 Nr. 1 Buchst. b EStG nicht der gesonderte Steuertarif, sondern es kommt die **tarifliche Einkommensteuer** für Zinseinkünfte zur Anwendung. Ebenso sind Werbungskosten unbegrenzt abziehbar (§ 32d Abs. 2 Nr. 1 S. 2 EStG), also nicht nur begrenzt auf den Pauschbetrag gem. § 20 Abs. 9 EStG. Weitere Voraussetzung ist seit dem JStG 2020,[109] dass die den Kapitalerträgen entsprechenden Aufwendungen beim Schuldner Betriebsausgaben oder Werbungskosten im Zusammenhang mit Einkünften sind, die der inländischen Besteuerung unterliegen und § 20 Abs. 9 S. 1, 2. Hs. EStG keine Anwendung findet. Hintergrund dieser Voraussetzung ist, dass eventuelle Vorteile der tariflichen Einkommensteuer samt 122

---

106 BFH 27.3.2018 – VIII R 1/15, BFHE 261, 144.

107 Sachverhalt nach BFH 27.3.2018 – VIII R 1/15, BFHE 261, 144.

108 BFH 20.10.2016 – VIII R 27/15, BFHE 256, 248; BFH 9.7.2019 – X R 9/17, BStBl. II 2021, 418, entgegen BMF 18.1.2016, BStBl. I 2016, 85 Tz. 137; das BMF-Schreiben wurde inzwischen entsprechend der BFH-Rechtsprechung angepasst, vgl. BMF 19.5.2022, BStBl. I 2022, 742, Rn. 137.

109 JStG 2020 vom 21.12.2020, BGBl. 2020 I 3096.

Werbungskostenabzug nur dann gewährt werden sollen, wenn die Zinserträge beim Schuldner der inländischen Besteuerung unterliegen sollen.

123 Auch eine Personengesellschaft kann nahestehende Person iSd § 32d Abs. 2 Nr. 1 Buchst. b EStG sein. Ein Näheverhältnis iSd § 32d Abs. 2 Nr. 1 Buchst. a EStG des Gläubigers der Kapitalerträge zu einer Personengesellschaft ist zu bejahen, wenn der Gläubiger eine Beteiligung innehat, die es ihm ermöglicht, seinen Willen in der Gesellschafterversammlung der Personengesellschaft durchzusetzen.[110]

124 **Abgrenzungsprobleme** zu § 32d Abs. 2 Nr. 3 EStG ergeben sich, wenn Refinanzierungskosten für das einer Kapitalgesellschaft gewährte Darlehen entstehen. Handelt es sich um Refinanzierungskosten zur Erzielung von Zinsen iSd § 20 Abs. 1 Nr. 7 EStG, richten sich die Anwendung der tariflichen Einkommensteuer und der unbegrenzte Werbungskostenabzug nach § 32d Abs. 2 Nr. 1 Buchst. b EStG. Stehen die Refinanzierungskosten hingegen im Zusammenhang mit Beteiligungseinkünften iSd § 20 Abs. 1 Nr. 1 EStG, hängt die Anwendung der tariflichen Einkommensteuer und des unbegrenzten Werbungskostenabzugs von den Voraussetzungen des § 32d Abs. 2 Nr. 3 EStG ab.[111]

125 Von Bedeutung ist § 32d Abs. 2 Nr. 1 Buchst. b EStG auch im Falle des Verlustes der Darlehensforderung (→ Rn. 157).

4. Veräußerung von Anteilen im Privatvermögen

126 Anders als Gewinne aus der Veräußerung von Wirtschaftsgütern im Betriebsvermögen, die stets als gewerbliche Einkünfte steuerbar sind, unterliegen Veräußerungsgewinne im Privatvermögen nach der grundsätzlichen Systematik des EStG nicht der Einkommensteuer.[112] Denn im Privatvermögen sollen nur die Erträge, nicht der Vermögensstamm besteuert werden (Dualismus der Einkunftsarten).

127 Für die Veräußerung von Anteilen an Kapitalgesellschaften gelten von diesem Grundsatz aber zwei abweichende Regelungen, die dazu führen, dass bei Kapitalgesellschaftsanteilen Veräußerungsgewinne auch dann steuerbar sind, wenn sie im Privatvermögen anfallen:

- Gemäß **§ 17 Abs. 1 S. 1 EStG** gehört zu den Einkünften aus Gewerbebetrieb auch der Gewinn aus der Veräußerung von Anteilen an einer Kapitalgesellschaft, wenn der Veräußerer innerhalb der letzten fünf Jahre am Kapital der Gesellschaft unmittelbar oder mittelbar zu mindestens 1 Prozent beteiligt war. Veräußerungsgewinne im Privatvermögen sind also bei bestimmten Beteiligungen (> 1 %) steuerbar, indem die Veräußerungsgewinne und -verluste in gewerbliche Einkünfte **umqualifiziert** werden.[113]
- Gemäß **§ 20 Abs. 2 S. 1 Nr. 1 EStG** gehört zu den Einkünften aus Kapitalvermögen auch der Gewinn aus der Veräußerung von Anteilen an einer Körperschaft iSd § 20 Abs. 1 Nr. 1 EStG.

128 Die Unterscheidung zwischen gewerblichen (§ 17 Abs. 1 EStG) und privaten (§ 20 Abs. 2 EStG) Veräußerungsgewinnen und -verlusten ist von großer Bedeutung, weil Veräußerungsverluste im privaten Bereich nur eingeschränkt mit Gewinnen verrechnet werden können. Verluste aus Kapitalvermögen dürfen gem. § 20 Abs. 6 S. 1 EStG nicht mit Einkünften aus anderen Einkunftsarten ausgeglichen werden; sie dürfen auch nicht nach § 10d EStG abgezogen werden. Die Verluste mindern jedoch gem. § 20 Abs. 6 S. 2 EStG die Einkünfte, die der Steuerpflichtige

[110] BFH 28.9.2021 – VIII R 12/19, BFHE 274, 450, BStBl. II 2022, 260.
[111] BFH 9.7.2019 – X R 9/17, FR 2020, 101, Rn. 60ff., mAnm Werth.
[112] Kirchhof/Seer/Gosch EStG § 17 Rn. 1.
[113] Kirchhof/Seer/Gosch EStG § 17 Rn. 1 und 65.

in den folgenden Veranlagungszeiträumen aus Kapitalvermögen erzielt. Darüber hinaus gelten für Verluste aus Aktienverkäufen noch eingeschränktere Verlustverrechnungsvorgaben gem. § 20 Abs. 6 S. 4 EStG.

a) Ermittlung des Veräußerungsgewinns

Gemäß § 17 Abs. 2 S. 1 EStG ist Veräußerungsgewinn iSd § 17 Abs. 1 EStG der Betrag, um den der Veräußerungspreis nach Abzug der Veräußerungskosten die Anschaffungskosten übersteigt. Für private Veräußerungsgewinne enthält § 20 Abs. 4 S. 1 EStG eine entsprechende Regelung. Danach ist Gewinn iSd § 20 Abs. 2 EStG der Unterschied zwischen den Einnahmen aus der Veräußerung nach Abzug der Aufwendungen, die im unmittelbaren sachlichen Zusammenhang mit dem Veräußerungsgeschäft stehen, und den Anschaffungskosten. Sowohl im gewerblichen als auch im privaten Bereich ist für die Ermittlung des Veräußerungsgewinns also der Saldo aus Veräußerungspreis (nach Abzug der Veräußerungskosten) und den Anschaffungskosten maßgebend. **129**

„Veräußerung" bedeutet die entgeltliche Übertragung des – zumindest wirtschaftlichen – Eigentums auf einen Dritten.[114] Veräußerungspreis iSd § 17 Abs. 2 S. 1 EStG ist der Wert der Gegenleistung, die der Veräußerer durch Abschluss des dinglichen Veräußerungsgeschäfts am maßgebenden Stichtag erlangt; dazu gehört alles, was der Veräußerer durch Abschluss des dinglichen Veräußerungsgeschäfts als Gegenleistung erhält.[115] **130**

Anschaffungskosten sind nach § 255 Abs. 1 S. 1 HGB Aufwendungen, die geleistet werden, um einen Vermögensgegenstand zu erwerben.[116] Darüber hinaus zählen auch nachträgliche Anschaffungskosten gem. § 255 Abs. 1 S. 2 HGB dazu. Der BFH legt den Begriff der Anschaffungskosten iSd § 17 EStG – normspezifisch – mit Rücksicht auf das die Einkommensbesteuerung bestimmende Nettoprinzip weit aus.[117] **131**

Beispiel: Im Rahmen ihrer Geschäftstätigkeit gerät eine GmbH in eine Krise. Um eine Insolvenz zu verhindern, tätigt der Gesellschafter eine Einlage in das Eigenkapital der Gesellschaft. Bei einem späteren Verkauf der Anteile oder bei einer Auflösung der Gesellschaft (§ 17 Abs. 4 EStG) kann er diese Einlage als nachträgliche Anschaffungskosten ansetzen. **132**

Mit Wirkung ab dem 1.1.2020 ist der Begriff der **Anschaffungskosten** iSd § 17 EStG legal definiert in § 17 Abs. 2a EStG.[118] Nach dessen Satz 1 sind Anschaffungskosten die Aufwendungen, die geleistet werden, um die Anteile iSd § 17 Abs. 1 EStG zu erwerben. Zu den Anschaffungskosten gehören gem. § 17 Abs. 2a S. 2 EStG auch die Nebenkosten sowie die nachträglichen Anschaffungskosten. Zu den nachträglichen Anschaffungskosten iSd Satzes 2 gehören gem. § 17 Abs. 2a S. 3 Nr. 1 EStG insbesondere **offene oder verdeckte Einlagen.** Eine rechtliche Änderung ist durch die genannten Regelungen des § 17a Abs. 2a S. 1 und 2 sowie Satz 3 Nr. 1 EStG nicht eingetreten. So sind Einlagen in das Eigenkapital der Gesellschaft – wie schon zuvor (→ Rn. 131 f.) – von dem Begriff der nachträglichen Anschaffungskosten erfasst. **133**

Inhaltliche Änderungen haben sich durch die Neuregelung des § 17 Abs. 2a S. 3 Nr. 2 und 3 EStG ergeben, wie im Folgenden zu zeigen sein wird. **134**

---

[114] BFH 3.12.2019 – VIII R 34/16, DStR 2020, 971; BFH 29.9.2020 – VIII R 9/17, BFHE 271, 114; BStBl. II 2021, 385.

[115] BFH 4.10.2016 – IX R 8/15, BFHE 255, 436, BStBl. II 2017, 316, Rn. 14.

[116] BFH 4.10.2016 – IX R 8/15, BFHE 255, 436, BStBl. II 2017, 316, Rn. 16.

[117] BFH 18.12.2001 – VIII R 27/00, BFHE 197, 483, BStBl. II 2002, 733, Rn. 25.

[118] Durch das Gesetz vom 12.12.2019, BGBl. 2019 I 2451.

b) Auswirkung von Darlehensverlusten (Uneinbringlichkeit)

135 Einen Sonderfall bildet ein Forderungsverlust aus einem Darlehen, also der Ausfall eines vom Gesellschafter an die Gesellschaft ausgegebenen Darlehens durch **Uneinbringlichkeit** oder Verzicht. Hier stellt sich die Frage, ob der Verlust
- steuerlich grundsätzlich unbeachtlich ist (→ Rn. 143 ff.),
- als nachträgliche Anschaffungskosten gem. § 17 EStG bei der Veräußerung der Beteiligung (→ Rn. 136 ff. und → Rn. 147 ff.) oder
- als negative Einnahmen bei den Einkünften aus Kapitalvermögen berücksichtigt werden kann (→ Rn. 151 ff.).

aa) Frühere Rechtsprechung

136 Nach der früheren Rechtsprechung des BFH führten zu nachträglichen Anschaffungskosten einer Beteiligung neben offenen und verdeckten Einlagen auch nachträgliche Aufwendungen auf die Beteiligung, wenn sie durch das Gesellschaftsverhältnis veranlasst und weder Werbungskosten bei den Einkünften aus Kapitalvermögen noch Veräußerungs- oder Auflösungskosten waren.[119] Nachträgliche Anschaffungskosten hat der BFH daher auch angenommen beim Ausfall des Gesellschafters mit seinem Anspruch auf Rückzahlung eines der Gesellschaft gewährten Darlehens oder bei Zahlung des Gesellschafters auf eine Bürgschaft und Wertlosigkeit des gegen die Gesellschaft gerichteten Rückgriffsanspruchs, wenn die Hingabe des Darlehens oder die Übernahme der Bürgschaft **durch das Gesellschaftsverhältnis veranlasst** waren.[120]

137 (1) Krisendarlehen

Für die Beurteilung, ob eine Finanzierungshilfe durch das Gesellschaftsverhältnis veranlasst war, stellte der BFH darauf ab, ob sie eigenkapitalersetzend war. Er bejahte dies, wenn der Gesellschafter der Gesellschaft zu einem Zeitpunkt, in dem ihr die Gesellschafter als ordentliche Kaufleute nur noch Eigenkapital zugeführt hätten (Krise der Gesellschaft), stattdessen ein Darlehen gewährt, eine Bürgschaft zur Verfügung gestellt oder eine wirtschaftlich entsprechende andere Rechtshandlung iSd § 32a Abs. 1 und 3 GmbHG aF vorgenommen hatte (sog. funktionelles Eigenkapital oder **Krisendarlehen**).[121] Eine Krise wurde angenommen, wenn die Gesellschaft entweder insolvenzreif oder kreditunwürdig war; die Kreditunwürdigkeit war danach zu beurteilen, ob die Gesellschaft unter den bestehenden Verhältnissen von einem Dritten noch einen Kredit zu marktüblichen Bedingungen erhalten hätte.[122] Lagen diese Voraussetzungen nicht vor, hatte die Finanzierungshilfe (auch gesellschaftsrechtlich) nicht die Funktion von Eigenkapital und der Gesellschafter war insofern wie jeder Drittgläubiger zu behandeln (Fremdkapital).[123]

138 (2) Krisenbestimmtes Darlehen

Auf die Prüfung, wann die Krise eingetreten war und wann der Gesellschafter hiervon Kenntnis erlangt hatte, konnte allerdings verzichtet werden, wenn der Gesellschafter schon in einem früheren Zeitpunkt mit bindender Wirkung gegenüber

---

[119] BFH 23.5.2000 – VIII R 3/99, BFH/NV 2001, 23; BFH 22.4.2008 – IX R 75/06, BFH/NV 2008, 1994.

[120] Vgl. zur Bürgschaft BFH 24.4.1997 – VIII R 23/93, BFHE 183, 397, BStBl. II 1999, 342; BFH 6.7.1999 – VIII R 9/98, BFHE 189, 383, BStBl. II 1999, 817; zum Darlehen BFH 4.11.1997 – VIII R 18/94, BFHE 184, 374, BStBl. II 1999, 344; BFH 19.8.2008 – IX R 63/05, BFHE 222, 474, BStBl. II 2009, 5; vgl. allgemein KSM/Schneider EStG § 17 Rn. C 230 ff.

[121] BFH 2.4.2008 – IX R 76/06, BFHE 221, 7, BStBl. II 2008, 706; BFH 7.12.2010 – IX R 16/10, BFH/NV 2011, 778.

[122] BFH 24.4.1997 – VIII R 16/94, BFHE 183, 402, BStBl. II 1999, 339, Rn. 15; BFH 16.4.1991 – VIII R 100/87, BFHE 165, 31, BStBl. II 1992, 234, Rn. 53.

[123] BFH 11.7.2017 – IX R 36/15, BFHE 258, 427, BStBl. II 2019, 208, Rn. 18.

der Gesellschaft oder den Gesellschaftsgläubigern zu erkennen gegeben hatte, dass er das Darlehen auch in der Krise stehenlassen werde (sog. **krisenbestimmtes Darlehen**).[124] Das war etwa der Fall bei einem Garantieversprechen oder einem Rangrücktritt hinter die Forderungen aller übrigen Gesellschaftsgläubiger.[125]

(3) Finanzplandarlehen 139

Auf die Prüfung, wann die Krise der Gesellschaft eingetreten war und wann die Gesellschafter hiervon Kenntnis erlangt hatten, konnte außerdem bei einem Darlehen verzichtet werden, das von vornherein in die Finanzplanung der Gesellschaft in der Weise einbezogen war, dass die zur Aufnahme der Geschäfte erforderliche Kapitalausstattung der Gesellschaft durch eine Kombination von Eigen- und Fremdfinanzierung erreicht werden sollte (sog. **Finanzplandarlehen**).[126]

(4) Stehengelassenes Darlehen und Bewertung 140

Zur **Bewertung** der ausgefallenen Forderungen unterschied der BFH zwischen folgenden Darlehen:

- in der Krise der Gesellschaft hingegebene Darlehen oder von vornherein in die Finanzplanung der Gesellschaft einbezogene Darlehen („von vornherein eigenkapitalersetzende Finanzierungshilfe"); der Ausfall einer von vornherein eigenkapitalersetzenden Finanzierungshilfe führte zu nachträglichen Anschaffungskosten in Höhe des **Nennwerts** des ausgefallenen Anspruchs;[127]
- Finanzierungshilfen, die erst aufgrund des Eintritts der Krise den Status einer eigenkapitalersetzenden Finanzierungshilfe erlangt hatten (sog. **stehengelassene Darlehen**). In diesem Fall war nur der im Zeitpunkt des Eintritts der Krise beizulegende Wert zu berücksichtigen **(Teilwert).**[128] Der bis zum Eintritt der Krise eingetretene Wertverlust fiel in der (steuerlich unbeachtlichen) privaten Vermögenssphäre an.[129]

(5) Zusammenfassung 141

Aufgrund dieser Rechtsprechung führte der Ausfall der folgenden Darlehen zu nachträglichen Anschaffungskosten auf die Beteiligung:[130]

- **Krisendarlehen** (Bewertung: Nennwert),
- **in der Krise stehengelassene Darlehen** (Bewertung: Teilwert im Zeitpunkt des Stehenlassens),[131]
- **krisenbestimmte Darlehen** (Bewertung: Nennwert),
- **Finanzplandarlehen** (Bewertung: Nennwert).

Lagen diese Voraussetzungen nicht vor, war ein Abzug des Verlusts aus dem Darlehensausfall nicht möglich.[132] 142

---

[124] BFH 24.4.1997 – VIII R 16/94, BFHE 183, 402, BStBl. II 1999, 339, Rn. 18; BFH 4.11.1997 – VIII R 18/94, BFHE 184, 374, BStBl. II 1999, 344, Rn. 26; BFH 7.7.1992 – VIII R 24/90, BFHE 168, 551, BStBl. II 1993, 333, Rn. 32.

[125] BFH 24.4.1997 – VIII R 16/94, BFHE 183, 402, BStBl. II 1999, 339, Rn. 18; BFH 16.4.1991 – VIII R 100/87, BFHE 165, 31, BStBl. II 1992, 234, Rn. 36.

[126] BFH 4.11.1997 – VIII R 18/94, BFHE 184, 374, BStBl. II 1999, 344, Rn. 28.

[127] BFH 10.11.1998 – VIII R 6/96, BFHE 187, 480, BStBl. II 1999, 348; BFH 26.1.1999 – VIII R 50/98, BFHE 188, 295, BStBl. II 1999, 559; BFH 15.5.2006 – VIII B 186/04, BFH/NV 2006, 1472.

[128] BFH 10.11.1998 – VIII R 6/96, BFHE 187, 480, BStBl. II 1999, 348; BFH 26.1.1999 – VIII R 50/98, BFHE 188, 295, BStBl. II 1999, 559.

[129] Vgl. zum Ganzen BFH 11.7.2017 – IX R 36/15, BFHE 258, 427, BStBl. II 2019, 208, Rn. 18, 19.

[130] Schmidt/Weber-Grellet, 33. Auflage 2014, EStG § 17 Rn. 171; Kirchhof/Seer/Gosch EStG § 17 Rn. 97b.

[131] BFH 26.1.1999 – VIII R 79/96, BFH/NV 1999, 924.

[132] Schmidt/Weber-Grellet, 33. Auflage 2014, EStG § 17 Rn. 172.

bb) Neue Rechtsprechung

143 Diese frühere Rechtsprechung beruhte auf der Erwägung, den Veranlassungszusammenhang zwischen Aufwendungen und Einnahmen nicht nach allgemeinen, steuerrechtlichen Kriterien (zB anhand des Fremdvergleichs), sondern entsprechend dem gesellschaftsrechtlichen Eigenkapitalersatzrecht gem. §§ 32a, 32b GmbHG aF zu beurteilen.[133] Die alte Rechtsprechung stellte eine Ausnahme von dem Grundsatz dar, dass eine im Privatvermögen gehaltene Kapitalforderung des Gesellschafters aus einem Gesellschafterdarlehen oder einer zugunsten der Gesellschaft übernommenen Bürgschaft dem Anwendungsbereich des § 20 EStG und nicht demjenigen des § 17 EStG unterfällt, und führte zu einer Durchbrechung der Trennung von steuerlich unbeachtlicher Vermögens- und steuerbarer Erwerbssphäre.[134]

144 Durch das MoMiG[135] wurde das frühere Eigenkapitalersatzrecht jedoch aufgehoben und ersetzt durch den gesetzlichen Nachrang sämtlicher Gesellschafterfinanzierungen im Insolvenzfall gem. § 39 Abs. 1 Nr. 5 InsO. Daher sieht der BFH für die frühere Rechtsprechung nun keine rechtliche Grundlage mehr.

145 Nach der **neuen Rechtsprechung** des BFH können den nachträglichen Anschaffungskosten der Beteiligung grundsätzlich nur solche Aufwendungen des Gesellschafters zugeordnet werden, die nach handels- und bilanzsteuerrechtlichen Grundsätzen zu einer offenen oder verdeckten Einlage in das Kapital der Gesellschaft führen, insbesondere Nachschüsse iSd §§ 26ff. GmbHG, sonstige Zuzahlungen nach § 272 Abs. 2 Nr. 4 HGB wie Einzahlungen in die Kapitalrücklage, Barzuschüsse oder der Verzicht auf eine noch **werthaltige** Forderung.[136] Aufwendungen aus Fremdkapitalhilfen wie der Ausfall eines vormals „krisenbedingten", „krisenbestimmten" oder „in der Krise stehen gelassenen" Darlehens führen hingegen grundsätzlich nicht mehr zu Anschaffungskosten der Beteiligung.[137] Sie sind vielmehr der privaten Vermögensebene zuzuordnen.

146 Hierbei hat der BFH eine **Vertrauensregelung** geschaffen und wendet diese neuen, verschärften Grundsätze erst auf Finanzierungshilfen an, die **nach Veröffentlichung** des Urteils vom 11.7.2017 geleistet wurden.[138] Das Urteil wurde am 27.9. 2017 veröffentlicht. In einer solchen Situation kann die Rechtsprechung ausnahmsweise typisierenden Vertrauensschutz gewähren, ohne dass deshalb ein Verstoß gegen den Grundsatz der Gewaltenteilung anzunehmen ist.[139]

cc) § 17 Abs. 2a EStG nF

147 Der Gesetzgeber hat auf diese neue Rechtsprechung reagiert, indem er dem § 17 EStG einen Abs. 2a angefügt und mit dessen **Satz 3** im Wesentlichen **die frühere Rechtslage wiederhergestellt** hat.[140]

---

[133] BFH 11.7.2017 – IX R 36/15, BFHE 258, 427, BStBl. II 2019, 208, Rn. 22.

[134] BFH 11.7.2017 – IX R 36/15, BFHE 258, 427, BStBl. II 2019, 208, Rn. 33.

[135] Gesetz zur Modernisierung des GmbH-Rechts und zur Bekämpfung von Missbräuchen vom 23.10.2008, BGBl. 2008 I 2026.

[136] BFH 11.7.2017 – IX R 36/15, BFHE 258, 427, BStBl. II 2019, 208, Rn. 37 mwN.

[137] BFH 11.7.2017 – IX R 36/15, BFHE 258, 427, BStBl. II 2019, 208, Rn. 38.

[138] BFH 11.7.2017 – IX R 36/15, BFHE 258, 427, BStBl. II 2019, 208, Rn. 40. Die neue Rechtsprechung wurde bestätigt durch BFH 10.12.2019 – IX R 1/19, BFH/NV 2020, 504.

[139] BFH 2.7.2019 – IX R 13/18, BFHE 265, 333, BStBl. II 2020, 89, Rn. 17.

[140] Vgl. BT-Drs. 19/13436, 111; BFH 18.7.2023 – IX R 21/21, BFH/NV 2024, 80, BStBl. II 2024, 169, Rn. 21ff.; Kirchhof/Seer/Gosch EStG § 17 Rn. 94a; Schmidt/Levedag EStG § 17 Rn. 181.

Nach § 17 Abs. 2a S. 3 EStG[141] gehören zu den nachträglichen Anschaffungskosten iSd § 17 Abs. 2a S. 2 EStG insbesondere **148**
1. offene oder verdeckte Einlagen,
2. Darlehensverluste, soweit die Gewährung des Darlehens oder das Stehenlassen des Darlehens in der Krise der Gesellschaft gesellschaftsrechtlich veranlasst war, und
3. Ausfälle von Bürgschaftsregressforderungen und vergleichbaren Forderungen, soweit die Hingabe oder das Stehenlassen der betreffenden Sicherheit gesellschaftsrechtlich veranlasst war.

Eine **gesellschaftsrechtliche Veranlassung liegt** gem. § 17 Abs. 2a S. 4 EStG regelmäßig vor, wenn ein fremder Dritter das Darlehen oder Sicherungsmittel iSd Nr. 2 oder 3 bei sonst gleichen Umständen zurückgefordert oder nicht gewährt hätte. Damit sind die von der früheren BFH-Rechtsprechung (→ Rn. 136 ff.) erfassten Darlehen und Bürgschaften gemeint; ein fremder Dritter würde nämlich keine Krisenfinanzierung vornehmen.[142] **149**

§ 52 Abs. 25a EStG regelt zur Anwendbarkeit des § 17 Abs. 2a EStG: § 17 Abs. 2a EStG ist erstmals für Veräußerungen iSv § 17 Abs. 1, 4 oder 5 EStG **nach dem 31.7.2019** anzuwenden. Auf **Antrag** des Steuerpflichtigen ist § 17 Abs. 2a S. 1 bis 4 EStG auch für Veräußerungen iSv § 17 Abs. 1, 4 oder 5 EStG vor dem 31.7.2019 anzuwenden. Die Möglichkeit, auf Antrag rückwirkend die Neuregelung des § 17 Abs. 2a EStG in Anspruch zu nehmen, lässt die Vertrauensregelung der Rechtsprechung (→ Rn. 146) aber nicht entfallen.[143] **150**

dd) Berücksichtigung bei den Kapitaleinkünften

Ein Forderungsverlust aus einem vom Gesellschafter an eine Kapitalgesellschaft gegebenen Darlehen kann nach der neueren Rechtsprechung des BFH aber auch Bedeutung für die private Vermögenssphäre haben, und zwar bei den Einkünften aus Kapitalvermögen gem. § 20 EStG. Das gilt zumindest für eine **nicht werthaltige Forderung.** Ein Verzicht auf eine werthaltige Forderung wäre demgegenüber als Einlage zu qualifizieren.[144] **151**

Nach der Rechtsprechung des BFH führt ein Forderungsverzicht eines Gesellschafters, soweit die Forderung **nicht werthaltig** war, gem. § 20 Abs. 2 S. 1 Nr. 7, Satz 2 EStG zu negativen Einkünften.[145] Gemäß § 20 Abs. 2 S. 1 Nr. 7 EStG gehört zu den Einkünften aus Kapitalvermögen auch der Gewinn aus der Veräußerung von sonstigen Kapitalforderungen jeder Art iSd § 20 Abs. 1 Nr. 7 EStG. Gemäß § 20 Abs. 2 S. 2 EStG gilt als Veräußerung idS auch die Einlösung, Rückzahlung, Abtretung oder verdeckte Einlage in eine Kapitalgesellschaft. **152**

Der BFH stellt in seiner neueren Rechtsprechung den Verzicht des Gesellschafters auf den nicht werthaltigen Teil seiner Forderung gegen die Kapitalgesellschaft einer Abtretung iSd § 20 Abs. 2 S. 2 EStG gleich, was **nach Einführung der Abgeltungsteuer** (also für nach dem 31.12.2008 gegebene Darlehen)[146] zu einem steuerlich **153**

---

[141] In der Fassung des Gesetzes zur weiteren steuerlichen Förderung der Elektromobilität und zur Änderung weiterer steuerlicher Vorschriften vom 12.12.2019, BGBl. 2019 I 2451 („Jahressteuergesetz 2019“).

[142] Vgl. BFH 18.7.2023 – IX R 21/21, BFH/NV 2024, 80, BStBl. II 2024, 169, Rn. 21 ff.; Schmidt/Levedag EStG § 17 Rn. 196; vgl. auch BMF 7.6.2022, BStBl. I 2022, 897, Tz. 9; ausführlich zum Ganzen Ott DStZ 2023, 566.

[143] BFH 20.2.2024 – IX R 12/23, DStR 2024, 1712.

[144] Schmidt/Levedag EStG § 20 Rn. 258.

[145] BFH 6.8.2019 – VIII R 18/16, BFHE 265, 531, Rn. 13.

[146] BFH 14.1.2020 – IX R 9/18, BFHE 268, 61, BStBl. II 2020, 490, Rn. 17; BFH 18.7.2023 – IX R 21/21, BFH/NV 2024, 80, BStBl. II 2024, 169, Rn. 40.

zu berücksichtigenden Forderungsausfall führt.[147] Steuerliche Auswirkungen hat der Forderungsverzicht jedoch nur, wenn der Steuerpflichtige für den nicht werthaltigen Teil der Forderung Anschaffungskosten getragen hat.[148]

154 Ein Ansatz des Verlustes bei den Einkünften aus Kapitalvermögen setzt zudem voraus, dass er nicht gem. **§ 20 Abs. 8 EStG** einer anderen Einkunftsart zuzurechnen ist, namentlich den gewerblichen Einkünften gem. § 17 EStG. Vor diesem Hintergrund bewirkt die Neuregelung des § 17 Abs. 2a S. 3 EStG zu Darlehensverlusten ab dem 31.7.2019 und – sofern der Antrag gem. § 52 Abs. 52a S. 2 EStG gestellt wird, auch bereits zuvor –, dass der Forderungsverlust **nicht mehr bei den Einkünften aus Kapitalvermögen berücksichtigt werden kann.**[149] Dies gilt für den Fall des Darlehensverlustes durch Uneinbringlichkeit oder Verzicht; hingegen führt ein Verlust aus der *Veräußerung* eines Darlehens von vornherein nicht zu nachträglichen Anschaffungskosten iSd § 17a Abs. 2a S. 3 EStG, außer es handelt sich um eine verdeckte Einlage.[150]

155 Ungeklärt ist noch, ob § 20 Abs. 8 EStG auch für Darlehen, die vor Einführung des § 17 Abs. 2a EStG gegeben wurden, eine Sperrwirkung entfaltet. Das FG Düsseldorf hat dies verneint, wenn der Ansatz des genannten Darlehens bei den Einkünften iSd § 17 EStG die Einkünfteermittlung gerade nicht beeinflusst hat, weil es im Rahmen dieser Einkunftsart mit 0 EUR zu bewerten ist.[151]

ee) Weitere Einschränkungen

156 Wird der Darlehensverlust bei den Einkünften aus Kapitalvermögen berücksichtigt, hat dies allerdings den „Nachteil", dass er gem. § 20 Abs. 6 S. 1 EStG nicht mit Einkünften aus anderen Einkunftsarten ausgeglichen werden kann. Zudem kann der Verlust bei der Verrechnung mit Einkünften aus Kapitalvermögen nur **bis zur Höhe von 20.000 EUR** berücksichtigt werden (§ 20 Abs. 6 S. 6 EStG).[152]

157 Anders ist dies bei einem Darlehensverlust eines **unternehmerisch beteiligten Gesellschafters,** der zu mindestens 10 % beteiligt ist: Unter den Voraussetzungen des § 32d Abs. 2 Nr. 1 S. 1 Buchst. b EStG kann ein Verlust mit positiven Einkünften anderer Einkunftsarten verrechnet werden. Anzuwenden ist nicht der gesonderte Steuertarif, sondern die tarifliche Einkommensteuer. Gemäß § 32d Abs. 2 Nr. 1 S. 2 EStG findet § 20 Abs. 6 und 9 EStG insoweit keine Anwendung.

158 Hinsichtlich des **werthaltigen** Teils handelt es sich bei einem Verlust aus einem Forderungsverzicht um eine verdeckte Einlage iSd § 20 Abs. 2 S. 2 EStG (→ Kap. G Rn. 31).[153]

---

[147] BFH 6.8.2019 – VIII R 18/16, BFHE 265, 531, Rn. 21; BFH 27.10.2020 – IX R 5/20, BFHE 271, 359, BStBl. II 2021, 600, Rn. 29.

[148] BFH 20.10.2016 – VIII R 27/15, BFHE 256, 248, Rn. 23.

[149] BMF 7.6.2022, BStBl. I 2022, 897, Tz. 21 ff.; Kirchhof/Seer/Bleschick EStG § 20 Rn. 144; Schmidt/Levedag EStG § 20 Rn. 257; Ott DStZ 2023, 566 (567).

[150] BMF 7.6.2022, BStBl. I 2022, 897, Tz. 19; Ott DStZ 2023, 566 (567).

[151] FG Düsseldorf 28.1.2020 – 10 K 2166/16 E, EFG 2020, 444, Rn. 41; der BFH musste im Revisionsverfahren zu der Frage des Konkurrenzverhältnisses nicht Stellung nehmen: BFH 27.10.2020 – IX R 5/20, BFHE 271, 359, BStBl. II 2021, 600, Rn. 41; Überblick zum Meinungsstand bei Levedag GmbHR 2021, 14.

[152] In der Fassung des Gesetzes zur Einführung einer Pflicht zur Mitteilung grenzüberschreitender Steuergestaltungen vom 21.12.2019 (BGBl. 2019 I 2875), das allerdings eine Grenze von 10.000 EUR in § 20 Abs. 6 S. 6 EStG vorsah. Die Grenze von 20.000 EUR wurde durch das Jahressteuergesetz 2020 vom 21.12.2020 (BGBl. 2020 I 3096) eingefügt.

[153] BFH 9.6.1997 – GrS 1/94, BFHE 183, 187, BStBl. II 1998, 307; BFH 6.8.2019 – VIII R 18/16, BFHE 265, 531, Rn. 15.

V. Zusammenfassung

159

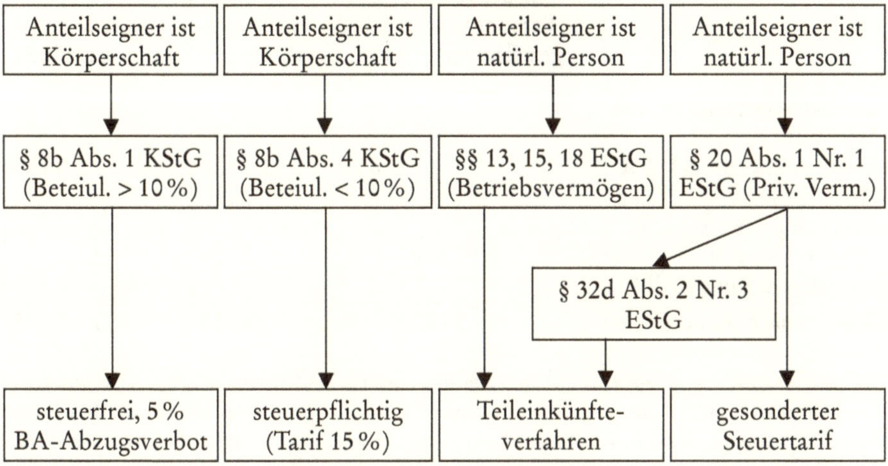

VI. Belastungsvergleich

Die folgende Tabelle zeigt vereinfacht (ohne Berücksichtigung der Kapitalertragsteuer) dargestellt, welcher Steuerbelastung der Anteilseigner einer Kapitalgesellschaft im Falle der Gewinnausschüttung im Vergleich zum Einzelunternehmen bzw. zur Personengesellschaft ausgesetzt ist. Hierbei wird jeweils unterschieden, ob die Anteile im Betriebs- oder im Privatvermögen gehalten werden: 160

	Einzelunternehmen Personengesellschaft	**Kapitalgesellschaft**	
		Anteile im Betriebsvermögen	Anteile im Privatvermögen
Gesellschaft			
Gewinn	10.000	10.000	10.000
GewSt (Hebesatz 450)	-1.575	-1.575	-1.575
KSt		-1.500	-1.500
SolZ		-83	-83
Ausschüttung	8.425	6.843	6.843
Gesellschafter (ESt 30 %)			
Ausschüttung	8.425	6.843	6.843
Bemessungsgrundl. f. ESt	10.000	4.106	6.843
ESt (30 %)	-3.000	-1.232[154]	
anrechenb. GewSt (4,0)[155]	1.400		
verbleibende ESt	-1.600	-1.232	
Abgeltungsteuer			-1.711
Gewinn nach Steuern	**6.825**	**5.611**	**5.132**

[154] Bei einer Beteiligung von über 15 % an der Kapitalgesellschaft ist die Ausschüttung nicht gewerbesteuerpflichtig (§ 9 Nr. 2a GewStG). Dies dient der Vermeidung der Doppelbesteuerung ausgeschütteter Gewinne bei der Kapitalgesellschaft und beim Anteilseigner mit Gewerbesteuer, vgl. Glanegger/Güroff/Güroff GewStG § 9 Nr. 2a Rn. 1. Bei einer Beteiligung von unter 15% fällt zusätzlich Gewerbesteuer an, wobei das Teileinkünfteverfahren keine Anwendung findet (§ 8 Nr. 5 GewStG). Die gezahlte Gewerbesteuer ist aber auf die Einkommensteuer (zum größten Teil) anrechenbar (§ 35 Abs. 1 EStG).

[155] Anrechenbarkeit gem. § 35 Abs. 1 EStG: 4,0-facher Gewerbesteuermessbetrag.

	Einzelunternehmen Personengesellschaft		**Kapitalgesellschaft**			
			Anteile im Betriebsvermögen		Anteile im Privatvermögen	
Gesellschafter (ESt 42 %)						
Ausschüttung		8.425		6.843		6.843
Bemessungsgrundl. f. ESt	10.000		4.106			6.843
ESt (42 %)	-4.200		-1.724			
anrechenb. GewSt (4,0)	1.400					
verbleibende ESt		-2.800		-1.724		
gesonderter Steuertarif[156]						-1.711
Gewinn nach Steuern		**5.625**		**5.119**		**5.132**

161 Die Darstellung zeigt anhand der beiden unterschiedlichen exemplarischen Einkommensteuersätze, dass der Anteilseigner einer Kapitalgesellschaft im Falle der Ausschüttung einer höheren Steuerbelastung ausgesetzt ist als eine natürliche Person, die ein Einzelunternehmen betreibt oder an einer Personengesellschaft beteiligt ist. Steuerliche Vorteile ergeben sich bei der Kapitalgesellschaft nur im Falle der Thesaurierung.

162 Die Unterschiede werden geringer mit zunehmendem Steuersatz der Einkommensteuer.

[156] Einberechnet ist der Solidaritätszuschlag, der gem. § 3 Abs. 3 S. 2 SolZG auf den gesonderten Steuertarif gem. § 32d EStG weiterhin zu erheben ist. Im Falle des Kapitalertragsteuerabzugs ergibt sich dies aus § 3 Abs. 1 Nr. 5 SolZG.

F. Verdeckte Gewinnausschüttung

I. Überblick

1. Gesetzeszweck

Gemäß § 8 Abs. 3 S. 2 KStG mindern verdeckte Gewinnausschüttungen („vGA") 1
sowie Ausschüttungen jeder Art auf Genussrechte, mit denen das Recht auf Beteiligung am Gewinn und am Liquidationserlös der Kapitalgesellschaft verbunden ist, das Einkommen nicht. Es handelt sich um eine Einkommensermittlungsvorschrift.

Sie dient nicht nur dazu, zwischen Einkünfteerzielung und Einkünfteverwen- 2
dung zu unterscheiden, sondern ist auch Ausfluss des Trennungsprinzips, wodurch die Trennung der Kapitalgesellschaft gegenüber ihren Anteilseignern und deren Behandlung als eigenständiges Ertragsteuersubjekt sichergestellt wird. § 8 Abs. 3 S. 2 KStG stellt sicher, dass die der Einkünfteverwendung zuzuordnenden Vorgänge tatsächlich als Ausschüttung behandelt werden.

2. Belastungsvergleich

Die folgenden Beispiele sollen verdeutlichen, warum es für einen Anteilseigner 3
auf den ersten Blick steuerlich reizvoll erscheinen mag, einen Vertrag mit „seiner" Kapitalgesellschaft zu für ihn vorteilhaften und nicht fremdüblichen Konditionen abzuschließen. Die Beispiele zeigen aber auch, dass der Ansatz einer vGA zu erheblichen Nachteilen für die betroffenen Steuerpflichtigen führt.

Beispiel: A ist alleiniger Gesellschafter und Geschäftsführer der A-GmbH. Diese erwirtschaf- 4
tet einen Gewinn (ohne Geschäftsführer-Gehalt) von 10.000 EUR pro Monat. Das Monatsgehalt von A beträgt 5.000 EUR. Sein durchschnittlicher Steuersatz liegt bei 30 %.

Es ergibt sich die folgende vereinfachte Berechnung: 5

	Einzelunternehmen		**Kapitalgesellschaft** Anteile im Privatvermögen	
<u>**Gesellschaft**</u>				
Gewinn vor GeFü-Gehalt		10.000		10.000
GeFü-Gehalt				-5.000
Gewinn vor Steuern		10.000		5.000
abzgl. Gewerbesteuer	-1.575		-788	
abzgl. KSt + SolZ			-791	
„Ausschüttung"		8.425		3.421
<u>**Gesellschafter**</u>				
ESt (30 %)		-3.000		-1.500
Anrechnung Gewerbesteuer		1.400		
gesonderter Steuertarif				-855
Einkünfte nach Steuern		**6.825**		**6.066**

Die Berechnung zeigt, dass das Einzelunternehmen gegenüber der Kapitalgesell- 6
schaft im Ausschüttungsfall steuerliche Vorteile bietet. Der Umfang der tatsächli-

chen Vorteile hängt allerdings entscheidend vom persönlichen Steuersatz des Gesellschafters ab, welcher der Progression gem. § 32a Abs. 1 EStG unterliegt.

7 **Abwandlung 1:** A erkennt die steuerlichen Nachteile der Kapitalgesellschaft, möchte aber aus zivilrechtlichen Überlegungen dennoch an der Rechtsform festhalten. Um die steuerlichen Nachteile zu umgehen, ändert er durch eine einfache Vertragsanpassung sein Gehalt als Geschäftsführer auf 10.000 EUR monatlich. Hierdurch möchte er erreichen, dass das Gehalt nur der Einkommensteuer unterliegt.

8 Die Berechnung ändert sich wie folgt:

	Einzelunternehmen		Kapitalgesellschaft Anteile im Privatvermögen	
Gesellschaft				
Gewinn vor GeFü-Gehalt		10.000		10.000
GeFü-Gehalt				-10.000
Gewinn vor Steuern		10.000		0
abzgl. Gewerbesteuer	-1.575		0	
abzgl. KSt + SolZ			0	
„Ausschüttung“		8.425		0
Gesellschafter				
ESt (30 %)		-3.000		-3.000
Anrechnung Gewerbesteuer		1.400		
gesonderter Steuertarif				0
Einkünfte nach Steuern		**6.825**		**7.000**

9 Die Berechnung zeigt, dass die steuerlichen Nachteile der Kapitalgesellschaft nun scheinbar eliminiert sind, da der Gewinn in Gestalt des Geschäftsführer-Gehalts nur noch der Einkommensteuer unterworfen wird. Zudem sind sogar die Nachteile der Gewerbesteuer eliminiert, da keine Gewerbesteuer mehr anfällt.

10 **Abwandlung 2:** Um auch die steuerliche Gestaltung „auf die Spitze zu treiben“, ändert A sein Monatsgehalt nun auf 12.000 EUR. Der Cashflow ist wegen einer höheren AfA vorhanden. Die Gefahr einer späteren Insolvenz nimmt A in Kauf.

11 Die Berechnung ändert sich wie folgt:

	Einzelunternehmen		Kapitalgesellschaft Anteile im Privatvermögen	
Gesellschaft				
Gewinn vor GeFü-Gehalt		10.000		10.000
GeFü-Gehalt				-12.000
Gewinn vor Steuern		10.000		-2.000
abzgl. Gewerbesteuer	-1.575		0	
abzgl. KSt + SolZ			0	
„Ausschüttung“		8.425		0
Gesellschafter				
ESt (30 %)		-3.000		-3.600
Anrechnung Gewerbesteuer		1.400		
gesonderter Steuertarif				0
Einkünfte nach Steuern		**6.825**		**8.400**

Die Berechnung zeigt, dass durch eine unsachgemäße Vertragsgestaltung der Kapitalgesellschaft sogar eine höhere Liquidität entzogen werden kann als der Gewinn, über den sie verfügt. 12

Lösung: Das Geschäftsführer-Gehalt des A ist als vGA anzusehen, soweit es monatlich den Betrag von 5.000 EUR übersteigt. Nur in dieser Höhe ist das Gehalt im Vergleich zum monatlichen Gewinn angemessen (zur Angemessenheit → Rn. 118). 13

Damit ändert sich die Berechnung aus → Rn. 8 wie folgt: 14

	Einzelunternehmen		**Kapitalgesellschaft** Anteile im Privatvermögen	
Gesellschaft				
Gewinn vor GeFü-Gehalt		10.000		10.000
GeFü-Gehalt				-10.000
vGA				5.000
Gewinn vor Steuern		10.000		5.000
abzgl. Gewerbesteuer	-1.575		-788	
abzgl. KSt + SolZ			-791	
„Ausschüttung“		8.425		3.421
Gesellschafter				
ESt (30 %)		-3.000		-1.500
Anrechnung Gewerbesteuer		1.400		
gesonderter Steuertarif				-1.319
Einkünfte nach Steuern		**6.825**		**5.602**

Bei dieser Berechnung wird derjenige Teil des Gehalts (10.000 EUR), der bei der Kapitalgesellschaft als Aufwand abgezogen wurde und der das angemessene Gehalt übersteigt (5.000 EUR), als vGA außerbilanziell dem Einkommen hinzugerechnet. Beim Gesellschafter wird nur noch das angemessene Gehalt von 5.000 EUR der Einkommensteuer unterworfen (ESt: 1.500 EUR), die vGA unterliegt dem gesonderten Steuertarif von 25 % zzgl. Solidaritätszuschlag, da die Anteile im Privatvermögen gehalten werden (1.319 EUR). 15

Die Berechnung zeigt, dass die Steuerbelastung nach Ansatz einer vGA sogar höher ist als im obigen Ausgangsbeispiel. Der Grund für diesen Effekt liegt darin, dass bei Ansatz einer vGA die Differenz zwischen angemessenem und tatsächlichem Gehalt in voller Höhe als ausgeschüttet gilt, während im Ausgangsbeispiel (→ Rn. 5) nur der Gewinn nach Abzug von Körperschaft- und Gewerbesteuer ausgeschüttet und dem gesonderten Steuertarif unterworfen wurde. 16

3. Abgrenzung gegenüber anderen Vorschriften

a) Abgrenzung zu § 20 Abs. 1 Nr. 1 S. 2 EStG

Gemäß § 20 Abs. 1 Nr. 1 S. 2 EStG gehören bei den Einkünften aus Kapitalvermögen zu den sonstigen Bezügen auch vGA. Ebenso wie bei § 8 Abs. 3 S. 2 KStG ist auch im Einkommensteuerrecht der Begriff der verdeckten Gewinnausschüttung nicht gesetzlich definiert. Die Tatbestandsmerkmale sind überwiegend, aber nicht vollständig deckungsgleich. 17

Der wesentliche Unterschied zu § 8 Abs. 3 S. 2 KStG besteht darin, dass bei den Einkünften aus Kapitalvermögen das **Zuflussprinzip** gem. § 11 Abs. 1 EStG gilt. Damit kann die Besteuerung des Gesellschafters erst nach dem Zufluss erfolgen. 18

Diese kann sowohl zeitlich als auch betragsmäßig von derjenigen der Gesellschaft abweichen.

19 Der für § 20 Abs. 1 Nr. 1 S. 2 EStG zuständige VIII. Senat des BFH definiert die vGA in ständiger Rechtsprechung wie folgt: Eine vGA im Sinne dieser Vorschrift liegt vor, wenn die Kapitalgesellschaft ihrem Gesellschafter außerhalb der gesellschaftsrechtlichen Gewinnverteilung einen Vorteil zuwendet und diese Zuwendung ihren Anlass im Gesellschaftsverhältnis hat. Eine gesellschaftliche Veranlassung ist gegeben, wenn ein ordentlicher und gewissenhafter Geschäftsführer diesen Vorteil einem Nichtgesellschafter nicht zugewendet hätte. Die vGA ist bei dem Gesellschafter in dem Zeitpunkt zu erfassen, in dem ihm der Vermögensvorteil zufließt (zum Zufluss → Rn. 107f.).[1]

b) Abgrenzung zur Liebhaberei

20 Nach ständiger Rechtsprechung des I. Senats des BFH verfügen Kapitalgesellschaften steuerlich gesehen über **keine außerbetriebliche Sphäre** (bereits → Kap. C Rn. 10).[2] Daher kommt eine Abgrenzung zu einer privaten Sphäre – ähnlich § 12 EStG – nicht in Betracht. Alle Aufwendungen der Kapitalgesellschaft sind durch den Betrieb veranlasst und damit Betriebsausgaben iSv § 8 Abs. 1 KStG iVm § 4 Abs. 4 EStG.

21 Klassische Fälle wie etwa Hobby, Freizeit oder Luxus können aber entweder dem Betriebsausgabenabzugsverbot gem. § 8 Abs. 1 KStG iVm § 4 Abs. 5 EStG unterliegen oder als vGA anzusehen sein (→ Rn. 26, 83). Im letzteren Fall liegt ein wesentlicher Unterschied zum Einkommensteuerrecht darin, dass der Vorteilsempfänger ein Gesellschafter oder eine diesem nahestehende Person sein muss.

c) Abgrenzung zu nichtabziehbaren Aufwendungen gem. § 4 Abs. 5 EStG

22 Nichtabziehbar sind auch bei Kapitalgesellschaften etwa Aufwendungen für Jagd, Fischerei, Segel- oder Motorjachten gem. § 4 Abs. 5 S. 1 Nr. 4 EStG. Als Aufwendungen für „ähnliche Zwecke" im Sinne dieser Vorschrift werden zB Aufwendungen für Golfturniere gefasst.[3]

23 Das Abzugsverbot nach § 4 Abs. 5 S. 1 Nr. 4 EStG gilt ausnahmsweise nicht, soweit die vorgenannten Zwecke Gegenstand einer mit Gewinnabsicht ausgeübten Betätigung des Steuerpflichtigen sind (§ 4 Abs. 5 S. 2 EStG). Das ist etwa der Fall, wenn die Vermietung oder Verpachtung von Segel- oder Motorjachten Unternehmensgegenstand ist.

24 Obwohl § 4 Abs. 5 EStG ein Betriebsausgabenabzugsverbot statuiert, handelt es sich technisch nicht um ein Verbot des Abzugs von Betriebsausgaben in der Steuerbilanz, da wie beschrieben alle Aufwendungen der Kapitalgesellschaft ausnahmslos **betrieblich veranlasst** sind (bereits → Kap. C Rn. 10). Vielmehr werden die Aufwendungen, die dem Abzugsverbot unterliegen, dem Gewinn **außerbilanziell** hinzugerechnet. Damit ergeben sich ähnliche Rechtsfolgen wie bei der vGA.

25 Der BFH sieht § 4 Abs. 5 EStG und § 8 Abs. 3 S. 2 KStG als gleichrangig an.[4] Im Fall der Begünstigung eines Gesellschafters führt dies dazu, dass das Finanzamt **wählen** kann, welche Gewinnkorrekturvorschrift es anwendet.[5] Typischerweise

---

[1] BFH 5.9.2023 – VIII R 2/20, BFH/NV 2024, 9, Rn. 17; BFH 10.12.2019 – VIII R 2/17, BFHE 267, 361, BStBl. II 2020, 679, Rn. 24; BFH 24.6.2014 – VIII R 54/10, BFH/NV 2014, 1501, Rn. 15.

[2] BFH 31.3.2004 – I R 83/03, BFHE 206, 58; BFH 4.12.1996 – I R 54/95, BFHE 182, 123; BFH 8.7.1998 – I R 123/97, BFHE 186, 540; BFH 8.8.2001 – I R 106/99, BFHE 196, 173, BStBl. II 2003, 487.

[3] BFH 29.12.2008 – X B 123/08, BFH/NV 2009, 752.

[4] BFH 4.12.1996 – I R 54/95, BFHE 182, 123.

[5] BFH 4.12.1996 – I R 54/95, BFHE 182, 123; MOV/Klein/Müller/Döpper KStG § 8 Rn. 221.

wird das Finanzamt im Falle einer Gesetzeskonkurrenz die vGA wählen, da diese durch die Zurechnung von Einkünften aus Kapitalvermögen beim Gesellschafter in der Summe zu höheren Steuereinnahmen führt.

Beispiel: Scheich A ist Alleingesellschafter der A-Ltd. mit Sitz in London. Director ist Herr B, der die A-Ltd. ausschließlich von Hamburg aus leitet. A ist Ölproduzent und möchte sein Produkt mithilfe der A-Ltd. auf dem deutschen Markt einführen. Als Werbeträger hat er sich einen Fußballverein in Hamburg ausersehen, deren Hauptsponsor die A-Ltd. werden soll. **26**

Zur Kontaktpflege mit den örtlichen Fußballmanagern benötigt die A-Ltd. eine Jacht, die sie zum Preis von 60 Mio. EUR erworben hat. Die Jacht hat im Hamburger Hafen angelegt. Hier halten A und B regelmäßig Meetings mit Vertretern des Fußballvereins ab (80 % der Nutzung). Allerdings nutzt A die Jacht zu 20 % auch kostenlos für private Festivitäten. Den Aufwand für die Jacht verbucht die A-Ltd. vollständig als betrieblichen Aufwand. Ist dies korrekt?

Lösung: Bezüglich der betrieblichen Nutzung der Jacht (80 %) ist das Abzugsverbot gem. § 4 Abs. 5 S. 1 Nr. 4 EStG zu beachten. Die Aufwendungen für die Jacht sind außerbilanziell hinzuzurechnen, da die Jacht nicht Gegenstand des Unternehmenszwecks ist (§ 4 Abs. 5 S. 2 EStG).

Die kostenlose Privatnutzung (20 %) ist eine verhinderte Vermögensmehrung, da die Ltd. hierfür keine Miete erhalten hat. Dies ist auch durch das Gesellschaftsverhältnis veranlasst, da ein ordentlicher und gewissenhafter Kaufmann die Jacht einem fremden Dritten nur gegen angemessenes Entgelt überlassen hätte (und dann insoweit auch die Abzugsbeschränkung gem. § 4 Abs. 5 S. 2 EStG nicht gelten würde). Es liegt also eine vGA vor, die bei der A-Ltd. gem. § 8 Abs. 3 S. 2 KStG außerbilanziell hinzugerechnet wird. Die Höhe der Hinzurechnung richtet sich nach dem marktüblichen Entgelt für die Jacht.

Falls die betriebliche Nutzung (80 %) durch das Gesellschaftsverhältnis veranlasst ist, hat das Finanzamt ein Wahlrecht der Rechtsfolge.

d) Abgrenzung zu § 42 AO

Gemäß § 42 Abs. 1 S. 1 AO kann durch Missbrauch von Gestaltungsmöglichkeiten des Rechts das Steuergesetz nicht umgangen werden. Ein Missbrauch liegt nach § 42 Abs. 2 S. 1 AO vor, wenn eine unangemessene rechtliche Gestaltung gewählt wird, die beim Steuerpflichtigen oder einem Dritten im Vergleich zu einer angemessenen Gestaltung zu einem gesetzlich nicht vorgesehenen Steuervorteil führt. **27**

Die vGA ist kein Fall eines Missbrauchs von Gestaltungsmöglichkeiten. Gleichwohl können sich Abgrenzungsschwierigkeiten ergeben. Soweit eine vGA tatbestandlich vorliegt, kann nicht zusätzlich ein Missbrauch von Gestaltungsmöglichkeiten angenommen werden.[6] **28**

II. Voraussetzungen

Unter einer vGA iSd § 8 Abs. 3 S. 2 KStG ist nach der Rechtsprechung des I. Senats des BFH[7] eine Vermögensminderung (verhinderte Vermögensmehrung) zu verstehen, die durch das Gesellschaftsverhältnis veranlasst ist, sich auf die Höhe des Unterschiedsbetrages gem. § 4 Abs. 1 S. 1 EStG iVm § 8 Abs. 1 KStG auswirkt und in keinem Zusammenhang zu einer offenen Ausschüttung steht. Für den größten Teil der entschiedenen Fälle hat der I. Senat des BFH die Veranlassung durch das Gesellschaftsverhältnis angenommen, wenn die Kapitalgesellschaft ihrem Gesellschafter einen Vermögensvorteil zuwendet, den sie bei der Sorgfalt eines ordentlichen und gewissenhaften Geschäftsleiters einem Nichtgesellschafter nicht gewährt **29**

---

[6] BFH 1.2.1989 – I R 2/85, BStBl. II 1989, 473; die Vorinstanz war demgegenüber von einem Missbrauch von Gestaltungsmöglichkeiten ausgegangen; vgl. Klein/Ratschow AO § 42 Rn. 161.

[7] Zu der im Detail unterschiedlichen Definition der vGA durch den VIII. Senat des BFH, der für § 20 Abs. 1 Nr. 1 S. 2 EStG zuständig ist, vgl. → Rn. 19.

hätte. Zudem muss der Vorgang geeignet sein, einen sonstigen Bezug iSd § 20 Abs. 1 Nr. 1 S. 2 EStG auszulösen.[8]

30 Die Finanzverwaltung formuliert demgegenüber wie folgt: Eine vGA iSd § 8 Abs. 3 S. 2 KStG ist eine Vermögensminderung oder verhinderte Vermögensmehrung, die durch das Gesellschaftsverhältnis veranlasst ist, sich auf die Höhe des Unterschiedsbetrages iSd § 4 Abs. 1 S. 1 EStG auswirkt und nicht auf einem den gesellschaftsrechtlichen Vorschriften entsprechenden Gewinnverteilungsbeschluss beruht.[9] Es bestehen also zwei wesentliche Unterschiede zur Formulierung des I. Senats des BFH: Nach dem BFH schließt bereits eine offene Ausschüttung eine vGA aus, nach der Verwaltungsauffassung nur ein formeller Gewinnverteilungsbeschluss.[10] Der BFH verlangt zudem als fünftes Tatbestandsmerkmal, dass die Unterschiedsbetragsminderung bei der Körperschaft die Eignung hat, beim Gesellschafter einen sonstigen Bezug iSd § 20 Abs. 1 Nr. 1 S. 2 EStG auszulösen, was nach Verwaltungsauffassung nicht erforderlich ist.

1. Vermögensminderung oder verhinderte Vermögensmehrung

a) Fallgruppen

31

Vermögensminderung	verhinderte Vermögensmehrung
Bsp. Dienstvertrag	
GmbH gewährt Gesellschafter unangemessen hohe Vergütung/Pensionszusage	GmbH überlässt Gesellschafter Arbeitnehmer gegen zu geringes Entgelt
Bsp. Miet- und Pachtvertrag	
GmbH zahlt für Geschäftsräume eine zu hohe Miete an Gesellschafter	GmbH vermietet Gesellschafter ein Grundstück zu einem zu niedrigen Mietzins
Bsp. Darlehen	
GmbH leistet für ein Darlehen des Gesellschafters unangemessen hohe Zinsen	GmbH gewährt dem Gesellschafter ein Darlehen zu einem zu niedrigen Zins

b) Vermögensminderung

32 Eine für eine vGA ausreichende Vermögensminderung setzt einen Vorgang voraus, der zu einer Verminderung des in der Steuerbilanz zu erfassenden Betriebsvermögens der Kapitalgesellschaft führt.[11] Eine Vermögensminderung ist also anzunehmen, wenn die Kapitalgesellschaft Aufwand tätigt, dem keine angemessene Gegenleistung gegenübersteht.[12] Die Vermögensminderung ist mithilfe der **Steuerbilanz** zu ermitteln, sodass der Begriff der Vermögensminderung unscharf ist; tatsächlich muss es sich um eine Gewinnminderung handeln.[13] Es muss also ein Vor-

---

[8] BFH 7.8.2002 – I R 2/02, BStBl. II 2004, 131; seither ständige Rechtsprechung; vgl. aus jüngerer Zeit zB BFH 22.11.2023 – I R 9/20, BFHE 283, 27, BStBl. II 2024, 523 Rn. 15; BFH 13.7.2021 – I R 16/18, BFHE 274, 36, BStBl. II 2022, 119, Rn. 15; BFH 13.3.2019 – I R 18/19, BFH/NV 2019, 1440, Rn. 21.

[9] KStR 8.5 Abs. 1 S. 1.

[10] Vgl. dazu → Rn. 48ff.

[11] BFH 15.12.2004 – I R 6/04, BStBl. II 2009, 197, Rn. 10.

[12] Brandis/Heuermann/Rengers KStG § 8 Rn. 275.

[13] BFH 15.12.2004 – I R 6/04, BStBl. II 2009, 197, Rn. 10; BFH 31.3.2004 – I R 65/03, BFHE 206, 32, BStBl. II 2005, 664, Rn. 8; FG Düsseldorf 28.10.2022 – 1 K 465/19 E, AO, BeckRS 2022, 56529 Rn. 87, Rev. BFH VIII R 10/24.

gang vorliegen, der ergebniswirksam im Sinne einer Minderung des Eigenkapitals ist.

Beispiel 1: Die Gesellschaft hat gegen den Gesellschafter einen aktivierbaren Schadensersatzanspruch, weil der Gesellschafter als Geschäftsführer nicht die Sorgfalt eines ordentlichen Kaufmanns angewandt hat (§ 43 GmbHG). Die Entstehung des Anspruchs ist im Saldo ergebnisneutral, da sie einen Schaden kompensiert. Verzichtet die Gesellschaft später auf den bereits bilanzierten Schadensersatzanspruch, liegt eine Vermögensminderung vor. 33

Beispiel 2: Die Gesellschaft bildet eine Rückstellung für eine überhöhte Pensionszusage. Obwohl der Gesellschafter noch keine Zuwendung erhalten hat, liegt eine Vermögensminderung vor, da die Rückstellungsbildung ergebniswirksam ist.
Hat die Gesellschaft hingegen für die Pensionszusage eine Rückdeckungsversicherung abgeschlossen, kann die Vermögensminderung mit dem Ersatzanspruch kompensiert werden.[14]

Beispiel 3: Die Aktivierung einer Darlehensforderung führt noch nicht zu einer Vermögensminderung. Erst die Zahlung von überhöhten Zinsen durch die Gesellschaft oder etwa die Teilwertberichtigung des Darlehensanspruchs ist eine Vermögensminderung.

Im obigen Beispiel 1 ist aber zu berücksichtigen, dass die Einbuchung eines Schadensersatzanspruchs gegen den Gesellschafter-Geschäftsführer bilanziell erst dann möglich ist, wenn der Anspruch **konkretisiert** ist. Dies ist grundsätzlich bei seiner Entstehung der Fall.[15] Bestreitet der Geschäftsführer hingegen die Forderung, ist diese erst zu aktivieren, wenn sie rechtskräftig zuerkannt ist oder der Schuldner sein Bestreiten aufgibt und sie anerkennt.[16] Solange der Gesellschafter den Anspruch bestreitet, kann bereits die zugrunde liegende schädigende Handlung zu einer Vermögensminderung führen. 34

Nur wenn der Schadensersatzanspruch gem. § 43 GmbHG nicht bestritten wird bzw. zu aktivieren ist, kommt es zu einer Saldierung von Schaden und Ersatzanspruch, welcher eine Vermögensminderung zunächst ausschließt. Erst ein evtl. späterer Verzicht der Gesellschaft auf den Schadensersatzanspruch führt dann zu einer Vermögensminderung. 35

c) Verhinderte Vermögensmehrung

Eine verhinderte Vermögensmehrung ist anzunehmen, wenn die Kapitalgesellschaft für eine von ihr erbrachte Leistung kein angemessenes Entgelt erhält.[17] Die Hinzurechnung einer verhinderten Vermögensmehrung entspricht also der Versteuerung eines „entgangenen Gewinns". Hier wird der **bilanzierte** Gewinn mit demjenigen verglichen, der sich ergeben hätte, wenn die unterbliebene Einnahme stattgefunden hätte. Die verhinderte Vermögensmehrung bemisst sich nach dem marktüblichen Entgelt.[18] Sie wird auch beschrieben als eine „negative Größe des Gewinnverzichts".[19] Es handelt sich um eine fiktive Größe (Soll-Einnahme, Soll-Gewinnerhöhung), die sich als solche aus dem Fremdvergleich erschließt.[20] 36

Bei der **Überlassung** einer Sache von der Gesellschaft an einen Gesellschafter kommt eine verhinderte Vermögensmehrung nicht nur dann in Betracht, wenn die Sache kostenfrei oder verbilligt vom Gesellschafter genutzt wird. Für die Annahme 37

---

[14] In diesem Fall fehlt es auch an der Eignung, beim Gesellschafter einen sonstigen Bezug iSd § 20 Abs. 1 Nr. 1 S. 2 EStG auszulösen, vgl. BFH 7.8.2002 – I R 2/02, BStBl. II 2004, 131.
[15] BFH 10.2.1994 – IV R 37/92, BStBl. II 1994, 564.
[16] BFH 15.3.2000 – II R 15/98, BStBl. II 2000, 588.
[17] Brandis/Heuermann/Rengers KStG § 8 Rn. 275.
[18] BFH 12.6.2013 – I R 109–111/10, BFHE 241, 549, BStBl. II 2013, 1024, Rn. 13; Gosch KStG/Gosch/Roser KStG § 8 Rn. 253a.
[19] Gosch KStG/Gosch/Roser KStG § 8 Rn. 253.
[20] Gosch KStG/Gosch/Roser KStG § 8 Rn. 253.

einer verdeckten Gewinnausschüttung reicht, die Zuwendung einer unentgeltlichen oder verbilligten privaten Nutzungsmöglichkeit; einer tatsächlichen Nutzung bedarf es nicht. Allerdings genügt nicht die bloße Möglichkeit eines Gesellschafters, auf ein betriebliches Wirtschaftsgut privat zugreifen zu können, weil es dann an einer Zuwendung fehlt.[21] Eine vGA in Form einer verhinderten Vermögensmehrung kann sich auch daraus ergeben, dass der Gesellschafter eigenen **Aufwand erspart.**[22]

38 Für die verhinderte Gewinnwirksamkeit ist die Steuerbilanz maßgeblich. Es kommt also darauf an, ob die Vermögensmehrung gewinnwirksam gewesen wäre, wenn sie vereinnahmt worden wäre.

39 **Beispiel 1:** In dem unter → Rn. 33 beschriebenen Bsp. 1 hat die Gesellschaft gegen den Gesellschafter einen Schadensersatzanspruch, weil der Gesellschafter als Geschäftsführer nicht die Sorgfalt eines ordentlichen Kaufmanns angewandt hat (§ 43 GmbHG).

Noch bevor dieser Anspruch bilanziert wird oder werden kann, verzichtet die Gesellschaft darauf. In dem Verzicht des noch nicht erfassten Anspruchs liegt eine verhinderte Vermögensmehrung vor.

Beispiel 2: In dem Verzicht einer Kapitalgesellschaft auf einen in Wahrheit nicht bestehenden, von dem Dritten aber im Wege des Vergleichs anerkannten Anspruch kann eine vGA liegen.[23]

Beispiel 3: Der Geschäftsführer einer GmbH, die ein Restaurant betreibt, führt Bareinnahmen teilweise nicht der Kasse und nicht der Buchführung zu („Schwarzeinnahmen"). Die nicht erfassten Einnahmen stellen eine verhinderte Vermögensmehrung dar.[24]

2. Auswirkung auf die Höhe des Unterschiedsbetrages

40 Der Unterschiedsbetrag nach § 4 Abs. 1 S. 1 EStG ergibt sich aus dem **Jahresüberschuss** entsprechend der Steuerbilanz. Auch hier kommt es also auf die **bilanzielle** Auswirkung an (→ Rn. 32, 36).

41 Eine „Auswirkung" ergibt sich sowohl dann, wenn sich der Vorgang gewinnmindernd auswirkt, also im ersten Tatbestandsmerkmal eine Vermögensminderung vorliegt, als auch dann, wenn es sich im ersten Tatbestandsmerkmal um eine verhinderte Vermögensmehrung handelt. Dann hätte nämlich der Unterschiedsbetrag gem. § 4 Abs. 1 S. 1 EStG höher sein müssen.

42 Es stellt sich die Frage, worin der **Unterschied** zum ersten Tatbestandsmerkmal der „Vermögensminderung oder verhinderten Vermögensmehrung" zu sehen ist, wenn beide Tatbestandsmerkmale ausschließlich hinsichtlich ihrer bilanziellen Auswirkungen zu würdigen sind.

43 Der Unterschied zwischen der „Vermögensminderung oder verhinderte[n] Vermögensmehrung" und der „Auswirkung auf die Höhe des Unterschiedsbetrags gem. § 4 Abs. 1 S. 1 EStG" ist nur unter Berücksichtigung des § 4 Abs. 2 EStG zu erkennen.[25] Eine „Auswirkung auf den Unterschiedsbetrag" liegt nur dann vor, wenn nicht die Voraussetzungen einer Bilanzberichtigung oder Bilanzänderung

---

[21] BFH 1.10.2024 – VIII R 4/21, IStR 2025, 21, zur Nutzungsmöglichkeit einer in Spanien belegenen Immobilie durch den in Deutschland ansässigen Gesellschafter.

[22] BFH 22.5.2024 – I R 2/21, BFH/NV 2024, 1337. In diesem vom BFH entschiedenen Fall ergab sich die Aufwandsersparnis aus dem Verzicht auf die Vereinbarung eines Erstattungs- bzw. Ausgleichsanspruchs.

[23] BFH 18.11.1980 – VIII R 8/78, BStBl. II 1981, 261.

[24] Hier ist aber sorgfältig zu prüfen, ob die „Schwarzeinnahmen" tatsächlich vom Gesellschafter selbst vereinnahmt wurden, da die verhinderte Vermögensmehrung nur dann durch das Gesellschaftsverhältnis veranlasst ist. Vgl. dazu → Rn. 53 ff.

[25] MOV/Klein/Müller/Döpper KStG § 8 Rn. 317.

gem. § 4 Abs. 2 EStG gegeben sind, wenn also nicht eine Korrektur im Wege der Bilanzberichtigung innerhalb der Steuerbilanz vorzunehmen ist.[26]

Gemäß § 4 Abs. 2 S. 1 EStG darf der Steuerpflichtige die Bilanz auch nach ihrer Einreichung beim Finanzamt ändern, soweit sie den Grundsätzen ordnungsgemäßer Buchführung unter Befolgung der Vorschriften des EStG nicht entspricht; diese Änderung ist nicht zulässig, wenn die Bilanz einer Steuerfestsetzung zugrunde liegt, die nicht mehr aufgehoben oder geändert werden kann (sog. **Bilanzberichtigung**). Darüber hinaus ist eine Änderung der Bilanz nur zulässig, wenn sie in einem engen zeitlichen und sachlichen Zusammenhang mit einer Änderung nach § 4 Abs. 2 S. 1 EStG steht und soweit die Auswirkung der Änderung nach Satz 1 auf den Gewinn reicht (sog. **Bilanzänderung**). **44**

Liegt der Vermögensminderung oder verhinderten Vermögensmehrung ein **Bilanzierungsfehler** zugrunde, so kann der falsche Ansatz unter den Voraussetzungen des § 4 Abs. 2 S. 1 EStG im Wege der Bilanzberichtigung ersetzt werden. Dies setzt eine Korrektur an der **Fehlerquelle** voraus.[27] Die Bilanzänderung ist hingegen nur sehr eingeschränkt möglich und führt zu einem Austausch von richtigen Bilanzansätzen. Ihr Anwendungsbereich eröffnet sich nur außerhalb von Bilanzierungsfehlern. Aufgrund des vom Großen Senat des BFH[28] konstatierten objektiven Fehlerbegriffs hat die Bilanzänderung bei Rechtsfehlern an Bedeutung verloren.[29] **45**

Soweit eine Bilanzänderung oder Bilanzberichtigung möglich ist, kommt es nicht zu einer Auswirkung auf den Unterschiedsbetrag nach § 4 Abs. 1 S. 1 EStG. **46**

Beispiel: Die Rückstellung für eine Pensionszusage des Gesellschafter-Geschäftsführers wird im Wege der Bilanzberichtigung gem. § 4 Abs. 2 S. 1 EStG berichtigt, weil ansonsten die Voraussetzungen des § 6a EStG nicht vorliegen würden. **47**

Hat zB die Gesellschaft im Vorjahr die Zuführung zur Rückstellung übersehen, kann sie wegen des Nachzahlungsverbots gem. § 6a Abs. 4 EStG diesen Fehler nur im Wege der Bilanzberichtigung korrigieren, sofern deren Voraussetzungen vorliegen.

3. Keine offene Ausschüttung

Während die Finanzverwaltung in KStR 8.5 Abs. 1 einen nicht den gesellschaftsrechtlichen Vorschriften entsprechenden Gewinnverteilungsbeschluss verlangt, ist für die Rechtsprechung der fehlende Zusammenhang zu einer offenen Ausschüttung relevant.[30] Die von der Verwaltung verwendete Formulierung hat ihre Ursache im ehemaligen Körperschaftsteueranrechnungssystem (→ Kap. E Rn. 7ff.). Damals wurde hinsichtlich der Eigenkapitalverwendung zwischen einem ordentlichen Gewinnverteilungsbeschluss und einer anderen Ausschüttung unterschieden. Diese Unterscheidung ist seit Einführung des Halbeinkünfteverfahrens entfallen, weswegen der BFH seit dem Urteil vom 7.8.2002 seine Formulierung geändert hat. **48**

Zu den offenen Ausschüttungen zählen die **ordentliche Gewinnausschüttung** laut ordnungsgemäßem Gewinnverteilungsbeschluss, die **verunglückte Gewinnausschüttung** aufgrund eines nicht ordnungsgemäßen Gewinnverteilungsbeschlusses sowie die **Vorabausschüttung** vor Feststellung des Jahresabschlusses. Alle übrigen Ausschüttungen können als verdeckt angesehen werden.[31] **49**

---

[26] BFH 31.3.2004 – I R 65/03, BFHE 206, 32, BStBl. II 2005, 664, Rn. 8.

[27] Schmidt/Loschelder EStG § 4 Rn. 280; BeckOK EStG/Meyer EStG § 4 Rn. 1208 mit vielen Nachweisen.

[28] Beschluss des Großen Senats des BFH 31.1.2013 – GrS 1/10, BStBl. II 2013, 317.

[29] Schmidt/Loschelder EStG § 4 Rn. 350.

[30] BFH 7.8.2002 – I R 2/02, BStBl. II 2004, 131, ständige Rechtsprechung.

[31] MOV/Klein/Müller/Döpper KStG § 8 Rn. 330.

50 Die Fallgruppe der Vorabausschüttung ist in der Praxis relevant bei einer inkongruenten Vorabausschüttung, die von der Finanzverwaltung bisweilen als vGA angesehen wird, von der Rechtsprechung hingegen – zumindest unter der Voraussetzung einer zivilrechtlichen Wirksamkeit der inkongruenten Vorabausschüttung – steuerrechtlich anerkannt wird.[32]

4. Veranlassung durch das Gesellschaftsverhältnis

51 Der I. Senat des BFH nimmt für den größten Teil der entschiedenen Fälle eine Veranlassung durch das Gesellschaftsverhältnis an, wenn die Kapitalgesellschaft ihrem Gesellschafter einen Vermögensvorteil zuwendet, den sie bei der Sorgfalt eines ordentlichen und gewissenhaften Geschäftsleiters einem Nichtgesellschafter nicht gewährt hätte.[33]

52 Der BFH stellt hierbei „für den größten Teil der entschiedenen Fälle“ auf den Maßstab des ordentlichen und gewissenhaften Geschäftsleiters ab. In Ausnahmefällen legt er die „allgemeine Dogmatik des Veranlassungsprinzips“ zugrunde; ausreichend ist dann eine „Mitveranlassung der Vermögensminderung durch das Gesellschaftsverhältnis“.[34] Ein solcher Fall wurde in einem Organschaftsverhältnis angenommen, da der Abschluss eines Gewinnabführungsvertrags durch das Gesellschaftsverhältnis veranlasst sei.[35]

Für die Zuwendung eines Vermögensvorteils bedarf es nicht der Absicht, Gewinne verdeckt auszuschütten. Jedoch ist ein Zuwendungswille erforderlich. Fehlt dieser, scheidet eine vGA aus, weil es dann an der konkreten Veranlassung im Gesellschaftsverhältnis fehlt.[36]

a) Gesellschafterstellung

aa) Zivilrechtlicher Gesellschafter

53 Die vGA setzt eine **Vorteilszuwendung** voraus, die von einem Zuwendungswillen getragen sein muss.[37] Entscheidend dabei ist, dass der Empfänger der Vorteilszuwendung ein **Gesellschafter** ist (bei Kapitalgesellschaften) oder ein mitgliedschaftliches oder der Mitgliedschaft ähnliches Verhältnis zu der Körperschaft hat (zB bei Vereinen). Eine vGA ist demnach auch bei einer Nichtkapitalgesellschaft und damit auch etwa bei einem Betrieb gewerblicher Art möglich.

54 **Beispiel:** Eine vGA liegt bei einer Sparkasse vor, soweit die an den Gewährträger geleistete Spende den durchschnittlichen Betrag an Spenden übersteigt, den die Sparkasse an Dritte gespendet hat.[38]

Wie oben beschrieben (→ Kap. B Rn. 36), ist eine Sparkasse körperschaftsteuerpflichtig, da sie eine rechtsfähige Anstalt des öffentlichen Rechts ist (zB § 1 Abs. 1 Sparkassengesetz NRW) und im Rahmen ihrer wirtschaftlichen Tätigkeit einen BgA gem. § 1 Abs. 1 Nr. 6 KStG betreibt. Das Verhältnis einer Sparkasse zu der sie errichtenden öffentlich-rechtlichen Körperschaft als ihrem Gewährträger sowie zu dessen Mitgliedern ist ähnlich wie das Verhältnis einer

---

[32] BFH 28.9.2022 – VIII R 20/20, BFH/NV 2023, 196.
[33] ZB BFH 9.7.2003 – I R 100/02, BFHE 203, 77; BFH 13.7.2021 – I R 16/18, BFHE 274, 36, BStBl. II 2022, 119.
[34] BFH 24.10.2018 – I R 78/16, BFHE 263, 153, Rn. 20.
[35] BFH 24.10.2018 – I R 78/16, BFHE 263, 153, Rn. 21.
[36] BFH 22.11.2023 – I R 90/20, BFHE 283, 27, BStBl. II 2024, 523 Rn. 20f.
[37] BFH 22.11.2023 – I R 9/20, NJW 2024, 1453.
[38] BFH 9.8.1989 – I R 4/84, BStBl. II 1990, 237.

Kapitalgesellschaft zu ihren Gesellschaftern zu beurteilen.[39] Deshalb mindern Beträge, die die Sparkasse von ihrem Gewinn an ihren Gewährträger oder dessen Mitglieder abführt, nicht das Einkommen der Sparkasse. Das gilt gleichermaßen für vGA iSd § 8 Abs. 3 S. 2 KStG.[40]

Die Problematik besteht darin, dass Spenden gem. § 9 Abs. 1 S. 2 Buchst. a KStG an eine juristische Person des öffentlichen Rechts (also den Gewährträger der Sparkasse) geleistet werden können und vom Einkommen abzuziehen sind. Spenden sind aber äußerlich kaum von einer vGA zu unterscheiden. Unterscheidungsmerkmal ist nach der Rechtsprechung daher das Überschreiten des durchschnittlichen Betrags an Spenden, den die Sparkasse an Dritte leistet.

Die Stellung als **zukünftiger Gesellschafter** genügt, wenn der empfangene Vorteil **55** in zeitlichem Zusammenhang mit der Begründung des Gesellschaftsverhältnisses steht und der Empfänger später Gesellschafter wird. Im Stadium der **Vor-Gesellschaft** ist also eine vGA möglich.[41]

In derselben Weise ist eine vGA an einen **ehemaligen Gesellschafter** möglich, der **56** im Zeitpunkt der Begründung der vGA noch Gesellschafter war.[42] Dies kommt etwa bei Pensionszahlungen in Betracht.

bb) Wirtschaftlicher Eigentümer

Ebenso ist Gesellschafter, wer zwar nicht zivilrechtlicher, aber wirtschaftlicher **57** Eigentümer der Anteile gem. § 39 Abs. 2 Nr. 1 S. 1 AO ist. Übt ein anderer als der Eigentümer die tatsächliche Herrschaft über ein Wirtschaftsgut in der Weise aus, dass er den Eigentümer im Regelfall für die gewöhnliche Nutzungsdauer von der Einwirkung auf das Wirtschaftsgut wirtschaftlich ausschließen kann, so ist ihm gem. § 39 Abs. 2 Nr. 1 S. 1 AO das Wirtschaftsgut zuzurechnen.

Nach der ständigen Rechtsprechung des BFH setzt der Übergang der wirtschaft- **58** lichen (Mit-)Inhaberschaft an **Kapitalgesellschaftsanteilen** voraus, dass der Berechtigte alle mit der Beteiligung verbundenen wesentlichen Rechte ausüben kann.[43] Dies ist nicht nur für das Gewinnbezugsrecht (§ 29 GmbHG) sowie die Teilhabe am Risiko der Wertminderung und der Chance auf Wertsteigerung der Anteile **(Vermögensrechte),** sondern gleichermaßen für die aus der Beteiligung sich ergebenden **Verwaltungsrechte,** damit insbesondere für die Stimmrechte (§ 47 GmbHG) zu fordern. Die Prüfung, ob ein Berechtigter als wirtschaftlicher Eigentümer an Kapitalgesellschaftsanteilen anzusehen ist, bezieht sich also auf

- das Gewinnbezugsrecht,
- die Vermögensrechte (Risiko der Wertminderung und Chance der Wertsteigerung),
- die Stimmrechte – hier kommt es auf effektive, im Konfliktfall durchsetzbare Mitverwaltungsrechte an.[44]

Die Frage des wirtschaftlichen Eigentums hat in der Rechtsprechung besondere **59** Bedeutung erlangt im Zusammenhang mit sog. „Cum-Ex-Geschäften". Die Rechtsprechung hat hier demjenigen, der eine doppelte Anrechnung von Kapitalertragsteuer begehrte, seine Eigenschaft als Anteilseigner aberkannt, da eine andere Person wirtschaftlicher Eigentümer gem. § 39 Abs. 2 Nr. 1 S. 1 AO sei.[45]

---

[39] BFH 9.8.1989 – I R 4/84, BStBl. II 1990, 237; BFH 8.4.1992 – I R 126/90, BStBl. II 1992, 849.

[40] BFH 19.10.2005 – I R 40/04, BFH/NV 2006, 822.

[41] BFH 20.10.1982 – I R 118/78, BStBl. II 1983, 247.

[42] BFH 5.4.2004 – X B 130/03, BeckRS 2004, 25006528.

[43] BFH 23.11.2022 – I R 36/19, BFH/NV 2023, 557; BFH 2.2.2022 – I R 22/20, BFHE 276, 20, BStBl. II 2020, 324.

[44] BFH 23.11.2022 – I R 36/19, BFH/NV 2023, 557, Rn. 21 zum Fall einer Unterbeteiligung.

[45] BFH 2.2.2022 – I R 22/20, BFHE 276, 20, BStBl. II 2020, 324.

60 Bei **„Cum-Ex-Geschäften"** werden dividendenberechtigte Aktien („cum Dividende") kurz vor dem Dividendenstichtag erworben und („ex") zurückveräußert. Die Transaktionen sind äußerst kompliziert gestaltet und zielen darauf ab, dass die Kapitalertragsteuer doppelt angerechnet bzw. ausgezahlt werden soll (Anrechnung gem. § 31 Abs. 1 S. 1 KStG iVm § 36 Abs. 2 Nr. 2 EStG). Der BFH erklärte hierzu:

> *„Einkünfte aus Kapitalvermögen erzielt derjenige, dem die Anteile an dem Kapitalvermögen im Zeitpunkt des Gewinnverteilungsbeschlusses nach § 39 Abs. 1 AO rechtlich oder – wenn ein anderer als der Eigentümer die tatsächliche Herrschaft über die Anteile hat – nach § 39 Abs. 2 Nr. 1 S. 1 AO wirtschaftlich zuzurechnen sind. Wirtschaftliches Eigentum über die Anteile in diesem Sinne scheidet bei sog. cum/ex-Geschäften mit Aktien aus, wenn der Erwerb der Aktien mit dem […] durch ein Kreditinstitut initiiertes und modellhaft aufgelegtes Gesamtvertragskonzept verbunden ist, nach welchem der Initiator den Anteilserwerb fremdfinanziert, der Erwerber die Aktien unmittelbar nach ihrem Erwerb dem Initiator im Wege einer sog. Wertpapierleihe (bis zum Rückverkauf) weiterreicht und der Erwerber das Marktpreisrisiko der Aktien im Rahmen eines sog. Total Return Swap-Geschäfts auf den Initiator überträgt."*[46]

cc) Treuhand

61 Auch ein Treugeber ist als Gesellschafter anzusehen, wenn er die Gesellschaftsanteile treuhänderisch hält. Nach § 39 Abs. 2 Nr. 1 S. 2 AO sind bei Treuhandverhältnissen die Wirtschaftsgüter dem Treugeber zuzurechnen.

62 Der VIII. Senat des BFH, dessen Zuständigkeit ua die Einkünfte aus Kapitalvermögen umfasst, definiert das Treuhandverhältnis in Bezug auf Anteile an Kapitalgesellschaften wie folgt:[47] „[E]in Treuhandverhältnis [ist …] gegeben, wenn die mit der rechtlichen Eigentümer- bzw. Inhaberstellung verbundene Verfügungsmacht so zu Gunsten des Treugebers eingeschränkt ist, dass das rechtliche Eigentum bzw. die rechtliche Inhaberschaft als „leere Hülle" erscheint […]. Der Treugeber muss das Treuhandverhältnis beherrschen, und zwar nicht nur nach den mit dem Treuhänder getroffenen Absprachen, sondern auch bei deren tatsächlichem Vollzug. Es muss zweifelsfrei erkennbar sein, dass der Treuhänder ausschließlich für Rechnung des Treugebers handelt. Wesentliches und im Grundsatz unverzichtbares Merkmal einer solchen Beherrschung ist eine Weisungsbefugnis des Treugebers – und damit korrespondierend die Weisungsgebundenheit des Treuhänders – in Bezug auf die Behandlung des Treuguts. Zudem muss der Treugeber berechtigt sein, jederzeit die Rückgabe des Treuguts zu verlangen […]."

63 Der I. Senat des BFH verwendet eine (fast) wortgleiche Definition des Treuhandverhältnisses.[48] Er fügt aber noch hinzu, die Vereinbarung eines Treuhandentgelts sei keine notwendige Bedingung, könne aber ein Anzeichen für das Vorliegen eines Treuhandverhältnisses sein. Schließlich komme bei der Frage nach der Durchführung einer Treuhandvereinbarung der bilanziellen Behandlung des Treuguts indizielle Bedeutung zu.[49]

---

[46] BFH 16.4.2014 – I R 2/12, BFHE 246, 15; vgl. BFH 2.2.2022 – I R 22/20, BFHE 276, 20, BStBl. II 2020, 324; FG Köln 19.7.2019 – 2 K 2672/17, EFG 2020, 367.

[47] BFH 14.3.2017 – VIII R 32/14, BFH/NV 2017, 1174, Rn. 21; BFH 6.8.2013 – VIII R 10/10, BStBl. II 2013, 862, Rn. 12.

[48] BFH 4.5.2022 – I R 19/18, BFHE 276, 508, Rn. 14; BFH 26.2.2014 – I R 12/14, BFH/NV 2014, 1544, Rn. 23; BFH 24.11.2009 – I R 12/09, BStBl. II 2010, 590, Rn. 26, 27.

[49] BFH 26.2.2014 – I R 12/14, BFH/NV 2014, 1544, Rn. 23; BFH 24.11.2009 – I R 12/09, BStBl. II 2010, 590, Rn. 27.

Folgende **Merkmale** muss ein Treuhandverhältnis aufweisen: 64

- Verfügungsmacht so eingeschränkt, dass rechtliches Eigentum nur „leere Hülle" ist;
- Beherrschung des Treuhandverhältnisses durch den Treugeber, und zwar durch Absprachen und bei deren Vollzug;
- Treuhänder handelt erkennbar ausschließlich für Rechnung des Treugebers;
- Weisungsbefugnis des Treugebers;
- Weisungsgebundenheit des Treuhänders;
- Berechtigung des Treugebers, jederzeit die Rückgabe der Anteile zu verlangen;
- Indiz: Treuhandentgelt;
- Indiz: bilanzielle Behandlung des Treuguts.

dd) Nahestehende Person

Eine vGA kann auch ohne Zufluss beim Gesellschafter anzunehmen sein, wenn der Vorteil dem Gesellschafter mittelbar in der Weise zugewendet wird, dass eine ihm nahestehende Person aus der Vermögensverlagerung Nutzen zieht.[50] 65

Nach der Rechtsprechung des I. Senats des BFH reicht zur Begründung des „Nahestehens" jede Beziehung eines Gesellschafters der Kapitalgesellschaft zu einer anderen Person aus, die den Schluss zulässt, sie habe die Vorteilszuwendung der Kapitalgesellschaft an die andere Person beeinflusst. Derartige Beziehungen können **familienrechtlicher, gesellschaftsrechtlicher, schuldrechtlicher** oder auch **rein tatsächlicher Art** sein.[51] Nahestehende Personen können daher nicht nur Angehörige iSd § 15 AO sein. 66

Eine vGA iSd § 8 Abs. 3 S. 2 KStG in Form der Zuwendung eines Vermögensvorteils an eine dem Gesellschafter nahestehende Person setzt nicht voraus, dass die Zuwendung einen Vorteil für den Gesellschafter selbst zur Folge hat.[52] Dies bedeutet, dass der Gesellschafter selbst dann die vGA sich bei seinen Einkünften aus Kapitalvermögen zurechnen lassen muss, wenn nur die nahestehende Person und nicht er selbst den Vorteil erhalten hat. Der VIII. Senat des BFH, der für die Besteuerung von Anteilseignern zuständig ist, spricht hier von einer **mittelbaren Zuwendung** in der Weise, dass die nahestehende Person aus der Vermögensverlagerung Nutzen zieht.[53] 67

Liegen diese Voraussetzungen vor, ist die Zuwendung zulasten der Gesellschaft so zu beurteilen, als hätte der Gesellschafter den Vorteil erhalten und diesen an die nahestehende Person weitergegeben.[54] Eine solche Zuwendung eines Vermögensvorteils an eine nahestehende Person ist unabhängig davon als verdeckte Gewinnausschüttung zu beurteilen, ob auch der Gesellschafter selbst ein vermögenswertes Interesse an dieser Zuwendung hat.[55] Ein entsprechender Ausgleich kann nur im zivilrechtlichen Innenverhältnis zwischen dem Gesellschafter und der nahestehenden Person stattfinden. 68

---

[50] BFH 17.1.2018 – I R 74/15, BFH/NV 2018, 836, Rn. 14; BFH 5.9.2023 – VIII R 2/20, BFH/NV 2024, 9, Rn. 22; BFH 10.12.2019 – VIII R 33/16, BFH/NV 2020, 517; BFH 30.11.2010 – VIII R 19/07, BFH/NV 2011, 449; BFH 19.6.2007 – VIII R 34/06, BFH/NV 2007, 2291; BFH 22.2.2005 – VIII R 24/03, BFH/NV 2005, 1266.

[51] BFH 13.7.2021 – I R 16/18, BFHE 274, 36, BStBl. II 2022, 119, Rn. 17; BFH 11.11.2015 – I R 5/14, BFHE 252, 353, BStBl. II 2016, 491; BFH 18.12.1996 – I R 139/94, BStBl. II 1997, 301. Ähnlich formuliert auch der VIII. Senat des BFH: BFH 5.9.2023 – VIII R 2/20, BFH/NV 2024, 9, Rn. 22.

[52] BFH 18.12.1996 – I R 139/94, BStBl. II 1997, 301.

[53] ZB BFH 5.9.2023 – VIII R 2/20, BFH/NV 2024, 9, Rn. 22; BFH 14.2.2022 – VIII R 29/18, BFHE 276, 49, BStBl. II 2022, 544, Rn. 12; BFH 10.12.2019 – VIII R 33/16, BFH/NV 2020, 517, Rn. 17; BFH 19.12.2007 – VIII R 13/05, BStBl. II 2008, 568.

[54] BFH 21.10.2014 – VIII R 22/11, BStBl. II 2015, 687, Rn. 27; BFH 30.11.2010 – VIII R 19/07, BFH/NV 2011, 449, Rn. 22.

[55] BFH 21.10.2014 – VIII R 22/11, BStBl. II 2015, 687, Rn. 27; BFH 30.11.2010 – VIII R 19/07, BFH/NV 2011, 449, Rn. 22; BFH 25.5.2004 – VIII R 4/01, BFHE 207, 103, BFH/NV 2005, 105, Rn. 18.

69

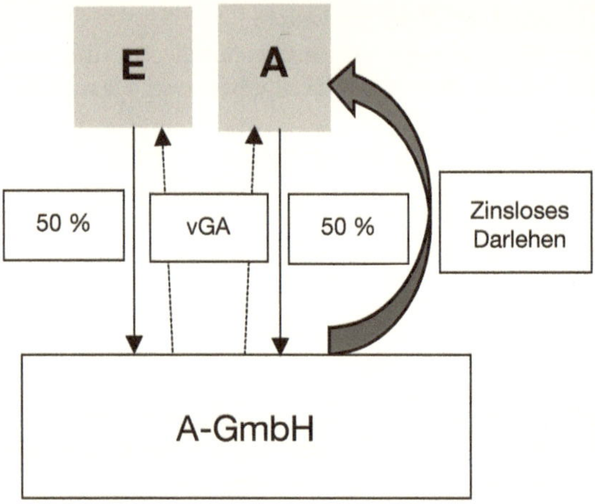

Beispiel: A ist zu 50 % an der A-GmbH beteiligt, die übrigen 50 % hält seine Ehefrau E, die nie an der Geschäftsführung beteiligt war. Die Eheleute sind inzwischen getrennt. A hatte von der GmbH ein zinsloses Darlehen erhalten.

Das Finanzamt rechnet den marktüblichen Zins als vGA zu, und zwar zu 50 % dem A und zu 50 % der E. Die E fragt, was sie dagegen tun kann.

Lösung: Da A zu E eine nahestehende Person ist, kann das Finanzamt auch der E einen Anteil an der vGA entsprechend ihrer Beteiligungsquote zurechnen. Der Ausgleich zwischen den Eheleuten ist auf das Innenverhältnis beschränkt. E muss also bei A Regress nehmen.

70 In der **Praxis** ist es von großer Bedeutung und wird gelegentlich nicht mit hinreichender Sorgfalt beachtet, dass aufgrund konkreter Feststellungen sowohl begründet werden muss, welche (nahestehende) Person eine **Zuwendung** erhalten hat, als auch, warum diese Person dem Gesellschafter **nahesteht.**[56] Fehlt es an einer nahestehenden Person oder hat diese Person keine Zuwendung erhalten, so kann eine vGA nicht angenommen werden. Wegen dieser Fragestellungen kommt es in der Praxis nicht selten zu gerichtlichen Beweisaufnahmen.

71 Vermögenszuwendungen unter nahestehenden Personen kommen beispielsweise auch durch sog. **„Abdeckrechnungen"** in der Praxis vor. Dieses Beispiel ist dem Bereich der Wirtschaftskriminalität zuzuordnen.

72

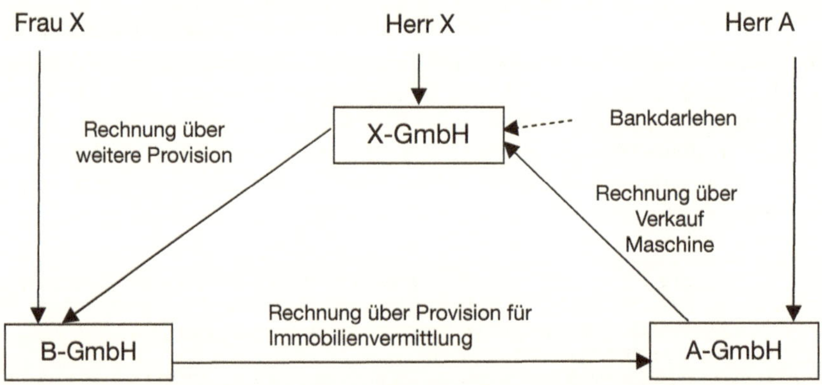

Beispiel:[57] Zwischen der A-GmbH, der B-GmbH und der X-GmbH bestehen enge wirtschaftliche Verflechtungen. Gesellschafter und Geschäftsführer der A-GmbH ist Herr A, ein Mitarbeiter des X. Gesellschafterin der B-GmbH ist Frau X, die Tochter des Herrn X. Geschäftsführer der B-GmbH ist Herr B, ebenfalls ein Mitarbeiter des X. Gesellschafter und Ge-

[56] Als Beispiel für einen Fall, in dem dies in der Vorinstanz nicht beachtet wurde, siehe BFH 10.12.2019 – VIII R 33/16, BFH/NV 2020, 517.

[57] Deutlich vereinfacht und verändert nach FG Münster 20.3.2020 – 13 V 2755/19 K, nicht veröffentlicht.

schäftsführer der X-GmbH ist Herr X. Dieser ist zudem faktischer Geschäftsführer sowohl der A-GmbH als auch der B-GmbH und gibt sich im Geschäftsverkehr gelegentlich als Herr A aus.

Die A-GmbH verkauft der X-GmbH eine Maschine im Wert von 1 Mio. EUR und stellt ihr eine entsprechende Rechnung aus. Tatsächlich existiert die Maschine nicht. Der Kauf ist fremdfinanziert bei einer Bank. Die Bank hatte ein Wertgutachten gefordert, welches Herr B als zertifizierter Gutachter erstellt hat. Die Bank zahlt das Geld an die X-GmbH aus, diese zahlt den Kaufpreis an die A-GmbH. Das Geld fließt nun in der folgenden Weise an die X-GmbH zurück: Die B-GmbH stellt der A-GmbH eine Rechnung über eine Provision für eine „Immobilienvermittlung" iHv 1 Mio. EUR aus, wobei der „Vermittlung" gar kein Immobilienverkauf zugrunde liegt. Der Betrag wird von der A-GmbH an die B-GmbH gezahlt. Nun stellt die X-GmbH der B-GmbH eine Rechnung über eine weitere Provision iHv 1 Mio. EUR aus. Der Betrag ist sofort fällig und wird von der B-GmbH an die X-GmbH gezahlt. Tatsächlich lag der Provision keine Leistung zugrunde.

Die Finanzverwaltung führt bei der A-GmbH eine Betriebsprüfung durch und ist der Meinung, die Zahlung von 1 Mio. EUR an die B-GmbH stelle eine vGA dar.

Lösung: Die Zahlung von 1 Mio. EUR von der A-GmbH an die B-GmbH führt bei der A-GmbH zu einer Vermögensminderung, die sich auf den Unterschiedsbetrag gem. § 4 Abs. 1 EStG auswirkt und nicht auf einer offenen Ausschüttung beruht.

Dies ist durch das Gesellschaftsverhältnis veranlasst. Die B-GmbH ist für die A-GmbH eine nahestehende Person. Zwar haben die beiden Gesellschaften nicht dieselben Gesellschafter. Gesellschafter der A-GmbH ist Herr A, Gesellschafter der B-GmbH Frau X. Das Nahestehen ergibt sich jedoch aus rein tatsächlichen Umständen. Zum einen ist Herr X faktischer Geschäftsführer sowohl der A- als auch der B-GmbH, sodass beide Gesellschaften gleichgerichtete Interessen verfolgen. Zum anderen gibt sich Herr X, der Vater der Frau X, im Geschäftsverkehr auch als Herr A aus. Dadurch entsteht ein Näheverhältnis zwischen Herrn A und Frau X. Die Zahlung von 1 Mio. EUR von der A-GmbH an die B-GmbH hält auch nicht dem Fremdvergleich stand. Der Provision für die „Immobilienvermittlung" lag kein Immobilienverkauf zugrunde.

Die vGA iHv 1 Mio. EUR ist dem Gesellschafter der A-GmbH, Herrn A zuzurechnen. Das ist beachtlich, weil Empfänger der 1 Mio. EUR aufgrund des Rückflusses an die X-GmbH letztlich die X-GmbH bzw. Herr X war.

Als nahestehende Person einer Kapitalgesellschaft kommt auch eine **gemeinnützige Stiftung** in Betracht. Dann ist eine Abgrenzung zum **Spendenabzug** gem. § 9 Abs. 1 Nr. 2 KStG erforderlich. Der BFH wendet die Maßstäbe zu nahestehenden Personen auch bei der steuerrechtlichen Beurteilung von Zuwendungen (Spenden und Mitgliedsbeiträge) an, die eine Kapitalgesellschaft einer gemeinnützigen Organisation gewährt.[58] Eine Spende ist dann als vGA zu werten, wenn sie durch ein besonderes Näheverhältnis zwischen dem Empfänger und dem Gesellschafter der spendenden Kapitalgesellschaft veranlasst ist.[59] Das kann der Fall sein, wenn der beherrschende Gesellschafter der Kapitalgesellschaft und der Stifter der gemeinnützigen Stiftung personenidentisch sind. 73

ee) Dreiecksverhältnis

Als nahestehende Person kann auch eine andere Kapitalgesellschaft angesehen werden, an welcher der Gesellschafter beteiligt ist. Deshalb beinhalten Zuwendungen zwischen **Schwesterkapitalgesellschaften** eine vGA an die gemeinsame Muttergesellschaft.[60] Hierbei ist es nicht erforderlich, dass es sich um Alleingesellschafter handelt, sondern auch die Mehrheitsbeteiligung an beiden Gesellschaften genügt, um eine vGA im Dreiecksverhältnis zu ermöglichen. 74

---

[58] BFH 13.7.2021 – I R 16/18, BFHE 274, 36, BStBl. II 2022, 119, Rn. 18; BFH 19.12.2007 – I R 83/06, BFH/NV 2008, 988, unter II.3.

[59] BFH 13.7.2021 – I R 16/18, BFHE 274, 36, BStBl. II 2022, 119, Rn. 19; BFH 19.12.2007 – I R 83/06, BFH/NV 2008, 988, unter II.3.

[60] BFH 19.5.1982 – I R 102/79, BStBl. II 1982, 631; BFH 18.7.1985 – IV R 135/82, BStBl. II 1985, 635.

75 Dieser Vorgang ist so zu verstehen, als hätte die eine Kapitalgesellschaft den Vorteil dem Gesellschafter gewährt und als hätte dieser ihn an die Schwester-Kapitalgesellschaft weitergegeben. Daher handelt es sich – neben der vGA – zugleich um eine **verdeckte Einlage** in die Schwester-Kapitalgesellschaft.[61]

76

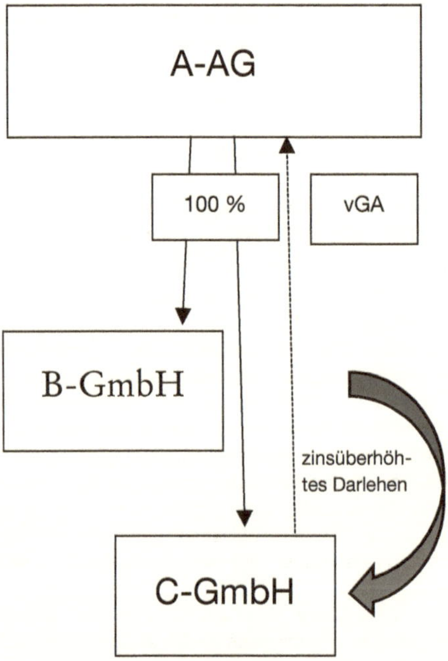

Beispiel: [62] Die A-AG ist als Holding-Gesellschaft zu 100 % jeweils an der B-GmbH sowie an mehreren operativ tätigen Gesellschaften, so auch der C-GmbH beteiligt. Die B-GmbH übernimmt in der Gruppe die Rolle einer Finanzierungsgesellschaft. Sie gibt der C-GmbH Darlehen, und zwar zu überhöhten Zinsen.

Der C-GmbH ist die Differenz zum marktüblichen Zins als vGA zuzurechnen. Die Ausschüttung ist bei der A-AG als Gesellschafterin zu erfassen.

b) Materieller Fremdvergleich

77 Der materielle Fremdvergleich ist für alle Gesellschafter anzustellen, gleich in welcher Höhe sie an der Gesellschaft beteiligt sind. Wie beschrieben (→ Rn. 51) definiert die Rechtsprechung die Veranlassung durch das Gesellschaftsverhältnis so, dass eine Veranlassung vorliegt, wenn die Kapitalgesellschaft ihrem Gesellschafter einen Vermögensvorteil zuwendet, den sie bei der Sorgfalt eines ordentlichen und gewissenhaften Geschäftsleiters einem Nichtgesellschafter nicht gewährt hätte. Es wird also bei ansonsten unveränderten Verhältnissen lediglich das Gesellschaftsverhältnis weggedacht.[63]

78 Dies führt zu einer **Angemessenheitsprüfung,** welche sich sowohl auf den Grund als auch auf die Höhe der Leistungen bezieht. Die Angemessenheitsprüfung kann zu dem Ergebnis führen, dass die Leistung insgesamt unangemessen und als vGA zu betrachten ist. Sie kann aber auch dazu führen, dass lediglich die Differenz zwischen tatsächlicher und angemessener Leistung zu ermitteln und als vGA zuzurechnen ist (zB bei überhöhten Zinsen).

aa) Drei Stufen des Fremdvergleichs

79 Die Angemessenheitsprüfung vollzieht sich typischerweise in drei Stufen:
- innerbetrieblicher Vergleich,

---

[61] BFH 18.7.1985 – IV R 135/82, BStBl. II 1985, 635.
[62] Sachverhalt vereinfacht nach FG Münster 7.12.2016 – 13 K 4037/13 K, F, EFG 2017, 334, Urteil aufgehoben durch BFH 18.5.2021 – I R 4/17, BFHE 273, 440.
[63] BFH 15.10.1997 – I R 80/96, BFH/NV 1998, 624.

- außerbetrieblicher Vergleich,
- hypothetischer Fremdvergleich.

Der BFH erläutert diese drei Prüfungsmaßstäbe etwa im Zusammenhang der Überprüfung der Gesamtbezüge eines Gesellschafter-Geschäftsführers wie folgt:[64] Zu den Maßstäben für die Beurteilung der Angemessenheit einer Vergütung können ua diejenigen Entgelte gehören, die gesellschaftsfremde Arbeitnehmer des betreffenden Unternehmens beziehen (interner Fremdvergleich) oder die – unter ansonsten vergleichbaren Bedingungen – an Fremdgeschäftsführer anderer Unternehmen gezahlt werden (externer Fremdvergleich); idS können im Rahmen der Angemessenheitsprüfung auch Gehaltsstrukturuntersuchungen für andere Unternehmen berücksichtigt werden. Fehlt es an hinreichend aussagefähigen Vergleichswerten, so ist ein hypothetischer Fremdvergleich erforderlich, der sich an den mutmaßlichen Überlegungen eines ordentlichen und gewissenhaften Geschäftsleiters orientiert. 80

Während es beim **innerbetrieblichen Vergleich** um die Entscheidungen derselben Gesellschaft in der gleichen Situation gegenüber Nichtgesellschaftern geht, legt der **außerbetriebliche Vergleich** die Entscheidungen von anderen Gesellschaften in einer vergleichbaren Situation gegenüber Nichtgesellschaftern zugrunde. Beim **hypothetischen Fremdvergleich** muss hingegen ein gedachter ordentlicher und gewissenhafter Geschäftsleiter den Maßstab bilden, um die Angemessenheit der Leistung zu überprüfen. Dabei soll es darum gehen, wie sich ein Geschäftsleiter aus steuerlicher Sicht gewissenhaft verhalten soll, nicht notwendig darum, wie sich die Mehrheit der Geschäftsleiter tatsächlich verhalten würde. 81

In allen Fällen kann der fehlende Fremdvergleich **widerlegt** werden, wenn nachgewiesen wird, dass die jeweiligen Vergleichsgruppen nicht vergleichbar sind. 82

Beispiel: Die A-GmbH tätigt Risikogeschäfte (Devisentermingeschäfte) und befriedigt dadurch private Neigungen und Interessen des Gesellschafters A. 83

Nach der Rechtsprechung des BFH liegt hier eine vGA vor, wenn die gesamte Tätigkeit oder einzelne selbstständige Tätigkeitsbereiche des Betriebs einer Kapitalgesellschaft im privaten Interesse eines oder mehrerer Gesellschafter ausgeübt werden und hierdurch Verluste entstehen, ohne dass sich der oder die Gesellschafter zu einem Verlustausgleich verpflichtet haben.[65]

Diese Rechtsprechung führt aber zu Schwierigkeiten, wenn es gerade zum Geschäftsfeld der Gesellschaft gehört, risikobehaftete Geschäfte und Investitionen zu tätigen (zB die Entwicklung von Elektromobilität).

Von den beschriebenen Grundsätzen ist daher nach der Rechtsprechung dann nicht von vornherein auszugehen, wenn die Kapitalgesellschaft sich entschließt, risikobehaftete Termingeschäfte zu tätigen.[66] Es ist nämlich Sache der jeweiligen unternehmerischen Entscheidung, solche Geschäfte und die damit verbundenen Chancen, zugleich aber auch Verlustgefahren wahrzunehmen. Selbst wenn sich eine entsprechende Risiko- und Spekulationsbereitschaft mit den Absichten des Gesellschafter-Geschäftsführers decken sollte, so ändert sich daran prinzipiell nichts. Es kommt gleichermaßen nicht darauf an, ob die Durchführung der Geschäfte „nach Art und Umfang der Geschäftstätigkeit der Gesellschaft völlig unüblich" oder „mit hohen Risiken verbunden" ist.

In Abgrenzung zur zitierten Rechtsprechung des BFH zu Verlustgeschäften enthält § 8 Abs. 7 KStG eine Sonderregelung für Betriebe gewerblicher Art von Körperschaften des öffentlichen Rechts. Demnach sind die Rechtsfolgen einer vGA bei BgA iSd § 4 KStG nicht bereits deshalb zu ziehen, weil sie ein Dauerverlustgeschäft ausüben (§ 8 Abs. 7 S. 1 Nr. 1 KStG). Dasselbe gilt gem. § 8 Abs. 7 S. 1 Nr. 2 KStG für Tochtergesellschaften von Körperschaften des öffentlichen Rechts. 84

---

[64] BFH 27.2.2003 – I R 46/01, BStBl. II 2004, 132.

[65] BFH 8.7.1998 – I R 123/97, BFHE 186, 540; BFH 17.11.2004 – I R 56/03, BFHE 208, 519; BFH 13.3.2019 – I R 18/19, BFH/NV 2019, 1440, Rn. 22.

[66] BFH 8.8.2001 – I R 106/99, BStBl. II 2003, 487.

85 Der BFH sah hierin einen Verstoß gegen das europarechtliche Beihilfeverbot und hat die Vorschrift dem EuGH zur Entscheidung vorgelegt.[67] Allerdings hat sich dieses Verfahren durch eine Rücknahme der Revision erledigt.[68]

bb) Verdoppelung des Fremdvergleichs

86 Besonderheiten gelten bei Verträgen, welche die Kapitalgesellschaften nur mit einem Gesellschafter-Geschäftsführer oder einer nahestehenden Person abschließen kann.

87 Hier stellt die Rechtsprechung bei der Beurteilung des Veranlassungszusammenhangs nicht nur auf die Sicht der Gesellschaft („1. Fremdvergleich"), sondern auch auf die Position des Leistungsempfängers ab („2. Fremdvergleich" bzw. „Verdoppelung"); eine vGA kann deshalb auch dann vorliegen, wenn eine Vereinbarung zwar für die Gesellschaft günstig ist, ein gesellschaftsfremder Vertragspartner sich aber im eigenen Interesse nicht auf sie eingelassen hätte.[69]

88 **Beispiel:** Eine Gehaltsvereinbarung zwischen einer Kapitalgesellschaft und ihrem beherrschenden Gesellschafter-Geschäftsführer ist nicht ordnungsgemäß durchgeführt. Stattdessen erhält der Geschäftsführer am Jahresende die Jahressumme des Gehalts ausgezahlt.

Lösung: Dies ist zwar für die Gesellschaft zunächst günstig („1. Fremdvergleich"), ein gesellschaftsfremder Vertragspartner hätte sich aber im eigenen Interesse nicht darauf eingelassen („Verdoppelung" des Fremdvergleichs).
Hier ist der gesamte Gehaltsaufwand steuerrechtlich eine vGA. Bei deren Bemessung darf nicht mindernd berücksichtigt werden, dass dem Gesellschafter bei Fehlen einer Vergütungsabrede kraft Gesetzes eine angemessene Vergütung zugestanden hätte.[70]

c) Formeller Fremdvergleich bei beherrschendem Gesellschafter

89 Ist ein Gesellschafter zu mehr als 50 % beteiligt (beherrschender Gesellschafter), gelten Besonderheiten. Der sog. formelle Fremdvergleich stellt auf das Zustandekommen und die Durchführung des Vertrags ab.[71]

90 Der BFH formuliert in ständiger Rechtsprechung wie folgt: Ist der begünstigte Gesellschafter ein beherrschender, so kann eine vGA auch dann anzunehmen sein, wenn die Kapitalgesellschaft eine Leistung an ihn oder an eine ihm nahestehende Person erbringt, für die es an einer klaren, im Voraus getroffenen, zivilrechtlich wirksamen und tatsächlich durchgeführten Vereinbarung fehlt.[72] Ein Gesellschafter ist in der Regel dann ein beherrschender Gesellschafter, wenn er mehr als die Hälfte der Stimmrechte besitzt.[73] Aber auch eine Zusammenrechnung von Beteiligungen ist für Zwecke der vGA ua dann möglich, wenn in Bezug auf die jeweilige Frage (etwa eine Gehalts- oder Pensionserhöhung) von mehreren Gesellschaftern gleichgerichtete Interessen verfolgt werden.[74]

91 Es müssen die folgenden Kriterien für den formellen Fremdvergleich erfüllt sein:
- **zivilrechtliche Wirksamkeit** der Vereinbarung,
- **klare und eindeutige, im Voraus** getroffene Vereinbarung,
- **tatsächliche Durchführung** der Vereinbarung.

---

[67] BFH 13.3.2019 – I R 18/19, FR 2020, 120 (129) mAnm Micker; EuGH C-797/19.
[68] Beschluss über die Einstellung des Verfahrens BFH 29.1.2020 – I R 4/20, NWB 2020, 608.
[69] BFH 20.10.2004 – I R 4/04, BFH/NV 2005, 723; BFH 17.5.1995 – I R 147/93, BFHE 178, 203, BStBl. II 1996, 204.
[70] BFH 20.10.2004 – I R 4/04, BFH/NV 2005, 723.
[71] HHR/Wilk KStG § 8 Rn. 132.
[72] BFH 28.2.2024 – I R 29/21, BFH/NV 2024, 969, BStBl. II 2024, 713 Rn. 34; BFH 17.1.2018 – I R 74/15, BFH/NV 2018, 836, Rn. 15; BFH 23.2.2005 – I R 70/04, BStBl. II 2005, 882; BFH 27.3.2001 – I R 27/99, BStBl. II 2002, 111, jeweils mwN.
[73] Brandis/Heuermann/Rengers KStG § 8 Rn. 112.
[74] BFH 28.2.2024 – I R 29/21, BFH/NV 2024, 969, BStBl. II 2024, 713 Rn. 33.

92 Bei dem ersten Merkmal sind etwa gesetzlich angeordnete Schriftformerfordernisse zu beachten, so etwa eine notarielle Beurkundung bei Grundstücksgeschäften. Das zweite Merkmal erfährt in der Praxis eine große Bedeutung, wenn Leistung und Gegenleistung in einem Vertrag zwischen der Kapitalgesellschaft und dem beherrschenden Gesellschafter unklar definiert sind oder noch einer späteren Wertung bedürfen (Beispiel: Tantiemezahlung im Falle einer Akquise von „hinreichend" neuen Kunden). Auch das Merkmal der tatsächlichen Durchführung ist von erheblicher Bedeutung, etwa wenn ein Vertrag aufgrund von Liquiditätsengpässen nur teilweise durchgeführt wird (vgl. schon → Rn. 86ff. zur Verdoppelung des Fremdvergleichs).

93 **Beispiel:** Die minderjährige Tochter des Mehrheitsgesellschafters A wird als „Sekretärin" bei der AB-GmbH ohne klaren Vertrag angestellt und erhält ein „Gehalt" (statt des Unterhalts von A). Sie leistet aber durchaus die Arbeit einer Sekretärin. Auch die erforderliche Zustimmung der Erziehungsberechtigten liegt vor.

Lösung: Die Tochter muss hierauf keine Einkommensteuer (oder Lohnsteuer) zahlen, sondern das „Gehalt" wird als vGA bei der GmbH und dem Gesellschafter versteuert. Allein die fehlende klare Vereinbarung führt zur vGA.

94 Dem Merkmal der klaren und eindeutigen, im Voraus getroffenen Vereinbarung bei einem beherrschenden Gesellschafter kommt vor allem auch dann eine besondere praktische Bedeutung zu, wenn **mehrere Verträge** abgeschlossen werden und diese ineinandergreifen, wie das folgende Beispiel zeigt:

95 **Beispiel:**[75] V, der Vater von A, überträgt im Jahr 2003 sein Einzelunternehmen auf A, der es fortführt als Einzelunternehmer. A verpflichtet sich als Gegenleistung, eine lebenslange Rente an V zu zahlen. A kann die Rente als Sonderausgabe gem. § 10 Abs. 1a Nr. 2 EStG geltend machen (Betriebsübergang gegen Versorgungsleistung).

Im Jahr 2006 gründet A die A-GmbH, die nun die Geschäfte führt. A verpachtet ein Betriebsgrundstück, die für den Betrieb notwendigen Maschinen und den „Firmenwert" in Höhe der monatlichen Rente an die A-GmbH im Wege der Betriebsaufspaltung. Die monatliche Rente an V zahlt A weiterhin selbst und macht diese weiterhin persönlich als Sonderausgabe geltend.

Im Jahr 2010 schließt A drei Verträge ab: Zum 31.7.2010 überträgt er die Anteile an der A-GmbH auf seine Ehefrau E. Die Betriebsaufspaltung endet. Mit weiterem Vertrag vom 31.7.2010 veräußert er die Maschinen an die A-GmbH im Wege der Betriebsveräußerung zu einem klar definierten Kaufpreis. Wegen des „Firmenwerts" schließt er am 1.8.2010 einen Vertrag mit der A-GmbH, wonach nunmehr diese in den Vertrag aus dem Jahr 2003 eintrete und die Rente nun direkt an V zu zahlen habe. In dem Vertrag vom 1.8.2010 ist nicht geregelt, welche Gegenleistung die A-GmbH hierfür erhält. A überlässt im Wege der Pacht fortan nur noch das Grundstück, welches er nun im Privatvermögen hält.

Das Finanzamt sieht in der Übernahme der Verpflichtung zur Zahlung der Rente an V durch die A-GmbH eine vGA. Die A-GmbH meint hingegen, für sie habe sich durch die Verträge aus dem Jahr 2010 überhaupt nichts geändert, sodass die Zahlungen für den „Firmenwert" – wie schon früher – als Betriebsausgabe abzugsfähig sein müssten.

Lösung: Dem Vertrag vom 1.8.2010 lässt sich nicht entnehmen, aus welchem Rechtsgrund und mit welcher Gegenleistung die A-GmbH die Zahlung der Rente übernimmt. Leistung und Gegenleistung sind daher nicht hinreichend klar bestimmt, sodass der formelle Fremdvergleich nicht erfüllt ist.

Auch der materielle Fremdvergleich ist nicht erfüllt. Es ist durchaus möglich, als Kaufpreis im Rahmen eines Unternehmenskaufs eine monatliche Rente anzusetzen, die dann aber kapitalisiert werden, hinsichtlich der Höhe angemessen sein und bei der A-GmbH bilanziert werden muss. All dies war nicht geschehen. Daher liegt eine vGA vor.

---

[75] Nachgebildet nach FG Münster 30.3.2017 – 13 K 1456/15 K, G, nicht veröffentlicht.

5. Eignung für sonstigen Bezug iSd § 20 Abs. 1 Nr. 1 S. 2 EStG

96 Im Unterschied zur vGA auf Gesellschafterebene[76] (→ Rn. 18f. und → Rn. 107) ist auf Gesellschaftsebene nicht ein Zufluss erforderlich, sondern es genügt die Eignung für einen sonstigen Bezug iSd § 20 Abs. 1 Nr. 1 S. 2 EStG. Der I. Senat des BFH hat dieses Tatbestandsmerkmal eingeführt durch das Urteil vom 7.8.2002:

97 **Beispiel:** Hiernach stellen Beiträge, die eine GmbH für eine Lebensversicherung entrichtet, die sie zur Rückdeckung einer ihrem Gesellschafter-Geschäftsführer zugesagten Pension abgeschlossen hat, auch dann keine vGA dar, wenn die Pensionszusage durch das Gesellschaftsverhältnis veranlasst ist.[77]

Diese Lebensversicherungen wurden abgeschlossen, so der BFH, um das finanzielle Risiko der den Gesellschafter-Geschäftsführern der GmbH gegebenen Versprechen auf Gewährung einer Altersversorgung abzusichern. Versicherungsnehmerin und Bezugsberechtigte der Versicherungen war die GmbH, nicht die Begünstigten der Pensionszusagen. Die Ansprüche aus den Versicherungen waren deshalb in der Bilanz der Klägerin entsprechend zu aktivieren und nicht mit den Pensionsverbindlichkeiten zu saldieren (Grundsatz der Einzelbewertung, vgl. § 252 Abs. 1 Nr. 3 HGB; Verrechnungsverbot, § 246 Abs. 2 HGB). Diese Lebensversicherungen dienten unabhängig davon, aus welchem Grunde sie abgeschlossen wurden, als Finanzierungsmaßnahme. Ihnen fehlte jedenfalls dann, wenn sie nicht aus Gründen der Insolvenzsicherung an den begünstigten Gesellschafter-Geschäftsführer verpfändet oder abgetreten werden, die für die Annahme einer vGA erforderliche Eignung, sich für den Gesellschafter als Zuwendung eines korrespondierenden vermögensmäßigen Vorteils darzustellen.

6. Zusammenfassung

98 Bildlich gesprochen wird bei einer verdeckten Gewinnausschüttung iSd § 8 Abs. 3 S. 2 KStG ein Vorgang, der nach seinem wirtschaftlichen Gehalt eine Gewinnausschüttung darstellt, in das Gewand eines anderen Vorgangs gekleidet (zB ein Vertrag, eine Leistungsbeziehung oder ein tatsächlicher Vorgang) und durch dieses Gewand „verdeckt".[78] Es geht also nicht etwa darum, den Wert einer Leistung des Gesellschafters zu schmälern. Vielmehr ordnet § 8 Abs. 3 S. 2 KStG an, dass eine Leistung, die nach ihrem wirtschaftlichen Gehalt eine Gewinnausschüttung darstellt, auch als solche besteuert werden muss.

99 Ebenso ist mit dem Begriff der „verdeckten" Gewinnausschüttung nicht automatisch, wie in der Praxis viele Gesellschafter meinen, der Vorwurf einer Steuerhinterziehung verknüpft. Zwar kann das Verhalten eines Geschäftsführers im Einzelfall zugleich die Voraussetzungen einer Steuerhinterziehung gem. § 370 Abs. 1 AO erfüllen. Dies richtet sich aber nach den Kriterien der letztgenannten Norm, nicht nach § 8 Abs. 3 S. 2 KStG.

III. Rechtsfolge

1. Rechtsfolge auf Gesellschafts- und Gesellschafterebene

100 Liegt eine vGA vor, so ist in Höhe der vGA gem. § 8 Abs. 3 S. 2 KStG das Einkommen der Kapitalgesellschaft **außerbilanziell** zu erhöhen und dieses erhöhte Einkommen der Körperschaft- und Gewerbesteuer[79] zu unterwerfen.

101 Auf der Ebene des Anteilseigners ist die vGA als Ausschüttung an den Anteilseigner zu erfassen. Je nachdem, ob die Anteile an der Kapitalgesellschaft im Be-

---

[76] Zum Erfordernis des Zuflusses: BFH 5.9.2023 – VIII R 2/20, BFH/NV 2024, 9, Rn. 17; BFH 19.12.2007 – VIII R 13/05, BStBl. II 2008, 568.
[77] BFH 7.8.2002 – I R 2/02, BStBl. II 2004, 131.
[78] Schmitz-Herscheidt Stbg 2020, 400 (403).
[79] Zu den gewerbesteuerlichen Folgen → Kap. C Rn. 58ff.

triebs- oder im Privatvermögen gehalten werden,[80] führt dies zu Einkünften aus Gewerbebetrieb gem. § 15 Abs. 1 S. 1 EStG oder zu Einkünften aus Kapitalvermögen gem. § 20 Abs. 1 Nr. 1 S. 2 EStG.[81]

Wenn beim Anteilseigner das Teileinkünfteverfahren oder der gesonderte Steuertarif zur Anwendung gelangt, kann dies für den Anteilseigner – isoliert betrachtet – im Einzelfall sogar vorteilhaft sein, wenn er den Betrag der vGA zuvor in voller Höhe der Einkommensteuer unterwerfen musste (zB als Lohn, als Miet- oder als Zinseinnahmen), nach Umqualifizierung in eine vGA aber vom Teileinkünfteverfahren oder von dem gesonderten Steuertarif profitiert. Der Vorteil auf der Ebene des Anteilseigners ist aber stets geringer als die zusätzliche Belastung der Kapitalgesellschaft mit Körperschaft- und Gewerbesteuer aufgrund des Ansatzes der vGA.[82] **102**

Im Sonderfall einer vGA an eine **nahestehende Person** bedeutet dies, dass nur der Gesellschafter Einkünfte aus Kapitalvermögen erzielt, die nahestehende Person hingegen den Vermögensvorteil nicht zu versteuern hat. **103**

Beispiel:[83] G ist Alleingesellschafter der G-GmbH. Er ist verheiratet und wird mit seiner Ehefrau, die keine eigenen Einkünfte hat, zusammen veranlagt. Die GmbH erklärte für 01 180.000 EUR Einkünfte. Hiervon wurden 50.000 EUR bereits im Wege einer Vorabausschüttung an G ausgezahlt. **104**

Durch eine Außenprüfung wurde festgestellt, dass die G-GmbH mit dem vermögenslosen Vater des G, dem V, einen Beratervertrag abgeschlossen und ihm im Jahre 01 20.000 EUR Beratungshonorar gezahlt hatte. Der Vater hatte früher einen Bauchladen. Seine Beratung beschränkte sich auf anfeuernde Zurufe.

Lösung: Das Beraterhonorar ist ein Vermögensvorteil für den Vater. Es liegt eine Veranlassung durch das Gesellschaftsverhältnis vor (keine Fremdüblichkeit), da der Vater keine werthaltige Gegenleistung erbracht hat. Es handelt sich um eine vGA an eine nahestehende Person des Gesellschafters. Die Einkünfte der GmbH erhöhen sich um 20.000 EUR auf 200.000 EUR. Die Ausschüttung an den Gesellschafter G erhöht sich auf 70.000 EUR (§ 20 Abs. 1 Nr. 1 S. 2 EStG).

Zu einer vGA kann es auch zwischen einer Trägerkörperschaft und einem Betrieb gewerblicher Art kommen. Auch in diesem Fall ist die Vermögensminderung oder verhinderte Vermögensmehrung außerbilanziell dem Einkommen des BgA hinzuzurechnen.[84] **105**

2. Zeitpunkt der Erfassung

Eine vGA ist grundsätzlich in dem Zeitpunkt zu erfassen, in dem die Tatbestandsmerkmale erfüllt sind (§ 38 AO). **106**

Auf der Ebene der Gesellschaft und des Gesellschafters sind allerdings die Tatbestandsmerkmale im Detail unterschiedlich. Dadurch kann die vGA bei der Kapitalgesellschaft in einem Veranlagungszeitraum zu erfassen sein, beim Anteilseigner hingegen in einem späteren oder gar früheren Veranlagungszeitraum. Der wesentliche Unterschied besteht darin, dass die Erfassung der vGA beim Anteilseigner einen **Zufluss** gem. § 11 Abs. 1 S. 1 EStG voraussetzt, bei der Kapitalgesellschaft hingegen nur die Eignung für einen sonstigen Bezug iSd § 20 Abs. 1 Nr. 1 S. 2 EStG.[85] **107**

---

[80] Zur Abgrenzung s. im Einzelnen → Kap. E Rn. 26ff.
[81] S. im Einzelnen → Kap. E Rn. 44ff. und → Kap. E Rn. 89ff.
[82] Zu Rechenbeispielen → Rn. 3ff.
[83] Nach MOV/Klein/Müller/Döpper KStG § 8 Rn. 194.
[84] BFH 10.12.2019 – I R 24/17, BFHE 267, 354; BFH 24.4.2002 – I R 20/01, BFHE 199, 148, BStBl. II 2003, 412.
[85] Vgl. → Rn. 18f. Zum Zuflusserfordernis beim Anteilseigner zB BFH 5.9.2023 – VIII R 2/20, BFH/NV 2024, 9, Rn. 17; BFH 19.12.2007 – VIII R 13/05, BStBl. II 2008, 568.

108 Weitere Besonderheiten gelten in diesem Zusammenhang für **beherrschende Gesellschafter-Geschäftsführer.** Bei diesem nimmt die Rechtsprechung einen Zufluss iSd § 11 Abs. 1 S. 1 EStG bereits dann an, wenn ein fälliger Zahlungsanspruch besteht. Danach fließt dem alleinigen oder jedenfalls beherrschenden Gesellschafter eine eindeutige und unbestrittene Forderung gegen „seine" Kapitalgesellschaft bereits mit deren Fälligkeit zu. Denn ein beherrschender Gesellschafter hat es regelmäßig in der Hand, sich geschuldete Beträge auszahlen zu lassen, wenn der Anspruch eindeutig, unbestritten und fällig ist.[86]

3. Bewertung

109 Grundsätzlich ist die vGA mit dem gemeinen Wert iSd § 9 BewG zu bewerten.[87] Dies ist der Wert, der im gewöhnlichen Geschäftsverkehr zu erzielen gewesen wäre. Maßstab ist auch hier wieder der Fremdvergleich. Beispiele sind etwa:
- marktüblicher Preis für Ware;
- marktübliche Verzinsung für ein Darlehen.

110 Der **gemeine Wert** schließt nach der Rechtsprechung des BFH grundsätzlich auch den bei der Gesellschaft üblichen **Gewinnaufschlag** ein.[88] Dem liegt die Überlegung zugrunde, dass ein ordentlicher und gewissenhafter Geschäftsleiter die Leistung nur mit einem Gewinnaufschlag zugunsten der Kapitalgesellschaft überlassen hätte. Auch hier hat sich aber eine Einzelfallrechtsprechung gebildet. So ist etwa bei einem von der Gesellschaft an den Gesellschafter ausgegebenen Darlehen der angemessene Zins (inklusive Gewinnaufschlag) zu schätzen, wobei der Sollzins für die Gesellschaft die Obergrenze und der Habenzins die Untergrenze darstellt.[89]

111 **Beispiel:** Eine GmbH vermietet einen bestimmten Teil eines ihr gehörenden Gebäudes an einen Allein-[90] bzw. Minderheitsgesellschafter[91] zu Wohnzwecken. Der Mietzins ist marktüblich, jedoch vermag er nicht die laufenden Kosten der hochwertig ausgestatteten Immobilie zu decken. Eine kostendeckende Miete wäre am Markt nicht zu erzielen gewesen.

Der BFH entschied, ein ordentlicher und gewissenhafter Geschäftsleiter einer Kapitalgesellschaft werde nur dann bereit sein, die laufenden Aufwendungen für den Ankauf, den Ausbau und die Unterhaltung eines Einfamilienhauses zu (privaten) Wohnzwecken – also im privaten Interesse – eines Gesellschafters der Kapitalgesellschaft zu tragen, wenn der Gesellschaft diese Aufwendungen in voller Höhe erstattet würden und sie zudem einen angemessenen Gewinnaufschlag erhalte.[92] Eine Vermietung zu marktüblichen, aber nicht kostendeckenden Bedingungen würde er (ausnahmsweise) in Betracht ziehen, wenn er bezogen auf den jeweils zu beurteilenden Veranlagungszeitraum bereits von der Erzielbarkeit einer angemessenen Rendite ausgehen könne.

Da dies in den vom BFH entschiedenen Fällen nicht der Fall war, lag eine vGA vor, und zwar in Höhe des Betrags, um den die um einen angemessenen Gewinnaufschlag zu erhöhende jährliche Kostenmiete unterschritten wurde. Grundlage der Berechnung der Kostenmiete war hierbei die Verordnung über wohnwirtschaftliche Berechnungen nach dem Zweiten Wohnungsbaugesetz (II. BerechnungsVO).

---

[86] BFH 12.7.2021 – VI R 3/19, BFH/NV 2022, 9, Rn. 11; BFH 8.5.2007 – VIII R 13/06, BFH/NV 2007, 2249.

[87] BFH 27.11.1974 – I R 250/72, BStBl. II 1975, 306.

[88] BFH 27.11.1974 – I R 250/72, BStBl. II 1975, 306.

[89] BFH 22.10.2003 – I R 36/03, BStBl. II 2004, 307.

[90] So in BFH 27.7.2016 – I R 8/15, NWB 2016, 3504 mAnm Schmitz-Herscheidt,.

[91] So in BFH 27.7.2016 – I R 12/15, BStBl. II 2017, 217.

[92] Bestätigung des BFH 17.11.2004 – I R 56/03, BFHE 208, 519.

IV. Vertiefung: Einzelne Schwerpunktbereiche

1. Bezüge des Gesellschafter-Geschäftsführers

Die Bezüge eines Gesellschafter-Geschäftsführers müssen insgesamt angemessen sein, damit sie dem Fremdvergleich standhalten. Zudem dürfen sie nicht zu einer Gewinnabschöpfung führen. **112**

Für die Angemessenheit der Bezüge eines Gesellschafter-Geschäftsführers gibt es jedoch keine festen Ober- und Untergrenzen, vielmehr ist der angemessene Betrag im Einzelfall durch Schätzung zu ermitteln.[93] Die Rechtsprechung hat aber mehrere Leitlinien aufgestellt. **113**

a) Festes Geschäftsführergehalt

Bei der Höhe des festen Geschäftsführergehalts gibt es keine klaren Grenzen, sondern die **Angemessenheit** des Gehalts muss in Bezug auf den Betrieb und die Tätigkeit des Geschäftsführers gewürdigt werden. Wesentliche Anhaltspunkte sind inner- und außerbetriebliche Merkmale. **114**

Wie beschrieben (→ Rn. 91) kommt es bei dem Geschäftsführergehalt **eines beherrschenden Gesellschafters** weiterhin entscheidend darauf an, dass die Tätigkeit tatsächlich ausgeübt, die Vergütung tatsächlich und fristgerecht gezahlt und die Lohnsteuer abgeführt worden ist.[94] Ansonsten wäre auf die Unentgeltlichkeit der Leistung zu schließen. **115**

aa) Rechtsprechung

Der BFH nennt regelmäßig folgende Aspekte, die im Einzelfall zu würdigen sind:[95] **116**

- Art und Umfang der Tätigkeit; diese werden vor allem durch die Größe des Unternehmens bestimmt, wobei sich die Größe nach der Umsatzhöhe und der Beschäftigtenzahl richtet;
- die Ertragsaussichten des Unternehmens als wesentliches Kriterium neben der Unternehmensgröße; bei sehr ertragsstarken Unternehmen führt dies aber nicht zu einer unbegrenzten Steigerung des Geschäftsführergehalts; ebenso muss bei ertragsschwachen Unternehmen der Geschäftsführer nicht auf eine Vergütung für seine Tätigkeit vollständig verzichten;
- das Verhältnis des Geschäftsführergehalts zum Gesamtgewinn und zur verbleibenden Kapitalverzinsung; als angemessene Verzinsung des eingezahlten Kapitals hat der BFH in früheren Entscheidungen einen Betrag von 10% genannt;[96] wie beschrieben muss dieser Betrag jedoch bei ertragsstarken bzw. -schwachen Unternehmen angepasst werden;[97]
- Art und Höhe der Vergütungen, die gleichartige Betriebe ihren Geschäftsführern für entsprechende Leistungen gewähren.
- Andere Kriterien wie etwa die Ausbildung und Berufserfahrung des Geschäftsführers spielen keine Rolle, ebenso wenig die Steigerung des Unternehmenswertes, welcher den Gesellschaftern zusteht.[98]

---

[93] BFH 11.8.2004 – I R 40/03, BFH/NV 2005, 248.
[94] BFH 20.10.2004 – I R 4/04, BFH/NV 2005, 723.
[95] BFH 18.12.2002 – I R 85/01, BFH/NV 2003, 822.
[96] BFH 4.5.1977 – I R 11/75, BStBl. II 1977, 679.
[97] BMF 14.10.2002, BStBl. I 2002, 972, Tz. 14ff.
[98] FG Hessen 27.6.2001 – 4 K 752/01, EFG 2002, 490.

117 **Beispiel:**[99] B ist zu 49 % an der AB-GmbH beteiligt. Die übrigen 51 % werden von dem Investor A gehalten. B ist alleiniger Geschäftsführer. Die GmbH trifft mit B sog. Zielvereinbarungen. Herr A, Dozent für Marketing, ist überzeugt, dass ein Unternehmen nur mit Zielvereinbarungen für die Mitarbeiter gut geführt werden kann. Andere Vorgaben wie zB die Eigenkapitalverzinsung hält er für veraltet. B erhält vertraglich ein Festgehalt von jährlich 40.000 EUR. Er erhält zusätzlich je weitere 10.000 EUR jährlich – ggf. anteilig –, wenn er folgende Zielvorgaben erfüllt:
- Besuch und Beratung von wöchentlich je 10 Neukunden,
- Programmierung und Implementierung eines Abrechnungs-Tools,
- Verbesserung des Software-gestützten Kundenmanagements,
- Einarbeitung der neuen Mitarbeiterin Frau C.

Lösung: Das Festgehalt des B ist nicht unangemessen. Die Vergütung der „Zielvorgaben" kann nicht allein deshalb als unangemessen angesehen werden, weil diese „unüblich" wären. Im Gegenteil, solche Instrumente der Unternehmensführung halten einem Fremdvergleich stand.

Bei einem beherrschenden Gesellschafter-Geschäftsführer müssen aber die Zielvorgaben hinreichend genau bestimmt sein (formeller Fremdvergleich, → Rn. 89 ff.). Die Höhe der Vergütung muss allein anhand von Rechenvorgängen ermittelbar sein.[100] Bedenken bestehen hier bei der 3. und 4. Zielvorgabe. Da A jedoch ein Minderheitsgesellafter ist, gilt nicht der formelle Fremdvergleichsmaßstab. Dann können im Einzelfall alle genannten Zielvorgaben angemessen sein.

bb) Finanzverwaltung

118 Die Finanzverwaltung vertritt als Orientierungshilfe den sog. **Halbteilungsgrundsatz** und formuliert wie folgt:[101] „Wird nahezu der gesamte Gewinn einer Kapitalgesellschaft durch die Gesamtvergütung ‚abgesaugt', stellt dies ein wesentliches Indiz für die Annahme einer unangemessenen Gesamtvergütung dar. Die Mindestverzinsung des eingesetzten Eigenkapitals rechtfertigt es allerdings nicht, darüber hinausgehende Beträge in vollem Umfang als Geschäftsführergehalt auszukehren. Es ist Aufgabe der Kapitalgesellschaft, Gewinne zu erzielen und die Gewinne nach Möglichkeit zu steigern, und ein ordentlicher und gewissenhafter Geschäftsleiter wird auf jeden Fall dafür sorgen, dass der Kapitalgesellschaft ein entsprechender Gewinn verbleibt.[102] Im Regelfall kann daher von der Angemessenheit der Gesamtausstattung der Geschäftsführerbezüge ausgegangen werden, wenn der Gesellschaft nach Abzug der Geschäftsführervergütungen noch ein Jahresüberschuss vor Ertragsteuern in **mindestens gleicher Höhe** wie die Geschäftsführervergütungen verbleibt. Bei mehreren Gesellschafter-Geschäftsführern ist hierbei auf die Gesamtsumme der diesen gewährten Vergütungen abzustellen." [Hervorhebung durch den Verf.]

119 Teilweise wird der Halbteilungsgrundsatz auch als eine „Nichtaufgriffsgrenze" verstanden.[103]

cc) Gehaltsstrukturuntersuchungen

120 Darüber hinaus existieren zahlreiche Gehaltsstrukturuntersuchungen, die in der Praxis Grundlage für die Angemessenheitsprüfung sein können.

121 Die Finanzverwaltung Nordrhein-Westfalen verwendet ein Computerprogramm zur Prüfung der Angemessenheit, welches als „Methode Hansmann" bezeichnet wird.[104]

---

99 Fortsetzung des Beispiels von → Rn. 93.

100 BFH 17.12.1997 – I R 70/97, BStBl. II 1998, 545.

101 BMF 14.10.2002, BStBl. I 2002, 972, Rn. 15 f. Die Rechtsprechung hat den Halbteilungsgrundsatz nicht übernommen.

102 BFH 28 6.1989 – I R 89/85, BStBl. II 1989, 854.

103 MOV/Klein/Müller/Döpper KStG § 8 Rn. 1002.

104 Vgl. Hansmann EStB 2003, 143.

Beispiel: Der BFH hat folgende Schätzung, welche die Vorinstanz aufgrund einer Gehaltsstrukturuntersuchung vorgenommen hatte, nicht beanstandet:[105] **122**

Bei der konkreten Auswertung der verwendeten Untersuchung hat das FG dieser entnommen, dass bei von der Umsatzstärke her mit der Gesellschaft vergleichbaren Unternehmen das obere Quantil der Geschäftsführerbezüge bei 286.000 DM im Jahr gelegen habe. Diesen Wert hat das FG als den für den Vergleich maßgeblichen Ausgangswert angesehen und wie folgt fortentwickelt:

- Fortschreibung auf die allgemeine Gehaltsentwicklung;
- Zuschlag von 20 % mit Rücksicht auf die besondere Ertragsstärke der Gesellschaft;
- Gegenüberstellung mit der Vergütung des Geschäftsführers unter Anrechnung von Leistungen der Gesellschaft (Kfz, Fahrtkostenerstattung und Direktversicherung).

b) Tantiemen

Tantiemen sind erfolgsabhängige Vergütungen des Geschäftsführers, die etwa an den Gewinn oder den Umsatz der Gesellschaft anknüpfen. Sie sind, ebenso wie das feste Geschäftsführergehalt, grundsätzlich als Arbeitslohn (§ 19 Abs. 1 S. 1 Nr. 1 EStG) anzusehen, sofern sie keine vGA darstellen. **123**

Besonderheiten gelten beim **Zeitpunkt des Zuflusses,** wenn der Geschäftsführer zugleich ein beherrschender Gesellschafter ist: Der BFH geht in ständiger Rechtsprechung davon aus, dass bei beherrschenden Gesellschafter-Geschäftsführern ein Zufluss von Einnahmen auch ohne Zahlung oder Gutschrift bereits früher vorliegen kann. Danach fließt dem alleinigen oder jedenfalls beherrschenden Gesellschafter eine eindeutige und unbestrittene Forderung gegen „seine" Kapitalgesellschaft bereits mit deren Fälligkeit zu. Denn ein beherrschender Gesellschafter hat es regelmäßig in der Hand, sich geschuldete Beträge auszahlen zu lassen, wenn der Anspruch eindeutig, unbestritten und fällig ist.[106] **124**

aa) Gewinntantieme

Zur Bestimmung einer vGA hat der BFH bei Gewinntantiemen eine sog. 50 %-Grenze entwickelt:[107] **125**

Danach ist die Zahlung einer Gewinntantieme an einen Gesellschafter-Geschäftsführer in aller Regel vGA, soweit sich die Tantieme auf **mehr als 50 %** des Jahresüberschusses der Gesellschaft beläuft. Sind mehrere Gesellschafter-Geschäftsführer tantiemeberechtigt, so kommt es in diesem Zusammenhang auf die Summe der ihnen versprochenen Tantiemen an. Diese Rechtsprechung beruht auf der Überlegung, dass Tantiemen von mehr als 50 % des Jahresüberschusses tendenziell auf eine Gewinnabsaugung zielen und im Wirtschaftsleben unter fremden Dritten unüblich sind.[108] **126**

Auch von dieser Regel sind im Einzelfall aber Ausnahmen anerkannt:[109] Die Überschreitung der Grenze von 50 % führt nicht in jedem Fall zur Annahme einer vGA. Sie begründet vielmehr nur eine Vermutung für eine Veranlassung der Tantiemeregelung im Gesellschaftsverhältnis **(Anscheinsbeweis).** Diese Vermutung kann im Einzelfall widerlegt werden. Hierzu muss die Gesellschaft jedoch Umstände vortragen, aus denen sich klar und eindeutig ergibt, dass die Vereinbarung eines Tantiemesatzes von 50 % wirtschaftlich geboten war und deshalb auch einem Fremdgeschäftsführer gegenüber akzeptiert worden wäre. Geschieht dies nicht, so ist von einer Mitveran- **127**

---

105 BFH 26.5.2004 – I R 86/03, BFH/NV 2005, 75.

106 BFH 12.7.2021 – VI R 3/19, BFH/NV 2022, 9, Rn. 11; BFH 8.5.2007 – VIII R 13/06, BFH/NV 2007, 2249.

107 BFH 14.3.2006 – I R 72/05, BFH/NV 2006, 1711, Rn. 14; BFH 17.12.2003 – I R 16/02, BFH/NV 2004, 817; BFH 15.3.2000 – I R 74/99, BStBl. II 2000, 547; BFH 15.3.2000 – I R 73/99, BFH/NV 2000, 1245; BFH 27.4.2000 – I R 88/99, BFH/NV 2001, 342.

108 BFH 17.12.2003 – I R 16/02, BFH/NV 2004, 817; BFH 1.12.1993 – I B 158/93, BFH/NV 1994, 740.

109 BFH 17.12.2003 – I R 16/02, BFH/NV 2004, 817.

lassung der Tantiemezusage im Gesellschaftsverhältnis auszugehen und die Tantieme insoweit als vGA zu behandeln, als sie 50 % des Gewinns übersteigt.

bb) Vergleich zu den Gesamtbezügen

128 Darüber hinaus hat die Rechtsprechung eine 25 %/75 %-Grenze entwickelt:[110]

129 Nach der Rechtsprechung des BFH ist davon auszugehen, dass es im Verhältnis zwischen fremden Dritten weder im Interesse der Gesellschaft noch in demjenigen des Geschäftsführers liegt, die Geschäftsführervergütung in allzu hohem Maße erfolgsabhängig auszugestalten. Deshalb kann eine Gehaltsstruktur, bei der die Tantieme mehr als 25 % der vorgesehenen Gesamtbezüge des Gesellschafter-Geschäftsführers ausmacht, auf eine Veranlassung der Tantiemevereinbarung im Gesellschaftsverhältnis hinweisen.[111]

130 Hiernach ist also das **Gesamtverhältnis der Geschäftsführervergütung,** bestehend aus festen und variablen Bestandteilen, zu betrachten, und der Verhältnissatz zwischen festen und variablen Bestandteilen zu würdigen. Übersteigt die Tantieme 25 % der Gesamtbezüge, ist der übersteigende Teil als vGA zu betrachten.

131 Jedoch hat der BFH andererseits entschieden, dass bei Angemessenheit der Gesamtvergütung nicht schon deshalb eine vGA vorliegen muss, weil die Vergütung zu mehr als 25 % aus variablen Anteilen besteht.[112] Vielmehr ist die Aufteilung der Vergütung in feste und gewinnabhängige Bestandteile lediglich eines derjenigen Kriterien, die das FG bei der Beurteilung des Veranlassungszusammenhangs berücksichtigen muss.

cc) Umsatztantieme

132 Nach der Rechtsprechung des BFH führt eine Umsatztantieme grundsätzlich zur **vGA in voller Höhe** der Tantieme. Dem Maßstab des Handelns eines ordentlichen und gewissenhaften Geschäftsleiters entspricht es nämlich im Regelfall nur, eine Erfolgsvergütung für den (gesamtverantwortlichen) Gesellschafter-Geschäftsführer in Form einer Gewinntantieme, nicht hingegen in Form einer Umsatztantieme zu gewähren. Denn eine unabhängig von der Erzielung von Erträgen geschuldete Umsatzbeteiligung kann dem eigenen Gewinnstreben der Kapitalgesellschaft entgegenstehen und ist mit dem Risiko einer Gewinnabsaugung verbunden.[113]

133 Auch hier gibt es wieder **Ausnahmen:**

Eine umsatzbezogene (Zusatz-)Vergütung kann dann steuerrechtlich anzuerkennen sein, wenn die mit der Vergütung angestrebte Leistungssteigerung des Begünstigten durch eine Gewinntantieme nicht zu erreichen wäre.[114] So kann die Vereinbarung einer Umsatztantieme in einer ertragsschwachen Aufbauphase des Unternehmens ausnahmsweise steuerrechtlich anerkannt werden, wenn die Kapitalgesellschaft sicherstellt, dass die Zahlung der Umsatztantieme tatsächlich auf die Dauer dieser Phase beschränkt bleibt (zB durch Revisionsklausel, durch zeitliche Beschränkung im Anstellungsvertrag) und die eingeschränkten Erkenntnismöglichkeiten über die künftige Umsatzentwicklung bei der Tantiemebemessung (zB durch eine höhenmäßige Begrenzung) berücksichtigt werden.

---

[110] BFH 26.5.2004 – I R 86/03, BFH/NV 2005, 75.

[111] BFH 26.5.2004 – I R 86/03, BFH/NV 2005, 75; BFH 5.10.1994 – I R 50/94, BStBl. II 1995, 549.

[112] BFH 26.5.2004 – I R 86/03, BFH/NV 2005, 75; BFH 19.11.2003 – I R 42/03, BFH/NV 2004, 669.

[113] BFH 4.3.2009 – I R 45/08, BFH/NV 2010, 244; BFH 6.4.2005 – I R 10/04, BFH/NV 2005, 2058, mwN.

[114] BFH 4.3.2009 – I R 45/08, BFH/NV 2010, 244.

dd) „Nur-Tantieme"

134 Enthält die Geschäftsführervergütung kein Festgehalt, sondern nur eine Tantieme, spricht man von einer „Nur-Tantieme".

135 Vereinbart eine GmbH mit ihren beherrschenden Gesellschafter-Geschäftsführern als Entgelt für die Geschäftsführertätigkeit ausschließlich eine Gewinntantieme, ist diese nach der Rechtsprechung des BFH als vGA anzusehen, wenn die Tantiemezahlungen im Einzelfall bei Würdigung aller Umstände die wirtschaftliche Funktion einer Gewinnausschüttung haben.[115]

c) Zuschläge

136 Nach der Rechtsprechung sind **Sonntagszuschläge, Feiertagszuschläge und Nachtzuschläge,** die eine GmbH ihrem Gesellschafter-Geschäftsführer zahlt, **regelmäßig vGA.**[116] Das gilt auch dann, wenn sowohl in der betreffenden Branche als auch in dem einzelnen Betrieb gesellschaftsfremde Arbeitnehmer typischerweise solche Zuschläge erhalten.

137 Diese Beurteilung gilt im Grundsatz gleichermaßen für beherrschende wie für nicht beherrschende Gesellschafter-Geschäftsführer. Sie beruht auf dem Gedanken, dass ein Geschäftsführer sich in besonderem Maße mit den Interessen und Belangen der von ihm geleiteten Gesellschaft identifizieren und die notwendigen Arbeiten auch dann erledigen muss, wenn dies einen Einsatz außerhalb der üblichen Arbeitszeiten oder über diese hinaus erfordert. Eine gesonderte Vergütung zusätzlicher Arbeitszeiten verträgt sich mit diesem Aufgabenbild nicht, weshalb sie regelmäßig als durch das Gesellschaftsverhältnis veranlasst anzusehen ist.[117]

138 Eine **Ausnahme** erkennt der BFH aber in folgendem Fall an:[118] Wurde eine bestimmte Vereinbarung nicht nur mit dem Gesellschafter-Geschäftsführer, sondern auch mit vergleichbaren gesellschaftsfremden Personen abgeschlossen, so kann dies gegen eine Veranlassung der Vereinbarung durch das Gesellschaftsverhältnis sprechen. Eine solche Gestaltung weist nämlich darauf hin, dass die Vereinbarung speziell in dem betreffenden Unternehmen auf betrieblichen Gründen beruht. Hält die zu beurteilende Regelung idS einem betriebsinternen Fremdvergleich stand, so kann eine vGA auch dann im Einzelfall zu verneinen sein, wenn eine entsprechende Regelung im allgemeinen Wirtschaftsleben unüblich ist oder aus anderen Gründen regelmäßig zur vGA führt.

2. Privatnutzung eines Kfz der Gesellschaft

139 Erhält ein Geschäftsführer von seiner Gesellschaft ein betriebliches Kfz und nutzt dieses privat, kann das **Arbeitslohn** darstellen oder zu einer **vGA** führen. Die Rechtsprechung des BFH ist im Detail unterschiedlich.[119]

140 Unter Berücksichtigung der üblichen Tatbestandsvoraussetzung des § 8 Abs. 3 S. 2 KStG kann man nach der Rechtsprechung des I. Senats des BFH von folgendem Prüfungsschema ausgehen:

a) Erste Stufe: Vorliegen einer Privatnutzung

141 Zur Prüfung der Frage, ob überhaupt eine Privatnutzung und damit eine Vermögensminderung bei der Gesellschaft vorliegt, erkennt der I. Senat des BFH einen

---

[115] BFH 27.3.2001 – I R 27/99, BStBl. II 2002, 111.
[116] BFH 14.7.2004 – I R 24/04, BFH/NV 2005, 247.
[117] BFH 14.7.2004 – I R 24/04, BFH/NV 2005, 247; BFH 27.3.2001 – I R 40/00, BStBl. II 2001, 655.
[118] BFH 14.7.2004 – I R 111/03, BStBl. II 2005, 307.
[119] Ausführlich: Schmitz-Herscheidt NWB 2016, 1429.

Anscheinsbeweis an. Demnach streitet für eine Privatnutzung der Beweis des ersten Anscheins, der nur durch einen Gegenbeweis entkräftet werden kann, wenn[120]

- kein Fahrtenbuch geführt wird,
- keine organisatorischen Maßnahmen ergriffen wurden, um eine Privatnutzung auszuschließen,
- unbeschränkte Zugriffsmöglichkeit des Geschäftsführers auf das Kfz besteht.

142 Im Anwendungsbereich des § 8 Abs. 3 S. 2 KStG hat der I. Senat des BFH den Anscheinsbeweis nicht aufgegeben,[121] anders als der VI. Senat des BFH für die Lohnsteuer.

143 Der für die **Lohnsteuer** zuständige VI. Senat des BFH hatte bereits im Jahr 2010 erkannt, der Anscheinsbeweis streite weder dafür, dass dem Arbeitnehmer überhaupt ein Dienstwagen aus dem vom Arbeitgeber vorgehaltenen Fuhrpark zur Verfügung stehe, noch dafür, dass er einen solchen unbefugt auch privat nutze.[122] Der Ansatz eines lohnsteuerrechtlich erheblichen Vorteils rechtfertige sich deshalb nur insoweit, als der Arbeitgeber dem Arbeitnehmer auch gestatte, den Dienstwagen privat zu nutzen. Im Jahr 2013 hat der VI. Senat des BFH dann in einem zweiten Schritt Folgendes entschieden: Ist nachgewiesen, dass der Arbeitgeber an den Arbeitnehmer einen Dienstwagen für dessen Privatnutzung überlassen hat, führt dies unabhängig von den tatsächlichen Nutzungsverhältnissen zu einer Bereicherung des Arbeitnehmers und damit zu einem lohnsteuerlichen Vorteil.[123] Denn der Vorteil aus der Nutzungsüberlassung umfasse das Zurverfügungstellen des Fahrzeugs selbst sowie die Übernahme sämtlicher damit verbundener Kosten wie Steuern, Versicherungsprämien, Reparatur-, Wartungs- und Treibstoffkosten und damit nutzungsabhängige wie -unabhängige Kosten.[124] Es kommt also unabhängig von einer privaten Nutzung stets zu einem Lohnzufluss, sofern nur eine Befugnis zur Privatnutzung besteht.

144 Der I. Senat des BFH hat sich im Zusammenhang mit der **vGA** nicht der Rechtsprechung des VI. Senats des BFH angeschlossen, sondern wendet den Anscheinsbeweis weiterhin an.[125] Erhellend ist ein *„obiter dictum"* in einem BFH-Beschluss vom 30.9.2015: „Im Streitfall besteht die Besonderheit, dass A alleiniger bzw. später beherrschender Gesellschafter-Geschäftsführer war. Wegen des fehlenden Interessengegensatzes zwischen der ‚Arbeitgeber- und Arbeitnehmerseite' – beide ‚repräsentiert' durch A – liegt es nahe, diese Unterschiede im Sachverhalt aufzugreifen und rechtlich andere, und zwar strengere Maßstäbe anzulegen […]".[126]

145 Die Rechtsprechung zur Lohnsteuer ist also **nicht auf die vGA übertragbar,** weil zwischen Gesellschaft und beherrschendem Gesellschafter – anders als zwischen Arbeitgeber und Arbeitnehmer – die Interessen nicht gegenläufig sind.[127] Der Anscheinsbeweis findet daher bei der vGA weiterhin Anwendung.[128] Umgekehrt gilt

---

120 BFH 23.1.2008 – I R 8/06, BStBl. II 2012, 260; BFH 17.7.2008 – I R 83/07, BFH/NV 2009, 417.

121 Vgl. BFH 20.12.2016 – I R 4/15, BFHE 256, 483, BStBl. II 2017, 678, Rn. 22.

122 BFH 21.4.2010 – VI R 46/08, BStBl. II 2010, 848, Rn. 19; BFH 6.10.2011 – VI R 56/10, BStBl. II 2012, 362, Rn. 15.

123 BFH 21.3.2013 – VI R 31/10, BStBl. II 2013, 700, Rn. 12; BFH 18.4.2013 – VI R 23/12, BStBl. II 2013, 920, Rn. 17.

124 BFH 21.3.2013 – VI R 31/10, BStBl. II 2013, 700, Rn. 12; BFH 18.4.2013 – VI R 23/12, BStBl. II 2013, 920, Rn. 17.

125 BFH 20.12.2016 – I R 4/15, BFHE 256, 483, BStBl. II 2017, 678, Rn. 22.

126 BFH 30.9.2015 – I B 85/14, BFH/NV 2016, 423.

127 Vgl. FG Brandenburg 3.9.2013 – 6 K 6154/10, EFG 2013, 1955; Schmitz-Herscheidt NWB 2016, 1429 (1438).

128 FG Münster 11.10.2019 – 13 K 172/17 E, EFG 2020, 96, Rn. 62, rkr.; FG Köln 15.9.2016 – 10 K 2497/15, EFG 2016, 2081, rkr.

bei der Lohnzurechnung kein Anscheinsbeweis. Das kann im Einzelfall den Nachteil haben, dass bei einer vertraglich vereinbarten privaten Nutzungsbefugnis auch im Falle einer tatsächlich unterbliebenen Privatnutzung ein Lohnzufluss zugerechnet wird.[129]

b) Zweite Stufe: Veranlassung durch das Gesellschaftsverhältnis

Bereits nach früherer Rechtsprechung des I. Senats des BFH war die private **146**
Nutzung durch das Gesellschaftsverhältnis veranlasst, wenn sie vertraglich nicht geregelt war.[130]

In zwei Entscheidungen des Jahres 2008 hat der I. Senat des BFH hierzu Folgen- **147**
des konkretisiert: Nur diejenige Nutzung des Kfz ist betrieblich veranlasst, welche durch eine **fremdübliche Überlassungs- oder Nutzungsvereinbarung** abgedeckt wird. Die ohne eine solche Vereinbarung erfolgende oder darüber hinausgehende oder einem ausdrücklichen Verbot widersprechende Nutzung ist hingegen durch das Gesellschaftsverhältnis zumindest mitveranlasst.[131]

Ist die Privatnutzung des Kfz hingegen nicht durch das Gesellschaftsverhältnis **148**
veranlasst, weil eine fremdübliche Überlassungs- oder Nutzungsvereinbarung vorliegt, so liegt eine Sachzuwendung vor, welche der Lohnsteuer unterliegt.

Damit ergeben sich im Falle einer Privatnutzung des betrieblichen Kfz folgende **149**
Fallgruppen:

- Liegt eine fremdübliche Erlaubnis zur Nutzung vor: keine vGA, sondern Lohn.
- Liegt eine eingeschränkte Nutzungserlaubnis vor: anteilige vGA, im Übrigen Lohn.
- Liegt keine fremdübliche Nutzungserlaubnis vor: vGA.
- Wurde die Privatnutzung verboten: vGA.

c) Bewertung der vGA

Die Bewertung der vGA erfolgt auf der Grundlage eines Fremdvergleichs, was **150**
idR zum Ansatz des **gemeinen Werts** führt und einen angemessenen Gewinnaufschlag einbezieht.[132]

Bei der erforderlichen Schätzung können nach Auffassung des I. Senats des BFH **151**
die marktmäßigen Mietraten eines professionellen Fahrzeugvermieters nur grobe Orientierungspunkte liefern, weil Kapitalgesellschaften im Allgemeinen keine solchen Vermieter sind. Der Nutzungsüberlassende und der Nutzungsempfänger würden deswegen gemeinhin auf Kostenbasis abrechnen und sich etwaige Gewinnaufschläge teilen, was die Grundlage für die Bewertung der vGA sei.[133] Die 1%-Regelung kommt nach der Rechtsprechung daher nicht zur Anwendung.[134]

Nur die Finanzverwaltung lässt es „aus Vereinfachungsgründen im Einzelfall" **152**
zu, den Wert der vGA in Anlehnung an § 6 Abs. 1 Nr. 4 S. 2ff. EStG zu ermitteln, mithin nach der **1%-Methode.**[135] Dies bedeutet für die Praxis eine erhebliche Vereinfachung.

---

[129] BFH 16.10.2020 – VI B 13/20, BFH/NV 2021, 434.

[130] BFH 23.2.2005 – I R 70/04, BStBl. II 2005, 882.

[131] BFH 23.1.2008 – I R 8/06, BStBl. II 2012, 260; BFH 17.7.2008 – I R 83/07, BFH/NV 2009, 417.

[132] BFH 23.1.2008 – I R 8/06, BFHE 220, 276, BStBl. II 2012, 260, Rn. 12; BFH 22.12.2010 – I R 47/10, BFH/NV 2011, 1019.

[133] BFH 22.12.2010 – I R 47/10, BFH/NV 2011, 1019.

[134] BFH 23.1.2008 – I R 8/06, BFHE 220, 276, BStBl. II 2012, 260, Rn. 12; BFH 15.7.2020 – III R 62/19, BFHE 271, 71, Rn. 33.

[135] BMF 3.4.2012, BStBl. I 2012, 478.

3. Pensionszusagen

153 Gibt die Kapitalgesellschaft einem Gesellschafter-Geschäftsführer eine Pensionszusage, bei der sie selbst die Pensionsverpflichtung übernimmt, müssen Pensionsrückstellungen den Voraussetzungen des § 6a EStG entsprechen. Ansonsten handelt es sich um vGA.

154 Wird die Pensionszusage hingegen über eine außenstehende Gesellschaft, insbesondere eine **Unterstützungskasse** gegeben, ist für Leistungen an die Unterstützungskasse § 4d EStG zu beachten. Ein Verstoß gegen die dort geregelten Kriterien kann ebenfalls zur vGA in Höhe der an die Unterstützungskasse geleisteten Zahlungen oder zum Betriebsausgabenabzugsverbot führen.[136]

155 Darüber hinaus gelten bei **beherrschenden Gesellschaftern** (→ Rn. 89ff.) die Besonderheiten des formellen Fremdvergleichs, weswegen die Pensionszusage zivilrechtlich wirksam, klar und eindeutig formuliert sowie im Voraus abgeschlossen sein muss. Letzteres führt zum sog. Nachzahlungsverbot.

a) Voraussetzungen des § 6a EStG

156 § 6a Abs. 1 EStG regelt verschiedene Voraussetzungen. Danach darf für eine Pensionsverpflichtung eine **Rückstellung** (Pensionsrückstellung) nur gebildet werden, wenn und soweit

- der Pensionsberechtigte einen Rechtsanspruch auf einmalige oder laufende Pensionsleistungen hat (Nr. 1),
- die Pensionszusage keine Pensionsleistungen in Abhängigkeit von künftigen gewinnabhängigen Bezügen vorsieht und keinen Vorbehalt enthält, dass die Pensionsanwartschaft oder die Pensionsleistung gemindert oder entzogen werden kann (Nr. 2), und
- die Pensionszusage schriftlich erteilt ist; die Pensionszusage muss eindeutige[137] Angaben zu Art, Form, Voraussetzungen und Höhe der in Aussicht gestellten künftigen Leistungen enthalten (Nr. 3).

157 Gemäß § 6a Abs. 2 EStG darf eine Pensionsrückstellung erstmals gebildet werden vor Eintritt des Versorgungsfalls für das Wirtschaftsjahr, in dem die Pensionszusage erteilt wird, frühestens jedoch für das Wirtschaftsjahr, bis zu dessen Mitte der Pensionsberechtigte ein bestimmtes[138] Lebensjahr vollendet, oder für das Wirtschaftsjahr, in dessen Verlauf die Pensionsanwartschaft gem. den Vorschriften des Betriebsrentengesetzes unverfallbar wird (Nr. 1) und nach Eintritt des Versorgungsfalls für das Wirtschaftsjahr, in dem der Versorgungsfall eintritt (Nr. 2).

b) Bewertung der Pensionsrückstellung

158 Eine Pensionsrückstellung darf höchstens mit dem Teilwert der Pensionsverpflichtung angesetzt werden (§ 6a Abs. 3 S. 1 EStG). Satz 2 enthält eine umfangreiche Definition für die Berechnung des Teilwerts anhand des **Teilwerts** der künftigen Pensionsleistungen.

159 Der BFH hat hierzu geklärt, dass für die Berechnung des Teilwerts der Pensionsrückstellung nach § 6a Abs. 3 S. 2 Nr. 1 S. 3 EStG die Jahresbeträge zugrunde zu legen sind, die vom Beginn des Wirtschaftsjahres, in dem das Dienstverhältnis begonnen hat, bis zu dem in der Pensionszusage vorgesehenen Zeitpunkt des Eintritts des Versorgungsfalles rechnungsmäßig aufzubringen sind. Ein **Mindestpensionsal-**

---

[136] Zur Abgrenzung BFH 20.7.2016 – I R 33/15, BFHE 254, 428, BStBl. II 2017, 66, Rn. 15.

[137] Zum sog. Eindeutigkeitsgebot vgl. BFH 28.2.2024 – I R 29/21, BFH/NV 2024, 969, BStBl. II 2024, 713 Rn. 17; BFH 23.7.2019 – XI R 48/17, BFHE 265, 267, BStBl. II 2019, 763.

[138] Staffelung in § 6a Abs. 2 Nr. 1 Buchst. a bis d EStG, eingeführt durch Gesetz vom 21.12.2015, BGBl. 2015 I 2553, mit Wirkung ab 2018.

ter wird hiernach auch für die Zusage gegenüber dem beherrschenden Gesellschafter-Geschäftsführer einer GmbH nicht vorausgesetzt.[139]

§ 6a Abs. 3 S. 2 Nr. 1 S. 4 EStG enthält ein Verbot, ungewisse Erhöhungen oder Verminderungen der Pensionsleistungen nach dem Schluss des Wirtschaftsjahres (Stichtagsprinzip) zu berücksichtigen; diese Erhöhungen oder Verminderungen dürfen vielmehr erst berücksichtigt werden, wenn sie eingetreten sind. Daraus hat der BFH das Verbot der sog. **„Überversorgung"** abgeleitet.[140] Danach lässt sich die Berechnung des Teilwerts nach dem Stichtagsprinzip im Falle einer Zusage von Versorgungsbezügen in Höhe fester Beträge nicht durch eine entsprechend höher bemessene Versorgung umgehen; eine solche Höherbemessung, die als Vorwegnahme künftiger Entwicklungen anzusehen sein kann, führt als „Überversorgung" zur anteiligen Kürzung der Pensionsrückstellung, und zwar typisierend dann, wenn (und soweit) die Versorgungsanwartschaft zusammen mit der Rentenanwartschaft aus der gesetzlichen Rentenversicherung 75 % der am Bilanzstichtag bezogenen Aktivbezüge übersteigt.[141] Im Hinblick auf die Schwierigkeit, die letzten Aktivbezüge und die zu erwartenden Sozialversicherungsrenten zu schätzen, hat der BFH zur Prüfung einer möglichen Überversorgung auf die vom Arbeitgeber während der aktiven Tätigkeit des Begünstigten im jeweiligen Wirtschaftsjahr tatsächlich erbrachten Arbeitsentgelte abgestellt.[142] 160

Darüber hinaus darf eine Pensionsrückstellung in einem Wirtschaftsjahr höchstens um den Unterschied zwischen dem Teilwert der Pensionsverpflichtung am Schluss des Wirtschaftsjahres und am Schluss des vorangegangenen Wirtschaftsjahres erhöht werden (§ 6a Abs. 4 EStG; **„Nachholungsverbot"**). Eine einmal unterlassene Zuführung zur Pensionsrückstellung kann also nicht in späteren Jahren nachgeholt werden, außer die Voraussetzungen einer Bilanzberichtigung oder -änderung gem. § 4 Abs. 2 EStG liegen vor.[143] 161

c) Steuerrechtliche Voraussetzungen – Nachzahlungsverbot

Pensionszusagen an beherrschende Gesellschafter-Geschäftsführer unterliegen als Ausprägung des formellen Fremdvergleichs (→ Rn. 89ff.) dem sog. Nachzahlungsverbot.[144] Demgemäß sind sie insoweit durch das Gesellschaftsverhältnis veranlasst, als die für die Unverfallbarkeit von Pensionsansprüchen geltenden Fristen nicht an den Zeitpunkt der Erteilung der Pensionszusage, sondern an den früheren Zeitpunkt der Betriebszugehörigkeit anknüpfen.[145] 162

Beispiel: Das Nachzahlungsverbot wird verletzt, wenn die dem Geschäftsführer am 1.1.2016 erteilte Zusage erst nach Ablauf einer fünfjährigen Betriebszugehörigkeit unverfallbar wird und der Berechnung dieser Frist – auch mit Rücksicht auf die Höhe der dem Geschäftsführer im Falle eines vorzeitigen Ausscheidens zustehenden Teilansprüche – der durch den Anstellungs- 163

---

[139] BFH 11.9.2013 – I R 72/12, BStBl. II 2016, 1008, ausdrücklich gegen R 41 Abs. 9 S. 1 EStR 2001, R 6a Abs. 8 EStR 2012.

[140] BFH 20.12.2016 – I R 4/15, BFH/NV 2017, 807.

[141] BFH 20.12.2016 – I R 4/15, BFH/NV 2017, 807.

[142] BFH 31.3.2004 – I R 70/03, BStBl. II 2004, 937; BFH 15.9.2004 – I R 62/03, BStBl. II 2005, 176; BFH 9.11.2005 – I R 89/04, BStBl. II 2008, 523; BFH 28.4.2010 – I R 78/08, BStBl. II 2013, 41; BFH 27.3.2012 – I R 56/11, BStBl. II 2012, 665; BFH 26.6.2013 – I R 39/12, BStBl. II 2014, 174; BFH 4.4.2012 – I B 96/11, BFH/NV 2012, 1179; BFH 12.12.2013 – III B 55/12, BFH/NV 2014, 575 [die dagegen erhobene Verfassungsbeschwerde war erfolglos, BVerfG 28.1.2016 – 2 BvR 623/14, nicht veröffentlicht].

[143] → Rn. 44.

[144] Gosch KStG/Gosch/Roser KStG § 8 Rn. 1075.

[145] BFH 26.6.2013 – I R 39/12, BStBl. II 2014, 174; BFH 5.3.2008 – I R 12/07, BStBl. II 2015, 409; BMF 9.12.2002, BStBl. I 2002, 1393.

vertrag vom 1.1.2012 begründete Dienstbeginn zugrunde zu legen ist.[146] Hier kann der fünfjährige Fristlauf also erst am 1.1.2016 beginnen, ansonsten liegt eine VGA vor.

164 Demgegenüber ist es nach der Rechtsprechung anzuerkennen, wenn sofort unverfallbare, jedoch zeitanteilig bemessene Rentenansprüche zugesagt werden.[147]

165 Ebenso ist es aus körperschaftsteuerrechtlicher Sicht grundsätzlich nicht zu beanstanden, wenn eine GmbH ihrem beherrschenden Gesellschafter-Geschäftsführer die Anwartschaft auf eine Altersversorgung zusagt und ihm dabei das Recht einräumt, anstelle der Altersrente eine bei Eintritt des Versorgungsfalls fällige, einmalige Kapitalabfindung in Höhe des Barwerts der Rentenverpflichtung zu fordern **(Kapitalabfindung).**[148]

4. Darlehen

166 Bei einem Darlehen zwischen einem Gesellschafter (bzw. einer nahestehenden Person des Gesellschafters, etwa einem Ehepartner oder einer Schwestergesellschaft) und der Gesellschaft kann es zu einer vGA kommen. Hierbei sind die Vermögensminderung und die Veranlassung durch das Gesellschaftsverhältnis besonders zu trennen.

a) Vermögensminderung

167 Wird bei einer Darlehensvereinbarung ein Darlehensbetrag ausgereicht, so genügt dies allein nicht, um eine Vermögensminderung anzunehmen, da der Darlehenshingabe ein Rückzahlungsanspruch als aktives Betriebsvermögen gegenübersteht.[149]

168 Löst hingegen eine Uneinbringlichkeit der Forderung eine **Teilwertabschreibung** aus, so ist hierin eine Einkommens- und Vermögensminderung zu sehen.[150]

169 Ebenso führt ein von vornherein **nicht ernstlich vereinbartes Darlehen** zu einer Vermögensminderung und zwar bereits im Zeitpunkt der Hingabe der „Darlehensvaluta".[151] Eine Vermögensminderung liegt also vor, wenn bereits bei Darlehensauszahlung aufgrund der wirtschaftlichen Situation des Gesellschafters mit einer Rückzahlung der „Darlehensbeträge" nicht gerechnet werden kann, da in diesem Fall der Darlehensgewährung von vornherein kein Gegenwert gegenübersteht und davon auszugehen ist, dass eine Rückzahlungsverpflichtung nicht begründet werden sollte.[152]

b) Veranlassung durch das Gesellschaftsverhältnis

170 Das Merkmal der Veranlassung der Vermögensminderung durch das Gesellschaftsverhältnis entscheidet sich in Darlehensfällen nicht nach der Verwendung der Mittel bzw. dem Zweck der Darlehensaufnahme, sondern nach den **geschäftlichen Bedingungen** der Darlehensvergabe (Verzinsung, Sicherheiten, Rückzahlungsrisiko) nach Maßgabe eines Fremdvergleichs.[153] Eine Veranlassung der Vermögensminde-

---

[146] BFH 26.6.2013 – I R 39/12, BStBl. II 2014, 174.

[147] BFH 5.3.2008 – I R 12/07, BStBl. II 2015, 409, bestätigt durch BFH 15.3.2023 – I R 41/19, BFHE 280, 131.

[148] BFH 5.3.2008 – I R 12/07, BStBl. II 2015, 409.

[149] FG Münster 12.4.2019 – 13 K 3923/16 K,G, EFG 2019, 1328; FG Münster 9.6.2021 – 13 K 668/19 E, EFG 2021, 1629, Rn. 45.

[150] BFH 11.11.2015 – I R 5/14, BFHE 252, 353, BStBl. II 2016, 491, Rn. 14; BFH 5.6.2013 – I R 37/12, BFH/NV 2013, 1628, Rn. 25.

[151] BFH 16.6.2015 – IX R 28/14, BFH/NV 2015, 1679, Rn. 27, 28; Brandis/Heuermann/Rengers KStG § 8 Rn. 571.

[152] BFH 16.6.2015 – IX R 28/14, BFH/NV 2015, 1679, Rn. 28.

[153] BFH 5.6.2013 – I R 37/12, BFH/NV 2013, 1628, Rn. 28.

rung durch das Gesellschaftsverhältnis kann deshalb nicht dadurch begründet werden, dass eine wirtschaftlich vollwertige Darlehensforderung später aus in der Sphäre des Schuldners liegenden Gründen uneinbringlich wird.[154]

Eine vGA kann hingegen im Zeitpunkt der Darlehensgewährung anzunehmen sein, wenn eine behauptete Darlehensvereinbarung zwischen der Kapitalgesellschaft und dem Gesellschafter mangels Fremdüblichkeit nicht anzuerkennen ist, weil der Darlehensvertrag von Anfang an mangels nennenswerter Tilgungsleistungen und Zinszahlungen seitens des Gesellschafters **nicht ernsthaft durchgeführt** worden ist.[155] **171**

Im Übrigen kann in einem späteren ausdrücklichen oder stillschweigenden **Verzicht** auf Rückzahlung der Darlehensvaluta eine vGA zu sehen sein.[156] **172**

Wird das Darlehen nach seiner Hingabe **uneinbringlich** und hat es die Gesellschaft unterlassen, rechtzeitig die erforderlichen Maßnahmen zu treffen, um das Darlehen zu sichern und zurückzuerhalten, kann dies einem Verzicht auf Rückzahlung gleichkommen und damit als vGA anzusehen sein.[157] **173**

c) Einzelfälle

Beispiele für eine vGA in einem Darlehensverhältnis sind etwa, wenn **174**
- die Gesellschaft zu hohe Zinsen an den Gesellschafter zahlt, wobei für die Bemessung „zu hoher" Zinsen insbesondere darauf abzustellen ist, ob das Darlehen nachrangig oder unbesichert ist (ein nachrangiges bzw. ungesichertes Darlehen darf höher verzinst sein als etwa ein besichertes Bankdarlehen; als Vergleichsmaßstab kommt der Kreditmarkt in Betracht),[158]
- der Gesellschafter zu niedrige Zinsen an die Gesellschaft zahlt, wobei für die Ermittlung fremdüblicher Zinsen von dem Erfahrungssatz auszugehen ist, dass sich private Darlehensgeber und -nehmer die banka übliche Marge zwischen Soll- und Habenzinsen teilen (sog. **Margenteilung**),[159]
- die Gesellschaft auf eine Darlehensrückzahlung des Gesellschafters verzichtet (im umgekehrten Fall kann es sich um eine verdeckte Einlage handeln),[160]
- die Gesellschaft ein Darlehen ohne die notwendigen Sicherheiten ausreicht oder erhöht und es wegen der fehlenden Sicherheiten uneinbringlich wird[161] (→ Rn. 175),
- bei einem beherrschenden Gesellschafter keine hinreichenden Regelungen über Zinsen, Kündigung, Tilgung bzw. Rückzahlungszeitpunkt vorhanden sind.[162] Die Vereinbarung einer Sicherheitsleistung für Darlehensansprüche kann hingegen nur verlangt werden, wenn auch ein fremder Gläubiger unter gleichen oder ähnlichen Verhältnissen eine Sicherheit gefordert hätte.[163]

---

[154] BFH 5.6.2013 – I R 37/12, BFH/NV 2013, 1628, Rn. 28; Gosch KStG/Gosch/Roser KStG § 8, Rn. 688; Brandis/Heuermann/Rengers KStG § 8 Rn. 579.

[155] BFH 16.6.2015 – IX R 28/14, BFH/NV 2015, 1679, Rn. 28; BFH 7.11.1990 – I R 35/89, BFH/NV 1991, 839, Rn. 25; Brandis/Heuermann/Rengers KStG § 8 Rn. 575.

[156] BFH 16.6.2015 – IX R 28/14, BFH/NV 2015, 1679, Rn. 29.

[157] BFH 16.6.2015 – IX R 28/14, BFH/NV 2015, 1679, Rn. 29; BFH 11.11.2015 – I R 5/14, BFHE 252, 353, BStBl. II 2016, 491, Rn. 14; BFH 7.3.2007 – I R 45/06, BFH/NV 2007, 1710, Rn. 18; BFH 14.3.1990 – I R 6/89, BFHE 160, 459, BStBl. II 1990, 795, Rn. 15; Brandis/Heuermann/Rengers KStG § 8 Rn. 578.

[158] BFH 18.5.2021 – I R 62/17, BFHE 273, 457.

[159] BFH 22.2.2023 – I R 27/20, BFHE 280, 55, BStBl. II 2023, 840, Rn. 22ff. mit Nachweisen zur früheren Rechtsprechung.

[160] BFH 28.2.1989 – VIII R 303/84, BStBl. II 1989, 711; anders hingegen, wenn es sich um eine echte Sanierungsmaßnahme handelt und der Verzicht daher nicht durch das Gesellschaftsverhältnis veranlasst ist.

[161] BFH 14.7.2004 – I R 16/03, BStBl. II 2004, 1010; BFH 14.3.1990 – I R 6/89, BStBl. II 1990, 795.

[162] BFH 19.12.2007 – VIII R 13/05, BStBl. II 2008, 568.

[163] BFH 19.12.2007 – VIII R 13/05, BStBl. II 2008, 568.

175 **Beispiel:** Die A-GmbH hat ihrem alleinigen Gesellschafter in den Jahren 01 bis 05 jeweils 100.000 EUR ungesicherte Darlehen gegeben, weil A dies für seinen Lebensstil benötigte. Die Darlehen waren (marktgerecht) verzinst mit 5 % pa. Am Ende des Jahres 05 hat das Darlehenskonto einen Stand von 575.000 EUR. A hat mangels privaten Vermögens bis dahin keine Tilgungsleistungen erbracht.

Zu Beginn des Jahres 06 ist die private Vermögenssituation des A desolat, aufgrund von Umstrukturierungen verbessert sie sich jedoch allmählich. Im Jahr 06 erhält A aber weiterhin 100.000 EUR von der A-GmbH. Der Darlehensstand am Ende des Jahres 06 beträgt 705.000 EUR. Zu Beginn des Jahres 07 beginnt A mit erheblichen Rückzahlungen.

Lösung: Allein die Ausreichung der Darlehen führt noch nicht zu einer Vermögensminderung, da der Darlehenshingabe ein Rückzahlungsanspruch gegenübersteht. Eine Vermögensminderung kommt nur insoweit in Betracht, als die Darlehensforderung gegen A wertzuberichtigen ist durch Teilwertabschreibung (§ 6 Abs. 1 Nr. 2 iVm Nr. 1 S. 3 EStG). Denn nur die Teilwertabschreibung hat eine bilanzielle Auswirkung und mindert den Gewinn. Die Forderung ist abzuschreiben, wenn sie wegen der Vermögenssituation des A und wegen der fehlenden Sicherheiten uneinbringlich ist.[164] In den Anfangsjahren bestanden zunächst keine Anhaltspunkte für eine Uneinbringlichkeit. Im Jahr 06 spricht für eine Uneinbringlichkeit, dass A im Jahr 06 noch keine Rückzahlung erbracht hat und seine Vermögenssituation zu Beginn des Jahres desolat war. Dagegen spricht, dass sich seine wirtschaftliche Situation allmählich bessert und mit Rückzahlungen zu rechnen ist. Dies ist einer Einzelfallwürdigung zu überlassen.

Sofern in 06 eine Vermögensminderung vorliegt, ist diese aber nur in Bezug auf das in 06 gegebene Darlehen und die dann aufgelaufenen Zinsen (130.000 EUR) durch das Gesellschaftsverhältnis veranlasst. Denn nur diese wurden in 06 ohne Sicherheit als (weiteres) Darlehen gewährt. Diese sicherheitslose Darlehenshingabe ist nicht fremdüblich. Die in den Jahren 01 bis 05 ausgereichten Darlehen waren im Zeitpunkt der Vergabe hingegen fremdüblich, da die Vermögenssituation des A noch gut war. Eine vGA könnte nur dann angenommen werden, wenn die Darlehen zwischen fremden Dritten zurückgefordert worden wären.

5. Geschäftschancen

176 Eine vGA kann auch vorliegen, wenn der Gesellschafter Informationen oder Geschäftschancen der GmbH (teil-)unentgeltlich nutzt, für deren Überlassung ein fremder Dritter ein (höheres) Entgelt gezahlt haben würde (sog. „Geschäftschancenlehre“).[165] Dasselbe gilt, wenn der Gesellschafter-Geschäftsführer Geschäftschancen, die der Kapitalgesellschaft gebühren, als Eigengeschäfte wahrnimmt oder Kenntnisse der Gesellschaft über geschäftliche Möglichkeiten tatsächlicher oder rechtsgeschäftlicher Art an sich zieht und für eigene Rechnung nutzt.[166] Dem liegt die Überlegung zugrunde, dass ein ordentlicher und gewissenhafter Geschäftsleiter jede sich ihm auch zufällig bietende Geschäftschance für die Gesellschaft nutzen würde; gleichzeitig würde er Geschäftschancen, die aus der Tätigkeit für die Gesellschaft stammen, nur für deren Rechnung nutzen.[167]

177 Andererseits beanstandet es die Rechtsprechung nicht, wenn die Gesellschaft die sich ihr bietende Geschäftschance in der Weise wahrnimmt, dass sie mit der Durchführung des Geschäfts ihren Gesellschafter-Geschäftsführer als **Subunternehmer** beauftragt. Eine solche unternehmerische Entscheidung hängt nach der Rechtsprechung regelmäßig vor allem davon ab,

- ob die Gesellschaft über die erforderlichen personellen und sachlichen Mittel zur Wahrnehmung des Geschäfts verfügt und

[164] BFH 14.7.2004 – I R 16/03, BStBl. II 2004, 1010.

[165] BFH 16.12.1998 – I R 96/95, BFH/NV 1999, 1125, Rn. 21; BFH 18.12.1996 – I R 26/95, BFHE 182, 190, Rn. 16; BFH 22.11.1995 – I R 45/95, BFH/NV 1996, 645, Rn. 18.

[166] BFH 9.7.2003 – I R 100/02, BFHE 203, 77, Rn. 25.

[167] BFH 11.6.1996 – I R 97/95, BFHE 181, 122, Rn. 15; Bott/Walter/Lang/Bott KStG § 8 Rn. 1185.6.

- ob es sich in Anbetracht des entstehenden Aufwandes und der geschäftlichen Risiken aus unternehmerischer Sicht als günstiger erweist, den Geschäftsführer als Subunternehmer zu beauftragen, als ihm ein angemessenes Geschäftsführergehalt zu zahlen.[168]

Beispiel:[169] Die A-GmbH übernimmt einen Auftrag, der zunächst ihrem Gesellschafter A angeboten worden ist, auf dessen Veranlassung hin als eigenen. Sodann beauftragt die A-GmbH ihrerseits den A als Subunternehmer. A als Subunternehmer lässt sich von der A-GmbH nahezu diejenige Vergütung auszahlen, welche die A-GmbH vom Auftraggeber erhält. **178**

Lösung: Ein ordentlicher und gewissenhafter Geschäftsleiter der Kapitalgesellschaft würde für die Übernahme des Auftrags und dessen Durchführung eine angemessene Vergütung verlangen. Daher liegt eine vGA vor, wenn die vom Auftraggeber gezahlte Vergütung nahezu vollständig an den Gesellschafter als Subunternehmer ausgekehrt wird. Das gilt vor allem dann, wenn der Gesellschafter den Auftrag auch in seiner Funktion als Geschäftsführer hätte ausführen können anstatt als Subunternehmer.

Andererseits nimmt der BFH an, dass, wenn eine Kapitalgesellschaft einen Subunternehmer einschaltet, ihm dann jenen Preis zu zahlen hat, der für die erbrachte Leistung marktüblich ist. Erstreckt sich dieser Preis auf eine gewisse Bandbreite von Beträgen, dann sind nur diejenigen Beträge als unangemessen anzusehen, die den oberen Rand dieser Bandbreite übersteigen (sog. „Bandbreitenrechtsprechung").[170]

V. Verfahrensrecht

1. Formelle und materielle Korrespondenz

a) Formelle Korrespondenz

In formeller Hinsicht ermöglicht § 32a Abs. 1 KStG eine Anpassung der Steuerfestsetzung des Gesellschafters, wenn die Steuerfestsetzung gegenüber der ausschüttenden Körperschaft hinsichtlich einer vGA erlassen, aufgehoben oder geändert worden ist. Das Trennungsprinzip wird dadurch zwar punktuell durchbrochen, nicht jedoch aufgehoben.[171] **179**

Gemäß § 32a Abs. 1 S. 1 KStG kann, soweit gegenüber einer Körperschaft ein Steuerbescheid hinsichtlich der Berücksichtigung einer vGA erlassen, aufgehoben oder geändert wird, ein Steuerbescheid oder ein Feststellungsbescheid gegenüber dem Gesellschafter, dem die vGA zuzurechnen ist, oder einer diesem nahestehenden Person erlassen, aufgehoben oder geändert werden. Es handelt sich um eine Verfahrensvorschrift, welche den Erlass, die Aufhebung oder Änderung eines Bescheids gegenüber dem Gesellschafter ermöglicht, auch wenn bei diesem bereits ein bestandskräftiger Bescheid vorliegt. Damit schafft § 32a Abs. 1 KStG eine weitere **Berichtigungsmöglichkeit** neben denjenigen der AO (§§ 164, 172ff. AO).[172] **180**

Für den umgekehrten Fall, dass gegenüber dem Gesellschafter ein Bescheid mit einer vGA ergangen ist und dies auch bei der Gesellschaft umgesetzt werden soll, existiert keine gesonderte Berichtigungsvorschrift. Hier gelten die allgemeinen Vorschriften. **181**

---

168 BFH 9.7.2003 – I R 100/02, BFHE 203, 77, Rn. 25.

169 Nachgebildet nach BFH 9.7.2003 – I R 100/02, BFHE 203, 77.

170 BFH 9.7.2003 – I R 100/02, BFHE 203, 77, Rn. 43; BFH 17.10.2001 – I R 103/00, BFHE 197, 68, BFH/NV 2002, 134 (138), Rn. 54.

171 BFH 31.1.2018 – I R 25/16, BFH/NV 2018, 838, Rn. 23, zu § 32a Abs. 2 KStG.

172 Brandis/Heuermann/Rengers KStG § 32a Rn. 9.

b) Materielle Korrespondenz

182 In materieller Hinsicht machen § 3 Nr. 40 S. 1 Buchst. d Sätze 2 bis 3 EStG sowie § 8b Abs. 1 Sätze 2 bis 4 KStG die (teilweise) Steuerfreistellung bei einer vGA davon abhängig, dass das Einkommen der leistenden Gesellschaft durch die vGA nicht gemindert worden ist. Dem Anteilseigner steht im Rahmen des Teileinkünfteverfahrens die teilweise Steuerbefreiung also nur dann zu, wenn auf der Ebene der Gesellschaft eine Hinzurechnung der vGA erfolgt ist. Dasselbe gilt für eine Kapitalgesellschaft, die Anteilseignerin ist, im Rahmen des § 8b Abs. 1 KStG.

183 Der Gesetzgeber will durch diese Regelungen „weiße" Einkünfte verhindern, die vor der Einführung der § 3 Nr. 40 S. 1 Buchst. d Sätze 2 bis 3 EStG und § 8b Abs. 1 Sätze 2 bis 4 KStG durch das JStG 2007[173] möglich waren.

184 **Beispiel:** Der Gesellschafter-Geschäftsführer einer GmbH hat einen überhöhten Arbeitslohn erhalten, der bei der GmbH bestandskräftig als Betriebsausgabe abgezogen und nicht als vGA außerbilanziell hinzugerechnet worden ist. Trotz der Bestandskraft des Körperschaftsteuerbescheids kann bei der Einkommensteuerfestsetzung zulasten des Gesellschafters die vGA angesetzt werden. Hier führt § 3 Nr. 40 S. 1 Buchst. d Satz 2 EStG dazu, dass dem Gesellschafter das Teileinkünfteverfahren nicht zugute kommt. Er muss die vGA also in voller Höhe versteuern.

185 Mit Wirkung ab dem Veranlagungszeitraum 2011 ist auch für die Anwendung des **gesonderten Steuertarifs** nach § 32d Abs. 1 EStG eine materielle Korrespondenz hergestellt, und zwar durch den mit JStG 2010[174] eingeführten § 32d Abs. 2 Nr. 4 EStG.[175]

2. Beweislastumkehrregeln

186 Grundsätzlich trägt die objektive Feststellungslast für das Vorliegen einer verdeckten Gewinnausschüttung das Finanzamt.[176] Hiervon gibt es jedoch zahlreiche Ausnahmen.

187 So sind die Gesellschafter bereits nach allgemeinen Regeln gem. § 90 AO verpflichtet, an der **Aufklärung** des Sachverhaltes mitzuwirken und die in ihrer Sphäre und ihrem Wissen liegenden Umstände offen zu legen.[177] So hat etwa der Gesellschafter Unterlagen dazu vorzulegen, aus denen sich ergibt, welche Geschäftschancen die Gesellschaft mit einem Geschäftsmodell verfolgt hat.

a) Anscheinsbeweise

188 Darüber hinaus hat die Rechtsprechung jedoch verschiedene Anscheinsbeweise entwickelt. Kann bei typischen Geschehensabläufen aufgrund der Lebenserfahrung von einer feststehenden Ursache auf einen bestimmten Erfolg oder umgekehrt geschlossen werden, spricht man von einem Anscheinsbeweis. Hiervon macht die Rechtsprechung im Bereich der vGA zugunsten der Finanzverwaltung sehr häufig Gebrauch. So muss der Gesellschafter den Gegenbeweis dazu erbringen, dass

---

173 Gesetz vom 13.12.2006, BGBl. 2006 I 2878, erneut geändert durch Gesetz vom 26.6.2013, BGBl. 2013 I 1809, mit Wirkung ab dem Veranlagungszeitraum 2014. Der Wortlaut lautete nun: „Dies gilt nur, soweit sie das Einkommen der leistenden Körperschaft nicht gemindert haben."

174 Gesetz vom 8.12.2010, BGBl. 2010 I 1768.

175 Vgl. zB Brandis/Heuermann/Werth EStG § 32d Rn. 95.

176 BFH 4.4.2002 – I B 140/01, BFH/NV 2002, 1179; BFH 3.11.2005 – VIII B 12/05, BFH/NV 2006, 250.

177 BFH 22.9.2004 – III R 9/03, BStBl. II 2005, 160; BFH 3.11.2005 – VIII B 12/05, BFH/NV 2006, 250.

- besondere Verhältnisse vorliegen, die eine Abweichung von der Aufteilung der Gehaltsbezüge in max. 25 % variable Bezüge und mindestens 75 % Festgehalt rechtfertigen,[178]
- besondere Verhältnisse vorliegen, die eine Tantieme von mehr als 50 % des Steuerbilanzgewinns rechtfertigen,[179]
- eine Umsatztantieme ausnahmsweise zulässig ist und die Gefahr einer Gewinnabsaugung nicht besteht,[180]
- die Zuwendung eines Vorteils an eine dem Gesellschafter nahestehende Person keine vGA ist, sondern ihren Grund ausschließlich im Betrieb der Gesellschaft hat; dieser Anscheinsbeweis bewirkt, dass eine Zuwendung an eine nahestehende Person auch dann vGA ist, wenn der Gesellschafter selbst kein vermögenswertes Interesse an der Zuwendung hat.[181]
- der Geschäftsführer ein Kfz, welches ihm als Geschäftsführer ausschließlich für betriebliche Fahrten zur Verfügung gestellt worden ist, trotz eines Nutzungsverbots nicht auch privat nutzt, sofern nicht besondere Vorkehrungen gegen eine ungewollte Privatnutzung getroffen wurden.[182]

b) Beweislast der Finanzverwaltung

Andererseits gibt es auch Konstellationen, in denen die Rechtsprechung anerkannt hat, dass auch die Veranlassung durch das Gesellschaftsverhältnis vom Finanzamt nachzuweisen ist. Dies ist etwa der Fall, wenn **189**

- eine getroffene Vereinbarung, zB eine Pensionszusage, nicht ernstlich gemeint ist,[183]
- ungeklärte Vermögenszuflüsse im Privatbereich des Gesellschafter-Geschäftsführers einer GmbH vorliegen und das Finanzamt meint, dass diese Einnahmen aus Geschäften der Gesellschaft stammen; hier kommt es auch nicht zu einer besonderen Mitwirkungspflicht der GmbH, da der persönliche Wissensbereich des Geschäftsführers nicht der GmbH als eigener zugerechnet werden kann.[184]

c) Sonderfall: Hinzuschätzungen

Werden bei bargeldintensiven Betrieben aufgrund einer Kalkulation Hinzuschätzungen angesetzt, gelten besondere Regelungen für die Beweislastverteilung. Schätzt das Finanzamt dem Gewinn einer Kapitalgesellschaft Beträge hinzu, sind die Hinzuschätzungen nicht zwingend als Zuwendungen an den verantwortlichen Gesellschafter-Geschäftsführer oder an die Gesellschafter zu beurteilen.[185] Die Annahme einer vGA an den Gesellschafter aufgrund einer verhinderten Vermögensmehrung der Gesellschaft setzt (kumulativ) voraus, dass die Kalkulationsdifferenzen auf nicht vollständig erklärten Betriebseinnahmen der Kapitalgesellschaft beruhen und dass die nicht erklärten Betriebseinnahmen nicht betrieblich verwendet werden, sondern einem oder allen Gesellschaftern zufließen.[186] Es ist wie folgt zu differenzieren: **190**

---

[178] BFH 5.10.1994 – I R 50/94, BStBl. II 1995, 549.

[179] BFH 17.12.2003 – I R 16/02, BFH/NV 2004, 817.

[180] BFH 4.3.2009 – I R 45/08, BFH/NV 2010, 244.

[181] BFH 14.2.2022 – VIII R 29/18, BFHE 276, 49, BStBl. II 2022, 544, Rn. 22; BFH 19.6.2007 – VIII R 54/05, BStBl. II 2007, 830, Rn. 18; BFH 22.2.2005 – VIII R 24/03, BFH/NV 2005, 1266; BFH 18.12.1996 – I R 139/94, BStBl. II 1997, 301.

[182] BFH 17.7.2008 – I R 83/07, BFH/NV 2009, 417.

[183] BFH 15.10.1997 – I R 42/97, BStBl. II 1999, 316.

[184] BFH 26.2.2003 – I R 52/02, BFH/NV 2003, 1221.

[185] BFH 12.6.2018 – VIII R 38/14, BFH/NV 2018, 1141, Rn. 15.

[186] BFH 22.9.2004 – III R 9/03, BStBl. II 2005, 160; BFH 24.6.2014 – VIII R 54/10, BFH/NV 2014, 1501; BFH 12.6.2018 – VIII R 38/14, BFH/NV 2018, 1141, Rn. 15.

- Die objektive **Feststellungslast** dafür, ob die Voraussetzungen einer vGA vorliegen, trifft grundsätzlich das Finanzamt. Das betrifft sowohl das Vorliegen einer Vermögensminderung (verhinderten Vermögensmehrung) als auch die Frage nach der Veranlassung dieser Vermögensminderung (verhinderten Vermögensmehrung) durch das Gesellschaftsverhältnis und den Zufluss beim Empfänger.[187]
- Die Gesellschafter sind aber nach § 90 AO verpflichtet, an der **Aufklärung** des Sachverhalts mitzuwirken und die in ihrer Sphäre und ihrem Wissen liegenden Umstände offen zu legen **(„Sphärengedanke")**. Ob nicht verbuchte Einnahmen betrieblich verwendet oder den Gesellschaftern außerhalb der gesellschaftsrechtlichen Gewinnverteilung zugeflossen sind, können nur die Gesellschafter und Gesellschafter-Geschäftsführer nachweisen. Verweigern sie ihre Mitwirkung, geht dies zu ihren Lasten. Es ist dann im Zweifel davon auszugehen, dass der zusätzliche Gewinn an die Gesellschafter entsprechend ihrer Beteiligungsquote ausgekehrt worden ist.[188]
- Dies gilt zulasten des Gesellschafters auch, wenn der Verbleib nicht verbuchter Betriebseinnahmen **unaufklärbar** ist.[189] Die nicht feststehende betriebliche Verwendung der Mittel auf Ebene der Kapitalgesellschaft einerseits und deren nicht nachgewiesene Zuwendung an andere Empfänger als den oder die Gesellschafter andererseits indizieren eine durch das Gesellschaftsverhältnis verursachte quotale Auskehrung der Mehreinnahmen an alle Gesellschafter und den entsprechenden Zufluss der vGA.[190]

191 Im Ergebnis bedeutet dies eine **Umkehrung der objektiven Beweislast.**

192 **Beispiel:**[191] An der A-GmbH waren A zu 75 % und B zu 25 % beteiligt. Die A-GmbH betrieb eine Diskothek. Alleiniger Geschäftsführer war A. B war lediglich Angestellter der A-GmbH. In seiner persönlichen Steuererklärung gab er allerdings an, er sei nicht in der gesetzlichen Rentenversicherung versichert, weil er Gesellschafter-Geschäftsführer gewesen sei.

Im Rahmen einer Betriebsprüfung bei der A-GmbH wurde festgestellt, dass sowohl der Wareneinkauf für in bar getätigte Einkäufe als auch die Tageseinnahmen nicht vollständig aufgezeichnet worden waren. Auch der Warenbestand war in den Inventuren nicht vollständig erfasst worden. Ein ordnungsgemäßes Kassenbuch lag nicht vor. Die Betriebsprüfung errechnete auf der Basis einer Nachkalkulation Hinzuschätzungen. Das FA veranlagt die A-GmbH unter Berücksichtigung der Hinzuschätzungen, ein dagegen geführtes Klageverfahren bleibt ohne Erfolg. Außerdem setzt das FA gegenüber A und B die Einkommensteuer mit vGA fest. B wendet hiergegen ein, er sei lediglich Minderheitsgesellschafter und Angestellter der A-GmbH gewesen und habe von der Verbuchung der Einkäufe und Tageseinnahmen nichts gewusst. Den Verbleib der Mehrerlöse kann er nicht aufklären.

Lösung: Die Hinzurechnung kann als vGA gewürdigt werden. Denn B ist ein Mitwirkungsverschulden bei der Aufklärung des Verbleibs der Mehrerlöse vorzuhalten. Hierbei spricht insbesondere die Angabe des B in seiner Steuererklärung, er sei nicht in der gesetzlichen Rentenversicherung versichert und Gesellschafter-Geschäftsführer gewesen, für eine Kenntnis des B von den Schwarzeinkäufen der A-GmbH und den daraus resultierenden zusätzlichen Einnahmen. Im Übrigen war der Verbleib der Mehreinnahmen zumindest unaufklärbar, was eine Zurechnung der vGA entsprechend der Beteiligungsquote des Gesellschafters nach der zitierten Rechtsprechung rechtfertigt.

---

[187] BFH 12.6.2018 – VIII R 38/14, BFH/NV 2018, 1141, Rn. 17; Gosch KStG/Gosch/Roser KStG § 8 Rn. 495.

[188] BFH 22.9.2004 – III R 9/03, BStBl. II 2005, 160; BFH 24.6.2014 – VIII R 54/10, BFH/NV 2014, 1501; BFH 12.6.2018 – VIII R 38/14, BFH/NV 2018, 1141, Rn. 18; vgl. zum „Sphärengedanken" auch Gosch KStG/Gosch KStG § 8 Rn. 498.

[189] BFH 22.9.2004 – III R 9/03, BStBl. II 2005, 160, Rn. 47; BFH 24.6.2014 – VIII R 54/10, BFH/NV 2014, 1501, Rn. 16.

[190] BFH 12.6.2018 – VIII R 38/14, BFH/NV 2018, 1141, Rn. 19.

[191] Nachgebildet nach BFH 12.6.2018 – VIII R 38/14, BFH/NV 2018, 1141.

G. Verdeckte Einlage

I. Überblick

Gemäß § 8 Abs. 3 S. 3 KStG erhöhen verdeckte Einlagen das Einkommen nicht. 1
Das Einkommen erhöht sich gem. § 8 Abs. 3 S. 4 KStG aber, soweit eine verdeckte Einlage das Einkommen des Gesellschafters gemindert hat (materielle Korrespondenz; → Rn. 39ff.). Diese Vorschriften sind durch das JStG 2007[1] in das Gesetz eingefügt worden, und zwar im Zusammenhang mit der Normierung des materiellen Korrespondenzprinzips gem. § 8 Abs. 3 Sätze 4ff. KStG (→ Rn. 39ff.). Die verdeckte Einlage war als Rechtsinstitut aber schon zuvor anerkannt. Vor Einfügung in das KStG war sie zB in den Verwaltungsrichtlinien[2] zu finden.

Auch im Handelsrecht gibt es die verdeckte Einlage, jedoch kennt das Steuer- 2
recht keine Maßgeblichkeit der Handelsbilanz für die Einlage.[3] Einlagen im steuerrechtlichen Sinne sind gem. § 4 Abs. 1 S. 8 Hs. 1 EStG alle Wirtschaftsgüter (Bareinzahlungen und sonstige Wirtschaftsgüter), die der Steuerpflichtige dem Betrieb im Laufe des Wirtschaftsjahres zugeführt hat.

II. Voraussetzungen

Verdeckte Einlagen („vE“) sind nach der Rechtsprechung des I. Senats des BFH 3
Zuwendungen eines bilanzierbaren Vermögensvorteils an Kapitalgesellschaften durch einen Gesellschafter ohne Entgelt in Gestalt von Gesellschaftsrechten, die ihre Ursachen im Gesellschaftsverhältnis finden.[4] Der VIII. Senat des BFH verwendet demgegenüber die folgende Formulierung: Eine verdeckte Einlage verlangt die Zuwendung eines bilanzierbaren Vermögensvorteils an die Gesellschaft aus gesellschaftsrechtlichen Gründen ohne eine wertadäquate Gegenleistung.[5]

1. Bilanzierbarer Vermögensvorteil

Ein Vermögensvorteil besteht, wenn ein Aktivposten gemehrt (Vermögensmeh- 4
rung) oder ein Passivposten gemindert (verhinderte Vermögensminderung) wird.[6] Daraus ergeben sich – in Anlehnung an die vGA (→ Kap. F Rn. 31) – folgende Fallgruppen:

---

[1] Gesetz vom 13.12.2006, BGBl. 2006 I 2878, mit Wirkung ab dem Jahr 2006.

[2] R 40 Abs. 2 S. 1 KStR 2004.

[3] FG Berlin-Brandenburg 7.9.2007 – 6 K 2320/03, EFG 2008, 241, rkr. nach unzulässiger NZB, BFH 2.5.2008 – I B 206/07, BeckRS 2008, 25013654.

[4] BFH 13.7.2022 – I R 52/20, BFHE 278, 70, BStBl. II 2023, 501, Rn. 23; BFH 14.9.2022 – I R 47/19, BFHE 278, 160, BStBl. II 2023, 443, Rn. 31; BFH 31.1.2018 – I R 25/16, BFH/NV 2018, 838; BFH 19.10.2005 – I R 40/04, BFH/NV 2006, 822; BFH 28.4.2004 – I R 20/03, BFH/NV 2005, 19, mwN; BFH 15.10.1997 – I R 80/96, BFH/NV 1998, 624.

[5] BFH 3.12.2019 – VIII R 34/16, BFHE 267, 232, BStBl. II 2020, 836, Rn. 25; BFH 10.8.2005 – VIII R 26/03, BFHE 210, 402, BStBl. II 2006, 22, Rn. 31.

[6] BFH 26.11.1980 – I R 52/77, BFHE 132, 72, BStBl. II 1981, 181, Rn. 28; BFH 24.5.1984 – I R 166/78, BStBl. II 1984, 747; RHN/Neumann KStG § 8 Rn. 1279.

Vermögensmehrung	verhinderte Vermögensminderung
Bsp. Dienstvertrag	
GmbH überlässt Gesellschafter Arbeitnehmer gegen zu hohes Entgelt	Gesellschafter-Geschäftsführer verzichtet auf seinen zuvor bilanzierten Lohnanspruch
Bsp. Miet- und Pachtvertrag	
GmbH vermietet Gesellschafter ein Grundstück zu einem zu hohen Mietzins	GmbH zahlt für Geschäftsräume eine zu niedrige/keine Miete an Gesellschafter; Achtung: keine Einlagefähigkeit, → Rn. 9
Bsp. Darlehen	
GmbH gewährt dem Gesellschafter ein Darlehen zu einem zu hohen Zins	GmbH leistet für ein Darlehen des Gesellschafters zu niedrige/keine Zinsen Achtung: keine Einlagefähigkeit, → Rn. 9

a) Vermögensmehrung oder verhinderte Vermögensminderung

5 Im Falle der **Vermögensmehrung** erhält die Kapitalgesellschaft typischerweise eine zu hohe Gegenleistung für ihre Leistung, im Falle der **verhinderten Vermögensminderung** ist ihre Gegenleistung zu gering im Vergleich zu der vom Gesellschafter erbrachten Leistung. In beiden Fällen ist nur die Differenz zum Marktpreis als vE anzusehen.

6 Ein Vorteil kann aber auch in voller Höhe als vE anzusetzen sein, etwa wenn der Gesellschaft eine Forderung ohne Gegenleistung eingeräumt wird.

7 Besonderheiten bestehen, wenn eine solche Forderung der Gesellschaft eingeräumt werden soll als Gegenleistung für eine zuvor erbrachte vGA der Gesellschaft:

Beispiel:[7] A und B haben von ihrem Vater, dem X, alle Anteile an der X-GmbH geerbt. Im Jahr 2010 verstirbt B und wird von seinem Sohn S beerbt. Zunächst kommt es über die Frage, ob der Anteil des B an der X-GmbH auf S übergegangen ist, zu Rechtsstreitigkeiten zwischen Neffe (S) und Onkel (A), die A letztinstanzlich verliert. Danach klagt die X-GmbH im eigenen Namen auf Feststellung, dass S nicht Gesellschafter der GmbH geworden sei. Auch diese Feststellungsklage geht durch alle Instanzen und wird letztlich verloren. S obsiegt, jedoch werden sämtliche Prozesskosten im Jahr 2015 von der X-GmbH getragen. Das Finanzamt betrachtet dies später als vGA.

Auf Drängen der X-GmbH erstattet A der X-GmbH im Jahr 2017 sämtliche Prozesskosten. Die X-GmbH begehrt nun, im Wege der Bilanzberichtigung gem. § 4 Abs. 2 S. 1 EStG im Jahr 2015 die Erstattung bilanziell zu erfassen und mit den getragenen Prozesskosten zu saldieren. Auf diese Weise möchte sie von dem Ansatz einer vGA absehen.

Lösung: Es handelt sich nicht um die Kompensation einer vGA, sondern die Erstattung der Prozesskosten ist als vE anzusehen. Nach ständiger Rechtsprechung des I. und VIII. Senats des BFH ist die Rückgewähr offener oder verdeckter Gewinnausschüttungen sowohl aus Sicht der Kapitalgesellschaft als auch des Gesellschafters als Einlage zu behandeln, wenn die Rückzahlung durch das Gesellschaftsverhältnis veranlasst ist.[8]

---

[7] Sachverhalt nachgebildet nach BFH 14.7.2009 – VIII R 10/07, BFH/NV 2009, 1815.

[8] BFH 14.7.2009 – VIII R 10/07, BFH/NV 2009, 1815; BFH 29.8.2000 – VIII R 7/99, BFHE 192, 554, BStBl. II 2001, 173. Dasselbe gilt auch für die einkommensteuerliche Behandlung. Die frühere

b) Bilanzierbarkeit

aa) Maßstab des Bilanzrechts

Der Vermögensvorteil muss bilanzierbar sein. Ob dies der Fall ist, richtet sich nach dem Bilanzrecht.[9] **Bilanzierbar** sind etwa: 8

- Erlass einer Forderung gegen die Gesellschaft, zB eine Regressforderung gem. § 774 BGB, nachdem der Gesellschafter als Bürge für die Gesellschaft in Anspruch genommen worden ist,[10]
- Verzicht auf einen bereits entstandenen Entgeltanspruch,[11]
- Zahlung an die Gesellschaft, auch etwa dann, wenn ein Dritter für den Gesellschafter im Wege des abgekürzten Vertragswegs an die Gesellschaft leistet,[12]
- bei dem Verkauf eines Betriebs oder Teil-Betriebs durch den Gesellschafter an die Gesellschaft der Firmenwert; hiernach sind **immaterielle Wirtschaftsgüter** also trotz § 5 Abs. 2 EStG einlagefähig.[13] Dies wird damit begründet, dass es notwendig ist, das Gesellschaftsverhältnis von der betrieblichen Sphäre abzugrenzen.

bb) Sonderfall: Gebrauchs- und Nutzungsvorteile

Nicht bilanzierbar und damit nicht einlagefähig sind nach der Rechtsprechung hingegen **Gebrauchs- und Nutzungsvorteile.**[14] Es handelt sich nicht um selbstständige Vermögensgegenstände, die daher auch **nicht bilanziert** werden können. Auf diese Weise soll vermieden werden, dass bei der unentgeltlichen Nutzungsüberlassung ein Nutzungsvorteil durch die Gesellschaft bilanziert und ertragswirksam abgeschrieben wird, während der Gesellschafter keine Einnahme zu versteuern hat. Beispiele sind etwa: 9

- die Überlassung eines Betriebsgrundstücks ohne Pacht, insbesondere im Rahmen einer Betriebsaufspaltung,[15]
- die zinslose Gewährung eines Darlehens an die Gesellschaft.

Beispiel 1:[16] A gibt seiner A-GmbH im Jahr 01 ein verzinsliches Darlehen (monatliche Zinsen: 100 EUR). Am 1. April des Jahres 03 beschließt er, für das gesamte Jahr auf Zinsen zu verzichten. Er möchte hierdurch das Eigenkapital der A-GmbH stärken. 10

Lösung: Soweit der Zinsanspruch bereits entstanden war (300 EUR), liegt eine verdeckte Einlage vor. A hat auf eine Forderung verzichtet, und zwar aus gesellschaftsrechtlichen Gründen. Soweit der Anspruch noch nicht entstanden war (900 EUR), liegt keine verdeckte Einlage vor. Die Zinslosigkeit ist nicht einlagefähig.

Rechtsprechung, wonach bei Bestehen einer rechtlichen oder tatsächlichen Rückzahlungsverpflichtung keine Einlage, sondern eine negative Einnahme bei den Einkünften aus Kapitalvermögen anzunehmen sei, hat der VIII. Senat des BFH ausdrücklich aufgegeben bereits im Urteil BFH 29.8.2000 – VIII R 7/99, BStBl. II 2001, 173.

[9] BFH 19.5.1982 – I R 102/79, BStBl. II 1982, 631.

[10] BFH 4.3.2008 – IX R 78/06, BFH/NV 2008, 1039.

[11] BFH 19.5.1993 – I R 34/92, BStBl. II 1993, 804.

[12] BFH 12.12.2000 – VIII R 52/93, BStBl. II 2001, 286.

[13] BFH 24.3.1987 – I R 202/83, BStBl. II 1987, 705.

[14] BFH 26.10.1987 – GrS 2/86, BFHE 151, 523, BStBl. II 1988, 348, zum Darlehen; zuvor bereits BFH 3.2.1971 – I R 51/66, BFHE 101, 501, BStBl. II 1971, 408; BFH 28.1.1981 – I R 10/77, BFHE 133, 172, BStBl. II 1981, 612, BFH 19.5.1982 – I R 102/79, BFHE 136, 105, BStBl. II 1982, 631.

[15] Bei dem Gesellschafter ist in dieser Konstellation aber § 3c Abs. 2 S. 6 EStG zu beachten, wonach die Aufwendungen für das Grundstück im Falle einer unentgeltlichen oder verbilligten Überlassung an die Gesellschaft nur im Rahmen des Teileinkünfteverfahrens berücksichtigt werden können, soweit die Unentgeltlichkeit im Gesellschaftsverhältnis veranlasst ist, vgl. auch BFH 17.7.2013 – X R 17/11, BStBl. II 2013, 817. Durch die Neufassung des § 3c Abs. 2 S. 6 EStG im Gesetz vom 22.12.2014, BGBl. 2014 I 2417 wurde die zitierte Rechtsprechung gesetzlich festgeschrieben.

[16] Nach MOV/Klein/Müller/Döpper KStG § 8 Rn. 2108.

Beispiel 2:[17] A verpachtet der A-GmbH im Jahr 01 ein Grundstück (monatlicher Pachtzins: 10.000 EUR). Am 1. April des Jahres 03 beschließt er, für April bis Dezember die Pacht zu halbieren. Er möchte hierdurch eine drohende Insolvenz der GmbH verhindern und die GmbH als Pächter bewahren. A entstehen für das Grundstück Aufwendungen (AfA, Zinsen). Kann er diese weiter abziehen?

Lösung: Die Pachtreduzierung ist nicht einlagefähig. Für die Aufwendungen gilt jedoch das Teilabzugsverbot gem. § 3c Abs. 2 S. 6 EStG, wenn der (Teil-)Pachtverzicht nicht durch den Pachtvertrag, sondern durch das Gesellschaftsverhältnis veranlasst ist. Dies richtet sich nach dem Fremdvergleich. Im beschriebenen Fall könnte der Verzicht einem Fremdvergleich standhalten.

2. Ursache im Gesellschaftsverhältnis

11 Der Vermögensvorteil muss seine Ursache im Gesellschaftsverhältnis haben.

a) Gesellschafterstellung

12 Der Leistende muss zunächst ein Gesellschafter sein (bei Kapitalgesellschaften) oder ein mitgliedschaftliches oder der Mitgliedschaft ähnliches Verhältnis zu der Körperschaft haben (zB bei Vereinen). Es gelten dieselben Regeln wie bei der vGA.[18]

b) Materieller Fremdvergleich

13 In materieller Hinsicht kommt es – wie bei der vGA (→ Kap. F Rn. 77ff.) – auf einen Fremdvergleich an. Der BFH beurteilt es folgendermaßen: Ob und inwieweit eine derartige Zuwendung durch das Gesellschaftsverhältnis veranlasst ist, ist – wie hinsichtlich der Zuwendung eines Vermögensvorteils als Grundlage einer vGA – aufgrund eines Fremdvergleichs zu beurteilen; eine Veranlassung durch das Gesellschaftsverhältnis ist daher zu bejahen, wenn und soweit ein Nichtgesellschafter bei Anwendung der Sorgfalt eines ordentlichen Kaufmanns der Gesellschaft den Vermögensvorteil nicht eingeräumt hätte.[19]

14 Auch hier vollzieht sich – wie bei der vGA – die Angemessenheitsprüfung in drei Stufen:

- innerbetrieblicher Vergleich,
- außerbetrieblicher Vergleich,
- hypothetischer Fremdvergleich.

c) Sonderfall: Nahestehende Personen

15 Besonderheiten bestehen bei **nahestehenden Personen:** Verzichtet eine dem Gesellschafter einer Kapitalgesellschaft nahestehende Person im eigenwirtschaftlichen Interesse auf eine Forderung gegenüber der Gesellschaft, so ergibt sich hieraus keine (verdeckte) Einlage bei der Gesellschaft. Ein eigenwirtschaftliches Interesse kann etwa darin bestehen, dass der Gläubiger zur Gesundung der Gesellschaft beitragen und die zu ihr bestehenden Geschäftsbeziehungen aufrechterhalten will, unbeachtlich des Umstandes, dass der Verzicht auch dem nahestehenden Gesellschafter zugutekommt.[20]

---

[17] Vgl. BFH 17.7.2013 – X R 17/11, BStBl. II 2013, 817.

[18] Vgl. → Kap. F Rn. 53ff.

[19] BFH 13.7.2022 – I R 52/20, BFHE 278, 70, BStBl. II 2023, 501, Rn. 23; BFH 7.5.2014 – X R 19/11, BFH/NV 2014, 1736, Rn. 19; BFH 19.10.2005 – I R 40/04, BFH/NV 2006, 822; BFH 15.10.1997 – I R 80/96, BFH/NV 1998, 624.

[20] BFH 9.6.1997 – GrS 1/94, BStBl. II 1998, 307.

Beispiel:[21] A, der Minderheitsgesellschafter der A-Warenhaus AG, beliefert diese Gesellschaft regelmäßig mit Lebensmittelprodukten aus seinem Einzelunternehmen. Er beliefert aber auch fremde Dritte. Auf Verlangen der GmbH zahlt A ihr einen sog. Werbezuschuss zur Eröffnung einer neuen Filiale, der aber nicht mit konkreter Werbung für seine Produkte in Zusammenhang steht. 16

Lösung: Es handelt sich nicht um eine verdeckte Einlage, wenn A auch anderen Kunden solche Zuschüsse zahlt. Dies ist zB bei Discountern im Lebensmitteleinzelhandel tatsächlich weit verbreitet und stellt nichts anderes als eine spezielle Form von Rabatten dar.

Weitere Besonderheiten bestehen im Fall einer Zuwendung in Form einer **Spende** einer gemeinnützigen Körperschaft an eine Tochtergesellschaft. Hierbei handelt es sich um den umgekehrten Fall zu der Spende einer Tochtergesellschaft an die Trägerkörperschaft.[22] 17

Beispiel:[23] Ein (steuerpflichtiger) wirtschaftlicher Geschäftsbetrieb eines gemeinnützigen eingetragenen Vereins leistet eine Spende an eine ebenfalls gemeinnützige Tochtergesellschaft des Vereins. Die Finanzverwaltung ist der Auffassung, es handle sich um eine verdeckte Einlage. 18

Lösung: Ob es sich bei einer Zuwendung an die Tochtergesellschaft um eine vE oder um eine Spende handelt, ist nach der Rechtsprechung des BFH anhand einer Veranlassungsprüfung in Form eines Fremdvergleichs festzustellen, der im gerichtlichen Verfahren vom FG anhand aller Umstände des konkreten Einzelfalls vorzunehmen ist.

3. Ohne Entgelt in Gestalt von Gesellschaftsrechten

Eine vE liegt nicht vor, wenn der Gesellschafter dafür von der Gesellschaft etwas erhält in Form von Gesellschaftsrechten etwa aus einer Kapitalerhöhung. 19

Hierzu zählt aber nicht die Werterhöhung der bestehenden Anteile, denn diese ist eine notwendige Folge der Einlage.[24] 20

Sind Gegenstand der Einlage in eine Kapitalgesellschaft jedoch **Anteile an einer anderen Kapitalgesellschaft,** so fingiert das Gesetz in § 8b Abs. 2 S. 6 KStG und § 17 Abs. 1 S. 2 EStG eine Entgeltlichkeit. Hier wird die verdeckte Einlage einer Veräußerung gleichgestellt. 21

III. Rechtsfolge

1. Rechtsfolge für die Gesellschaft

Da gem. § 8 Abs. 3 S. 3 KStG die vE das Einkommen der Gesellschaft nicht erhöht, muss sie im Ergebnis **erfolgsneutral** sein.[25] 22

Hat sich die vE handelsrechtlich ertragserhöhend ausgewirkt, was idR der Fall ist, muss dieses handelsrechtliche Ergebnis steuerrechtlich korrigiert werden. Hierzu ist eine **außerbilanzielle Kürzung** erforderlich. Die Korrektur vollzieht sich analog zur vGA (→ Kap. F Rn. 100). 23

Außerdem erhöht die vE das steuerliche Einlagekonto gem. § 27 KStG, was in einem gesonderten Feststellungsverfahren fortzuschreiben ist (→ Kap. H Rn. 18 ff.). 24

---

[21] Nach MOV/Klein/Müller/Döpper KStG § 8 Rn. 2120.

[22] → Kap. F Rn. 54.

[23] BFH 13.7.2022 – I R 52/20, BFHE 278, 70, BStBl. II 2023, 501.

[24] BFH 24.4.2007 – I R 35/05, BStBl. II 2008, 253.

[25] Zur Notwendigkeit der Erfolgsneutralität: BFH 26.11.1980 – I R 52/77, BFHE 132, 72, BStBl. II 1981, 181, Rn. 28.

25 Die **Bewertung** der vE erfolgt – wie bei der vGA (→ Kap. F Rn. 109) – nach dem Teilwert gem. § 6 Abs. 1 Nr. 5 EStG. So ist etwa eine wertgeminderte Forderung, die eingelegt wird, mit dem unter dem Nennwert liegenden Teilwert zu bewerten.

26 **Beispiel:** Bei der A-GmbH droht eine Insolvenz aufgrund einer bilanziellen Überschuldung. Um die Gesellschaft zu retten, verzichtet der Gesellschafter-Geschäftsführer A auf eine unverfallbare Pensionszusage, für welche in der Bilanz eine Rückstellung gebildet worden war. Die Möglichkeit eines Verzichts war allerdings in der schriftlichen Pensionszusage der A-GmbH nicht vorgesehen.

Die A-GmbH verbucht den Verzicht ertragswirksam. Der Lohnzufluss ist hingegen Aufwand, sodass sich Aufwand und Ertrag bei der GmbH saldieren.

Lösung: Da der A nur auf etwas verzichten kann, was sich zuvor in seinem Vermögen befunden hat, führt der Verzicht auf eine Forderung gegenüber der A-GmbH bei ihm zum Zufluss des noch werthaltigen Teils der Forderung; dies gilt unabhängig davon, ob der Verzicht durch einen Erlassvertrag, die Abtretung eines Anspruchs, einen Schuldaufhebungsvertrag oder durch eine Teilentlastung im Wege eines Abänderungsvertrags bewirkt wird.[26] Der Zufluss ist als **Arbeitslohn** anzusehen. Bei der A-GmbH wird der durch die Auflösung der Rückstellung entstandene Ertrag also mit dem Lohnaufwand saldiert. Nur soweit die Pensionszusage nicht werthaltig ist, entsteht kein Zufluss bei dem A.

Der Verzicht des A auf den werthaltigen Pensionsanspruch ist eine **vE,** wenn der Verzicht aus Gründen des Gesellschaftsverhältnisses erfolgt.[27] Das ist hier der Fall, da die Möglichkeit des Verzichts in der Pensionszusage nicht vorgesehen war und da es dem A um die Rettung der A-GmbH geht. Die Einlage ist für die A-GmbH erfolgsneutral und erhöht die Anschaffungskosten des A. Sie erfolgt zum Teilwert. Der Teilwert ist unter Beachtung der allgemeinen Teilwertermittlungsgrundsätze im Zweifel nach den Wiederbeschaffungskosten zu ermitteln, nicht um den Rückstellungswert gem. § 6a EStG.[28] Dabei kann die Bonität des Forderungsschuldners berücksichtigt werden. Außerdem kann von Bedeutung sein, ob die Pension unverfallbar ist.

2. Rechtsfolge für den Gesellschafter

a) Beteiligung im Privatvermögen

27 Wird die Beteiligung an der Gesellschaft im Privatvermögen des Gesellschafters gehalten, führt die vE zu nachträglichen **Anschaffungskosten.**[29] Hierbei ist das eingelegte Wirtschaftsgut mit dem gemeinen Wert zu bewerten, da dem Privatvermögen eine Teilwertbewertung fremd ist.[30] Für den Gesellschafter ergibt sich hieraus grundsätzlich zunächst kein Gewinn oder Verlust.

28 Ein Gewinn oder Verlust ergibt sich aber, wenn die vE einer **Veräußerung** gleichgestellt wird. Dies ist gem. § 17 Abs. 1 S. 2 EStG der Fall für die Einlage einer **Beteiligung an einer Kapitalgesellschaft.**

29 Ebenso steht gem. § 23 Abs. 1 S. 5 Nr. 2 EStG die vE von Wirtschaftsgütern, die der Besteuerung von privaten Veräußerungsgeschäften unterliegen (zB **Grundstücke**), einer Veräußerung gleich. Hier kann sich ein Veräußerungsgewinn oder -verlust ergeben, der beim Gesellschafter steuerbar ist.

30 Befand sich das eingelegte Wirtschaftsgut zuvor in einem Betriebsvermögen, muss es zunächst gem. § 6 Abs. 1 Nr. 4 S. 1 EStG zwingend zum Teilwert **entnom-**

---

[26] BFH 9.6.1997 – GrS 1/94, BStBl. II 1998, 307; BFH 15.6.2016 – VI R 6/13, BFHE 254, 134, BStBl. II 2016, 903, Rn. 13 ff.

[27] BFH 9.6.1997 – GrS 1/94, BStBl. II 1998, 307; BFH 15.6.2016 – VI R 6/13, BFHE 254, 134, BStBl. II 2016, 903, Rn. 13 ff.

[28] BFH 15.10.1997 – I R 58/93, BStBl. II 1998, 305.

[29] BFH 28.4.2004 – I R 20/03, BFH/NV 2005, 19.

[30] BFH 18.12.2001 – VIII R 10/01, BStBl. II 2002, 463 zur Einlage einer wesentlichen Beteiligung an einer Kapitalgesellschaft in eine andere Kapitalgesellschaft vor Einführung des § 17 Abs. 1 S. 2 EStG.

men werden, um danach die Anschaffungskosten der im Privatvermögen gehaltenen Beteiligung zu erhöhen.[31]

Ein weiterer Sonderfall ergibt sich bei einem **Verzicht** eines Gesellschafters auf eine Forderung gegenüber der Kapitalgesellschaft. Ein durch das Gesellschaftsverhältnis veranlasster, unbedingter Verzicht eines Gesellschafters auf einen Teil der ihm gegen die Kapitalgesellschaft zustehenden Darlehensforderung führt zu einer Einlage iSd § 20 Abs. 2 S. 2 EStG, soweit der Gesellschafter auf den **werthaltigen** Teil der Forderung verzichtet.[32] **31**

b) Beteiligung im Betriebsvermögen

Der Beteiligungswert an der Kapitalgesellschaft erhöht sich infolge der vE um den Teilwert des eingelegten Wirtschaftsguts. Auch hier erhöhen sich also die **Anschaffungskosten**. Maßgeblich ist gem. § 6 Abs. 6 S. 2 EStG der Teilwert. **32**

Betrachtet man den Einlagevorgang isoliert, ergibt sich für den Gesellschafter also weder ein Gewinn noch ein Verlust aus der vE. **33**

Auch hier ist § 17 Abs. 1 S. 2, § 23 Abs. 1 S. 5 Nr. 2 EStG zu beachten. Steht die Einlage einer Veräußerung gleich, kann sich ein **Veräußerungsgewinn** ergeben. **34**

Weitere Besonderheiten bestehen, wenn das eingelegte Wirtschaftsgut sich zuvor in einem anderen Betriebsvermögen als die Beteiligung des Gesellschafters befindet: Einer vE aus dem Betriebsvermögen geht hier nämlich eine **Entnahme** zwangsläufig voraus, denn es handelt sich um eine Zuführung von Wirtschaftsgütern des (bisherigen) Betriebsvermögens zu außerbetrieblichen Zwecken, sodass die übergehenden stillen Reserven und ein übergehender (originärer) Geschäftswert versteuert werden müssen.[33] Im Falle einer verdeckten Einlage von (Einzel-)Wirtschaftsgütern in eine Kapitalgesellschaft entsteht dem Gesellschafter in Höhe des Unterschieds zwischen Teilwert bzw. gemeinem Wert und Buchwert des eingelegten Wirtschaftsguts ein Ertrag. **35**

IV. Verfahrensrecht

Auch bei der vE besteht eine formelle und materielle Korrespondenz – wie bei der vGA. **36**

1. Formelle Korrespondenz

Gemäß § 32a Abs. 2 S. 1 KStG kann, soweit gegenüber dem Gesellschafter ein Steuerbescheid oder ein Feststellungsbescheid hinsichtlich der Berücksichtigung einer vE erlassen, aufgehoben oder geändert wird, ein Steuerbescheid gegenüber der Körperschaft, welcher der Vermögensvorteil zugewendet wurde, aufgehoben, erlassen oder geändert werden. Es handelt sich um eine Verfahrensvorschrift, welche die Aufhebung, den Erlass oder die Änderung eines Bescheids gegenüber der Körperschaft ermöglicht, auch wenn bei dieser bereits ein bestandskräftiger Bescheid vorliegt. **37**

Die Regelung stellt verfahrensrechtlich sicher, dass die Steuerbefreiung einer verdeckten Einlage (außerbilanzielle Korrektur) bei der Körperschaft auch dann erfol- **38**

[31] BFH 16.6.2004 – X R 34/03, BStBl. II 2005, 378.

[32] Beschluss des Großen Senats des BFH 9.6.1997 – GrS 1/94, BFHE 183, 187, BStBl. II 1998, 307, unter C.II.4; BFH 6.8.2019 – VIII R 18/16, BFHE 265, 531. Zum nicht werthaltigen Teil der Forderung → Kap. E Rn. 151 ff.

[33] BFH 16.6.2004 – X R 34/03, BStBl. II 2005, 378.

gen kann, wenn ihr Bescheid bereits bestandskräftig oder festsetzungsverjährt ist.[34] Zur Erreichung dieses Ziels hat der Gesetzgeber die Besteuerungsebenen der Körperschaft und ihrer Gesellschafter durch das in § 32a KStG verankerte formelle Korrespondenzprinzip miteinander verbunden; insoweit gibt § 32a Abs. 2 KStG verfahrensrechtlich die Möglichkeit zur Folgeänderung bei der Gesellschaft als Empfängerin einer verdeckten Einlage.[35] Damit schafft § 32a Abs. 2 KStG für die vE eine **Berichtigungsmöglichkeit** neben denjenigen der AO (§§ 164, 172ff. AO; vgl. auch → Kap. F Rn. 180).

2. Materielle Korrespondenz

39 Gemäß § 8 Abs. 3 S. 3 KStG erhöhen vE das Einkommen nicht.

40 Das Einkommen **erhöht** sich gem. § 8 Abs. 3 S. 4 KStG jedoch, soweit eine verdeckte Einlage das Einkommen des Gesellschafters gemindert hat. Gemäß § 8 Abs. 3 S. 5 KStG gilt Satz 4 auch für eine verdeckte Einlage, die auf einer verdeckten Gewinnausschüttung einer dem Gesellschafter nahestehenden Person beruht und bei der Besteuerung des Gesellschafters nicht berücksichtigt wurde, es sei denn, die vGA hat bei der leistenden Körperschaft das Einkommen nicht gemindert. In den Fällen des Satzes 5 erhöht die verdeckte Einlage nicht die Anschaffungskosten der Beteiligung (§ 8 Abs. 3 S. 6 KStG).

a) Systematische Gründe

41 Diese Vorschriften sind aus folgenden Gründen erforderlich: Wird eine vE zutreffend gebucht, wirkt sie sich – abgesehen von den oben beschriebenen Veräußerungsfiktionen nach § 17 Abs. 1 S. 2, § 23 Abs. 1 S. 5 EStG – weder bei der Gesellschaft noch beim Gesellschafter auf das Einkommen aus. Die Gesellschaft bucht

- „Bank an Kapitalrücklage“,

der bilanzierende Gesellschafter bucht

- „Beteiligung an Bank“.

42 Bei einer natürlichen Person als Gesellschafter erhöhen sich lediglich die Anschaffungskosten der Beteiligung. In allen Fällen entsteht kein Aufwand bzw. Ertrag.

43 Wird aber die vE bei der Gesellschaft zu einem Zeitpunkt aufgedeckt, in dem der Gesellschafter bereits bestandskräftig veranlagt ist und beim Gesellschafter die Einlage **steuermindernd** erfasst worden ist, so soll dies nach dem Willen des Gesetzgebers auch für die Gesellschaft gelten. Dies bewirkt § 8 Abs. 3 S. 4 KStG, indem das Einkommen der Gesellschaft erhöht wird.

44 Die Vorschrift ist allerdings nur dann von Bedeutung, wenn überhaupt eine Einkommensminderung beim Gesellschafter stattgefunden hat. Das ist zB ausgeschlossen, wenn der Gesellschafter die Beteiligung im Privatvermögen hält. Aber auch wenn die Beteiligung im Betriebsvermögen gehalten wird, liegt nicht stets eine Vermögensminderung vor, wie das folgende Beispiel zeigt:

Beispiel: Der Gesellschafter A, der seine Beteiligung an der A-GmbH im Rahmen einer Betriebsaufspaltung hält, gibt der A-GmbH ein Darlehen zu unüblichen Konditionen (keine Sicherheiten, keine klare Regelung über die Verzinsung und die Tilgung). Er aktiviert in seinem Einzelunternehmen eine Forderung aus dem Darlehen, sodass die Auszahlung bei ihm im Ergebnis erfolgsneutral ist. Bei der A-GmbH entsteht eine Verbindlichkeit.

Selbst wenn die vE erst später bei der A-GmbH aufgedeckt wird (es wird aufgedeckt, dass keine Verbindlichkeit, sondern eine Einlage vorliegt), kommt es nicht zur Anwendung des § 8

[34] BFH 31.1.2018 – I R 25/16, BFH/NV 2018, 838.
[35] BFH 31.1.2018 – I R 25/16, BFH/NV 2018, 838.

Abs. 3 S. 4 KStG, da die Einlage das Einkommen des A nicht gemindert hat. Es bleibt dabei, dass sich gem. § 8 Abs. 3 S. 3 KStG das Einkommen der Gesellschaft durch die vE nicht erhöht.

b) Dreiecksverhältnis

§ 8 Abs. 3 Sätze 5 und 6 KStG enthält Regelungen zum **Dreiecksfall,** in dem ein Leistungsaustausch zwischen Schwestergesellschaften stattfindet, der Muttergesellschaft eine vGA zugerechnet wird und zugleich eine vE an die Schwestergesellschaft der ausschüttenden Gesellschaft vorliegt. 45

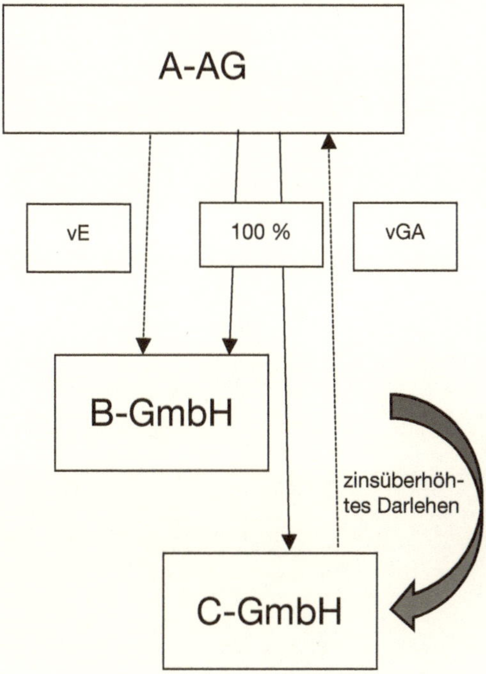

Beispiel:[36] Die A-AG ist als Holding-Gesellschaft zu 100 % jeweils an der B-GmbH sowie an mehreren operativ tätigen Gesellschaften, so auch der C-GmbH beteiligt. Die B-GmbH übernimmt in der Gruppe die Rolle einer Finanzierungsgesellschaft. Sie gibt ua der C-GmbH Darlehen, und zwar zu überhöhten Zinsen. 46

Lösung: Der C-GmbH ist die Differenz zum marktüblichen Zins als vGA zuzurechnen. In derselben Höhe liegt bei der B-GmbH eine vE vor.

Bei der B-GmbH erhöht sich das Einkommen gem. § 8 Abs. 3 S. 5 KStG nur dann nicht (mit der Folge einer außerbilanziellen Kürzung), wenn die vE bei der Besteuerung des Gesellschafters A-AG berücksichtigt wurde. Wurde sie nicht berücksichtigt, erhöht sie das Einkommen der B-GmbH.

---

[36] → Kap. F Rn. 76.

H. Das steuerliche Einlagekonto

Die Ausstattung einer Kapitalgesellschaft mit Eigenkapital berührt nicht die Gewinnermittlung der Gesellschaft, sondern vollzieht sich auf gesellschaftsrechtlicher Ebene. 1

Die Anteilseigner können hierbei ihre Einlagen in das Nennkapital oder in die Rücklagen leisten. 2

Eine **Rückgewähr** von Einlagen berührt ebenfalls nicht den von der Gesellschaft erwirtschafteten Gewinn, sondern der Anteilseigner erhält lediglich die hingegebene Vermögenssubstanz zurück. Dieser Grundsatz gilt unabhängig davon, ob die Einlage in das Nennkapital oder die Rücklage geleistet wurde. In beiden Fällen bleibt die Rückgewähr beim Anteilseigner steuerfrei, sie unterliegt also weder dem Teileinkünfteverfahren noch dem gesonderten Steuertarif. 3

Verfahrensrechtlich ist die Rückgewähr von **Nennkapital** einfach zu ermitteln. Zu einer Rückzahlung von Nennkapital kommt es insgesamt im Rahmen einer Liquidation oder teilweise aus Anlass einer Kapitalherabsetzung. Dies lässt sich aufgrund der gesellschaftsrechtlichen Anforderungen und der Eintragung in das Handelsregister einfach feststellen und von Gewinnausschüttungen abgrenzen. 4

Verfahrensrechtlich schwieriger ist es hingegen, eine Rückgewähr von Einlagen aus der **Kapitalrücklage** zu identifizieren. Hier hat sich der Gesetzgeber für ein besonderes Verfahren entschieden, das der Rechtssicherheit dient. Dies galt schon im Rahmen des Anrechnungsverfahrens, bei dem in der Gliederung des verwendbaren Eigenkapitals die in das Nennkapital geleisteten Einlagen als sog. „EK 04" auszuweisen waren.[1] Mit Einführung des Halbeinkünfteverfahrens[2] hat sich der Gesetzgeber für ein gesondertes Verfahren über die Feststellung eines steuerlichen Einlagekontos gem. § 27 KStG entschieden. 5

I. Feststellung des Bestands des steuerlichen Einlagekontos

1. Bedeutung

Die Feststellung des Bestands des steuerlichen Einlagekontos ist nur vor dem Hintergrund des § 20 Abs. 1 Nr. 1 S. 3 EStG zu verstehen. Danach gehören **Bezüge** einer Kapitalgesellschaft **nicht zu den steuerpflichtigen Einnahmen,** soweit sie aus Ausschüttungen einer Körperschaft stammen, für die Beträge aus dem steuerlichen Einlagekonto iSd § 27 KStG als verwendet gelten. Dasselbe gilt gem. § 20 Abs. 1 Nr. 2 S. 1 EStG für Bezüge, die nach der Auflösung einer Körperschaft anfallen. 6

Die Rückzahlung von Beträgen aus dem steuerlichen Einlagekonto ist auch im Rahmen des § 17 Abs. 1 EStG (Veräußerung von Gesellschaftsanteilen bei einer Beteiligung von mehr als 1 %) relevant. Gemäß § 17 Abs. 4 S. 1 EStG gilt als Veräußerung iSd Absatzes 1 auch die Auflösung einer Kapitalgesellschaft, die Kapitalherabsetzung, wenn das Kapital zurückgezahlt wird, und die Ausschüttung oder Zurückzahlung von Beträgen aus dem steuerlichen Einlagenkonto iSd § 27 KStG. Das gilt gem. § 17 Abs. 4 S. 3 EStG aber nicht, soweit die Bezüge nach § 20 Abs. 1 Nr. 1 7

---

[1] § 30 Abs. 2 Nr. 4 KStG aF.

[2] Eingeführt durch das Steuersenkungsgesetz vom 23.10.2000, BGBl. 2000 I 1433.

oder 2 EStG zu den Einnahmen aus Kapitalvermögen gehören. Hier ist § 20 EStG vorrangig.

8 Bei einer **Ausschüttung** ist also entscheidend, ob es sich um eine Ausschüttung aus dem steuerlichen Einlagekonto handelt. Nur dann kann die Ausschüttung nach § 20 Abs. 1 Nr. 1 und 2 EStG (iVm § 17 Abs. 4 S. 3 EStG) **steuerfrei** bleiben. Handelt es sich hingegen um eine Ausschüttung von Gewinnen, sei es von laufenden Gewinnen oder aus der Gewinnrücklage, ist die Ausschüttung beim Empfänger steuerbar. Um die Herkunft der Ausschüttung festzustellen, ist die vorherige korrekte Feststellung des steuerlichen Einlagekontos gem. § 27 KStG von entscheidender praktischer Bedeutung.

9 Der BFH beschreibt dies so: Das steuerliche Einlagekonto dient mit Blick auf die Besteuerung des Anteilseigners dazu, die nicht steuerpflichtige Auskehrung von Einlagen, die von § 27 Abs. 1 S. 3 KStG als Einlagenrückgewähr bezeichnet wird, zu identifizieren bzw. von grundsätzlich steuerpflichtigen Gewinnausschüttungen zu separieren.[3] Um dies zu gewährleisten, werden die nicht in das Nennkapital geleisteten (verdeckten) Einlagen auf einem besonderen Konto erfasst und bei Rückgewähr entsprechend bescheinigt, damit die Ausschüttung insoweit nicht der Halb- bzw. Teileinkünftebesteuerung auf der Anteilseignerebene unterliegt.[4]

10 Das gilt zumindest für inländische Gesellschaften. Im Falle einer in einem Drittstaat ansässigen Gesellschaft ist § 20 Abs. 1 Nr. 1 S. 3 EStG unionsrechtskonform dahingehend auszulegen, dass eine Einlagenrückgewähr auch von einer Gesellschaft getätigt werden kann, die in einem Drittstaat ansässig ist und für die kein steuerliches Einlagekonto iSd § 27 KStG geführt wird.[5]

2. Ermittlung des steuerlichen Einlagekontos

11 Gemäß § 27 Abs. 1 S. 1 KStG hat die **unbeschränkt steuerpflichtige Kapitalgesellschaft** die nicht in das Nennkapital geleisteten Einlagen am Schluss jedes Wirtschaftsjahrs auf einem besonderen Konto (steuerliches Einlagekonto) auszuweisen. Dies gilt gem. § 27 Abs. 7 KStG auch für andere unbeschränkt steuerpflichtige Körperschaften. Demgegenüber fehlt für rechtsfähige private **Stiftungen** des bürgerlichen Rechts eine Rechtsgrundlage zur gesonderten Feststellung des Bestands des steuerlichen Einlagekontos, da § 27 Abs. 7 KStG nach seinem Wortlaut keine Vermögensmassen erfasst.[6]

12 Auf dem steuerlichen Einlagenkonto sind die *nicht* in das Nennkapital geleisteten Einlagen zu erfassen.

13 Unter **Nennkapital** versteht man das gezeichnete Kapital nach § 266 Abs. 3 HGB. Dieses ist das Grundkapital bei Aktiengesellschaften (§ 6 AktG) oder das Stammkapital bei einer GmbH (§ 5 GmbHG). § 27 KStG erfasst also nur diejenigen Einlagen, mit denen der Gesellschafter nicht das gezeichnete Kapital aufgebracht hat.

---

[3] BFH 6.10.2009 – I R 24/08, BFH/NV 2010, 248, Rn. 14.

[4] BFH 6.10.2009 – I R 24/08, BFH/NV 2010, 248, Rn. 14; vgl. Gesetzentwurf der Bundesregierung, BT-Drs. 14/2683, 125.

[5] BFH 13.7.2016 – VIII R 47/13, BFHE 254, 390; bestätigt durch BFH 10.4.2019 – I R 15/16, BFHE 265, 56. Hierbei ist die Höhe des ausschüttbaren Gewinns einer Drittstaatengesellschaft nach dem jeweiligen ausländischen Handels- und Gesellschaftsrecht zu ermitteln, BFH 20.10.2010 – I R 117/08, BFHE 232, 15; BFH 13.7.2016 – VIII R 73/13, BFHE 254, 404. Seine Verwendung und damit auch die (nachrangige) Rückgewähr von Einlagen unterliegt jedoch der gesetzlichen Verwendungsfiktion des § 27 Abs. 1 S. 3 und 5 KStG, BFH 10.4.2019 – I R 15/16, BFHE 265, 56.

[6] BFH 17.5.2023 – I R 42/19, BFHE 280, 487; BFH 17.5.2023 – I R 46/21, BFH/NV 2023, 1408. Die Finanzverwaltung geht in ihrer bisherigen Verwaltungspraxis davon aus, dass eine Stiftung kein steuerliches Einlagekonto führen kann.

a) Begriff der Einlage

14 Eine Einlage liegt vor, wenn ein Gesellschafter oder eine nahestehende Person der Körperschaft einen einlagefähigen Vermögensvorteil zuwendet und diese Zuwendung durch das Gesellschaftsverhältnis veranlasst ist.[7]

15 **Einlagefähig** ist jedes bilanzierbare Wirtschaftsgut, das in der Bilanz der Körperschaft zu einer Vermögensmehrung oder verhinderten Vermögensminderung führt, sei es durch die Entstehung oder die Vermehrung eines Aktivpostens oder durch den Wegfall oder die Minderung eines Passivpostens. Nicht bilanzierbar und damit nicht einlagefähig sind hingegen Gebrauchs- und Nutzungsvorteile.[8] Die Einlage muss durch das Gesellschaftsverhältnis veranlasst sein, was nicht der Fall ist, wenn der Vermögensmehrung ein zwischen fremden Dritten üblicher Leistungsaustausch zugrunde liegt.

16 Es kann sich um eine offene oder eine verdeckte Einlage handeln:

- **Offene Einlagen** sind alle Einlagen, die den gesellschaftsrechtlichen Vorschriften entsprechen; sie werden geleistet in das Nennkapital (§ 272 Abs. 1 HGB) oder in die Kapitalrücklage (§ 272 Abs. 2 HGB) und werden offen in der Handelsbilanz ausgewiesen. Nur die Einlagen in die Kapitalrücklage können als offene Einlagen im Einlagekonto gem. § 27 KStG erfasst werden.
- Bei **verdeckten Einlagen** wendet ein Anteilseigner der Kapitalgesellschaft außerhalb der gesellschaftsrechtlichen Einlagen aufgrund einer Veranlassung im Gesellschaftsverhältnis Vermögensgegenstände zu (→ Kap. G Rn. 3 ff.). Auch diese Einlagen sind im Einlagekonto gem. § 27 KStG zu erfassen.

17 Die **Bewertung** der Einlagen erfolgt gem. § 6 Abs. 1 Nr. 5 EStG grundsätzlich mit dem Teilwert.[9]

b) Fortschreibung des Einlagekontos

18 Das steuerliche Einlagekonto ist gem. § 27 Abs. 1 S. 2 KStG ausgehend von dem Bestand am Ende des vorangegangenen Wirtschaftsjahrs um die jeweiligen Zu- und Abgänge des Wirtschaftsjahrs fortzuschreiben.

19 Der Anfangsbestand für die jährliche Fortschreibung ist also jeweils der Endbestand des vorangegangenen Wirtschaftsjahrs. Die Fortschreibung erfolgt unter Berücksichtigung der Zugänge und der Abgänge.

20 Unter den **Zugängen** sind insbesondere zu erfassen:

- (weitere) Einlagen,
- Minderabführungen bei der Feststellung des Einlagekontos einer Organgesellschaft, wenn sie ihre Ursache in organschaftlicher Zeit haben (§ 27 Abs. 6 KStG),[10]
- die Herabsetzung des Nennkapitals, soweit die Einlage in das Nennkapital geleistet ist (§ 28 Abs. 2 S. 1 KStG); im Fall der Herabsetzung des Nennkapitals ist zuvor aber gem. § 28 Abs. 2 S. 1 KStG der „Sonderausweis" nach § 28 Abs. 1 S. 3 KStG zu mindern. Dies ist der Teil des Nennkapitals, der durch „Umwandlung von sonstigen Rücklagen" zugeführt wurde, was etwa bei einer Kapitalerhöhung aus Gesellschaftsmitteln geschieht,
- in Umwandlungsfällen die Herabsetzung des Nennkapitals der übertragenen Kapitalgesellschaft gem. § 29 Abs. 1 iVm § 28 Abs. 2 S. 1 KStG.

21 Als **Abgänge** sind die im Wirtschaftsjahr erbrachten Leistungen der Gesellschaft zu berücksichtigen, so etwa offene Gewinnausschüttungen, verdeckte Gewinnaus-

---

[7] BFH 26.10.1987 – GrS 2/86, BStBl. II 1988, 348.
[8] → Kap. G Rn. 9f.
[9] BFH 11.2.1998 – I R 89/97, BStBl. II 1998, 691.
[10] Vgl. dazu § 14 Abs. 4 KStG und → Kap. C Rn. 170.

schüttungen oder Vorabausschüttungen. Hierbei ist aber zu berücksichtigen, dass der Bestand des steuerlichen Einlagekontos gem. § 27 Abs. 1 S. 4 KStG durch Leistungen nicht negativ werden kann. Ist also etwa das steuerliche Einlagekonto mit 0 EUR festgestellt, haben vGA im laufenden Wirtschaftsjahr keine Bedeutung für das Einlagekonto.

22 Als Abgänge sind weiterhin zu berücksichtigen:

- Mehrabführungen bei der Feststellung des Einlagekontos einer Organgesellschaft, wenn sie ihre Ursache in organschaftlicher Zeit haben (§ 27 Abs. 6 KStG),[11]
- die Erhöhung des Nennkapitals durch Umwandlung von Rücklagen (§ 28 Abs. 1 S. 1 KStG); wird nämlich das Nennkapital durch Umwandlung von Rücklagen erhöht, so gilt nach dieser Vorschrift der positive Bestand des steuerlichen Einlagekontos als vor den sonstigen Rücklagen umgewandelt; das Gesetz sieht also zwingend vor, dass bei der Umwandlung von Rücklagen zunächst das steuerliche Einlagekonto zu mindern ist,
- in Umwandlungsfällen nach § 29 Abs. 2 und 3 KStG durch Vermögensabgänge aufgrund einer Verschmelzung oder Spaltung.

c) Verwendungsreihenfolge

23 Im Falle einer Ausschüttung kann die Gesellschaft nicht frei bestimmen, ob es sich um eine Rückgewähr von – für den Anteilseigner steuerfreien – Einlagen oder um eine – steuerbare – Ausschüttung von laufenden Gewinnen oder von Ausschüttungen aus der Gewinnrücklage handelt. Hier gibt § 27 Abs. 1 S. 3 bis 5 KStG eine Verwendungsreihenfolge vor.

24 Verkürzt gesagt erfolgt die Ausschüttung zunächst aus der Gewinnrücklage, danach erst aus der Kapitalrücklage.

25 Gemäß § 27 Abs. 1 S. 3 KStG[12] mindern Leistungen der Kapitalgesellschaft mit Ausnahme der Rückzahlung von Nennkapital iSd § 28 Abs. 2 S. 2 und 3 KStG das steuerliche Einlagekonto unabhängig von ihrer handelsrechtlichen Einordnung nur, soweit sie den auf den Schluss des vorangegangenen Wirtschaftsjahrs ermittelten ausschüttbaren Gewinn übersteigen („Einlagenrückgewähr"). Als ausschüttbarer Gewinn gilt gem. § 27 Abs. 1 S. 5 KStG das um das gezeichnete Kapital geminderte in der Steuerbilanz ausgewiesene Eigenkapital abzüglich des Bestands des steuerlichen Einlagekontos.

26 Es ergibt sich die folgende Berechnung:

+	Eigenkapital laut Steuerbilanz
–	gezeichnetes Kapital
–	Bestand des Einlagekontos zum vorangegangenen Stichtag
=	ausschüttbarer Gewinn
→	Dieser wird zuerst ausgeschüttet (§ 27 Abs. 1 S. 3 KStG).
→	Erst danach gilt das steuerliche Einlagekonto als verwendet.

27 Ein **„Direktzugriff"** auf das steuerliche Einlagekonto ist demnach nicht möglich. Vielmehr geht die Ausschüttung des Gewinns einer „Einlagenrückgewähr" vor.

28 Der BFH hat hiergegen keine verfassungsrechtlichen Bedenken.[13]

29 **Beispiel:** A ist Alleingesellschafter der A-GmbH. Aufgrund von wirtschaftlichen Schwierigkeiten der A-GmbH verzichtet A auf ein der GmbH gewährtes Darlehen (verdeckte Einlage). Allerdings erklärte A den Verzicht nur gegen Besserungsschein.

---

[11] Vgl. dazu § 14 Abs. 4 KStG und → Kap. C Rn. 170.

[12] Eingefügt durch das SEStEG vom 7.12.2006, BGBl. 2006 I 2782.

[13] BFH 11.2.2015 – I R 3/14, BStBl. II 2015, 816.

In der Folgezeit kommt es zu mehrjährigen Gewinnen der A-GmbH. Aufgrund des Besserungsscheins lebt nun die Darlehensforderung wieder auf. A meint, durch das Wiederaufleben würde nur die Rechtsfolge der verdeckten Einlage rückgängig gemacht, sodass die Darlehensrückzahlung nicht zu steuerpflichtigen Einkünften bei A führen dürfe.

Lösung: Das Wiederaufleben einer zuvor erloschenen Darlehensforderung gegenüber A ist eine vGA. Da jedoch mehrjährige Gewinne vorausgegangen sind, müssen gem. § 27 Abs. 1 S. 3 KStG zunächst diese als ausgeschüttet gelten. Die vGA führt also zu Einkünften aus Kapitalvermögen gem. § 20 Abs. 1 Nr. 1 EStG bei A. Nur darüber hinausgehende Beträge können als Einlagenrückgewähr bei A steuerfrei sein.

Es stellt sich die weitere Frage, ob **unterjährige Zugänge** zum steuerlichen Einlagekonto für Ausschüttungen im gleichen Jahr zur Verfügung stehen können. Der BFH verneint dies, da in die oben beschriebene Berechnung des ausschüttbaren Gewinns der Bestand des Einlagekontos zum vorangegangenen Stichtag einzurechnen ist und unterjährige Zugänge demnach bei der Berechnung unbeachtet bleiben. Nach der Rechtsprechung des BFH ist die Verwendung des steuerlichen Einlagekontos daher ungeachtet unterjähriger Zugänge zum steuerlichen Einlagekonto auf den zum Ende des vorangegangenen Wirtschaftsjahres festgestellten positiven Bestand des Kontos begrenzt.[14] 30

Beispiel:[15] Alleingesellschafter der A-GmbH ist die A-AG. Das Eigenkapital der A-GmbH beläuft sich zum 31.12.2016 laut Steuerbilanz auf 28.712 EUR und das steuerliche Einlagekonto auf 0 EUR. Mit Wirkung zum 15.2.2017 legt die A-AG ihre Anteile an einer Beteiligungsgesellschaft, der B-GmbH, in die A-GmbH ein; die Einlage ist steuerlich mit 134.947.855 EUR zu bewerten. Die eingelegten Anteile an der B-GmbH werden von der A-GmbH sodann zu diesem Wert als Kaufpreis und mit Wirkung ebenfalls zum 15.2.2017 veräußert. Im weiteren Verlauf des Jahres 2017 tätigt die A-GmbH eine Ausschüttung in Höhe von 53.266.187 EUR sowie eine Vorabausschüttung für das Geschäftsjahr 2017 in Höhe von 56.000.000 EUR. 31

Lösung: Als Zugang zum steuerlichen Einlagekonto ist die Einlage der Anteile der B-GmbH erhöhend auszuweisen. Die beiden Ausschüttungen können hingegen nicht (mindernd) als eine Verwendung des Einlagekontos berücksichtigt werden, da unterjährige Zugänge zum steuerlichen Einlagekonto für Ausschüttungen im gleichen Jahr nicht zur Verfügung stehen. Die Ausschüttungen sind beim Gesellschafter steuerbar.

3. Verfahren

§ 27 Abs. 2 KStG schreibt ein **besonderes Feststellungsverfahren** vor. Dies soll der Rechtssicherheit dienen, da wegen der beschriebenen Verwendungsreihenfolge (§ 27 Abs. 1 S. 3 KStG) häufig erst nach längeren Zeiträumen auf das Einlagekonto zugegriffen werden kann. Für die Zwischenzeit muss die Höhe des Einlagekontos rechtssicher festgestellt werden. 32

Hierzu sieht das Gesetz ein gesondertes Feststellungsverfahren vor, das vom Verfahren über die Festsetzung der Körperschaftsteuer zu unterscheiden ist. Es handelt sich um vollständig getrennte Verfahren; auch eventuelle Rechtsbehelfe werden getrennt vom Körperschaftsteuer-Festsetzungsverfahren durchgeführt. § 27 Abs. 2 KStG enthält folgende wesentliche Regelungen: 33

- Der unter Berücksichtigung der Zu- und Abgänge des Wirtschaftsjahrs ermittelte Bestand des steuerlichen Einlagekontos wird gem. § 27 Abs. 2 S. 1 KStG gesondert festgestellt. Es gelten die Regelungen über das Verfahren gem. §§ 179ff. AO.
- Der Bescheid über die gesonderte Feststellung ist gem. § 27 Abs. 2 S. 2 KStG **Grundlagenbescheid** für den Bescheid über die gesonderte Feststellung zum fol-

[14] BFH 30.1.2013 – I R 35/11, BFHE 240, 304.
[15] Sachverhalt nachgebildet nach BFH 30.1.2013 – I R 35/11, BFHE 240, 304.

genden Feststellungszeitpunkt. Eventuelle Fehler können also nicht erst in einem Folgebescheid angefochten werden, sondern müssen bereits im ersten Feststellungsbescheid, der den Fehler enthält, angefochten werden (§ 351 Abs. 2 AO).
- Kapitalgesellschaften haben gem. § 27 Abs. 2 S. 4 KStG auf den Schluss jedes Wirtschaftsjahrs **Erklärungen** zur gesonderten Feststellung von Besteuerungsgrundlagen abzugeben. Es handelt sich um eine gesonderte Erklärung zusätzlich zur Körperschaftsteuererklärung.

34 **Anfechtungsbefugt** ist im Hinblick auf den Bescheid über die gesonderte Feststellung nur die **Kapitalgesellschaft.** Der Gesellschafter einer Kapitalgesellschaft ist hingegen nicht befugt, den gegen die Kapitalgesellschaft ergangenen Bescheid über die gesonderte Feststellung des Bestands des steuerlichen Einlagekontos anzufechten.16 Eine Drittanfechtung ist ausgeschlossen.

4. Bescheinigung über die Verwendung

a) Bedeutung und Inhalt der Bescheinigung

35 Auch für den Anteilseigner ist ein besonderes Verfahren in § 27 Abs. 3 bis 5 KStG geregelt, welches der Vorbereitung seiner Besteuerung dient. Hiernach erhält der Anteilseigner eine Bescheinigung von der Körperschaft. Das Erfordernis der Bescheinigung soll sicherstellen, dass Leistungen der Körperschaft nur dann nach § 20 Abs. 1 Nr. 1 S. 3 EStG steuerfrei belassen werden, wenn es sich tatsächlich um Ausschüttungen aus dem steuerlichen Einlagekonto handelt. Dies führt zu einer Formalisierung der Steuerfreiheit beim Anteilseigner.

36 Erbringt eine Kapitalgesellschaft für eigene Rechnung Leistungen, die nach § 27 Abs. 1 S. 3 KStG als Abgang auf dem steuerlichen Einlagekonto zu berücksichtigen sind, so ist sie gem. § 27 Abs. 3 S. 1 KStG verpflichtet, ihren Anteilseignern die folgenden Angaben nach amtlich vorgeschriebenem Muster zu bescheinigen:
- den Namen und die Anschrift des Anteilseigners (§ 27 Abs. 3 S. 1 Nr. 1 KStG),
- die Höhe der Leistungen, soweit das steuerliche Einlagekonto gemindert wurde (§ 27 Abs. 3 S. 1 Nr. 2 KStG),
- den Zahlungstag (§ 27 Abs. 3 S. 1 Nr. 3 KStG).

37 Die Bescheinigung ist jedoch keine materielle Voraussetzung für die Behandlung einer Ausschüttung als nicht steuerbare Ausschüttung aus dem Einlagekonto; sie entfaltet daher auch keine Bindungswirkung für die Besteuerung der Anteilseigner. Tatbestandsmerkmal des § 20 Abs. 1 Nr. 1 S. 3 EStG sind nämlich die im Bescheid nach § 27 Abs. 2 KStG ausgewiesenen Bestände, nicht die Bescheinigung nach § 27 Abs. 3 KStG.[17]

38 Die Bescheinigung ist vielmehr als ein Beweismittel anzusehen.[18]

b) Materielle Präklusionswirkung bei Fehlern

39 Der Bescheinigung nach § 27 Abs. 3 KStG kommt eine erhebliche Bedeutung zu, wenn sie Fehler enthält. Hier bewirkt § 27 Abs. 5 S. 1 bis 3 KStG eine materielle Präklusionswirkung.[19] § 27 Abs. 5 Sätze 1 bis 3 KStG regeln den Fall der zu niedrigen oder der Null-Bescheinigung.

40 Ist für eine Leistung der Kapitalgesellschaft die Minderung des Einlagekontos **zu niedrig** bescheinigt worden, bleibt gem. § 27 Abs. 5 S. 1 KStG die der Bescheini-

[16] BFH 21.12.2022 – I R 53/19, BFHE 278, 435, BStBl. II 2023, 504.

[17] BFH 24.2.2015 – VIII R 50/11, BFH/NV 2015, 1603; BFH 19.5.2010 – I R 51/09, BStBl. II 2014, 937.

[18] FG Baden-Württemberg 18.11.2011 – 11 K 1481/09, EFG 2012, 949, Rn. 62.

[19] BFH 11.2.2015 – I R 3/14, BStBl. II 2015, 816, Rn. 19.

gung zugrunde gelegte Verwendung unverändert. Ist für eine Leistung eine Steuerbescheinigung iSd § 27 Abs. 3 KStG bis zur Bekanntgabe der erstmaligen Feststellung des steuerlichen Einlagekontos **nicht erteilt** worden, gilt der Betrag der Einlagenrückgewähr als mit 0 EUR bescheinigt (§ 27 Abs. 5 S. 2 KStG). In den Fällen der Sätze 1 und 2 ist eine Berichtigung oder erstmalige Erteilung von Steuerbescheinigungen gem. § 27 Abs. 5 S. 3 KStG nicht zulässig.

Hierbei handelt es sich um eine materielle Präklusionsbestimmung, da eine spätere Korrektur der Steuerbescheinigung und der hierdurch ausgelösten Verwendungsbestimmung der Eigenkapitalteile ausgeschlossen ist. Dadurch wird auch eine Korrektur des Feststellungsbescheids über das steuerliche Einlagekonto ausgeschlossen. Die Fiktion der Nichtverwendung des Einlagekontos gem. § 27 Abs. 5 S. 2 KStG überlagert die materiell-rechtliche Prüfung der Einlagenrückgewähr anhand der Verwendungsreihenfolge des § 27 Abs. 1 Sätze 3 bis 5 KStG.[20] Der BFH hält dies für verfassungsgemäß, da die Vorschrift hinsichtlich ihrer Voraussetzungen und der angeordneten Rechtsfolge hinreichend klar gefasst sei und die Vorschrift zudem vom Gesetzgeber unter Berücksichtigung seiner Einschätzungsprärogative zur Verfolgung eines rechtlich zulässigen Zwecks geschaffen worden sei und in ihrer Ausgestaltung den Verhältnismäßigkeitsgrundsatz beachte.[21] Die Norm ist auch keiner einschränkenden Auslegung zugänglich.[22] **41**

Beispiel:[23] Die A-GmbH beschließt eine Ausschüttung aus ihrer Kapitalrücklage und zahlt den Betrag an ihren Anteilseigner A aus. Sie stellt jedoch nicht die Bescheinigung nach § 27 Abs. 3 S. 1 KStG aus. In ihrer Bilanz berücksichtigt die A-GmbH jedoch die Ausschüttung aus der Kapitalrücklage, nicht hingegen in der beim Finanzamt eingegangenen Erklärung zur gesonderten Feststellung des steuerlichen Einlagekontos. Das Finanzamt veranlagt die A-GmbH erklärungsgemäß. Fast ein Jahr später reicht die A-GmbH eine geänderte Feststellungserklärung ein und stellt einen Antrag auf Änderung des Feststellungsbescheids, den das Finanzamt ablehnt. **42**

Lösung: Da die A-GmbH nicht die Bescheinigung gem. § 27 Abs. 3 S. 1 KStG ausgestellt hatte, gilt gem. § 27 Abs. 5 S. 2 KStG der Betrag der Einlagenrückgewähr als mit 0 EUR bescheinigt. Eine Berichtigung oder erstmalige Erteilung von Steuerbescheinigungen iSd § 27 Abs. 3 ist nicht zulässig (§ 27 Abs. 5 S. 3 KStG). Als Folge dieser gesetzlichen Regelung beträgt die Einlagenrückgewähr aufgrund der Fiktion des § 27 Abs. 5 S. 2 KStG 0 EUR. In der Folge handelt es sich nicht um eine Ausschüttung aus der Kapitalrücklage, sondern um eine Gewinnausschüttung, die steuerpflichtig ist und gem. § 43 Abs. 1 S. 1 Nr. 1 EStG dem Kapitalertragsteuerabzug unterliegt.

Hierfür kann zudem das Finanzamt die A-GmbH als Schuldnerin der Kapitalerträge nach § 44 Abs. 5, Abs. 1 Sätze 3 und 5 EStG in Haftung nehmen.[24]

In dem umgekehrten Fall eines **überhöht ausgewiesenen Betrags** der Einlagenrückgewähr kann die Steuerbescheinigung hingegen gem. § 27 Abs. 5 S. 5 KStG berichtigt werden. **43**

In diesem Fall haftet die Kapitalgesellschaft für die Kapitalertragsteuer und kann durch **Haftungsbescheid** in Anspruch genommen werden (§ 27 Abs. 5 S. 4 KStG). Ist nämlich die Einlagenrückgewähr überhöht ausgewiesen worden, ist die Aus- **44**

---

[20] BFH 17.5.2022 – VIII R 14/18, BFHE 277, 174, BStBl. II 2022, 643, Rn. 20.

[21] BFH 11.2.2015 – I R 3/14, BStBl. II 2015, 816, Rn. 19 unter Bezugnahme auf BVerwG 10.12.2013 – 8 C 25/12, NVwZ 2014, 1237.

[22] BFH 11.7.2018 – I R 30/16, BFHE 262, 347, BStBl. II 2019, 283.

[23] FG Baden-Württemberg 12.4.2016 – 6 K 2703/15, EFG 2016, 1994, bestätigt durch BFH 11.7.2018 – I R 30/16, BFHE 262, 347, BStBl. II 2019, 283.

[24] So im Sachverhalt des Urteils des FG Baden-Württemberg 12.4.2016 – 6 K 2703/15, EFG 2016, 1994, bestätigt durch BFH 11.7.2018 – I R 30/16, BFHE 262, 347, BStBl. II 2019, 283.

schüttung richtigerweise steuerpflichtig gem. § 20 Abs. 1 Nr. 1 S. 3 EStG, sodass Kapitalertragsteuer gem. § 43 Abs. 1 S. 1 Nr. 1 EStG abzuführen ist.

II. Möglichkeiten der späteren Berichtigung

45 Von nicht unerheblicher praktischer Bedeutung ist die Frage, ob ein Bescheid über die Feststellung des steuerlichen Einlagekontos gem. § 27 Abs. 2 KStG **nach seiner Bestandskraft** geändert werden kann, weil die Höhe des steuerlichen Einlagekontos versehentlich unrichtig festgestellt worden ist.

46 In der Praxis kommt es bisweilen vor, dass eine Erklärung zur gesonderten Feststellung des steuerlichen Einlagekontos gem. § 27 Abs. 2 S. 4 KStG „versehentlich" mit 0 EUR abgegeben wird, obwohl in der Bilanz der Kapitalgesellschaft eine Kapitalrücklage ausgewiesen ist, welche tatsächlich durch Einlagen entstanden ist, die nicht in das Nennkapital geleistet wurden. Eine solche Feststellungserklärung wird typischerweise vom Finanzamt „übernommen" und entsprechend der Erklärung veranlagt.

47 In einem solchen Fall empfiehlt sich zunächst der **Einspruch.** Ist jedoch die Einspruchsfrist abgelaufen, stellt sich die Frage, ob **nach Bestandskraft** des Feststellungsbescheids eine Änderung möglich ist.

48 Eine Änderung gem. **§ 173 Abs. 1 Nr. 2 AO** scheidet idR aus, da entweder keine nachträglich bekannt gewordenen Tatsachen vorhanden sind, weil dem Finanzamt bereits alle relevanten Unterlagen vorlagen,[25] oder da an einem evtl. nachträglichen Bekanntwerden von Tatsachen den Steuerpflichtigen ein grobes Verschulden trifft.

49 Auch eine Änderung nach dem mit Wirkung zum 1.1.2017 eingeführten **§ 173a AO** kommt nicht in Betracht. Nach dieser Vorschrift sind Steuerbescheide aufzuheben oder zu ändern, soweit dem Steuerpflichtigen bei Erstellung seiner Steuererklärung Schreib- oder Rechenfehler unterlaufen sind und er deshalb der Finanzbehörde bestimmte, nach den Verhältnissen zum Zeitpunkt des Erlasses des Bescheids rechtserhebliche Tatsachen unzutreffend mitgeteilt hat. Diese Korrekturvorschrift erfasst also nur Schreib- oder Rechenfehler, nicht aber ähnliche offenbare Unrichtigkeiten.[26] Es liegt hingegen kein Schreibfehler vor, wenn der Steuerpflichtige vergisst, eine von ihm ermittelte Besteuerungsgrundlage in die Steuererklärung zu übertragen.[27] Eine versehentlich mit 0 EUR abgegebene Feststellungserklärung zum steuerlichen Einlagekonto fällt daher nicht in den Anwendungsbereich dieser Vorschrift.

50 Für die Praxis bleibt nur eine Berichtigung gem. **§ 129 AO.**

1. Voraussetzungen der Berichtigung

51 Gemäß § 129 S. 1 AO kann die Finanzbehörde Schreibfehler, Rechenfehler und ähnliche offenbare Unrichtigkeiten, die beim Erlass eines Verwaltungsakts unterlaufen sind, jederzeit berichtigen.

52 Offenbare Unrichtigkeiten idS sind mechanische Versehen wie beispielsweise Eingabe- oder Übertragungsfehler.[28] Dagegen schließen Fehler bei der Auslegung

---

[25] Zum nachträglichen Bekanntwerden iSd § 173 Abs. 1 AO vgl. HHS/von Groll AO § 173 Rn. 170 ff.; Klein/Rüsken AO § 173 Rn. 48 ff.; Koenig/Koenig AO § 173 Rn. 42.

[26] BFH 26.5.2020 – IX R 30/19, BFH/NV 2020, 1233, Rn. 37; BFH 18.7.2023 – IX R 17/22, BFH/NV 2024, 44, BStBl. II 2024, 90, Rn. 55 mwN.

[27] Begründung zum Entwurf des Gesetzes zur Modernisierung des Besteuerungsverfahrens, BT-Drs. 18/7457, 93; Gosch AO/FGO/v. Wedelstädt AO § 173a Rn. 11; Klein/Rüsken AO § 173a Rn. 7.

[28] BFH 1.8.2012 – IX R 4/12, BFH/NV 2013, 1; BFH 26.10.2016 – X R 1/14, BFH/NV 2017, 257; BFH 22.5.2019 – XI R 9/18, BFHE 264, 393; zu weiteren Beispielen und Fallgruppen siehe HHS/Wernsmann AO § 129 Rn. 54 ff.

oder Nichtanwendung einer Rechtsnorm, eine unrichtige Tatsachenwürdigung oder die unzutreffende Annahme eines in Wirklichkeit nicht vorliegenden Sachverhalts die Annahme einer offenbaren Unrichtigkeit aus.[29] § 129 AO ist ferner nicht anwendbar, wenn auch nur die ernsthafte Möglichkeit besteht, dass die Nichtbeachtung einer feststehenden Tatsache in einer fehlerhaften Tatsachenwürdigung oder einem sonstigen sachverhaltsbezogenen Denk- oder Überlegungsfehler begründet ist oder auf mangelnder Sachverhaltsaufklärung beruht.[30] Besteht eine mehr als nur theoretische Möglichkeit eines **Rechtsirrtums,** so liegt kein bloßes mechanisches Versehen und damit auch keine offenbare Unrichtigkeit vor.[31] Deuten die Gesamtumstände des Falles auf ein mechanisches Versehen hin und liegen keine Anhaltspunkte dafür vor, dass der Fehler auf rechtliche oder tatsächliche Erwägungen zurückzuführen ist, so kann berichtigt werden.[32]

Bei der Berichtigung eines Bescheids über die Feststellung des steuerlichen Einlagekontos kommt einer offenbaren Unrichtigkeit in Form des sog. **„Übernahmefehlers"** besondere Bedeutung zu, der nach der Rechtsprechung des BFH vorliegen kann, wenn das Finanzamt offenbar fehlerhafte Angaben des Steuerpflichtigen als eigene übernimmt.[33] Die Unrichtigkeit muss nicht aus dem Bescheid selbst erkennbar sein, sondern § 129 AO ist auch dann anwendbar, wenn das Finanzamt offenbar fehlerhafte Angaben des Steuerpflichtigen als eigene übernimmt.[34] Übernimmt die Veranlagungsstelle eine fehlerhafte Erklärung des Steuerpflichtigen, setzt die Annahme einer offenbaren Unrichtigkeit voraus, dass der Fehler aus den vorliegenden Unterlagen – sei es der Steuererklärung, den beigefügten Anlagen (einschließlich handschriftlicher Berechnungen etc.) – ohne Weiteres ersichtlich, dh, klar dargestellt ist und berichtigt werden kann.[35] Ob ein mechanisches Versehen oder ein die Berichtigung nach § 129 AO ausschließender Tatsachen- oder Rechtsirrtum vorliegt, muss nach den Verhältnissen des Einzelfalls und dabei insbesondere nach der Aktenlage beurteilt werden.[36] **53**

Eine Unrichtigkeit ist dann offenbar, wenn der Fehler bei Offenlegung des Sachverhalts für jeden unvoreingenommenen Dritten klar und eindeutig als offenbare Unrichtigkeit **erkennbar** ist.[37] Auf die Erkennbarkeit für den zuständigen Bearbeiter des Finanzamts kommt es demgegenüber nicht an.[38] Die Berichtigungsmöglichkeit nach § 129 S. 1 und 2 AO ist auch nicht von Verschuldensfragen abhängig.[39] **54**

---

[29] BFH 1.8.2012 – IX R 4/12, BFH/NV 2013, 1; BFH 26.10.2016 – X R 1/14, BFH/NV 2017, 257; BFH 22.5.2019 – XI R 9/18, BFHE 264, 393.

[30] BFH 14.6.2007 – IX R 2/07, BFH/NV 2007, 2056; BFH 22.5.2019 – XI R 9/18, BFHE 264, 393, Rn. 18.

[31] BFH 14.6.2007 – IX R 2/07, BFH/NV 2007, 2056; BFH 22.5.2019 – XI R 9/18, BFHE 264, 393, Rn. 18.

[32] BFH 22.5.2019 – XI R 9/18, BFHE 264, 393, Rn. 18; BFH 16.1.2018 – VI R 41/16, BFHE 260, 397, BStBl. II 2018, 378; BFH 15.10.2018 – VIII B 79/18, BFH/NV 2019, 102.

[33] BFH 17.6.2004 – IV R 9/02, BFH/NV 2004, 1505; BFH 14.6.2007 – IX R 2/07, BFH/NV 2007, 2056; BFH 27.8.2013 – VIII R 9/11, BFHE 242, 302; BFH 22.5.2019 – XI R 9/18, BFHE 264, 393, Rn. 17.

[34] BFH 1.8.2012 – IX R 4/12, BFH/NV 2013, 1; BFH 22.5.2019 – XI R 9/18, BFHE 264, 393, Rn. 17.

[35] BFH 3.3.2011 – IV R 8/08, BFH/NV 2011, 1649, Rn. 24.

[36] BFH 11.7.2007 – XI R 17/05, BFH/NV 2007, 1810; BFH 26.10.2016 – X R 1/14, BFH/NV 2017, 257.

[37] BFH 4.6.2008 – X R 47/07, BFH/NV 2008, 1801, Rn. 13; BFH 6.11.2012 – VIII R 15/10, BFHE 239, 296, BStBl. II 2013, 307, Rn. 15, BFH 27.8.2013 – VIII R 9/11, BFHE 242, 302, BStBl. II 2014, 439, Rn. 14.

[38] BFH 26.10.2016 – X R 1/14, BFH/NV 2017, 257.

[39] BFH 22.5.2019 – XI R 9/18, BFHE 264, 393, Rn. 19; BFH 7.11.2013 – IV R 13/11, BFH/NV 2014, 657, Rn. 26; BFH 16.1.2018 – VI R 38/16, BFH/NV 2018, 513, Rn. 15.

55 Diese Grundsätze gelten auch bei der Einreichung elektronischer Steuererklärungen.[40]

2. Fallgruppen der Berichtigung

a) Positive Berichtigung

56 Ein Fehler in der Feststellungserklärung (etwa die Erklärung des steuerlichen Einlagekontos mit 0 EUR) ist ohne weiteres ersichtlich, dh klar dargestellt iSd beschriebenen Rechtsprechung, wenn die Kapitalgesellschaft zusammen mit ihrer Feststellungs- und Körperschaftsteuererklärung auch eine Bilanz und einen erläuterten Bericht einreicht, aus dem sich die Erhöhung des steuerlichen Einlagekontos klar ergibt. Das ist in der Rechtsprechung anerkannt worden, wenn im Bilanzbericht die Erhöhung der Kapitalrücklage ausgewiesen ist und **explizit erläutert** ist, dass die Erhöhung „durch Zuzahlung in das Eigenkapital" geschehen war.[41] Denn ein solcher Zufluss zur Kapitalrücklage erhöht offensichtlich auch das steuerliche Einlagekonto.

57 Dasselbe gilt in einem Fall, in dem in der Kapitalrücklage ein Zugang von 950.000 EUR ausgewiesen und in den Erläuterungen zur Bilanz ausgeführt war, die Gesellschaft habe von ihren Gesellschaftern einen Betrag von 950.000 EUR als Einzahlung in die Kapitalrücklage eingefordert, der von den Gesellschaftern entsprechend ihrer Beteiligung eingezahlt worden sei.[42]

58 Ebenso wurde in einem Fall entschieden, in welchem aus einem 70 Seiten umfassenden Bericht über die Prüfung des Jahresabschlusses ohne Weiteres und damit offenbar erkennbar war, dass eine Einzahlung in die Kapitalrücklage als Mittelzufluss vorlag, welche das steuerliche Einlagekonto erhöhen musste, aber nicht in die Feststellungserklärung übernommen worden war.[43]

59 **Beispiel:**[44] Die A-GmbH reicht im Jahr 2014 eine Erklärung zur gesonderten Feststellung des steuerlichen Einlagekontos zum 31.12.2012 ein, bei der die Höhe des steuerlichen Einlagekontos mit 0 EUR erklärt ist. Die Bilanz der A-GmbH weist hingegen eine Kapitalrücklage von 962.400 EUR aus. In der Erläuterung dazu heißt es: „Kapitalrücklage d. Zuzahl. in das Eigenkap." Die A-GmbH wird erklärungsgemäß veranlagt. Ein Vorbehalt der Nachprüfung wird nach Durchführung einer Außenprüfung im Jahr 2015 aufgehoben. Aufgrund der Außenprüfung ergeben sich keine Änderungen bei der Feststellung des steuerlichen Einlagekontos. Der Feststellungsbescheid wird bestandskräftig.

Im Jahr 2017 bemerkt die A-GmbH – nach einem Beraterwechsel – den Fehler. Ein Antrag auf Änderung des Bescheids über die Feststellung des steuerlichen Einlagekontos wird aber vom Finanzamt abgelehnt.

Lösung: Die Unrichtigkeit ist offenbar iSd § 129 S. 1 AO, sodass der Feststellungsbescheid geändert werden kann. Mit der Feststellungs- und der Körperschaftsteuererklärung hatte die A-GmbH nämlich auch die Bilanz und den erläuternden Bericht dazu eingereicht. In dem Bilanzbericht war vermerkt, dass die Erhöhung der Kapitalrücklage „d. Zuzahl. in das Eigenkap." geschehen war. Damit lag offensichtlich auf der Hand, dass das steuerliche Einlagekonto auch diesen Betrag ausweisen musste.

60 Die vorstehenden Beispiele einer möglichen Berichtigung sind der Rechtsprechung der Finanzgerichte entnommen. Der BFH hatte – soweit ersichtlich – in jün-

---

[40] BFH 22.5.2019 – XI R 9/18, BFHE 264, 393, Rn. 21.
[41] FG Berlin-Brandenburg 13.10.2016 – 10 K 10320/15, EFG 2017, 231; vgl. Klein/Ratschow AO § 129 Rn. 39.
[42] FG Münster 13.10.2017 – 13 K 3113/16 F, EFG 2018, 11.
[43] FG Köln 6.3.2012 – 13 K 1250/10, EFG 2014, 417.
[44] Nach FG Berlin-Brandenburg 13.10.2016 – 10 K 10320/15, EFG 2017, 231.

gerer Zeit nur einmal die Gelegenheit, sich mit der Berichtigung der Feststellung des steuerlichen Einlagekontos gem. § 129 AO zu befassen.[45] Zwar gibt es eine Fülle von Entscheidungen des BFH zu § 129 AO, aber kaum im Kontext des steuerlichen Einlagekontos gem. § 27 KStG.

In dem vom BFH in diesem Kontext nun entschiedenen Fall bestand die Besonderheit darin, dass der Wert des steuerlichen Einlagekontos in der Feststellungserklärung klar und deutlich fehlerhaft war (0 EUR), jedoch der zutreffende Wert nicht erkennbar bzw. ermittelbar war. Das FG meinte, eine Berichtigung nach § 129 AO setze zusätzlich eine Erkennbarkeit des zutreffenden Werts voraus.[46] Das sah der BFH anders und erklärte, auch wenn für eine offenbare „Unrichtigkeit" ein mechanisches Versehen erforderlich sei, das einem Schreib- oder Rechenfehler ähnele, dies nicht bedeute, dass auch der zutreffende Wert ohne weitere Prüfungen erkennbar sein müsse.[47] Der BFH sah die Voraussetzungen für eine Berichtigung nach § 129 AO also als erfüllt an. **61**

b) Keine Berichtigung

Eine Berichtigung ist aber nicht in allen Fällen möglich. **62**

Aus der handelsrechtlichen Kapitalrücklage lässt sich nicht automatisch die Höhe des steuerlichen Einlagekontos ableiten. Das steuerliche Einlagekonto muss nicht mit der handelsrechtlichen Kapitalrücklage nach § 272 Abs. 2 HGB übereinstimmen. Mit dem handelsbilanziell dargestellten Zufluss zur Kapitalrücklage muss nicht zwangsläufig ein Zufluss zu dem steuerlichen Einlagekonto einhergehen.[48] Handelsrechtlich kann die Kapitalrücklage nach § 272 Abs. 2 Nr. 4 HGB auch durch die Einräumung einer Forderung gegen einen Gesellschafter gespeist werden,[49] während ein Zugang zum steuerlichen Einlagekonto den Zufluss der Mittel voraussetzt.[50] **63**

Enthalten etwa die Bilanzen der Kapitalgesellschaft keine näheren Erläuterungen zur Kapitalrücklage und ergibt sich auch sonst aus der Aktenlage kein Aufschluss über Zugänge auf dem steuerlichen Einlagekonto, so ist ein Übernahmefehler aus der Feststellungserklärung keine offenbare Unrichtigkeit iSd § 129 AO.[51] **64**

Beispiel:[52] Die A-GmbH möchte neben dem bisherigen Gesellschafter A einen weiteren Gesellschafter B aufnehmen. Dazu beschließt sie im Jahr 2012 die Aufstockung des Stammkapitals von 52.000 EUR auf 104.000 EUR durch Ausgabe neuer Geschäftsanteile. Die neuen Stammeinlagen sind in Geld zu erbringen, jedoch mit einem Aufgeld von 248.000 EUR verbunden. Das Agio wird in die Kapitalrücklage der A-GmbH eingestellt, von A aber erst im Folgejahr 2013 tatsächlich eingezahlt. **65**

Noch im Jahr 2012 beschließt die A-GmbH, ein zuvor von A an die A-GmbH gewährtes – eigenkapitalersetzendes – Darlehen iHv 900.000 EUR ebenfalls in die Kapitalrücklage einzustellen. Nunmehr beträgt die Kapitalrücklage 1.148.000 EUR. Die A-GmbH erklärt in ihrer Feststellungserklärung zum 31.12.2012 ein steuerliches Einlagekonto von 0 EUR, welches erklärungsgemäß veranlagt wird. Nach Bestandskraft beantragt sie die Änderung im Jahr 2017.

---

[45] BFH 8.12.2021 – I R 47/18, BFHE 275, 293, BStBl. II 2022, 827.

[46] FG München 17.9.2018 – 7 K 2805/17, EFG 2019, 10.

[47] BFH 8.12.2021 – I R 47/18, BFHE 275, 293, BStBl. II 2022, 827, Rn. 22.

[48] FG Rheinland-Pfalz 18.7.2014 – 1 K 1338/12, EFG 2014, 2081; FG Berlin-Brandenburg 13.10.2016 – 10 K 10320/15, EFG 2017, 231.

[49] FG Berlin-Brandenburg 13.10.2016 – 10 K 10320/15, EFG 2017, 231, Rn. 25, unter Bezugnahme auf BeBiKo/Förschle/K. Hoffmann HGB § 272 Rn. 198; MüKoHGB/Reiner HGB § 272 Rn. 102; MüKoBilanzR/Kropff HGB § 272 Rn. 139; Lüdicke/Sistermann UnternehmenStR/Häuselmann/Teufel § 8 Rn. 92.

[50] FG Berlin-Brandenburg 13.10.2016 – 10 K 10320/15, EFG 2017, 231, Rn. 25, unter Bezugnahme auf Gosch KStG/Bauschatz KStG § 27 Rn. 35; HHR/Berninghaus KStG § 27 Rn. 28.

[51] FG München 14.12.2015 – 7 K 1250/14, BeckRS 2015, 96196.

[52] Nach FG Münster 25.2.2014 – 9 K 840/12 K F, EFG 2014, 1155, bestätigt durch BFH 9.12.2014 – I B 48/14, BFH/NV 2015, 472.

Lösung: Eine Änderung gem. § 129 AO ist nicht möglich. Das FG Münster führte hierzu aus:[53] „Selbst unter Zuhilfenahme der Bilanz [...] war für den Sachbearbeiter des Finanzamts nicht ohne Weiteres erkennbar, dass das steuerliche Einlagekonto entgegen der Feststellungserklärung nicht mit 0 EUR festzustellen war. Die Bilanz enthält keine ausdrücklichen Angaben zur Entwicklung des steuerlichen Einlagekontos. Eine Aussage zum steuerlichen Einlagekonto hätte der Sachbearbeiter der Bilanz nur entnehmen können, wenn er zusätzliche rechtliche Würdigungen und tatsächliche Ermittlungen anhand der Bilanz angestellt hätte, was eine offenbare Unrichtigkeit [...] ausschließt. Der Sachbearbeiter hätte sich im Rahmen einer rechtlichen Würdigung verdeutlichen müssen, dass die Kapitalrücklage Ausgangspunkt für die Ermittlung des steuerlichen Einlagekontos ist, mit diesem aber nicht zwingend identisch sein muss[54] und im Streitfall auch tatsächlich nicht übereinstimmt. Er hätte den rechtlichen Schluss ziehen müssen, dass die Kapitalrücklage in einer Höhe von 248.000 EUR mit dem steuerlichen Einlagekonto nicht übereinstimmen kann, weil sich insoweit aus der Bilanz ergab, dass zum 31.12.2012 lediglich eine Forderung der *A-GmbH* gegenüber *A* bestand, sich die Veränderungen des steuerlichen Einlagekontos aber nach dem Zu- und Abfluss bemessen.[55] Auch hinsichtlich des verbleibenden Betrages von 900.000 EUR war für den Sachbearbeiter anhand der Bilanz nicht ohne weiteres ersichtlich, dass sich insoweit das steuerliche Einlagekonto erhöhte. Erkennbar war für ihn allein, dass ein Gesellschafterdarlehen des *A* umgebucht worden war. Die Umbuchung allein besagt indes nichts über die Werthaltigkeit des Darlehens."

66 Eine Berichtigung des Feststellungsbescheids über das steuerliche Einlagekonto gem. § 129 AO ist weiterhin auch dann nicht möglich, wenn die Feststellungserklärung, die Körperschaftsteuererklärung und der Jahresabschluss keine hinreichenden Angaben zur Entwicklung des steuerlichen Einlagekontos enthalten und weiterhin das Finanzamt den Sachverhalt nicht aufklärt. Eine **mangelnde Sachverhaltsaufklärung** schließt die Möglichkeit eines mechanischen Fehlers oder eines Übernahmefehlers iSd § 129 AO aus.[56]

67 So wurde in der finanzgerichtlichen Rechtsprechung entschieden, dass eine Korrektur nach § 129 AO nicht möglich sei, wenn nicht aufgeklärt sei, ob Zu- oder Abflüsse aus der Kapitalrücklage gleichsam zu Zu- oder Abflüssen aus dem steuerlichen Einlagekonto führten.[57] Ein solcher Fall mangelnder Sachverhaltsaufklärung eröffne, so das FG, nicht den Korrekturbereich des § 129 AO. Zudem könne angesichts der denkbaren unterschiedlichen Behandlung von steuerlichem Einlagekonto einerseits und handelsrechtlicher Kapitalrücklage andererseits auch ein Rechtsfehler des Finanzamts bei der mit dem Feststellungsbescheid zum Ausdruck gebrachten Zuordnung zumindest nicht ausgeschlossen werden, sodass auch aus diesem Grund eine Berichtigung nach § 129 AO ausgeschlossen sei.[58]

68 Ebenso ist eine Berichtigung nicht möglich, wenn eine Erklärung zur gesonderten Feststellung des steuerlichen Einlagekontos gar nicht abgegeben worden war, da dann weiterhin auch kein Übernahmefehler seitens des Finanmts vorliegt.[59]

69 In einem weiteren Fall kam die Berichtigung des steuerlichen Einlagekontos gem. § 129 AO nicht in Betracht, in dem sich zwar die handelsrechtliche Kapitalrücklage

---

[53] FG Münster 25.2.2014 – 9 K 840/12 K F, EFG 2014, 1155, Rn. 52. Die kursiv gedruckten Buchstaben in dem Zitat sind redaktionell verändert und an die Namen und Daten im obigen Sachverhalt angepasst.

[54] Vgl. hierzu DPM/Dötsch KStG § 27 Rn. 28, 34; Schnitger/Fehrenbacher/Nordmeyer KStG § 27 Rn. 37.

[55] FG Köln 6.3.2012 – 13 K 1250/10, EFG 2014, 417; HHR/Berninghaus KStG § 27 Rn. 28; Gosch KStG/Bauschatz KStG § 27 Rn. 43; MOV/Mössner/Trappmann KStG § 27 Rn. 91 f.; Schnitger/Fehrenbacher/Nordmeyer KStG § 27 Rn. 51.

[56] Koenig/Vorbeck AO § 129 Rn. 39; Klein/Ratschow AO § 129 Rn. 49.

[57] FG Rheinland-Pfalz 18.7.2014 – 1 K 1338/12, EFG 2014, 2081.

[58] FG Rheinland-Pfalz 18.7.2014 – 1 K 1338/12, EFG 2014, 2081.

[59] FG Münster 13.10.2017 – 13 K 1204/16 F, EFG 2018, 15, rechtskräftig nach BFH 7.3.2018 – I B 129/17, nicht dokumentiert.

durch einen Forderungsverzicht der Gesellschafter erhöht hatte, aber weder die Werthaltigkeit der Forderungen noch der Zusammenhang zwischen Forderungsverzicht und Erhöhung der Kapitalrücklage aus den im Veranlagungsverfahren eingereichten Unterlagen klar und eindeutig zu entnehmen war.[60]

---

60 FG Baden-Württemberg 19.12.2017 – 6 K 1902/15, EFG 2020, 1460.

Stichwortverzeichnis

Die Großbuchstaben und Zahlen verweisen auf die Kapitel und Randziffern.

Abgeltungsteuer
s. gesonderter Steuertarif
Abwicklung B 107
Altenhilfe B 58, 106
Analogie B 52
Angemessenheitsprüfung F 78 ff.
Anlagevermögen C 68
Anrechnungsverfahren A 5; E 7 ff.; F 48
Anschaffungskosten E 133; G 27, 32
Anscheinsbeweis
allgemein F 188 ff.
Gewinntantieme F 127
Privatnutzung Kfz F 141 ff., 188
Anstalt
des öffentlichen Rechts B 36
nicht rechtsfähig B 23
Anteilseigner
Ausschüttung F 101 ff.
Betriebsvermögen E 44 ff.
Körperschaft E 62 ff.
Privatvermögen E 89 ff.
Zufluss F 18 f., 96, 107
Anteilsveräußerung E 18, 48, 63, 93, 126 ff.; G 28, 34; H 7
Arbeitslohn F 139, 149; G 26
Aufklärungspflicht F 187, 190
Aufsichtsratsvergütungen C 34 ff.
Auftragsforschung B 53, 106
Aufwendungen
s. Betriebsausgaben
Ausländische Kapitalgesellschaft
s. Kapitalgesellschaft
Ausschließlichkeit B 77; C 74
Ausschüttung (offen) F 48 ff.; H 6, 42
Ausschüttung (verdeckt)
s. Verdeckte Gewinnausschüttung
Außerbetriebliche Sphäre C 10
Außerbilanzielle Hinzurechnung C 11; E 73; F 100; G 40
Außerbilanzielle Kürzung G 23

Bareinnahmen F 39, 190
Beherrschender Gesellschafter F 89 ff., 115, 155, 162
Belastungsvergleich E 160; F 3 ff.
Berichtigung F 180; G 38; H 45 ff.
Berufsverband B 53
Besserungsschein H 29
Beteiligung B 37, 96; E 111 ff., 157
Beteiligungserwerb D 17; G 28
Betrieb gewerblicher Art
Begriff B 28 ff.
Einkommensermittlung C 13
Legaldefinition B 29
verdeckte Gewinnausschüttung F 84 f., 105
Betriebsaufspaltung E 29 ff.
Betriebsausgaben (nichtabziehbar) C 3 ff., 15 ff., 91; E 22, 66 ff.; F 22 ff.
Betriebseinnahmen C 3
Betriebsrat B 25
Betriebsvermögen E 23 ff.; F 101
Beweislastumkehr F 186 ff.
Bewertung F 109 ff., 150 ff., 158 ff.; G 25
BGB-Gesellschaft
s. Gesellschaft Bürgerlichen Rechts
Bilanzberichtigung F 43 ff.
Bilanzgewinn
s. Steuerbilanzgewinn
Bilanzierungsfehler C 162 ff.; F 45
Brauchtum B 58
Bruttomethode C 167
Bürgschaft
s. Sicherheiten

Cum-ex-Geschäfte F 60

Darlehen
allgemein F 166
Bewertung E 140
Durchführung F 171
Einlagefähigkeit G 9
ernstliche Vereinbarung F 169
Gewinnminderung E 53 ff., 75 ff.
Kapitaleinkünfte E 151 ff.
Krisendarlehen E 137 ff.
Teilwertabschreibung F 168, 175
Uneinbringlichkeit E 135 ff.; F 173
Verlust E 148
Vermögensminderung F 33, 167
Verzicht F 172; H 29
Zinsen F 31, 174; G 4, 10
Direktzugriff H 27 ff.
Doppelbelastung A 4; E 5
Dreiecksverhältnis F 74 ff.; G 45 f.
Dualismus der Einkunftsarten E 126
Durchführung von Verträgen F 91 ff., 171

Ehemaliger Gesellschafter F 56
Eigenwirtschaftliche Zwecke B 76

Eingetragener Verein
s. Verein
Einkommen
allgemein C 1 ff.
Ermittlung C 2 ff.
Steuerbilanzgewinn C 6
zu versteuerndes Einkommen C 6
Einkommensteuersatz E 160
Einkünfte
gewerbliche C 6
inländische B 42
Einkunftsarten C 7 ff.
Einlage (offen) H 16
Einlage (verdeckt)
s. verdeckte Einlage
Einlagekonto
s. Steuerliches Einlagekonto
Einlagenrückgewähr H 3 f.
Einnahmeerzielungsabsicht B 32, 92
Einzelunternehmen E 160; F 5
Erweiterte Kürzung C 73
Europäische Genossenschaft B 17
Europarechtswidrigkeit E 11

Fahrtenbuch F 141
Fehlerquelle C 165; F 45
Feiertagszuschläge
s. Zuschläge
Feststellungsbescheid B 98
Feststellungslast F 190
Feststellungsverfahren E 84 ff.; H 32 ff.
Finalität C 120
Finanzierungshilfen E 137 ff.
Fischerei F 22
Folgebescheid C 85
Folgerichtigkeit C 92
Förderung der Allgemeinheit
s. Gemeinnützigkeit
Formwechsel (fiktiv) B 14
Forschung B 58, 106
Freibetrag C 66
Fremdvergleich
allgemein E 55, 82
Angemessenheit F 78 ff.
außerbetrieblich F 79 ff.; G 14
formell F 89 ff.
hypothetisch F 79 ff.
innerbetrieblich F 79 ff.; G 14
materiell F 77 ff.; G 13 ff.
Nachzahlungsverbot F 162 ff.
Privatnutzung Kfz F 150
Stufen F 79 ff.
Verdoppelung F 86 ff.
Widerlegung F 82
Funktionelles Eigenkapital E 137

Gebietskörperschaft B 45
Gehaltsstrukturuntersuchungen F 120 ff.
Geldstrafen C 30 ff.
Gemeiner Wert F 110, 150; G 27
Gemeinnützigkeit
allgemein B 54 ff.
Allgemeinheit B 68
Anerkennung B 86
Ausschließlichkeit B 77 ff.
gemeinnützige Zwecke B 57 ff.
Geschäftsbetrieb B 90 ff.
Geschäftsführung B 85
kirchliche Zwecke B 72
mildtätige Zwecke B 71
Öffnungsklausel B 62
politische Zwecke B 60
Satzung B 82 ff.
Selbstlosigkeit B 74 ff.
Spende C 6, 19; F 54, 73; G 17
Unmittelbarkeit B 80 f.
Verfahren B 97
zeitnahe Mittelverwendung B 75
Zweckbetrieb B 99 ff.
Zwecke B 56 ff.
Genossenschaft B 16 f.
Geschäftsbetrieb
s. wirtschaftlicher Geschäftsbetrieb
Geschäftschancen F 176 ff.
Geschäftsführergehalt F 114 ff., 188
Geschäftsführung B 85
Geschäftsleitung B 39, 41
Gesellschaft Bürgerlichen Rechts B 23
Gesellschaftliche Veranlassung
s. Veranlassung durch das Gesellschaftsverhältnis
Gesonderter Steuertarif
Abgeltung E 94
allgemein E 20, 92 ff.
Antragsveranlagung E 100 ff.
Günstigerprüfung E 105 ff.
unternehmerische Beteiligung E 111 ff., 157
verdeckte Gewinnausschüttung F 102, 185
Verlustausgleich E 95 f.
Werbungskostenabzug E 97 ff.
Wirkung E 93
Zinseinkünfte E 121 ff.
Gestaltungsmissbrauch F 27 f.
Gesundheitswesen B 58
Gewerbebetrieb B 95; C 42; E 27
Gewerbesteuer
allgemein C 37 ff.
Aufkommen C 40
Festsetzung C 81 ff.
Freibetrag C 78
Gewerbeertrag C 39, 55 ff.
Hinzurechnungen C 64 ff.
Kürzungen C 70 ff.
Rechenbeispiel E 160
Steuermessbetrag C 77 ff.
Steuerobjekt C 41 ff.

Steuersubjekt C 53 f.
Veräußerungsgewinn C 61
Zerlegung C 86 f.
Gewinn
Ausschüttung (offen) F 48 ff.
Ermittlung C 2, 58
Gewinnabsicht F 23
Korrekturen C 6, 11
Thesaurierung B 13
Gewinnabführungsvertrag
s. Organschaft
Gewinnaufschlag F 110
Gewinnausschüttung
s. verdeckte Gewinnausschüttung
Gewinnminderungen E 45, 72 ff.
Gewinnverteilungsbeschluss F 49
Golfturnier F 22
Grundbesitz C 72
Grundlagenbescheid C 60, 85; H 33
Gründungstheorie B 8

Haftung H 42, 44
Halbeinkünfteverfahren E 13 ff.
Halbteilungsgrundsatz F 118
Hinzurechnung
s. Außerbilanzielle Hinzurechnung
Hinzurechnungsbesteuerung B 43
Hinzuschätzung F 190
Hochschule B 45
Hoheitsbetrieb B 33 ff.
Holdinggesellschaft C 140

Immaterielle Wirtschaftsgüter G 8
Inland B 39; C 48, 116

Jacht F 22 f., 26
Jagd F 22
Jugendhilfe B 58
Juristische Person des öff. Rechts B 28 ff.; C 47

Kalkulation F 190
Kapitalabfindung F 165
Kapitaleinkünfte E 89 ff., 151 ff.; F 101
Kapitalerhöhung G 19
Kapitalertragsteuer E 39 ff., 90 f.
Kapitalgesellschaft
ausländische B 5, 40
außerbetriebliche Sphäre C 10; F 20, 24
Begriff B 2 ff.
Belastungsvergleich E 160; F 5
vermögensverwaltend C 8, 45
Vorgesellschaft B 4; F 55
Vorgründungsgesellschaft B 4
Kapitalrücklage H 4, 24
Kaskadeneffekt E 64, 70
Kfz
s. Privatnutzung Kfz
Kindergarten B 36, 106
Klarheit von Verträgen F 91 ff.
Körperschaftsteuer
Nichtabziehbarkeit B 24; C 26
Rechenbeispiel E 160
Steuersatz E 1
Körperschaftsteueranrechnungsverfahren
s. Anrechnungsverfahren
Körperschaftsteuerminderungspotential E 12
Körperschaftsteuerpflicht
s. Steuerpflicht
Korrektur C 162 ff.; F 43 ff.
Korrespondenz F 179 ff.
Krankenhaus B 106
Kultur B 58
Kunst B 58, 66

Lebensversicherung F 97
Liquidation B 108
Lizenzen C 66
Lohn
s. Arbeitslohn
Lohnsteuer F 143, 149

Mietzinsen C 68; F 31; G 4
Mildtätigkeit B 71
Mitgliedsbeitrag B 70
Mittelbare Zuwendung F 67
Mitunternehmerschaft E 34 ff., 84 ff.
Moratorium E 8
Mustersatzung
s. Satzung
Muttergesellschaft F 74

Nachhaltigkeit B 29, 92
Nachträgliche Anschaffungskosten
s. Anschaffungskosten
Nachtzuschläge
s. Zuschläge
Nahestehende Person F 65 ff., 103 f., 188; G 15 ff.
Naturschutz B 58, 60
Nennkapital H 13
Nennwert E 140
Nichtabziehbare Betriebsausgaben
s. Betriebsausgaben
Nichtanwendungsgesetz D 4; E 50, 54, 59
Nichtaufgriffsgrenze F 119
Niederlassungsfreiheit C 90
Notwendiges Betriebsvermögen
s. Betriebsvermögen

Objektsteuer C 38
Offenbare Unrichtigkeit H 51 ff.
Öffnungsklausel B 62
Optionsmodell
Antragstellung B 14
Eigenkapital B 14
Einführung B 11 ff.
Formwechsel B 14

Rückoption B 14
Struktur B 14f.
Organgesellschaft B 40; C 113ff.
Organschaft
allgemein C 107ff.
finale Verluste C 118ff.
finanzielle Eingliederung C 142ff.
Gewinnabführungsvertrag C 152ff.
Holding C 140
Mehr-/Minderabführungen C 169ff.
Mehrmütterorganschaft C 141
Organgesellschaft C 113ff.
Organträger C 129ff.
Rechtsfolgen C 166ff.
Rechtsformen C 130ff.
Veranlassungsprinzip F 52
Verfahren C 175ff.
Voraussetzungen C 111ff.
Zurechnung C 108
Organträger C 129ff.

Pachtzinsen C 68; F 31; G 4, 10
Partei B 53
Pensionsfondsverein B 19
Pensionszusage F 33, 153ff.; G 26
Personengesellschaft
allgemein A 2
Belastungsvergleich E 160; F 5
Feststellungsverfahren E 84ff.
gewerblich geprägt B 38
gewerblich tätig B 37
Optionsmodell B 11ff.
vermögensverwaltend C 133; D 33; E 81
Personenvereinigung B 23ff.
Pflichtversicherungseinrichtung B 53
Politik B 60, 78
Präklusionswirkung H 39ff.
Private Veräußerungsgeschäfte G 29
Privatnutzung Kfz F 139ff., 188
Privatvermögen E 20, 89ff.; F 101
Provision F 72
Prozesskosten G 7

Qualifikation von Einkünften B 42; C 8

Realsteuer C 38
Rechtsform C 45
Rechtsformneutralität E 9
Religion B 58
Religionsgemeinschaft B 45, 72
Rückstellung F 33, 156f.

Sachlicher Grund B 67
Sanierung D 26ff.
Satzung B 82ff.; C 19
s. Gemeinnützigkeit
Schadensersatz F 33f.
Schuldzinsen C 66
Schwarzeinnahmen F 39, 190
Schwestergesellschaft F 74
Selbstständigkeit B 92
Selbstlosigkeit B 74
Sicherheiten E 53, 75
Sitz B 39, 41
Sitztheorie B 9
Sonntagszuschläge
s. Zuschläge
Sorgfalt F 51, 77
Sparerpauschbetrag E 97, 100
Sparkasse B 36; F 54
Spende C 6, 19; F 54, 73; G 17
Sport B 58f., 64, 106
Steuerbefreiungen
allgemein B 47ff.; E 64
Ausschüttungen E 62ff.
persönliche B 48
sachliche B 49
Steuerbilanzgewinn C 6; F 32, 40ff.
Steuererklärung C 81, 177; H 33
Steuerhinterziehung F 99
Steuerliches Einlagekonto
Abgänge H 21
allgemein H 1ff.
Bedeutung H 6ff.
Berichtigung H 45ff.
Bescheinigung H 35ff.
Direktzugriff H 27ff.
Drittstaatengesellschaft H 10
Einlage H 14ff.
Einlagenrückgewähr H 3f.
Ermittlung H 11ff.
Feststellungsverfahren H 32ff.
Formwechsel B 14
Fortschreibung H 18ff.
Kapitalrücklage H 4, 24
Nennkapital H 13
Verwendungsreihenfolge H 23ff.
Zugänge H 20, 30f.
Steuerpflicht
beschränkt B 41ff.
unbeschränkt B 1ff.
Steuersatz E 1ff.
Steuertarif
s. gesonderter Steuertarif
Steuerwettbewerb E 21
Stiftung
Aufwendungen C 19
nahestehende Person F 73
nicht rechtsfähige Stiftung B 23
privatrechtliche Stiftung B 20
Stiftung des öffentlichen Rechts B 21
Stifungsgeschäft B 82
Vermögensverwendung B 77
Stille Gesellschaft C 66
Stille Reserven D 23ff.
Streubesitzdividenden E 65
Substanzverluste E 54, 59
Symmetriethese C 119

Tantieme
allgemein F 123
Anscheinsbeweis F 127, 188
Gesamtbezüge F 128 ff.
Gewinntantieme F 125 ff.
„Nur"-Tantieme F 134 f.
Umsatztantieme F 132 f.
Zufluss F 124
Teilabzugsverbot E 45, 55
Teileinkünfteverfahren
allgemein A 5; E 19 ff., 44 ff.
Betriebsvermögen E 44 ff.
Darlehen E 55 ff., 75 ff.
Ertraglosigkeit E 49 ff.
Fremdvergleich E 55, 82
Gewinnminderungen E 45, 72 ff.
Körperschaft E 62 ff.
Privatvermögen E 89 ff.
Systemwidrigkeit E 46 ff.
verdeckte Gewinnausschüttung F 102, 182
Teilwert E 140; F 158; G 30
Teilwertabschreibung F 168, 175
Territorialitätsprinzip C 48
Thesaurierungsbesteuerung B 13
Tochtergesellschaft C 121
Transparenzprinzip A 2
Trennungsprinzip A 1 ff., 6; C 45; D 4, 9
Treuhand F 61 ff.
Trust B 26
Typenvergleich B 5 ff., 41

Überversorgung F 160
Umqualifizierung C 8
Umsatzsteuer C 28
Uneinbringlichkeit E 135 ff.; F 173
Unmittelbarkeit B 80 f.
Unternehmerische Beteiligung E 111 ff., 157
Unterstützungskasse F 154

Veranlassung durch das Gesellschaftsverhältnis
allgemein F 51 ff.
Angemessenheitsprüfung F 78 ff.
Darlehen E 149
Dreiecksverhältnis F 74 ff.
formeller Fremdvergleich F 89 ff.
Geschäftsführervergütung F 129 ff.
Gesellschafterstellung F 53 ff.; G 12
materieller Fremdvergleich F 77 ff.; G 13
mittelbare Zuwendung F 67
nahestehende Person F 65 ff., 103 f., 188; G 15 ff.
Privatnutzung Kfz F 146 ff.
Sorgfaltsmaßstab F 51
Treuhand F 61 ff.
Verdoppelung des Fremdvergleichs F 86 ff.
Vor-Gesellschaft F 55
Vorteilszuwendung F 53
Wirtschaftlicher Eigentümer F 57 ff.
Veranlassungsprinzip F 52

Veräußerung
s. Anteilsveräußerung
Veräußerungsgewinn E 129 ff.
Verdeckte Einlage
allgemein G 1 ff.
Anschaffungskosten G 27, 32
Bewertung G 25 f.
Bilanzierbarkeit G 8 ff.
Dreiecksverhältnis F 75 f.; G 45 f.
Einkommenserhöhung G 40 ff.
Einlagefähigkeit G 8
Entnahme G 30, 35
Erfolgsneutralität G 22, 41 ff.
Fallgruppen G 4
formelle Korrespondenz G 37 f.
materielle Korrespondenz G 39 ff.
materieller Fremdvergleich G 13 ff.
nachträgliche Anschaffungskosten E 133 ff.
nahestehende Person G 15 ff.
Pensionszusage G 26
Rechtsfolge G 22 ff.
Steuerliches Einlagekonto H 16
Veräußerung G 28 ff., 34
Verfahren G 36 ff.
verhinderte Vermögensminderung G 5
Vermögensmehrung G 5 ff.
Vermögensvorteil G 4
Verzicht E 151; G 26, 31
Voraussetzungen G 3 ff.
Verdeckte Gewinnausschüttung
Abgrenzung F 17 ff.
allgemein F 1 ff.
Anscheinsbeweis F 127, 141, 188 ff.
Anteilseigner F 101 ff.
beherrschender Gesellschafter F 89 ff., 115, 155
Belastungsvergleich F 13 ff.
Betrieb gewerblicher Art F 84 f., 105
Beweislastumkehr F 186 ff.
Bewertung F 109 ff., 150 ff.
bildlich F 98
Darlehen F 166 ff.
Dreiecksverhältnis F 75 f.; G 45 f.
Eignung für Bezug F 96 f.
Einkommenserhöhung F 100
Fallgruppen F 31
formelle Korrespondenz F 179 ff.
formeller Fremdvergleich F 89 ff.
Gehaltsstrukturuntersuchungen F 120 ff.
Geschäftschancen F 176 ff.
Geschäftsführergehalt F 114 ff.
Gesellschafterstellung F 53 ff.
gesonderter Steuertarif F 102
Halbteilungsgrundsatz F 118
Hinzuschätzung F 190
materielle Korrespondenz F 182 ff.
materieller Fremdvergleich F 77 ff.
nahestehende Person F 65 ff.
offene Ausschüttung F 48 ff.

Pensionszusage F 153 ff.
Privatnutzung Kfz F 139 ff., 188
Rechtsfolge F 100 ff.
Rückstellung F 33, 156 f.
Tantiemen F 123 ff.
Teileinkünfteverfahren E 116; F 102
Unterschiedsbetrag F 40 ff.
Veranlassung durch das Gesellschaftsverhältnis F 51 ff.
Verfahren F 179 ff.
verhinderte Vermögensmehrung F 36 ff.
Vermögensminderung F 32 ff.
Voraussetzungen F 29 ff.
Zufluss F 18 f., 96, 107, 124
Zuschläge F 136 ff.
Zweck F 2
Verein
eingetragener Verein B 20
wirtschaftlicher Verein B 20
Verfahren F 179 ff.; G 36 ff.
Verfassungswidrigkeit D 10 ff.
Verlustabzug
allgemein D 1 ff.
fortführungsgebunden D 35 ff.
historische Entwicklung D 2 ff.
Konzernklausel D 31 ff.
Rechtsfolge D 21
Sanierung D 26 ff.
stille Reserven D 23 ff.
Trennungsprinzip D 9
Voraussetzungen D 16 ff.
Verluste C 118 ff.; E 72 ff., 95
Vermögensrechte F 58
vermögensverwaltende Kapitalgesellschaft *s. Kapitalgesellschaft*
vermögensverwaltende Personengesellschaft *s. Personengesellschaft*
Vermögensverwaltung B 32, 92; E 27
Versicherungsfondsverein B 18
Vertrauensschutz E 146
Verwaltungsrechte F 58
Verzicht F 39, 172; G 10, 26, 31; H 29
Vorabausschüttung F 49
Vorgesellschaft B 4; F 55

Werbungskostenabzug E 97, 114
Wettbewerb B 35
Willkürverbot D 12
Wirksamkeit von Verträgen F 91 ff.
Wirtschaftlicher Eigentümer F 57 ff.
Wirtschaftlicher Geschäftsbetrieb B 90 ff.
Wissenschaft B 58, 106

Zinsen F 174
Zinsschranke
allgemein C 89 ff.
Berechnung C 95 ff., 100
Escape-Klausel C 101 ff.
Freigrenze C 98
Rückausnahmen C 99 ff.
Stand-Alone-Klausel C 98
Zu versteuerndes Einkommen C 1 ff.; E 3
Zufluss F 18 f., 96, 107, 124
Zuschläge F 136 ff.
Zuwendung F 53
Zweckbetrieb
allgemein B 99 ff.
Generalklausel B 100 ff.
Wohlfahrtspflege B 103
Zweckerfüllung C 19 ff.
Zweckverbände B 45
Zweckvermögen B 23, 26